思想政治教育学科中青年学者成长之路

冯　刚 主编

团结出版社

图书在版编目（ＣＩＰ）数据

思想政治教育学科中青年学者成长之路 / 冯刚主编
. -- 北京：团结出版社，2023.11
　　ISBN 978-7-5234-0496-6

　　Ⅰ. ①思… Ⅱ. ①冯… Ⅲ. ①思想政治教育 - 教育研
究 - 中国 - 文集 Ⅳ. ① D64-53

中国国家版本馆 CIP 数据核字 (2023) 第 196570 号

出　版：团结出版社
　　　　（北京市东城区东皇城根南街 84 号　邮编：100006）
电　话：（010）65228880　65244790（出版社）
　　　　（010）65238766　85113874　65133603（发行部）
　　　　（010）65133603（邮购）
网　址：http://www.tjpress.com
E-mail：zb65244790@vip.163.com
　　　　tjcbsfxb@163.com（发行部邮购）
经　销：全国新华书店
印　装：天津盛辉印刷有限公司

开　本：170mm×240mm　16 开
印　张：33.25
字　数：401 千字
版　次：2023 年 11 月　第 1 版
印　次：2023 年 11 月　第 1 次印刷

书　号：978-7-5234-0496-6
定　价：98.00 元

主　编：

　　冯　刚

副主编：

　　彭庆红　代玉启

编委：（按姓氏笔画排序）

　　王　振　王仕民　王显芳　邓卓明　田永秀

　　白显良　冯永泰　朱宏强　邬小撑　许　慎

　　孙熙国　李　辉　严　帅　吴成国　吴满意

　　吴增礼　佘双好　张毅翔　罗仲尤　金国峰

　　周　晔　秦在东　高正礼　曾令辉　戴　锐

目　录

前　言

思想政治教育学科历经 40 年的发展，开展了广泛而深入的专业探索，积累了丰富的建设实践及经验，取得了长足发展和进步。其中广大中青年学者在参与思想政治教育学科建设中成长起来，同时也为学科发展做出了重要贡献。回顾总结思想政治教育学科中青年学者的成长历程，梳理其学术成果和成长规律，对于促进学科发展和人才培养具有重要意义。回顾思想政治教育学科 40 年发展历程，探索中青年学者成长之路，可以从中发现一系列值得总结的突出成就和发展特点。

一、学术体系日益完善

学术体系是一个学科赖以支撑的关键核心，反映了学科关注和研究的主要内容，展现了学科存在的必然缘由和特有价值。思想政治教育的学术体系包括反映思想政治教育规律的理论知识和科学方法，在发展完善中不断揭示思想政治教育的本质。在 40 年的学科发展中，思想政治教育的学术体系也在理论研究的拓展和实践活动的丰富中日益完善。从内容上看，思想政治教育学科逐步构建起以教育主体、教育客体、教育介体、教育环体为核心要素，以解决"一定社会发展的要求同人们实际的思想品德水准之间的矛盾"[1]为根本指向，以反映和呈现思想政治教育运行和发展规律为基本任务的学术体系，指导着思想政治教育实践的实施开展，为思想政治教育质量实效提升提供了理论支撑。与此同时，伴随着教育实践的深入开展，思想政治教育的学术体系也在持续地拓展完善。"实践创新不仅要解决实际问题，同时需要将经验

---

[1]　陈万柏、张耀灿：《思想政治教育学原理》，高等教育出版社 2015 年版，第 6 页。

上升为科学理论,在实践基础上进行理论创新,这是实践创新发展的一般性规律。"① 在实践开展中,思想政治教育不断实现主体优化、客体发展、介体创新、环体拓展,将其上升为对思想政治教育本质的认识和把握,基于此思想政治教育的学术体系在结构上、层次上得以持续深化完善。总体而言,历经40年的发展探索,思想政治教育逐步构建起了相对完备的学术体系,更为重要的是形成了理论与实践双向互动的学术深化发展机制,实现教育实践支撑和深化理论、教育理论指导和发展实践的良性循环,为思想政治教育学术体系的优化完善提供了坚实基础和机制保证。

二、学科支撑不断加强

思想政治教育学科的发展离不开资源条件的支持,有力的学科支撑是思想政治教育发展的现实基础。在40年学科发展中,以工作队伍、资金项目、制度机制等为代表的思想政治教育学科支撑不断加强,为思想政治教育学科发展提供条件保障。思想政治教育工作队伍不断壮大。工作队伍是思想政治教育学科发展的组织保证,提供强大的主体动力和智力支持。从队伍构成来看,随着学科建设和实践发展,思想政治教育工作队伍构成由单一走向多元,逐步形成包括党团干部、思政课和哲学社会科学课教师、辅导员班主任、心理咨询教师等在内的专兼结合的工作队伍。从队伍素质来看,在素质要求提出和培训政策支持下,思想政治工作队伍的专业素养有效提升,有力支撑思想政治教育学科的创新发展。思想政治教育资金项目不断丰富。资金项目是思想政治教育学科发展的物质保证,支撑科研开展和实践运行。在学科发展历程中,思想政治教育资金项目不断丰富,特别在新时代达到高峰,比如在科研方面不仅有国家级、省部级相关基金项目,而且设立思想政治理论课研

---

① 冯刚、彭庆红、佘双好、白显良等:《新时代高校思想政治教育学原理》,人民出版社 2021 年版,第 5 页。

究专项基金等，以保证思想政治教育学科建设以及科研工作的运行开展。思想政治教育制度机制不断完善。制度机制是思想政治教育学科发展的条件保证，维持学科建设和教育实践的有序开展。"思想政治教育制度是直接建立在长期思想政治教育实践上的，其功能是为了更好地指导和规范思想政治教育实践，具有明确的问题导向和较强的可操作性。"①立足40年学科发展实践，遵循规律、反映本质且契合实际的思想政治教育制度机制逐步形成确立，构建起相辅相成的有机体系，在作用发挥中引导和促进思想政治教育学科发展。

三、理论与实践相结合不断深化

思想政治教育学科40年发展历程始终彰显理论与实践相结合的突出特点。"哲学家们只是用不同的方式解释世界，问题在于改变世界。"②追求理论与实践的统一，源于马克思主义认识世界和改造世界相结合的内在特质。我们在实践过程中，不仅要把握事物运行发展的规律，深化对事物本质的理解，逐步形成认识世界的理论，而且要发挥这些理论的指导作用，帮助我们生产发展，推动改造世界的实践。回顾40年发展历程，思想政治教育学科始终坚持以实践发展理论，以理论指导实践，着力在理论与实践的结合互动中促进学科建设发展。一方面，思想政治教育学科始终坚持以实践发展理论。思想政治教育学科建设发展以马克思主义为指导，聚焦学科建设实践和教育活动实践，在实施开展、解决问题中注重总结经验、把握规律，深化思想政治教育学科建设和教育活动过程及其各要素环节的认识，并将其上升为科学理论，着力实现实践基础上的理论创新，不断完善思想政治教育学科理论，逐步形成反映本质和规律、契合实际与要求的思想政治教育学科理论体系。另一方面，思想政治教育学科始终坚持以理论指导实践。思想政治教育学科重视理

---

① 冯刚、彭庆红、佘双好、白显良等：《新时代高校思想政治教育学原理》，人民出版社2021年版，第236页。

② 《马克思恩格斯选集（第一卷）》，人民出版社2012年版，第136页。

论的关键作用，"实践基础上的理论创新为思想政治教育学科发展提供了积极、持续的动力来源……以更多、更好的理论成果推进实践发展"。①立足已有的研究基础，思想政治教育学科基于对教育本质、规律和实际的把握，审视不断发展的教育实践，在结合中形成新思路、新理念，寻找新方法新路径，以破解实际问题、推动实践发展，进而在理论与实践的良性互动中实现思想政治教育学科持续发展。

四、学科发展后继有人

重视中青年学者的关键价值，发挥中青年学者的重要作用，是思想政治教育学科发展的宝贵经验，一直以来思想政治教育学科始终注重中青年学者的培养。思想政治教育学科即将迎来学科设立 40 周年，在 40 年的长足发展中，思想政治教育学科在加强自身基础理论、课程体系、人才队伍等建设的基础上，通过咨政育人为中国特色社会主义建设贡献了重要力量。其中，中青年学者是推动思想政治教育学科发展的中坚力量，思想政治教育学科要实现接续发展，需要一代代中青年学者发挥作用、贡献力量。一是要有一批有责任、有担当的中青年学者自觉投身思想政治教育学科，他们在成长学习中积累了马克思主义理论功底、哲学思维和实践经验，同时感受到思想政治教育学科的魅力，激发为推动思想政治教育学科发展贡献力量的内生动力。二是要为中青年学者的发展积极搭建平台、创设条件，通过制度设计与平台建设帮助中青年学者更好开展科学研究，创建更多科研成果展示分享的有效渠道，为其提供更好的成长机会和发展条件。三是注重发挥"传帮带"作用，思想政治教育学科的持续发展需要学科资深专家前辈有意识地关注和培养中青年学者，为其专业发展提供重要的指导和帮扶，帮助中青年学者健康持续

---

① 冯刚、彭庆红、佘双好、白显良等：《新时代高校思想政治教育学原理》，人民出版社 2021 年版，第 5-6 页。

地成长。同时，中青年学者也需要积极向资深专家前辈学者请教和学习，在内生动力的调动激发中更好实现"传帮带"的重要价值。

《思想政治教育学科中青年学者成长之路》一书的编写，目的在于在总结思想政治教育学科40年发展规律的基础上，更好地反映中青年学者的学术成果和学术成长。本书选取40余位思想政治教育学科中青年学者代表，讲述自身的学术成长历程，旨在描绘思想政治教育学科中青年学者的群体形象，同时呈现中青年学者眼中的思想政治教育的学科内涵，展现思想政治教育学科发展的趋势与未来。希望《思想政治教育学科中青年学者成长之路》一书的出版，能为思想政治教育学科的发展和人才培养起到有益的促进作用。

陈静：从偶然机遇到必然笃定的学术成长之路

陈静，女，1986年生，四川巴中人。重庆交通大学马克思主义学院院长助理，副教授。

与思想政治教育学科结缘始于对思想政治教育研究必然的笃定热忱和看似偶然的机缘巧合。无论是基于哪个方面的因素，我始终认为个人的学术道路本就需要在不断摸索中加深认知与体悟，才能产生深厚而热烈的学科归属与学术情怀。于我而言，思想政治教育学科就是这样一点一滴逐渐融入我的学术生命，从朦胧懵懂的大致轮廓到日渐清晰的学术方向。所幸在学术之路逐渐清晰明朗的过程中遇到了很多指引点拨的师友和弥足珍贵的发展机遇。

一、学术历程

和大多数思想政治教育学科科班出身的研究者有所不同，我本硕博阶段攻读的专业并不直接与思想政治教育学科相关，以至于在我从事思想政治教育相关工作的相当长一段时间之内都将自我定位为非科班的"门外汉"，自嘲为"根不正，苗不红"的非专业人士。然后，在这些自嘲调侃的标签之下，多年来我一直在思考怎样才能结合我的前期研究基础，迅速调整自己的既有方向，转型为一名专业的思想政治教育研究者。现在细想起来，我的前期研究虽不与思想政治教育直接相关，但却也有着万缕千丝的联系。如果缺乏了前期的这些研究基础，可能还觉察不出研究的别有洞天。

2003年9月，怀着对未来的懵懂未知和潜意识的种种期待，我踏上了高等学府求学之路，攻读专业为英语教育。在那个年代，移动通信技术还不够发达，学习一门外语所必备的听说语境的营造只能通过人手一部德生牌收音机接收原版英文输入。外语学院同学的标配就是沉甸甸的双肩包，左手拎着一本牛津高阶词典，右手一部德生牌收音机，或外放或戴着耳机，穿梭于宿舍、自习室、图书馆和教室之间，忙忙碌碌，行色匆匆，却又满心充实与愉悦。在外语学院度过的这四年算是我学术之路的起点。初次接触科研和学术，印象中是针对农村欠发达地区中学英语教育现状所进行的调查研究。在指导教师的带领下从研究设计到问卷编制、访谈提纲拟定，再到实地调研、撰写调研报告。这次可贵的科研经历让我初尝学术研究的乐趣，为我后来选择学术研究的道路做了很好的铺垫。在大学四年中与思想政治教育的最大关联可能就是上过几门思政课，所以思想政治教育学科对于当时的我而言大概不过就是思政课。大四实习期间我的工作岗位是四川省内某师范院校外语系辅导员，为期一个学期的实习经历让我对于思想政治教育有了更加清晰的印象。思想政治理论课和日常思想政治教育分别作为思想政治工作"主渠道"和"主阵地"认知算是初步确立起来。大学本科四年光阴转瞬即逝，大学本科四年未负韶华，大学期间一直担任团支部书记，在思想上积极要求进步，从预备党员到正式党员，成为了一名光荣的中国共产党员。专业水准也在大学阶段得到了较大提升，英语专业八级以优秀等级通过，第二外语俄语虽没有考级，但学业分数一直在年级名列前茅。以校级优秀毕业生的殊荣圆满结束了我的本科学习生涯，怀揣着对科研的期待，我开始了硕士研究生的生活，这算是我学术生涯的真正起点。

　　硕士研究生阶段攻读的是教育学专业，学习期间将我本科阶段许多零碎的关于教育的现象描述、实践体验以及一些不成熟的思考一下子上升到了体系化的理论高度。通过教育学基本原理和理论的学习，对于教育这项特殊的人类活动有了概览全貌的了解。教育的生物起源说、心理起源说和劳动起源说为我深入理解教育本质的理解提供了思路，也可以同理于思想政治教育本质。思想政治教育的发生是与人类社会相伴随，人类社会的产生也源于共同劳动，在劳动过程中形成的群体共识以及由此产生的信息交流，共同实现原始社会精神文化的代际传承和在生产由此产生思想政治教育的实践动力。攻读硕士研究生阶段有幸在导师的带领下，在学术论文的撰写、课题项目的申报、学术著作的编撰能力方面均通过实践锻炼得到了大幅提升。让我记忆犹新的是在硕士二年级得到了一次参与书稿编撰的机会，如今都还清楚记得是《中外大学生诚信教育比较研究》，在导师的建议下我承担了文献综述这个章节的内容。文献综述看似不难，但实则对研究者对于研究核心问题的把握、文献搜索整理、观点归纳提炼等方面有着较高要求。接到任务之后，丝毫不敢懈怠，参与编撰的大多是老师和博士前辈，我作为一个硕士生说实话是诚惶诚恐的。但骨子里我还是有一股冲劲和韧性，图书馆成为了这段时间最常光顾的地方，早出晚归，时常向前辈请教，反复琢磨，不断修改。书稿验收时得到了课题组老师们的表扬和肯定，对我来说是莫大的荣幸，这次珍贵的科研经历可以说为科研自信心的形成打下了坚实基础。此书一直放置于我书柜里面最显眼的位置，每每看到都是对我的一种鞭策与鼓舞。

大约是在硕士三年级时决定继续跟着导师攻读博士学位。2010 年 9 月开启了学术新旅程。读博之后才发现自己的许多不足，需要进一步挑战和突破自我。2011 年 6 月，得到了公派赴美国密歇根州立大学教育学院的访学机会，为期两个学期。同年 10 月，带着课题调研任务和学位论文初步思路，告别亲朋奔赴美国。多年后不曾想到，跟这所大学的缘分着实深厚（五年后再次得到访学机会去了这所学校）。访学的第一学期，除了旁听相关专业博士生的课程、参加了密歇根州立大学教育学院的多场学术讲座和论坛，还走访了东兰辛（密歇根州立大学所在城市）几个学区的中小学和底特律某学区的职业高中。日常学习之余思考并撰写了几篇中美比较教育研究的小论文。由于博士论文选题是关于美国学位制度的历史变迁研究，在查阅了大量一手珍贵文献后，在导师的引荐下选择了密歇根州立大学教育学院高等教育系的多名专家教授进行了多次深度访谈，这为我学位论文的最终成型奠定了重要基础。在跨越文化与语言的情境下开展科学研究对我来说既是新的尝试，又是新的挑战。所幸在师长的悉心指导和朋辈的关怀帮助下顺利完成了博士阶段的学业。

要说真正意义上投入思想政治教育研究中，还得从我 2013 年正式入职重庆交通大学马克思主义学院算起。作为思政课一线教师，从这时候开始怎样将我的学术发展与教育教学深度融合，共促共进。2006 年，学校增列为马克思主义基本原理、思想政治教育二级学科硕士学位授权单位；2011 年，增列为马克思主义理论一级学科硕士学位授权单位；同年，被列为重庆市"十二五"重点学科。2015 年，重庆市"十二五"重点学科建设验收结论为"优秀"。2017 年，列为重庆市"十三五"重点学科。2017 年，教育部第四轮学科评估结果为 C，在艾瑞森中国校友会网发布的 2016 年中国大学马克思主义理论学科排行榜中列第 40 位，被评为 4 星级学科。2019 年学院获批为重庆市重点马克思主义学院。2020 年，重庆市"十三五"重点学科建设验收结论为"优秀"。2021 年，成功获批重庆市"十四五"重点学科。"2021 软科中国最好学科排名"中，学院马克思主义理论学科位列全国第 74 名，位居全国该学科前 20%，相较前一年提升 17 名，荣膺重庆市高校第二名。得益于学院的发展平台和良好的发展机遇，在交大工作将近十年，整体学术水平和学术能力得到了长足进步与提升。

二、学术成果

由于前期的是教育学相关研究，从事思想政治教育研究以来，一直在思考如何结合先前研究基础进行学科转型。无奈转型之路也并不如想象中那般容易，本人已有研究成果中与思想政治教育密切相关的并不多，不能与同行们相提并论。近年来，本人主持和参与教育部、重庆市社科规划办、重庆市教育委员会各类项目 20 余项（含重点项目及研究生教改项目）。出版专著 2 部，参编著作多部。先后在《人民日报·理论版》《外国教育研究》《学校党建与思想教育》《现代教育管理》等期刊上发表论文 20 余篇。2016 年获"重庆交通大学优秀青年教师"荣誉称号。多次获"重庆交通大学教学质量优秀奖"。2016 年 3 月，获教育部思政司"首届高校大学生安全教育讲课比赛"重庆赛区一等奖、全国决赛三等奖。2020 年入选重庆市教委思政课教师择优资助计划。相关研究成果中与思想政治教育密切相关的成果大致如下：

（一）撰写专著《专业学位研究生教育质量评估的治理向度》

本书在治理理论视域下，聚焦治理理论中多元共治价值取向与高等教育质量评价的耦合，分析了专业学位研究生教育质量评估的治理理论意蕴，剖析了当前专业学位研究生教育评估的现状与问题，总结了国外专业学位研究生教育质量评估的经验，最终归纳了我国专业学位研究生教育质量评估的治理向度：即从治理理论视角出发对我国专业学位研究生教育质量评估体系构建进行了有益探索。具体而言，本书首先从理论逻辑角度求证了治理理论与高等教育质量评估的时空边界，分析了治理理论中多元共治价值理念与专业学位研究生教育质量评估的耦合，从大学管理的治理向度出发，对高等教育质量评估与治理理论的耦合进行了理论分析和价值分析。其次，本书对专业学位研究生教育质量评估的治理意蕴进行深入全面探究，从专业学位研究生教育质量评估的问题溯源、核心要素和运行机制角度进行了全面分析。再次，本书对我国专业学位研究生教育质量评估的实施现状进行了调研分析和事实梳理，厘清专业学位研究生教育质量评估的问题及成因。运用比较法从评估历程、评估机构、评估维度、评估过程四个方面对以美国、英国、法国等国专业学位研究生教育质量评估进行比较分析，其中重点选取美国专业学位研究生教育质量评估治理体系的实施案例进行分析，在此基础上对我国专业学位研究生教育质量评估提供治理层面的借鉴参考。最后，本书从多元共治导向下的评估原则与方法、多维逻辑标准下的评估指标体系的确立、多层结构布局下的评估机制的构建三方面系统呈现了我国专业学位研究生教育质量评估的治理向度。

（二）参编《中国共产党高校思想政治教育发展史》

本人有幸参与了冯刚教授领衔团队编写的《中国共产党高校思想政治教育发展史》撰写工作。本人参与编写的是第十一章"中国共产党高校思想政治教育队伍建设的历史发展"。本章分五个小节进行了论述：新中国成立前高校思想政治教育队伍的发展、新中国成立后高校思想政治教育队伍的正式确立、改革开放以来高校思想政治教育队伍的全面建设、新时代高校思想政治教育队伍的优化完善、高校思想政治教育队伍建设的启示与展望。第一节从新中国成立前高校思想政治教育队伍的来源、队伍的培养、队伍的结构三个方面进行论述。第二节从新中国成立后高校思想政治教育队伍领导体制的正式确立、工作体系的逐渐成型、培养制度的基本形成三个部分进行分析。第三节包括全面加强队伍建设的政策保障和全面加强队伍建设的实施举措两个部分。第四节对新时代高校思想政治教育政策环境、人员构成、发展布局和保障机制的优化完善进行论析。第五节分为高校思想政治教育队伍建设的经验启示和发展展望两个部分。

（三）参编《思想政治教育研究热点年度发布2021》

本人参与编写了《思想政治教育研究热点年度发布2021》第五章和第七章。其中，第五章聚焦2021年思想政治教育方法研究。对思想政治教育研究方法相关研究的梳理，将有助于掌握思想政治教育方法研究现状，深化对思想政治教育方法研究的认识，拓展思想政治教育方法研究视野，优化思想政治教育方法研究的内容体系，明晰思想政治教育方法研究的发展趋势。2021年度学界对思想政治教育方法保持了持续的研究热度，研究成果较为丰富。2021年度对思想政治教育方法相关研究大致涵盖了思想政治教育方法的基础理论研究、思想政治教育方法的历史研究、思想政治教育方法的实践研究等方面。思想政治教育方法是思想政治教育提质增效的重要保障。对思想政治教育方法的研究也是思想政治教育理论与实践研究关注的重要领域。本年度相关研究成果一方面体现了学者对此问题研究的继续深化，涌现出了一批优秀研究成果；另一方面研究也面临着新老问题交织出现的研究困境，由此导致研究存在一定的不足，有待后续研究继续深化。

第七章的主题是2021年思想政治教育质量的研究。质量是教育的生命线，是教育事业发展的永恒主题。2021年度学界对思想政治教育质量的研究保持了持续热度，结合思想政治教育发展的时代要求，彰显了思想政治教育质量研究的理论性与实践性，把握了思想政治教育的内在规律，进行了多层面多维度的有益探索与研究。2021年度思想政治教育质量研究成果主要涵盖了思想政治教育质量理论内涵、思想政治教育质量评价、思想政治教育质量提升实践三个方面。其中，对思想政治教育质量评价的研究成果最为丰富，较之于以往年度，有关思想政治教育质量评价的研究范围更为宽广、研究视角更为新颖、研究理论研究内容更富层次性。但同时，仍存在着一定不足，尤其是在新时代教育评价改革的大背景下，对思想政治教育质量及质量评价的理论阐释和实践研究仍有待进一步深化和拓展。

（四）参与撰写《高校思想政治教育治理评价研究》

本人主要参与的是第八章"高校思想政治教育治理评价的成果使用"的撰写。2020年10月，中共中央、国务院印发的《深化新时代教育评价改革总体方案》提出，新时代教育评价改革要坚持立德树人，牢记为党育人、为国育才使命，充分发挥教育评价的指挥棒作用，引导树立科学的育人目标，确保教育正确发展方向。高校思想政治教育治理评价成果使用应当坚持的原则包括导向性、针对性和有效性。其中，导向性原则是评价成果使用的首要原则。只有坚持明确的目标导向，才能达到以评价促进思想政治教育治理体系、治理能力和治理效能提升的总体目标。针对性原则又称精准性原则，即价值在于确保评价成果使用的准确性。在针对性原则之下，评价成果使用才能有针对性地精准提升高校思想政治教育的治理水平和治理能力。有效性原则是确保评价成果使用切实有效的重要保障，只有评价成果使用的途径方式得当、保障机制完善才能确保评价成果使用的价值得以顺利实现。高校思想政治教育治理评价成果使用需要坚持导向性、针对性、有效性原则。通过评价活动的有序开展和评价结果的正确使用达到提升高校思想政治教育治理水平，提高高校思想政治教育质量的目标。在此过程中，评价成果使用的途径方式会在一定程度决定以评价促进思想政治教育治理水平和教育质量的目标达成度。只有建立在科学合理的使用去向和途径方式之上的成果使用方式才能最大程度发挥以评价促质量提升的评价功能。教育评价的成果使用是评价过程的最后一个环节，也是评价过程中极其重要的环节。高校思想政治教育治理评价的成果通过何种路径使用，使用的程序是否科学等问题关系到评价的价值功能能否最大程度发挥。评价成果使用的路径包括了成果使用的规范、成果使用的流程、成果使用的渠道等方面。

（五）发表论文《治理现代化视域下高校思政课改革创新研究》

高校思想政治理论课是落实立德树人根本任务的关键课程。治理现代化对于高校思想政治理论课的改革创新提出了课程建设整体协同性、系统科学性和现实针对性的全新要求。高校思想政治理论课的改革创新需要落实"三全育人"理念下立德树人的课程目标；依据课程内容"整合性"原则提升各类课程与思想政治理论课的协同效应；在课程体系设计"螺旋渐进"逻辑下与中小学思想政治理论课的统筹衔接；在课程组织实施过程中，推动"知行合一"导向下思政小课堂与社会大课堂的结合。

三、学术志向

要将思想政治教育学术研究之路继续走深走实，需要进一步确定自己的后续研究方向，并且通过持续的理论深耕和实践观照开展研究。结合本人的研究兴趣和前期的研究基础，未来的学术方向大致规划如下：

（一）深挖理论与探究前沿相结合：聚焦思想政治教育质量评价开展研究

教育评价和教育评估的问题一直是我的学术志趣所向。从2015年主持教育部人文社科项目"治理理论视角下专业学位研究生质量评价体系构建研究"开始，一直在坚持进行相关研究。对于教育评价的基础理论的关注也有助于将放置于思想政治教育质量评价语境下进行理论的深度挖掘；对于教育评价的前沿问题的关注也有助于提升思想政治教育质量评价研究的前瞻性。思想政治教育质量评价的研究既是一个重要的理论问题，又是一个实践性很强的领域。未来我会结合目前从事的思想政治教育教学管理工作，将思想政治教育评价理论融入思想政治教育教学管理和评价的实际工作中。2020年10月，中共中央、国务院印发的《深化新时代教育评价改革总体方案》提出，新时代教育评价改革要坚持立德树人，牢记为党育人、为国育才使命，充分发挥教育评价的指挥棒作用，引导树立科学的育人目标，确保教育正确发展方向。在教育评价过程中，改进结果评价，强化过程评价，探索增值评价，健全综合评价。新时代思想政治教育在适应党和国家的发展需要以及大学生成长发展需求的重要性日益凸显。结合这一背景，今后在研究过程中我会持续进行相关研究，结合国家有关教育评价的最新方针政策，探索其在思想政治教育质量评价中的应用问题。尤其是基于大数据时代背景，对于思想政治教育质量评价过程中大数据和人工智能等信息技术手段的应用问题进行深入研究和探索。

（二）从交叉学科研究视角出发，开展思想政治理论课改革创新研究

结合本人课程教学论相关研究基础，未来将继续致力于从多学科视角开展思想政治理论课改革创新研究。从大中小、本硕博思政课一体化建设过程中螺旋上升式课程教学内容体系设计的课程论逻辑着手，深化思政课改革创新研究。从思想政治理论课发展演进历程入手，探究思政课建设和发展的历史逻辑与成功经验。从新时代的时代特征与新生代学生的成长成才规律入手，

研究思政课改革创新的时代之向，回答时代之问。借鉴政治学和管理学中对于"治理"和"治理现代化"的理论框架，探究治理理论视角下思政课改革创新的价值意蕴、理论逻辑与实践路径等问题都是我后续持续关注和研究的问题领域。治理理论意蕴下对于思想政治理论课改革创新的整体协同性、系统性、针对性等理论原则如何更好指导各门思政课改革创新实践也是非常值得研究的重要论域。

（三）不断拓展学术研究视野，有针对性地开展思想政治教育比较研究

在构建人类命运共同体的背景下，比较教育的研究价值在于把握全球范围内教育形态和教育改革创新的共同关切及各国教育发展的个性化动因与诉求。在党的二十大精神指引下，未来我将继续关注人类命运共同体构建背景下的思想政治教育比较研究。比较思想政治教育的研究有利于在中国与西方，本土与外来的差异中提升思想政治教育学科的自觉与自信。在比较、借鉴、反思、批判中提升思想政治教育学科的成熟性与科学性。运用比较的研究视野是提升思想政治教育学科创新发展水平的应有之义。对世界各国在思想政治教育、公民教育、道德教育等方面的实践路径的探索有助于拓宽学术研究视野，将我国思想政治教育学科发展推到全新高度。学术视野提升的同时，研究方法的比较也是后续进行思想政治教育比较研究需要重点考量的一个范畴。在后续的研究过程中，我将从研究视野提升、研究方法创新、研究内容拓展维度持续进行比较思想政治教育研究，以期对思想政治教育学科自觉的强化以及思想政治教育的中国优势进行全貌式探究，助力新时代思想政治教育学科的创新发展。

四、学术心得

正是因为非科班出身的学科背景，因此从事思想政治教育研究以来我也常常在反思和调整自己的状态和方向。其初衷只有一个，那就是从原有学科

研究基础上迅速适应和熟悉思想政治教育的研究范式。要说心得可能也谈不上，大致就是在从事思想政治教育研究过程中的一些体会分享如下：

（一）基于自身研究专长及时推进思想政治教育研究转向

对于思想政治教育质量评价和思政课改革创新的关注和研究一定程度上源于前期研究基础和优势。对相关问题的研究需要避免为了研究而研究的功利短视倾向。因为对任何一个问题的深入探究都离不开上位的理论和概念的厘清。思想政治教育是大教育范畴下的一种特殊教育类型，要对思想政治教育质量评价和思政课改革创新的问题进行深入挖掘，必须建立在对一般的教育规律和教育评价规律了然的基础之上，只有这样才能够将相关问题的深层意蕴和体系脉络有全貌式的洞悉。在我从事思想政治教育研究的过程中正是基于这样的研究转型思路，结合自身已有的基础开展思想政治教育的针对性研究。然而这一转型过程的实现也不是一帆风顺的，主要表现为虽然对于教育一般理论和规律的认识有一定积累，但是由于对思想政治教育的基本论域的熟悉需要一定周期，在没有完全了解和掌握之前对一些研究问题的认识尚浮于表面，没有真正体现思想政治教育的具体内容指向。因此，要真正实现结合自身研究特长的研究转向需要不断摸索，否则永远都只会是一个思想政治教育研究的"门外汉"，容易走入"知其然而不知其所以然"的研究瓶颈之中。因此，研究转型任重而道远，需要持续不间断的琢磨。

（二）持续提升思想政治教育研究的内生动力

个人认为研究的过程是喜忧参半的过程。当你产生了学术灵感，找到新的学术生长点或是成果跃然纸上之时，作为学者肯定是欣喜的。但另一方面，这样的欣喜时刻并不会频繁光顾，更多的时候你会面临一种无形的压力。尤其是当你苦思而不得解、论而不达之时，作为学者肯定是苦恼而忧虑的。因此，个人认为学术研究一定不可或缺内生动力。学术研究的内生动力需要一定的外部激励，但更多的是需要一种内化的持续原动力，只有这样学术之路才能够走得长远。我个人的经验是，当遇到一些瓶颈难以突破而悲观沮丧的时候，一定想尽各种办法让自己迅速走出沮丧，重拾信心。思想政治教育研究者的学科自觉和学科认同是研究内生动力的最重要的来源。因此，学科定位也就成为了思想政治教育研究者的研究内生动力生成的重要依托。研究者对于思想政治教育专业的学科发展定位高，就会产生较大的内生动力。同时，思想政治教育者所处的优沃的环境场域也能够为思想政治教育研究者赋能。思想政治教育学科历经四十余年的发展，其学科地位和科学性的提升也能够从外部为研究者提供持续不断的动力，只不过外生动力需要转化为内生动力才能够深刻持久影响研究者的研究动力。

（三）夯实理论基础的同时关注前沿热点

思想政治教育研究对于学者的理论功底的深厚性和前沿热点的洞察力和敏锐度要求较高。因此，在进行思想政治教育研究的过程中需要持续夯实理论基础，同时及时捕捉前沿热点问题。思想政治教育基本理论、基本规律、基本方法属于理论关照的重要领域，因此在学者开展相关研究，尤其是像我这样非科班出身的学者更需要夯实相关理论基础。从马克思主义基本原理和马克思主义中国化的理论成果中吸取能够为思想政治教育研究所用的理论滋养。通过广泛阅读、文献查阅、学术探讨、教学研究等方式深化对思想政治教育的理论基础。这也是我平时所用的夯实研究理论基础的重要方式。在此过程中，特别需要与同行的专家学者进行探讨和交流，对于拓展自己的研究视野，为自己的研究点拨明向起到了重要的促进作用。每一个学科都有自身独特的研究范式和话语体系，只有对此了然于心才能在该学科研究领域游刃有余地开展研究。对我来说，我的研究转向的过程实质上就是在摸索思想政治教育研究范式和话语体系的过程。诚然，交叉学科研究视角是一种新颖的研究思路，但是交叉学科的运用需要建立在对本学科的深刻领会的基础之上，否则再多的研究尝试始终会浮于表面，难以实现研究的精深和可持续性。另一方面，在研究过程中，切忌只顾埋头，忽略抬头仰望。中国特色社会主义进入了新时代，我们所面临的学术研究环境也悄然发生了变化，前沿的实践问题更能对研究具有方向性启发。因此，理论需要联系实践，学者在关注经典话题的同时，前沿热点问题同样不容忽视。

陈倩："颜控"的自我修养

陈倩，女，1996年生，湖北恩施人，北京师范大学马克思主义学院博士研究生。

临告惶恐，区区学子，哪堪称学术道路。却顾来所径，求学漫途尔。追溯在思想政治教育领域修业求知的近十载春秋，阅经典、睹斐绩，沐师恩、得友助，所记所忆非我一人之事，想是可为思想政治教育学科发展历史增添些许侧观旁证。且凡是过往，皆为序章，忆求学之路，牵系初心，提振信心，于自身而言更是意义非凡。由是心存感激与忐忑，遂有下文，以供批评指正。

一、人如其名，曲径萦纡入翠林

倩，美好俏丽的意思。这是我父亲早早备好的给闺女的名字，蕴含着愿我人如其名的衷心企盼。"听话"的我从小便有"颜控"的人设自觉，喜好一切漂亮的人和物，极度奉行颜值至上主义。即使在学习中，鄙人的"颜控"人设也屹立不倒。在朋辈同学纷纷将自身兴趣化为最好的老师的同时，我却是因为喜欢教科书中名为简的女孩的发色而成为全班最快背诵全文的学生。2014年，高考成绩失利对彼时的我打击很大，一则是懊恼鏖战题海的艰辛努力付之一炬，二则是出于人设定位觉得面子有些挂不住，因此我在填报志愿时把所有机会均放在了所谓的热门专业上面。心怀惴惴数日后，我终是等到了意料之中的西南大学的录取结果，而意料之外的是，印刻着钟形校徽的录取通知书纸页赫然写着"思想政治教育"——我被调剂到思想政治教育（非师范）专业，以此拉开求学十载的帷幕。

我对思想政治教育的源初印象并不甚好，主要是由于成绩悬殊仅两分的高中挚友在知道自己被调剂到思想政治教育专业后隔天就回到了课堂复读，以至很长一段时间里面若有人关心问起我所学的专业，我大多用"搞政治的"的托辞搪塞糊弄过去，以此得到"那以后考公务员可得了便宜"诸类尚可以接受的反馈之音。现在想来，究其本质而言当时是"颜控"惯有的面子观和肤浅的认知观在作祟，对思想政治教育只做了字面意思的臆测而未做调查研究，也不曾试图去书本中寻找答案，反而将身边人的"避之不及"奉为价值判断的圭臬凭据。正因如此，我现在在着力于思想政治教育形象及其塑造的理论研究中，尤其关注影响思想政治教育形象的主观变量、思想政治教育形象主观建构过程以及思想政治教育形象公众传播等问题。当然这是后话了，此处暂不铺叙。

"颜控"如我自踏进美丽的西南大学就被深深吸引，便乘一辆校车从二号门蜿蜒而入，行经一路樟木葳蕤生香，南区丰丽博敞，北区古朴厚重，在翻过一面陡坡后，黛瓦粉墙的绩镛楼——马克思主义学院跃至眼帘。在重庆酷暑未消的九月，坐在校车尾排的我被甩来甩去，迅速领教了山城路势 8D 魔幻般的迂回起伏，但所幸沿路风景佳胜万千，终点令人心旷神怡。正是从那一天开启的我的求学之路也恰似如此。我的本科、硕士、博士学位均在思想政治教育专业攻读，看似道心坚定、从一而终，实则也曾数次游移不定、畏葸不前。本科伊始，我就曾琢磨着转专业，对所谓的热门专业仍旧心向往之，毕业之际也曾考虑过放弃保研机会，进入社会直接工作，即使到了攻读硕士学位的后程还萌生过留校当辅导员的想法。这些"杂念"阵阵激起我的内心的冲突，支撑我"愿意且能够摒弃矛盾两方面的某一面"[1]而选择继续在思想政治教育领域深造的，是在听了一堂堂课、读了一本本书、写了一篇篇文、问了一道道题、聊了一次次天之后发生的细微量变引起的质变。质言之，"颜控"的我骤然发现、领略到思想政治教育之"美"，在为其倾倒的同时萌生创

---

① 参见卡伦·霍妮：《我们内心的冲突》，王作虹译，译林出版社 2011 年版。.

造"美"、传播"美"的学术自觉和实践自觉。从误打误撞去到西南大学马克思主义学院思想政治教育专业进行本科学习,到保研留在西南大学马克思主义学院取得思想政治教育专业的硕士学位,再到离渝考入北京师范大学马克思学院思想政治教育专业攻读博士学位,在十分不爽利地冲破内心纠结、做出关键抉择过程中,我对自身未来生活的图景构想愈发清晰,想要站上三尺讲台将理论用于实践,渴望埋头科研用实践丰富理论,同美妙的思想政治教育打一辈子的交道。我以为,拥有一个既觉得有意思又深感有意义的人生目标就是一种幸福,就是来到一片"翠林"。

二、名符其实,半亩方塘一鉴开

选择问学思想政治教育,并不意味着我放弃了"颜控"人设。这是因为日日研习为何、以何、如何教育培养出符合人的全面发展需要和社会发展进步要求的人,既使得我在理论与实践交互中意识到思想政治教育是名符其实的,对思想政治教育产生好感与认同并持续强化,更为重要的是引导我不断开展自我教育,进行自我修养,从而矫正了肤浅的、片面的"颜控"人设,学会以纯粹而包容的爱美之心去认识世界和改造世界,这种新的正当的颜值至上主义反而会让人对充满魅力的思想政治教育深深着迷,转化成为一种迫切的、不易动摇的、持续恒久的求知动力。囿于偏执成见和个人资质,我在求学路上花了较长时间才达致内心自洽,实现在研究思想政治教育中欣赏思想政治教育、在欣赏思想政治教育中研究思想政治教育。

西南大学马克思主义学院思想政治教育专业是国家级一流本科专业,然而那时的我仍深陷"学术颜值"误区,对思想政治教育专业课程兴趣乏乏,热衷于哲学、逻辑学、政治学等"美名远播"的学科的理论知识,常跑去还未翻修的北区图书馆啃读书籍,缓步走过吱呀声阵阵的木地板,再穿经仅一人身宽的铁皮加固的台阶,我总能在泛黄的书页里生发出莫大的"虚荣感"——我关注的可都是"只能显现""应当保持沉默的""神秘的"东西，①天真地认为自己成了为少数的走出"洞穴"②的人。但正是这段时间里的哲学思维的训练，促使我开始反思自己的颜值至上主义，重新审视"平平无奇"的思想政治教育，同思想政治教育越走越近，对思想政治教育合法性和合理性的认可在脑海里潜滋暗长。于是，我便转向研读马克思主义经典著作和思想政治教育学科专著。众所周知，马克思主义经典著作作为人类智慧之瑰宝，并不容易阅读、理解和吸收。《马克思恩格斯选集》四卷本（人民出版社2012年版）的第一篇文章《〈黑格尔法哲学批判〉导言》于我而言，就好比大学生四六级英语单词书中的"Abandon"，由于难啃放弃到再战再读实在太多回合了，竟成为阅读次数最多的一篇经典文献。幸运的是，这一路我总能遇良师或当面解惑或出书释疑，有学友时打气互助时交锋争鸣，帮助我完成从"苦读"到"悦读"的转变，精神世界得以不断丰盈。我一直保存着最原初的感想笔记，并实时添补记录新的思考，现已成为了厚厚一沓的"修订版"。这些读书笔记对于我的学术写作来说具有不可替代的重要作用。

我的本科毕业论文勉强称得上是正儿八经写出的首篇学术论文。在那之前，我长期处于"无知者无畏"状态，只关心思想政治教育理论研究中诸如本质、起源、矛盾之类最根本最基础的元问题，妄想填补学科空白，实则不过是用自己的话"粗陋化"学界公认的观点和论述罢了。直到临近本科毕业论文开题之际——那时我已拟录取为思想政治教育专业硕士研究生，我决心脚踏实地做点"真学问"。受到由黄蓉生教授主讲的《青年学》课程的影响，我认为青年思想政治教育理论与实践是我可以深耕的方向，一则是"应该做"，青年是国家的未来和民族的希望，青年思想政治教育关乎我们党和国家伟大事业"后继有人"的根本问题，所以我们发现不同时间的各个版本的《思想政治教育学原理》都会专门强调青年思想政治教育的特殊性和重要性；二则是"有得做"，作为社会中最有生气、最有闯劲、最少保守思想的群体，

---

① 参见维特根斯坦：《逻辑哲学论》，韩林合译，商务印书馆2019年版。
② 参见柏拉图：《理想国》，郭斌、张竹明译，商务印书馆2018年版。

青年的思想与行为以及青年思想政治教育实践必然不断涌现新问题、产生新情况、迎接新要求，这皆是兼具理论和现实价值的学术选题；三则是"可能做"，我本身就是青年群体的一员，研究青年就是研究自己，认为自己多少占点年龄优势。现在看来，题为《"微时代"大学生主流意识形态认同面临问题及应对策略》的本科毕业论文，其文字表达和逻辑推演都很稚嫩，但总归是找到了一个方向并迈出了第一步。

进入硕士阶段，我有幸拜入白显良教授门下，全身心投入青年思想政治教育理论与实践研究，却时常苦于想不出较为满意的论文选题。白老师告诉我，有了好的题目，文章就成功了一半。好的题目往往不在书本里而是寓于现实生活中，要善于发现问题、提出问题并解决问题。白老师很重视对学生的问题意识的培养，和我们交流的时候惯会采用引导式发问，且往往从习焉不察的基础问题层层递进，教会我们"小题大做"，故而听老师上课不能有一瞬走神，稍不留心他已经"轻舟已过万重山"，每次跟完老师逻辑推演的全部过程，明明只是安坐在位子上听却会像跑了马拉松似的大汗淋淋，极累也极有收获。他还要求我们坚持"每日一篇"的文献阅读习惯（每天至少读一篇专业文献，每月月底师门进行互检），这促使我精读了大量我的博士生导师冯刚教授、硕士生导师白显良教授以及沈壮海教授、刘建军教授、陈金龙教授、项久雨教授等名家学者的专著与论文，他们不仅道理讲得透彻而且文笔流畅优美，因而我围绕青年及青年思想政治教育主题"模仿"着写了若干文章。青年思想政治教育研究既要自下而上地关注青年的发展现状及其完善对策，也要由上至下地把握青年的发展方向及其实现路径。前一方面，我在读研期间连续三年参与撰写《中国大学生思想政治教育发展报告》，在此时段对大学思想政治教育获得感问题产生了兴趣，立足供给侧视域，发现"实际获得是获得感生成的前提条件，实际获得与内在需要的差异越小，教育对象的满足程度就越高，价值认同就越强烈"。基于此，我发表了第一篇学术论文《供给侧视域大学生思想政治教育获得感：价值、困境及超越》，探讨了大学生思想政治教育供给不平衡不充分与大学生需求多样化的矛盾及解决。后一方面需要深学细悟重要会议、重要文件、重要讲话，了解中国共产党对中国青年的期许希望和对青年工作的设计部署。党的十九大报告首提"培养担当民族复兴大任的时代新人"，是对新时代"培养什么人"问题的生动回答。关于这一战略命题，首先需明确"时代新人"的内涵意蕴。为此，我在《新中国成立以来时代新人意蕴发展及其启示》一文中，尝试从广义层面理解"时代新人"是党基于主体及其所处时代而确定的育人目标，揭示了新中国成立以来"时代新人"的意蕴发展存在不变与变的辩证关系：社会主义建设者和接班人的使命定位一以贯之，这是我国处于社会主义初级阶段基本国情及马克思主义人的本质论为现实的结果；达成使命所需素质的构成及要求与时偕行，这是历久弥新马克思主义人的全面发展论的理论要求和日新又新世情国情人情的时代吁求。对"时代新人"的关注和研究一直延续到我的博士求学期间，在博士生导师冯刚教授的悉心指导下，基于文化视角，论文《培育时代新人志气、骨气、底气的文化向度》对时代新人在心理品质和精神气质方面的新表达和新规定——"增强做中国人的志气、骨气、底气"展开了理论解读，提出时代新人的志气、骨气、底气根植于中华优秀传统文化、升华于马克思主义中国化理论成果、来源于中国共产党人精神谱系，要将文化作为培育时代新人志气、骨气、底气的切入点和着力点，通过挖掘文化资源、开设文化课堂、开展文化实践、营造文化环境，构筑起激发、蕴育、淬炼、熏陶的有效培育路径。

　　通过青年思想政治教育研究，我体察领会到思想政治教育的"高颜值"，明白了思想政治教育事业的崇高使命，意识到思想政治教育研究的广阔前景。随着对思想政治教育认识的深化和印象的改观，在硕士求学后期，我逐渐跳出作为思想政治教育接受对象的学生的微观立场，尝试拓展自身的研究空间，从青年思想政治教育研究转向一般的思想政治教育理论与实践研究。恰逢党的十九届四中全会召开，大会审议通过了《中共中央关于坚持和完善中国特色社会主义制度、推进国家治理体系和治理能力现代化若干重大问题的决定》。我对思想政治教育与社会治理的关系产生了较为浓厚的学术兴趣，在白老师的指导下，我申报主持了重庆市研究生科研创新项目"新时代思想政治教育社会治理功能发展研究"，并决心挑战自己，将"思想政治教育社会治理功能"定为自己硕士学位论文的选题。然而论文写作进展并不顺利，刚开始我就卡在了思想政治教育社会治理功能这一核心概念的界定上面。给思想政治教育社会治理功能下一个相对科学严密的定义，离不开对思想政治教育功能和社会治理这两个关键范畴的准确理解。在大量查阅文献资料后，我尝试从系统科学的角度出发，将思想政治教育社会治理功能界定为"思想政治教育实践活动（系统）以社会治理为实现目标和现实动力，在社会治理场域中直接发挥的积极效用的综合呈现"，并进一步探析了思想政治教育社会治理功能的基本特征、逻辑证成、时代呈现、有效发挥等问题。后来，我在大论文的基础上又写了题为《新时代思想政治教育提升社会治理效能的三维向度》的小论文。值得一提的是，大论文撰写期间逢临新冠疫势，家乡湖北深陷囹圄，我在很长一段时间里从早到晚窝在书房里写不出一个字，而当停下笔成为一名社区志愿者时，亲眼目睹、亲身参与思想政治教育在社会治理场域中发挥作用的实践经历令我茅塞顿开。由此，我更加深刻认识到思想政治教育的名符其实，以及思想政治教育理论研究必须来源于现实、服务于现实。

三、扬名传芳，鲜衣怒马少年时

尽管早早实现"颜控"人设的转变，我仍多次陷入是否继续深造的忧疑。马克思将"科学的入口处"比喻成"地狱的入口处"，[1]因知晓思想政治教育理论研究的浩淼无垠以及读研期间并不轻松的学术试炼体验，我深以为然。但是，每次挺过一个小坎儿带给我的莫大的愉悦感和好奇感是其他任何事情所无法比拟的，它足以根绝"一切犹豫"和"无济于事的怯懦"，驱使着曾是思想政治教育形象的"误解者"的我成为形象的"理解者"后还渴望成为形象

---

① 参见《马克思恩格斯选集（第二卷）》，人民出版社 2012 年版。

的“塑造者”，想要为思想政治教育“正名”以更好实现其“两个巩固”的根本任务贡献微薄之力。

在博士求学期间，我对思想政治教育形象的理解更为深入，塑造思想政治教育形象的使命日益坚定，这离不开我的博士生导师冯刚教授的倾囊相授和以身作则。塑造思想政治教育形象，首先需要做的是深耕思想政治教育理论研究，其直接关系着思想政治教育理论形象的塑造，同时影响着作为思想政治教育实践形象的重要变量的实践活动运行状态和结果性态。博士入学之初，冯老师便一眼瞧出我正困在理论思考的“瓶颈期”，对思想政治教育实践中具体问题的对策分析陷入某种僵化的、狭隘的、重复的“套路”，老师告诉我要打开研究视野、拓展阅读范围，多读一些哲学、教育学方面的书籍，政治学、社会学、心理学方面也要有所涉猎，“不要就思政谈思政”。同时，冯老师叮嘱我们开展研究切忌“空对空”，应有“较强的现实关怀、问题导向、前沿意识”。[①] 受到老师的启发、指导，我在博士求学期间进一步深化了对青年思想政治教育理论与实践、思想政治教育治理等问题的研究，并且围绕网络思想政治教育、思想政治工作体系等重要问题展开了探讨。随着全球数智技术的迭代发展及深度聚合，互联网正进阶元宇宙形态，将对人们的生存方式和发展方式带来巨大变革。《解构与重构：元宇宙对网络思想政治教育的挑战及其应对》一文就是立足此背景，从个人、社会、国家不同角度剖析了元宇宙对网络思想政治教育的三重挑战，论析了元宇宙通过认证生态与数字创造、人机共育与智慧评价、境脉施教与具身受教赋能网络思想政治工作的未来进路，并尝试提出了迎接元宇宙到来的准备与布局。后续在写《思想政治教育研究热点年度发布 2020》中“网络思想政治教育研究”一章时，我进一步增进了对网络思想政治教育的规律性认识。对思想政治工作体系的关注起初源于冯老师主持的国家级基金项目“完善新时代思想政治工作体系研

---

① 参见冯刚：《在时代发展进程中把握思想政治教育热点研究》，《思想理论教育》2019 年第 6 期。

究"，不久后党的二十大报告特别强调"完善思想政治工作体系"更加激起了我的研究兴趣。我有幸参与了《新时代思想政治工作体系研究》一书的撰写，通过厘清源何、为何、以何的问题，重点阐析了建构新时代思想政治工作体系的逻辑起点，即满足自身高质量发展的需要，围绕党的中心任务全面展开，秉持人民至上的立场方法。

悠悠十载求学路，"思想政治教育形象"竟贯通首尾，遂在我苦思冥想博士学位论文选题时，它自乍现于脑海之中便如何都挥之不去。原因在于，尽管我能够清楚地预见思想政治教育形象塑造研究的复杂程度和难度系数，但是仍有几个方面的考虑令我无法忽略抗拒：一是新时代新征程中国国家形象建设和中国共产党政党形象建设日益重要，作为治党治国的重要方式和承担"展形象"的职责使命，思想政治教育的形象既是国家形象和政党形象的重要组成，也是国家形象建设和政党形象建设的重要抓手；二是形象问题强调人的思想活动和审美体验，研究思想政治教育形象是思想政治教育落实以人为本的价值取向和对"美"的价值追求的内在规定；三是当前社会大众对思想政治教育误解的现象仍多有存在，影响着思想政治教育的有效性。此外，我内心深处也极其渴求从理论层面弄清楚究竟何为思想政治教育形象？我曾经对思想政治教育形象的误解从何而来？又是何以消除误解走向理解？今后我应该如何参与思想政治教育形象的塑造与完善……在畏难情绪和意义追寻的极限拉扯间，我在向导师汇报兴趣选题时把思想政治教育形象塑造研究排在了最末尾。冯老师一如既往耐心地带着我逐题分析，当我们一致"毙掉"前面的选题后，思想政治教育形象塑造研究好比"站在海岸遥望海中已经看得见桅杆尖头了的一只航船"[①]朝我自如驶来。博士学位论文的写作是我时下最紧要的事情，也是最头疼的事情。但幸运的是，自开题以来每临崩溃之际，同老师沿着科技楼旁的竹林小径散步或是吃碗小吃街川渝风味老麻抄手的一会儿工夫总能让我豁然开朗，恩师的点拨就像是顶尖的太极高手打出来的招

[①]　参见《毛泽东选集（第一卷）》，人民出版社 1991 年版。

式，看似轻描淡写，实则有四两拨千斤之势。我常想，之所以我能对思想政治教育的印象迅速改观，是因为问学路上我一直幸逢良师，他们为师之尽心、为学之严谨、为人之磊落，均是思想政治教育的"门面担当"和"代言人"。当然感念之余，我也从学理层面认识到教育者形象是最为形象受众直接可感可知的，是思想政治教育形象塑造的关键变量，在思想政治教育形象塑造研究中要加强新时代思想政治教育者形象研究。

形象问题是思想政治教育实践发展的重要动力之一，也是理论探索中具有永恒意义的主题之一。通过梳理截至目前的文献材料所知，思想政治教育形象研究尚处于起步阶段，还未深入到这一问题的内部世界，我深知我熬过眼下以思想政治教育形象塑造为主题的博士学位论文写作仍将远远不够。同时，思想政治教育形象的主客体同构性决定思想政治教育形象研究的无止境性。换言之，中国共产党始终高度重视思想政治教育，必然不断提出新的形象要求，思想政治教育实在呈现不断因事而化、因时而进、因势而新，思想政治教育形象受众的感知素质和条件也在不断产生变化发展。因此，我将持续深化思想政治教育形象研究，逐步搭建起一个较为全面的分析框架，并在其基础上不断丰富更新研究内容，探赜把握整体形象与单维形象、受众形象与公众形象、应然形象与实然形象、主体形象与泛在形象间的关系，在研究思想政治教育形象中塑造思想政治教育形象，这既有利于增强思想政治教育实效、吸纳思想政治教育力量、塑造我党和我国的形象等，也是我同十八岁的"颜控"的自己的和解方式，能够让我更自由、更纯粹、更毫无保留地通向思想政治教育学术研究的深处。需要说明的是，思想政治教育形象是一个系统概念，思想政治教育形象塑造是一项系统工程，思想政治教育形象研究不是画地为牢式的理论研究，同青年思想政治教育理论与实践、思想政治教育治理、网络思想政治教育、思想政治工作体系等许多问题都紧密相连，应树立开放包容的学术思维；思想政治教育形象研究更不是本末倒置的"面子"研究，要惕厉形象思维的异化，坚定政治立场，坚持实事求是，做到脚踏实地，以优良形象提升实践效果，以优质实效反哺形象建设。

行文至此，我又完成了一次"颜控"的自我修养。鲜衣怒马少年时，铭恩怀美且徐行，不停探索、不停反思，一边欣赏美、一边塑造美。关于以上内容，我无法保证观点完全正确、体认恰当得宜，只能保证点滴皆是自得、心意发于真诚。

代玉启：赤诚扎根学科热土，扎实推进学术创新

代玉启，男，1984 年生，安徽阜阳人，国家"万人计划"哲学社会科学青年拔尖人才。现任浙江大学马克思主义学院副院长，教授、博士生导师。

一、矢志不渝的学术历程

我钟情于思想政治教育专业，致力于思想政治教育基础理论与方法研究，自 2002 年 9 月迈入大学校园起，便开启与思想政治教育学科的不解之缘，如今已在思想政治教育这块崭新却厚重的园地求知问学 20 载。2002 年 9 月至 2006 年 6 月，就读于西南大学思想政治教育专业，师从罗洪铁教授，获得法学学士学位；2006 年 9 月至 2008 年 6 月，就读于中山大学思想政治教育专业，师从郑永廷教授，获得法学硕士学位；2008 年 9 月至 2012 年 6 月，就读于北京大学思想政治教育专业，师从祖嘉合教授，获得法学博士学位。十载三地求学路，丝毫未曾徘徊过。2012 年以来，在浙江大学马克思主义学院从事教学科研工作，近年来主持国家社会科学基金项目 3 项，省部级课题 6 项，出版专著 3 本，参与编著 3 本，在《马克思主义研究》《政治学研究》《光明日报》《高等教育研究》《求是内参》等发表论文 100 余篇。多篇论文被《中国社会科学文摘》和中国人民大学复印报刊资料《思想政治教育》《中国共产党》全文转载，专著曾两次获得省级优秀成果奖。除服务于供职单位外，我同时兼任教育部高校思政课教学指导委员会委员、全国中国特色社会主义理论研究会理事、《思想政治教育研究》特约副主编、中国教育发展战略学会思想道德建设专业委员会常务理事和副秘书长、浙江省马克思主义理论学科评议组秘书长、浙江省高校马克思主义理论教学指导委员会秘书长、浙江省中国特色社会主义理论体系研究中心浙江大学基地研究员、郑州大学意识形态

安全研究中心兼职研究员等职务。在上级部门的关心爱护和众多师长的指导支持下，我于2016年入选教育部高校思想政治教育中青年杰出人才支持计划、2022年入选浙江省宣传文化系统"五个一批"青年英才、2015年获得浙江省第十八届哲学社会科学优秀成果奖、2021年获得浙江省第二十一届哲学社会科学优秀成果青年奖。从担任研究生导师以来，我更加倾力于思想政治教育专业学生的培养，运用思想政治教育的科学理论和方法培养德才兼备的学生，把对思想政治教育学科的饱满热情和担当意识传递给学生，指导的多名学生前往北京大学、中国人民大学、复旦大学、浙江大学等知名高校攻读思想政治教育专业博士。

二、丰硕创新的学术成果

近年来，我主要基于五个定向合力推进思想政治教育科学化发展，取得较为丰硕的研究成果。一是定性，确认思想政治教育的基本性质，探索思想政治教育的元问题、基础理论问题；二是定位，找准思想政治教育所属的位置，在狭义层面指认其马克思主义的理论性质、中国共产党的主体地位，不断加强党的建设基本理论研究；三是定法，运用思想政治教育的科学方法以及其他学科有效方法，推进思想政治教育方法研究；四是定势，把握思想政治教育的发展态势，明确其在国家治理体系中的战略地位，开展思政工作与社会治理融合研究；五是定点，关注思想政治教育重点人群，进行新时代青年文化景观研究，更好把握青年群体的兴趣指向和思想动态。

（一）定性：守正创新，深化思想政治教育基础理论研究

立足学界对思想政治教育基础理论的研究现状，跳出思想政治教育本身来看思想政治教育，聚焦思想政治教育的"运行""范畴""机制"等核心概念，厘清其多维运行逻辑，建构基于运行的、更具解释力的思想政治教育理论体系，为思想政治教育基础理论研究提供新思路。出版专著《新时代高校

思想政治工作创新专题研究》（吉林大学出版社 2018 年版），发表论文《基于运行的思想政治教育理论体系建构初探》（第一作者，《河海大学学报（哲学社会科学版）》2021 年第 5 期）、《价值引领：思想政治教育学的重要范畴》（第一作者，《思想政治教育研究》2021 年第 5 期）、《思想政治教育的工作形态及优化理路》（第一作者，《思想教育研究》2021 年第 2 期）等。

主要观点：（1）在思想政治教育理论体系建构方面，认为思想政治教育理论演进史，在充分肯定其逐渐形成自己的研究范式、取得丰硕研究成果的同时，也要看到思想政治教育理论体系的建构更多仍是从内部的微观视角入手，在展现思想政治教育社会性的宏观层面着力不够，表现出偏静态分析轻动态理解、偏理论阐释轻现实关怀、偏（内部）教育轻（外部）社会等缺憾。思想政治教育不是孤立运行的，而是与社会大系统、社会其他系统之间相互联系、相互制约。由中心向外围把握思想政治教育的运行逻辑，可从思想政治教育的自运行、思想政治教育与其他系统的交互运行以及社会运行对思想政治教育的辐射三个维度展开，并呈现出具体而丰富的样态。基于对思想政治教育运行逻辑的直观剖析，从关联要素的拓展性、运行形态的协同性、运行方式的多样性和运行评价的科学性等方面协同着力，有助于建构更具解释力的思想政治教育理论体系。（2）在思想政治教育范畴方面，认为范畴界定是思想政治教育学科发展中的元问题之一，需遵循历史发展逻辑与理论发展逻辑加以不断考察和反思。回顾党的百年思想政治教育的历史脉络与思想政治教育学科发展史的理论脉络，"价值引领"都是其中难以绕开的"网上纽结"。结合当今社会实际，价值引领可以具象化为政党或社会团体及其代言人为实现特定目标，而对其内部成员或社会其他人士进行一定的价值观引导，使其具备符合该政党或社会团体长远利益的思想观念与行为规范。在处理好价值引领与思想自由、自我教育与灌输教育的关系基础之上，价值引领理应成为思想政治教育学的重要范畴，方能回应学科发展的根本任务，并为学科发展带来新气象。（3）在思想政治教育的工作形态方面，认为思想政治教育的工作形态包括基础性形态和拓展性形态。以宣传党的理论、纲领、路线、方针、政策为内核衍生的各种思想政治教育工作形态的总和构成基础性形态，并表征出时间与空间耦合、现实与虚拟交融、显性与隐性交叠的时代特性。从广义来看，所有以人民为中心、为人民谋福祉的事业都是思想政治教育工作的延伸，它们是思想政治教育工作基础性形态的有效延展，构成拓展性形态。优化思想政治教育的工作形态，需要革新工作形态的范围、拓展工作要素的视野、健全工作运行的机制。

（二）定位：担当使命，加强党的建设基本理论研究

长期从事党的建设基本理论研究，聚焦阐释解读习近平新时代中国特色社会主义思想这一马克思主义中国化的最新理论成果。结合建党百年的历史契机，以学术讲政治，全面研究党的建设的历史逻辑、理论逻辑、现实逻辑，为新时代加强党的建设夯实理论基础。主持浙江省文化研究工程重大项目《干在实处 走在前列》系列研究"；国家高端智库项目（国务院新闻办委托）"政党形象建设的国际比较"。发表论文《中国共产党保持先进性的百年探索与基本经验》（独著，《马克思主义研究》2022年第1期）、《努力成长为堪当民族复兴重任的时代新人》（第一作者，《光明日报》2022年6月6日）、《中国式现代化道路的文化逻辑——学习党的十九届六中全会精神》（独著，《浙江社会科学》2022年第1期）、《中国共产党凝聚共识的百年历程与基本经验：基于三个历史决议的考察》（第一作者，《江苏社会科学》2022年第2期）、《"互联共享"的基层治理模式建构及意义》（第一作者，《中国社会科学文摘》2018年第2期）、《中国共产党伟大建党精神的三重逻辑》（独著，《求索》2021年第5期）、《中国共产党形象建设的探索与实践》（第一作者，《治理研究》2021年第3期）等。

主要观点：（1）在中国共产党保持先进性方面，认为中国共产党在引领中国人民进行革命、建设和改革的百年历程中，中国共产党依托自身的先进性建设克服内外部诸多困难，取得举世瞩目的巨大成就。先进性不仅是马克思主义政党的基本属性，也是中国共产党践行初心使命的必然要求，保持党的

先进性是中国共产党接续发展的动力源泉。党的先进性建设贯穿于中国革命、建设和改革的进程中，总是同党在不同历史阶段的具体任务结合在一起。纵观中国共产党的百年历史，先进性建设已然成为党的一个优良传统，中国共产党始终牢记使命，不断推进改革创新与自我革命，为建设学习型、服务型、创新型、纯洁型政党积累了大量宝贵经验。（2）在中国共产党凝聚共识方面，认为中国共产党的三个历史决议，记载了党在百年奋斗中为人民谋幸福、为民族谋复兴的重大成就和历史经验，展现了党善于把握历史规律、凝聚思想共识的伟大智慧。这些决议的制定背景、起草经过及核心内容均指向凝聚共识，彰显党在把握脉络中凝聚价值共识、在自我审视中凝聚思想共识、在研判现实中凝聚发展共识的基本经验，具有一脉相承和与时俱进相统一、党性与人民性相结合、集思广益与发挥历史主动精神相呼应的逻辑特征。凝聚共识，有助于增强党的团结统一、推进各项事业深入发展，也深刻影响着世界历史进程。面向未来，凝聚共识应回答好凝聚什么共识、对谁凝聚共识、如何凝聚共识的问题，筑牢理论根基、把握时代变化、注重方式方法，落实到新时代新征程的共同行动上。（3）在中国式现代化道路方面，认为中国式现代化道路，既不是采取西方化的现代化发展模式，也不是照搬马克思主义经典作家对社会主义建设的设想，而是立足中国人民的鲜活实践、吸吮着中华民族漫长奋斗积累的文化养分形成的、使科学社会主义焕发强大生机活力的跨越式发展之路。作为指导思想的马克思主义，是中国式现代化道路的文化之魂；作为源头活水的中华优秀传统文化，是中国式现代化道路的文化之根；作为基本底色的精神谱系，是中国式现代化道路的文化之梁；作为中华文化和中国精神时代精华的习近平新时代中国特色社会主义思想，是中国式现代化道路的直接思想武器。中国式现代化道路，受独特民族文化的深厚滋养而孕育出人类文明新形态，并以其包容性和开放性而不断彰显出世界意义，为全方位、立体式解决人类问题、为证明和优化现代化的多元模式贡献中国智慧和中国方案。

（三）定法：紧跟时代，推进思想政治教育方法研究

以问题为导向、以实践为基础、以理论为基核，推进思想政治教育方法研究的深化和拓展。持续承担权威性连续出版物《思想政治教育研究热点年度发布》专题"思想政治教育方法论"撰写工作，全面研究其理论基础、历史渊源、时代背景、基本范式和实践思路，为思想政治教育学原理体系重构提供方法论支撑。主持完成国家社会科学基金项目（高校思政课专项）"中外合作办学高校思政课建设研究"、教育部（高校思想政治工作专项）课题、教育部（高校思想政治理论课专项）课题，发表论文《新时代思想政治教育方法研究进展探析》（第一作者，《江西师范大学学报（哲学社会科学版）》2020年第6期）、《新时期思想政治教育内容与方法面临的挑战与发展要求》（独著，《思想教育研究》2015年第12期）、《基于社会实验的思想政治教育研究初探》（独著，《思想政治教育研究》2022年第1期）等。

主要观点：（1）在新时代思想政治教育方法研究进展方面，认为在新时代背景下，思想政治教育方法研究获得快速发展，在基本理论与具体方法研究方面取得了丰富的学术成果，呈现出与时代发展同向同行的总体特征，研究理念更加先进、研究基础更加夯实、研究视野更加广阔，但同时也出现基础理论研究活力有待激发、具体方法研究层次有待提升、方法研究实践效应亟待彰显的困境。展望思想政治教育方法研究前景，需要挖掘动力源，从问题导向、实践创新、重铸基核等层面推进思想政治教育方法研究的升级；聚焦着力点，把握守正、借鉴、应急与方法研究创新之间的关系，实现思想政治教育方法研究的优化。（2）在思想政治教育内容与方法面临挑战和要求方面，认为在现阶段，思想政治教育内容与方法既面临时代、环境层面的有利条件，也面临着来自时代、环境、教育对象的严峻挑战。就思想政治教育内容而言，集中体现于泛化倾向与主导性要求、层次混乱倾向与科学性要求。就思想政治教育方法而言，集中表现在需要走出形式主义倾向，做到落细、落小、落实；走出僵化倾向，做到融于有意、化于无形；走出事务主义倾向，做到事、

情、理、法结合。在此基础上，需要着力推进思想政治教育内容确定与方法选择的协同，发挥协作效应。（3）在基于社会实验的思想政治教育研究方面，认为开展基于社会实验的思想政治教育研究，是思想政治教育学科特性的必然诉求，也是社会环境对思想政治教育提出的必然要求，能够拓展思想政治教育的研究视野，增强思想政治教育研究的解释力和前瞻性。狭义来看，基于社会实验的思想政治教育研究，其维度可以概括为：研究思想政治教育实验，如思想政治教育相关政策出台的效应、调适等，实现思想政治教育研究的内核式创新；参与社会实验，优化思想政治教育运行机制，助于社会良性运行；观察社会实验，革新思想政治教育理论，提升思想政治教育实效性。基于社会实验的思想政治教育研究，核心在于机制分析，即锚定典型区域或典型案例，探究其运行机理及其连锁反应。尊重实验本身的结构完整性和演进逻辑、有效解决理论演绎和实验研究的"两张皮"现象等，对研究者提出较高要求。

（四）定势：扎根实践，开展思政工作与社会治理融合研究

以博士论文《思想政治工作视野中的群体性事件研究》为基础，开展"思想政治工作"和"社会治理"的关联性研究，不仅丰富了思想政治教育基础理论研究，也在坚持学科主体性、追求学科自觉性的同时拓展学科视野。主持浙江省哲学社会科学规划项目"公共危机状态下的群众工作"；出版专著《"生命线"价值的时代彰显——思想政治工作视野中的群体性事件研究》（吉林大学出版社 2013 年版）。发表论文《群体性事件演化机理分析》（独著，《政治学研究》2012 年第 6 期）、《思想政治教育参与社会治理的路径优化》（独著，《思想理论教育》2017 年第 6 期）、《十八大以来严肃党内政治生活的实践特色》（独著，《学校党建与思想教育》2018 年第 7 期）、《群体性事件处置中群众工作早介入》（独著，《学习时报》2014 年 6 月 23 日）、《重大疫情中的民众心态分析——以新冠肺炎疫情为例》（第一作者，中国人民大学复印报刊资料《思想政治教育》2020 年第 7 期）等。

主要观点:(1)关于群体性事件演化机理方面,认为从总体上看,我国处于群体性事件易发多发的阶段。根据群体性事件参与者与导火索之间的关系,一般可将群体性事件分为直接利益诉求型事件和非直接利益诉求型事件。二者的演化机理在社会宏观背景、利益关系变迁、怨恨场、宏观意义建构方面具有一致性,同时也有不同点。在非直接利益诉求型事件演化机理中,情绪传导与放大、道德震撼事件,流言四起、群情激愤、紧急规范等因素是其中的关键环节;在直接利益诉求型事件演化机理中,利益受损事件,寻求体制内手段解决问题无果以及次级刺激是关键环节。辩证看待、坚持以人为本、坚持调解优先、重视制度建设是认识和处置群体性事件的重要原则。(2)关于思想政治教育参与社会治理方面,认为在社会治理体系的多维图谱中,思想政治教育不可或缺。优化思想政治教育参与社会治理的方式,增强思想政治教育参与社会治理的时、度、效,使之成为我国社会治理的软实力和巧实力,需要做到:调节机警度,增强工作预见性;优化情绪管理,培育良好的社会心态;调动更多资源,由小循环到大格局;培育现代国民,在参与治理中实现公民成长。(3)关于突发事件与思政工作创新方面,认为重大疫情中民众心态的形成和变化涉及多种要素:重大疫情及处置进展决定心态,复杂多变的舆论场参与建构心态,民众自身的处境和素养直接影响心态。在众志成城、凝心聚力抗击疫情的主流积极心态之外,公众心态呈现多元、多样、多变的态势,主要体现为手足无措的恐慌心态、以邻为壑的短视心态、消费灾难的伪善心态、事不关己的看客心态、道德失范的宣泄心态。重大疫情中民众心态的调适,应从政府有效管控、媒介管理创新、群体心理疏导、民众科普教育四个维度着手。

(五)定点:聚焦重点,进行新时代青年文化景观研究

为进一步了解青年、培养青年,更好把握青年兴趣和思想动态,近年来开展新时代青年文化景观研究,发表系列论文并多次被转载,如"小镇做题家"现象解析有较大正面影响,被多家媒体转载引发多次"10万+"的关注。

主持国家社会科学基金项目《新时代青年文化景观及其引导研究》、国家社会科学基金项目《当代青年精神现象透视与引领研究》。出版专著《新时代青年文化景观研究》（主著，浙江大学出版社 2019 年版），发表论文《新时代青年理想信念教育的境遇与理路创新》（独著，《思想理论教育导刊》2022 年第 5 期）、《论新时代青年历史主动精神的涵养》（第一作者，《思想教育研究》2022 年第 4 期）、《网络社会青年信仰功利化风险及其化解举措》（第一作者，《中国青年研究》2020 年第 1 期）、《"小镇做题家"现象的透视与解析》（第一作者，《中国青年研究》2021 年第 7 期）、《高校培养时代新人的理路创新探析——基于对改革先锋共性特质与教育背景的考察》（独著，《国家教育行政学院学报》2019 年第 12 期）等。

主要观点：（1）关于新时代青年理想信念教育方面，认为理想信念教育是思想政治教育的核心内容和理论难点，也是常论常新的实践热点话题。青年作为时代发展的晴雨表和社会发展进步的中坚力量，其理想信念状况不仅关涉青年自身的成长发展，更关涉党和国家的未来。新时代，青年成长成才的环境发生变化，对青年理想信念教育提出新的要求。为此，需深入研究青年理想信念教育的着力点，构建系统性的理想信念教育框架，将其建立在对科学理论的理性认同、对历史规律的正确认识、对基本国情的准确把握和起而行之的自觉担当上，充实青年的精神生活，引导青年用崇高的理想、坚定的信念不断增强对中国特色社会主义道路的认同。（2）关于新时代青年历史主动精神涵养方面，认为历史主动精神的实质是尊重客观规律性与发挥主观能动性的统一、加强党的领导与尊重人民首创精神的统一、坚持问题导向和使命引领的统一、坚持守正与创新的统一。历史主动精神是引领青年自信自强的重要动力，也是破解青年发展难题的重要法宝。新时代青年涵养历史主动精神，需要学习经典著作，掌握理论本领，在社会实践中化理论为德性；重温百年党史，树立"大历史观"，在总结历史经验的基础上审视发展走向；学习先进典型，发挥示范效应，在优秀榜样引领下确立崇高理想；坚守初心使命，涵养精神气节，以崇高的使命担当锚定人生方向；明确发展定位，砥砺奋进之志，主动参与国家治理和社会建设。（3）关于"小镇做题家"现象解析方面，指出"小镇做题家"概念诞生于豆瓣的"985废物引进计划"小组，他们以"出身小城镇，埋头苦读，擅长应试，但缺乏一定视野和资源的青年学子"作为符号和标签定义自身。"小镇"是青年无法选择的家庭出身和社会背景，"做题"实质上是一种竞争模式，"做题家"本质上是这群"小镇青年"兼具优越感和无奈感的自我认知。社会宏观环境引导性偏差、高校育人生态支撑性缺失以及个体社会资本先赋性匮乏，构成"小镇做题家"自嘲现象的基本生成机理。对于这一现象，需要从社会和高校的宏观层面以及家庭和个体的微观层面精准施策、协同发力，引导这一群体正确认识、理性应对成长中的困惑，最终实现健康而全面的发展。

三、取法乎上的学术志向

2012年博士毕业后，我就进入浙江大学工作。从中国最早传播和研究马克思主义的发源地北京大学到中国马克思主义理论学科创始单位之一的浙江大学，从中国特色社会主义制度的谋划地北京到全面展示中国特色社会主义制度优越性的重要窗口浙江，我始终保持着马克思主义的坚定信仰和红色基因的鲜亮底色。我过去的学术研究分为两个十年，前十年带着浓厚兴趣一口气读完思想政治教育专业的本硕博，后十年矢志不渝开展思想政治教育研究和教学工作，在《马克思主义研究》《政治学研究》《光明日报》等期刊杂志发表100余篇学术论文，为本硕博学生讲授《思想道德与法治》《中国特色社会主义理论与实践》《中国马克思主义与当代》《习近平总书记教育重要论述》等课程，牵头组织的思政课课程改革曾两次被《人民日报》宣传报道。

古人云："博学之，审问之，慎思之，明辨之，笃行之。"我经常用"广学善思"和自己的学生共勉，特别强调跳出思政看思政，强调思想政治教育研究要切中现实。只有扎根社会实践，同时背靠马克思主义理论、政治学、社会学、教育学等理论体系，思想政治教育研究才可能实现真正的守正创新。正是沿着这样的研究理路，我写出一批具有一定创新性的研究成果，在《政治学研究》《马克思主义研究》《高等教育研究》《中国青年研究》等多学科的重要期刊发表。除了强调研究视野的开阔，我还注重研究方向的聚合，所有研究都围绕思想政治教育方法的问题域展开，需要"咬定青山不放松"的执着坚守。

作为一名思想政治教育研究者，我追求的理论目标是求真与求新的统一，强调客观真理与时代问题的同频共振；追求的理论形式，是钢铁一般的逻辑、音乐一般的韵律，强调文字的力量和文风的气势；追求的理论境界，是构建更具解释力的思想政治教育理论体系，使思想政治教育研究更具"动感"和"活性"。我确信，未来的思想政治教育研究是"在希望的田野上"耕耘，真诚希望我们所做的研究可以为思想政治教育学科的现代化发展、中国特色哲学社会科学的体系建构、中华民族的伟大复兴贡献智慧和力量。诚如马克思所言，"在科学上没有平坦的大道，只有不畏艰险沿着陡峭山路攀登的人，才有希望抵达光辉的顶点"。我常借诗人杨万里的《过松源晨炊漆公店》及《桂源铺》两诗激励同学们在遭遇挫折时，应如溪水一般向前奔流，积极向上且志向远大。

四、切真切实的学术体悟

就思想政治教育研究而言，过于宏观和微观都有欠妥之处，应当聚焦思想政治教育中观层面的研究，打通抽象综合性理论同具体经验性命题两者之间的通途，为思政宏观研究和微观研究架设一条理论"实用化"的桥梁。唯有如此，才能更好地开展思想政治教育理论研究和实践工作。一方面，宣教性研究、阐释式研究并不容易，需要对学理、事理、时代、对象的精准把握；另一方面，需要扩展视野，聚焦高校又超越高校、围绕学生又超越学生，呈现研究的广阔天空。

在学术研究中，应当注意以下几点：一是注重积累，不急功近利，通过阅读大量经典原著、学术专著和论文，将精读、泛读、比读有机结合，培养批判思维和质疑精神；二是尊重传统，不标新立异，尽可能多地在思想上占有那些经过历史考验保存下来的文献，以通晓学术史，增强学科使命感；三是聚焦问题，不跟风研究，区分好真问题与假问题，不仅要研究"显学"，也要注意"晦学"，以真问题为靶子，一以贯之搞研究；四是提早规划，不应付了事，真正把学术研究当成毕生的事业，从容自若搞研究。

在一以贯之的思想政治教育研究中，我逐渐对思想政治教育的范畴、机制、形态等核心概念形成一些研究心得。比如，范畴构建是思想政治教育由学科通向科学的关键。近四十年的学科发展历程，有关学科范畴命题的探讨取得一定进展，但始终难以形成共识性的理论成果，问题在于未明晰学科范畴构建的前提性认知。从范畴本身的历史发展与理论发展逻辑出发，思想政治教育学科范畴的构建需要摒弃机械主义的客观符合论和相对主义的主观认知论，运用马克思主义理论尤其是理论与实践相统一、逻辑与历史相统一的方法论，从合现实性、合规律性、合目的性角度出发，推进思想政治教育学范畴朝能动化、层级化与功用化路向发展，实现范畴研究的内在超越。又如，机制是思想政治教育学科的重要解释工具，上达思想政治教育理论，下连思想政治教育经验，在中观层面能够赋能思想政治教育学科发展。然而，思想政治教育机制的相关研究却长期徘徊于经验总结阶段，究其根本，在于对思想政治教育机制构建的重要前提与基础理论尚不明晰。在明确机制定义基础上，从机制解释理论出发，思想政治教育机制需要遵循揭示因果关系、展现内部动态、沟通宏观微观的构建原则，方可深化思想政治教育的基础理论，推进思想政治教育的实践创新。再如，应当从社会运行视角分析如何建设和善用"大思政课"，促进思政课与社会的深度融通、助推思政课回归"社会母体"，发挥思政课与社会的相互验证和激活效应，破解思政课针对性实效性不强、感染力亲和力不够、浸润感获得感不足等问题。在社会运行的宏阔视角下，"大思政课"与社会现实的互动呈现出自运行、协同运行和依托运行三种样态，并由此逐步扩容"大思政课"的样态与格局，赋予其纵横联动的社会属性。"大思政课"的多模态运行特征决定其系统的复杂性，并表现为主体的多维拓展、内容的系统整合、方法的守正创新、载体的有序延展、情境的有效建构、对象的动力激发等要素的统筹和调度。"大思政课"建设的机制创新需要从教师素养提升、课程形态转化、组织实施协同、课程考核评价等维度着手。

盖逸馨：明月清风怀逸志　学海无涯寻馨德

盖逸馨，女，1983年生，安徽蚌埠人。作为负责人获评全国煤炭行业教学成果一等奖、全国煤炭行业哲学社会科学优秀成果一等奖、全国高校思想政治理论课实践教学方案一等奖、全国高校思想政治理论课教师影响力提名人物。中国矿业大学（北京）马克思主义学院教授，博士生导师教授、博士生导师。

立行：博学而不穷，笃行而不倦

"少成若天性，习惯成自然。"我1983年出生于安徽省蚌埠市，蚌埠是淮河文化发祥地之一，也是汉字的重要起源地之一。自幼受书香之城的熏陶，读书便是我最喜欢的事情。六年级时，毛泽东喜爱的法国名著《红与黑》中一句"我的梦想，值得我本人去争取"勾勒了我幼时的梦想与奋斗之问，那时的梦想尚有些模糊，书中的世界令我向往，因此奋斗也是脚踏实地的。于是阅读在无意之中变成了生活的一部分，从唐诗宋词到自然科学，从四大名著到中外历史，虽不求甚解，但也会意于心，从幼时起在内心中充满了对古人的敬仰和对传统文化的热爱。日复一日地阅读，不知不觉间这个习惯就坚持了三十余年。时至现在，我常常会在休息时间，打开台灯，翻出一本书，伏案阅读。我很享受阅读，读书是我最宁静、最充盈的时刻。

回顾大学时期，我并不是同级生中的佼佼者，反而显得有些"格格不入"。那时"考证热"正悄然风靡大学校园，当周围的同学沉迷刷题时，我总是捧着教材推敲琢磨，自幼的阅读习惯早已让我将获取知识变为一种内生动力，学懂弄通书本中的基本理论于我而言才是要紧事。我看书不会执着于一隅，除专业课程之外，广泛学习教育学、心理学、历史、哲学、经济学、文学等内容，这也为我今后的科研工作打下坚实基础。现在当孩子们偶尔玩弄当时获得的那一摞各式证书时，我很感谢那段广纳博学的时光，因为用功深、穷理熟，而后融会贯通，扎实掌握基本理论才能举一反三。

硕博期间，老师们常讲马克思主义经典卷帙浩繁、学理深晦，作为实践产物和智慧结晶，需要深度学习掌握其中精髓，因此要学好马克思主义理论学科必须要经历坐"冷板凳"、下苦功夫的历程。这一时期，我继续延续阅读的习惯，系统研读马克思和恩格斯系列经典著作，写下一本本读书笔记，以求深层次构建哲学思维，涵养学术素养。为了有更多的学习时间，我常常自愿让图书管理员将自己锁在图书馆内"闭关"，这也成为当时同学间的一段笑谈。得益于一直帮助我支持我的老师们培养，我逐渐围绕学科专业打下较为扎实的基本功。我坚信只有自幼笃行，方有孕沙成珠的涅槃。

时光匆匆，求学之路我走过了三十余载，这一路没有刻意而为之，一切就像是水到渠成。我喜欢读书，未来也将继续读下去。或许正是因为三十余年的阅读，让我在匆匆生活的狭窄缝隙之中，不断唤起并坚定内心中那份对于知识的渴望。正是这种渴望，给予我在艰难困苦之时不甘退却的勇气和浪潮纵横之中保持自我的坚持。

"志之所向，无坚不入，锐兵精甲，不能御也。"2008 年，我有幸成为中国矿业（北京）思政队伍中的一员，坚持以鲜明的政治立场、崇高的理想信念和深厚的家国情怀教育带动和感染学生，引导学生在面对纷繁复杂的国内外形势中时刻保持清晰头脑、明辨是非，坚定正确的政治方向，一同在学习波澜壮阔的党史、新中国史、改革开放史、社会主义发展史和中华民族发展史中感悟中华民族的精神力量和厚植爱国主义情怀。

关于教育，我有几点感悟。第一，俯下身子做教育。我始终坚持把教书育人视为终身践行的使命与职责，为帮助学生提升自我、夯实信仰，我积极通过各种方式在课堂中提升师生互动的意愿和效果。我的思政课上，会用"男生追女孩子时不要总想着说'我喜欢你'，女孩更喜欢'阳光正好，而你穿着白衬衫'"这样稍显别致的课堂导入。主动拉近与学生之间的距离，得到学生的真诚相待，学生会亲切地称呼我为"盖子姐"，我也很荣幸能成为学生眼中的一道光。

第二，教育不是灌输而是点燃。在课堂中我更侧重于以自身的生活经历和感悟去启发学生理解书中的道理，更注重培养学生善于思考的能力和自主学习的意识，点燃学生对于知识的渴望与追求，而不是直接灌输大家"应该学什么""怎么样去学"。我会在充分尊重学生主体性的前提下，实现知识传授基础上的价值引领和思想引导。因此我的思政课上气氛会比较活泼，没有老师和学生之间遥远的距离感，更多的是思维激烈的碰撞和愉悦的课堂讨论。

第三，不仅仅是做一名老师。我会时刻关心着学生的思想与心理状态，通过微信、QQ等各种途径主动与学生交流，为学生纾解心结，传递正能量，在课余积极地为学生排忧解难。同时还精心组织并参加所带班级开展的集体活动，并且经常与学生一对一谈心，从各个方面关爱每一个学生。我想做的不仅仅是一名老师，我还想给予学生朋友一样的关心和家人般的照顾。在担任本科生班主任期间，班上一名同学曾经由于额窦炎需要做手术，我陪伴这位同学及家长一起去医院做检查，手术进行的时候也一直等候在手术室外。我带着全班学生鼓励这位同学与疾病抗争，早日回归课堂，携手共渡难关的经历使班级的凝聚力得到了极大的提升。我和同学们分享我的感悟说："每位同学是班级的一员，关心和帮助同学是我们义不容辞的责任，没有任何理由，就因为我们是家人。"同学们自发组织起来，多次去看望那名同学。学生家长十分感动地说："你们真是遇到了一个好班主任，才会有这样班风正气、同学情深、人情味浓的班集体。"

"痴心一片终不悔，只为桃李竞相开。"作为学校思政课一线老师，在上好思政课的同时，我也注重课堂之外、教学之外，师生之间的友好沟通交流。我很荣幸被学生选择，成为他们信任的老师，在潜移默化中影响、塑造学生的品格，为学生点亮成长成才的明灯，帮助他们奋斗在正确的人生轨道上。

成为教师十余年以来，我多次指导本科生进行科研选题训练、大学生创新性训练，参加全国和北京市马克思主义学科竞赛，努力彰显人才培养专业优势和应用能力，近五年独立指导硕士和博士研究生共 23 人，5 名学生获国家奖学金，1 名学生获北京市双百奖学金，1 名学生获北京市优秀毕业生，带领学生获得省级以上学科竞赛奖 8 项。疫情期间，中国矿业大学（北京）2018 级本科生谢小玉向总书记汇报社区志愿服务工作并获总书记点赞，作为指导教师辅导她主讲《青春在抗疫一线绽放》在 2020 年第四届全国高校大学生讲思政课公开课展示活动（北京地区）获奖，2021 年指导学生参加第五届全国高校大学生讲思政课公开课活动获北京赛区二等奖和三等奖。作为中国矿业大学（北京）志愿服务团导师，组织多支学生团队开展实践，2019 年指导学生获首都高校思想政治理论课学生社会实践论文二等奖，2017 年指导"朝夕相伴，青春同行"助老志愿服务小分队，获全国大中专学生志愿者暑期"三下乡"社会实践活动优秀实践团队、首都大中专学生暑期社会实践百强团队二等奖。看着学生们从迷茫困惑到信念坚定，从关注自我到融入时代洪流。我的学生们——他们或是在专业领域中求索真知，或是奔赴西部支教，或是在基层默默奉献，或是在创新创业领域中挥洒智慧与汗水……他们在祖国最需要的地方绽放青春，也映照出了习近平新时代中国特色社会主义思想铸魂育人的强大力量，这让我倍感自豪。

立学：学必求其心得，业必贵其专精

作为从教 15 年的思政新兵，我主持国家社科基金项目 1 项，教育部高校示范马克思主义学院和优秀教学科研团队建设项目 1 项，省部级课题和校级课题 13 项，作为核心成员参与哲学社会科学研究重大课题攻关项目 1 项。在《光明日报》《学习时报》《思想政治工作研究》、光明网等中央级新闻媒体发表文章 6 篇，《思想理论教育导刊》《思想教育研究》《学校党建与思想教育》《科学社会主义》《理论视野》《中国党政干部论坛》等马克思主义学科权威期刊发表论文 30 篇，全国中文核心期刊 14 篇，CSSCI 来源期刊 13 篇，文章先后被中宣部"学习强国"、《中国日报》、人民网、首都文明网等平台全文转载。出版学术专著 4 部，编著 1 部，参编马克思主义学科权威专著 3 部，获省部级教学科研奖 20 余项。

新时代增强高校思政课对社会思潮的引领力是巩固马克思主义指导地位，加强社会主义主流意识形态认同的必然要求，体现思政课所负担的政治使命。基于此，我着眼于把握新时代增强高校思政课引领社会思潮有效路径和实践方法，深化高校思政课引领社会思潮理论与实践研究，助力高校思政课改革创新，形成系列成果。

新时代增强高校思政课对社会思潮引领力的战略指向研究。"做好高校思想政治工作，要因事而化、因时而进、因势而新。"习近平总书记关于高校思想政治工作重要论述高屋建瓴。"因事而化"要求高校思想政治工作同我国发展现实紧密结合，聚焦当下正在做的事情。"因时而进"要求回应学生成长成才的现实需求，提升思想政治教育亲和力和针对性。"因势而新"要求引导学生认识当今世界和我国发展大势，深入掌握育人规律，跟随形势发展变化，提升思想政治教育实效。新时代高校思想政治教育工作深刻领悟目标要求与现实规律，从"事""时""势"三方面推进思想政治教育工作，为新时代增强高校思政课对社会思潮引领力研究指明方向。

新时代增强高校思政课对社会思潮引领力现实境遇研究。新时代背景下，社会思潮通过网络媒体各种渠道渗透社会生活方方面面。高校作为社会思潮集散地，为大学生接触和吸收社会思潮提供现实场域，一方面，是大学生汲取先进思想认识的养分所在；另一方面，又是不良社会思潮消极影响的问题来源。以深入了解社会思潮传播新特点为基本前提，有效应对社会思潮对高校思政课的冲击，注意辨别弱化高校思政课育人效果、消融高校思政课育人目标以及淡化思政课主渠道职能的社会思潮，正视其带来的现实挑战，为探寻新时代高校思政课社会思潮引领力的实践路径研究提供现实遵循。

　　新时代增强高校思政课对社会思潮引领力的实践路径研究。以把握社会思潮传播特点为基础，以应对现实挑战为导向，多渠道创新高校思政课引领社会思潮的实践路径是新时代增强高校思政课对社会思潮引领力研究的重点。马克思主义对增强社会思潮引领力研究提供根本指导，提高马克思主义理论研究深度是高校思政课增强社会思潮引领力的基本途径。高校思政课是引领社会主流意识形态主要课程，发挥高校思政课育人主渠道作用，是增强社会思潮引领力的关键路径。新时代背景下，互联网日益成为意识形态斗争的主阵地、主战场，是各种社会思潮传播的重要平台，加强高校网络舆论引导，把握思想传播的网络主阵地，是增强社会思潮引领力的重要路径。

　　"思想政治理论课是落实立德树人根本任务的关键课程。"思政课对于大学生健康成长至关重要。我认为提高思政课实效性最为关键的是教学上做到深入浅出。深入是浅出的基础，要实现面向学生输出教学内容时的浅显易懂，就需要在科研上不断深入，孜孜不倦钻研、探索、论证，使思维认知更加深刻，实现更为通透的理解。思政课教师不能将视野局限在书本之中，应走出书斋做学问，既要扎根教学实践，又要关照社会现实，既要精于马克思主义理论，又要触类旁通。因此，需要科研教学同向发力，教学滋养科研，科研反哺教学，立足中国矿业大学（北京）能源工业精英教育体系，培养心怀"国之大者"，厚植家国情怀兼具国际视野的高素质人才。

　　立足时代之基，持续优化"5+1+X"思想政治理论课教学体系。增强新时代高校思政课对社会思潮引领。通过基础理论研究、价值意蕴研究、战略指向研究及现实境遇分析，分析新时代增强高校思政课对社会思潮引领力的实践路径。深入探析新时代高校思政课引领社会思潮核心要义、本质内涵和价值意蕴，把握"新时代增强高校思政课对社会思潮引领力"的理论蕴涵、内在机理、目标指向和价值导向，提升高校思政课教学研究丰富性和层次感，进一步巩固马克思主义在意识形态领域指导地位。推进习近平新时代中国特色社会主义思想"三进"。有效引入 C2B 模式（Customer to Business，即消费者到企业，先有消费者提出需求，后有生产企业按需求组织生产），着重研究思想政治教育供给侧改革视域下习近平新时代中国特色社会主义思想融贯高校全程全方位育人价值意蕴和实现路径，构建新思想指导下基于思想政治教育供给侧改革育人育才方案。

回应时代之问，深入推进"自主·学习·分享"实践教学模式。以育人为基本职责，以课程为核心，深化教育教学改革，积极探索发挥思想政治教育功能的途径与方式，坚持"学生为主体，教师为主导"教学理念，依托教育部项目广泛开展探究式、个性化、参与式教学，针对学生关心、社会关注的问题发出理论和时代声音，赋予高校思想政治理论课针对性和亲和力。把握时代脉搏，丰富教学内容。以时代课题为指向，及时更新丰富教学内容，充分利用至善网和超星教学辅助平台，定期补充思想政治教育相关理论知识，及时将社会热点话题、国家最新发展动态引入课堂，充分将理论与实际相结合，使其既符合学生实际需求，又与时代热点、国家政策相关联。特别是全球新冠肺炎疫情持续反复深刻背景下，充分发挥好思想政治教育功能属性，及时宣讲传递疫情防控斗争所彰显中国共产党领导、中国特色社会主义制度显著优势，价值引领寓于知识传授。聚焦专题教学，打造精品课程。努力探索行业特色高校思想政治理论课专题教学方法，精心打造精品课程。通过影像化文字化调研，引导特色行业高校学生将中国精神的学习落实到专业领域和日常生活。基于深化新时代大学生对中国精神基本内涵和践行要求理解的教学目标，以行业特色人物为切入点，聚焦中国精神落实落小落细，实现课堂教学与实践教学、学生主体与教师主导、思政课程与课程思政紧密联系和支撑。

应对新时代之变，不断完善课堂、网络、实践三位一体教学体系。准确把握思想政治教育规律和人才成长规律，坚持问题导向，基于"学"设计"教"，着力探索习近平新时代中国特色社会主义思想"进教材、进课堂、进头脑"有效路径，着力提升思想政治理论课实效性。充分把握新媒体时代思想政治工作新规律，不断完善打造课堂、网络、实践三位一体教学体系，确保高校思想政治教育全程"不掉线"是保证思想政治理论课持续性产生影响的关键。建设思政课教学网络支持平台，进一步达到课外课内、网下网上同频共振效果，努力实现互联网＋思政课"乘法效应"。依托学校思政课教学网络支持平台，采取线上线下相结合方式，进一步实现课上课下联动教学，全面掌握数字化技术，从工作理念、宣传内容、工作方法和保障机制等方面不断创新，提升思想引领有效性，努力为学校实现立德树人根本任务提供思想保障、舆论环境和动力支持。

把握新时代之需，着力推进"1+2+3+4"思政课实践育人模式。知之不若行之，内化于心，外化于行，着力延伸思想政治理论课实践教学核心要义，构建以党史教育、行业特色和志愿服务等分阶段梯度的实践教学"1+2+3+4"模式，实现知识传授基础上的价值引领和思想引导，凝聚培育时代新人强大合力。我担任学校大学生志愿者服务团导师，定期指导各年级本科生开展社会实践，组织学生精心设计实践方案，扎实开展实践活动，不断增强思想政治理论课说服力和影响力，引导大学生深刻领会社会主义核心价值观历史底蕴、现实基础和道义力量，坚定价值观自信，努力成为社会主义核心价值观的坚定信仰者、积极传播者、模范践行者。打造理论宣讲活动品牌。担任高校思想政治理论课高精尖创新中心（中国人民大学）《思想道德与法治》慕课教师、高校形势与政策课教学讲师团教师，作为2022年"圆梦冬奥会，一起向未来"首都教育系统弘扬北京冬奥精神"大思政课"设计团队核心成员，以多元融合为手段拓展课程资源，深入挖掘宣讲活动蕴含的价值教育内容，进一步推进思政课程与课程思政同向同行。

立德：以德律己，以己服人

"少取多活洼积水。"从教十余年，我有一些自己的"坚持"。我认为学生是能感受到老师是否用心的。我坚持备每一堂课，通过系统引导青年学生树立正确的世界观、人生观、价值观，帮助学生坚持正确的政治立场和政治方向，树立坚定的政治信仰，增强政治敏锐性和政治鉴别力。同时将思政课与社会大课堂紧密相连，用鲜活的现实素材启迪学生，在我的课堂上经常可以发现上午新闻中刚刚报道的热点话题，下午就作为案例出现在课堂上，让课程带上"泥土气"与"热乎气"。我坚持手写教案，尽管每一个知识点早已如数家珍，但每一次优化教学内容我都会重写教案。因为只有将头脑中想象的教学环节落实到纸上，才能细致推敲每个部分是否合理，便于深入挖掘研究内容的同时，关注思政课教学内容本身的专业性和吸引力，推动前沿成果向教学内容转化。我坚持与学生交流，每一堂课我都会设计一些巧思努力打开学生的话匣子，我始终认为自己也是新人，面对深刻变化的国际局势与飞速发展的科学技术，我需要与学生一同学习。

信息化时代，社会舆论和价值观念甚嚣尘上，碎片化、浅层化、娱乐化的网络信息深刻影响学生的人生观、世界观、价值观，思政课的价值引导作用日渐突出。思政课要以透彻的分析回应学生，以通达的理论说服学生，以真理的力量引导学生，而从事思想政治教育理论与实践研究能够有效提升思政课的深度和高度，我以此为己任，在探索思政课的路上奋力前行。具体有以下三点体会：一是坚持为党育人，进一步夯实思政课政治属性。结合国情、党情、社情、民情讲好思政课，促进思政课程与课程思政同频共振，始终坚定社会主义大学的政治立场和办学方向。二是赓续红色基因，进一步提升教学改革创新内容。落实学校基层教学组织建设实施意见，加强基层教学组织教学研究，深入挖掘各门课程蕴含的红色资源，从百年精神谱系汲取奋进新征程精神力量。三是践行学为人师，进一步提升课堂教学育人成效。发扬严谨治学、甘为人梯精神，把思政课讲深、讲透、讲活，切实肩负教书育人光荣使命。

"不负韶华砥砺行。"我认为打造一支结构合理、分工明确的研究团队对开展科研工作有至关重要意义。在科研团队建设过程中，我本着教学与科研相互促进、任务分工与团队合作相互统一的目标原则，促进思政课教学和团队科研建设相互促进、相互发展。科研团队共同努力，日复一日、年复一年地坚持从纷繁浩瀚文献中获取有价值的科研资料，立足于一线课堂及社会实践开展调研，定期召开交流会进行头脑风暴，与团队成员深入沟通近期学习与工作状况，讨论每个人的新思路、新想法。意见相左时，我坚持以学生为本，乐于倾听学生的发言并邀请大家各抒己见。这个普通而又平凡的场景曾无数次出现，不论是过去的面对面，还是如今的线上会议，这个属于团队的小小仪式从未间断。

我经常逐字逐句修改学生撰写的文章，字里行间写满批注，在与学生充分沟通行文构思后，提出切实可行的意见，并且叮嘱学生在修改完成后，务必要带上新旧两版文章再次讨论。在与学生的交流过程中，我会用切实的行动感染学生，也希望涓涓细语能温暖大家，我希望通过将科研思路倾囊相授，激发学生的活力，使整个团队拧成一股绳。

"春风细雨润人心。"我曾收到一封学生来信，也被登载在 2019 年 12 月 30 日《光明日报》上。"盖老师，您好！都安工作生活半年，日子和我所期待的一样。我教高一年级 3 个班数学，每天备课、上课，给他们讲我曾经的故事。课余下乡调研、参与志愿服务，生活充实又令人愉悦。我想支教的意义便是为学生勾勒梦想的模样，收获更好的自己。"写这封信的是中国矿业大学（北京）第六届支教团成员，也是与我经常保持沟通交流的学生之一。我意识到，要做好高校思想政治工作，还要投身实践，构建协同育人机制，只有把论文真正写在祖国大地上，做到理论联系实际，才能推动思想政治教育工作实现内涵式发展，推动思政课教学质量与水平不断提升。

教书育人是最为根本的职责，努力成为学生健康成长指导者和引路人。近五年独立讲授本科生课程 9 门，累计授课 1728 学时，独立讲授研究生课程 5 门，累计授课 420 学时，年均授课 358 学时。聚焦提升思想政治理论课教学活力，培养学生思辨能力，我始终明确思政课的对象是大学生，群体认知规律和接受特点是一门深奥的学问，应努力探索、研究、总结并主动适应这个规律，切实提高学生的出勤率、抬头率、互动率。为此，我将教书育人视为终身践行的使命与职责，精心设计多种教学问答，以此提升师生互动的意愿和效果。

教育教学中，我力求用理论教学促动学生在成长中讲政治、担使命，在课堂中悟原理、求真知，在实践中长才干、增本领。通过精准领会习近平新时代中国特色社会主义思想的精髓要义，及时更新思想政治理论课教育教学思路，积极吸纳新知识、新方法，并且将其融会贯通于思政课理论与实践教育教学中。长期从事高校思想政治理论课一线教学与理论研究，积累了较为丰富的大中小学思想政治理论课一体化教学经验。我作为高支附项目授课教师，2017年为"00后"学生带去风格清新的政治选修课，光明网以《矿大牵手矿附中，掀起最炫选课风》对思想政治理论课一体化建设教学经验进行专题报道。致力于不同阶段学龄教育链结合，撰写报告获北京高校青年教师社会调研优秀项目二等奖。2018年前往林大附小进行《恰同学少年》主题授课，用"10后"喜欢的方式进行价值引领，获评学校高校支持附属中小学建设项目课程建设贡献奖。2020年疫情期间指导学生为北京一线医护人员子女开展线上学业辅导，"中国青年志愿者"官方媒体进行宣传报道。2020年下半年完成人力资源和社会保障部事业单位人事服务中心慕课《抗击疫情彰显中国制度与价值观的优势》录制任务。2021年受邀前往北京警察学院、国家能源集团低碳研究院、清华大学机械系党委、颐和园党委、紫竹院公园党委、中关村街道、昌平北七家镇党委中心组和全国读书会联盟等单位开展主题宣讲。2023年赴北京市教工委、国家能源集团、北京市公安系统等开展学术宣讲十余场。

在教学实践中，我立足"大思政"视野，积极探索教学新模式、新方法，依托"互联网＋思想政治教育"模式，通过网络等新媒体途径，切实提升学生主动参与课堂活动的积极性。带领学生参加北京市思想政治理论公开课，与大家名师面对面交流，体悟真理的力量，增强思辨能力。带队开展社会实践，与学生在采访优秀校友、打工子弟小学支教、社区助老服务的志愿实践中共同成长。指导学生进行科研选题和大学生创新创业训练，启迪他们用跨学科的角度思考问题，把课堂学到的理论知识入耳入脑入心……点滴努力，换来的是学生对课程的认可，更是青年的拔节生长。在我看来，这种创新与变化是全国教育战线为党育人、为国育才的缩影。越来越多的课堂在从教师主体向师生二元主体互动转变，思政课也不再是"关起门""板起脸"，而是在充分尊重学生主体性的前提下，实现知识传授基础上的价值引领和思想引导。思想政治教育正从单一课堂到多个课堂同频共振，理论课堂、实践课堂和网络课堂共同育人的"大思政"格局正在构建。

后记：人勤春来早，奋进正当时

回首来时路，在我与团队的共同努力下以科学理论开展教学，以创新思路教书育人，凭着热爱与坚持甘于做学生奋进路上的"垫脚石"，也勇于做学术征途的"探路者"。眺望奋进路，我认为征途漫漫，唯有奋斗！我是学界的后辈，宁拙勿巧，还有许多书等着我去看。

聚沙终能成塔，水滴方可石穿。我希望继续带着春风化雨般的情怀，传播知识、传播思想、传播真理、塑造灵魂、塑造生命、塑造新人，情系青年成长、奉献教育和科研事业。

高静毅：科研如逆旅，我亦是行人

高静毅，女，1990 年生，河南嵩县人。首都师范大学马克思主义学院讲师。

习近平总书记曾讲："无论我们走得多远，都不能忘记来时的路。"在这个快节奏的时代，专门抽出一段时间，静下心来回望过去，认真系统地复盘自己，是一件很幸福也有很有必要的事，可以让我们重温初心，不忘来时路，蓄力再出发。

一、学术历程

从"半路出家"的马克思主义理论专业硕士研究生，到思想政治教育专业博士研究生，再到一名高校思政课教师，这一路的学习和经历使我作为一名思政人的步伐越来越坚定。

（一）本科：感受思政，乍见之欢

因从小幻想自己成为一名吐辞为经，举足为法，绝类离伦，优入圣域的才女，因此我在填报高考志愿时并未将思想政治教育专业作为选项，而是毫不犹豫地被报考了汉语言文学专业。后来，因分数不够最终被公共事业管理（师范）专业录取，也就是教育管理专业，主要修读教育经济学、教育法学、教育行政学、教育社会学、教育心理学、教育管理学、人体解剖学、高等数学、教育统计学、教育测量与评价学、德育原理、微格教学、教育实习等课程，当时我也不了解这些课程对今后从业的帮助是什么，甚至还和同学们开玩笑："学习人体解剖学，是不是为了有朝一日体罚'熊学生'时避开要害"，当然这只是为了缓解学习压力的玩笑之语。本科四年的时光在一节节课程学习中缓缓流逝，我并非一个废寝忘食、闻鸡起舞的好学生，也不是一个躁动闹腾、神游于课堂的学生，用当下时髦的话讲，我应该属于"主打陪伴"（一节课不逃、一个字儿不听）的类型，但好像又比"主打陪伴"者多一分好奇，比如这门课到底要教什么、这个概念界定的清不清楚、教材里有没有错别字、老师为什么这么教、我怎么做才能像讲台上的老师一样从容等问题会时不时出现在脑海中，牵引着自己去寻找答案。也许正因如此，本科期间漫不经心的学习也算有收获，除了掌握应知应会的专业知识，我也感受到了教育学的温情和包容，教育者的专业和细腻，教师职业的辛苦和骄傲，形成了一定的专业认同和教育热情。时至大学四年级，校招开始了。我也将自己的头发梳成大人模样，穿着一身帅气西装，带着"我为教育管理专业代言"的自信，手捧一沓漂亮的彩打简历，欢快地走向校招会场。从宿舍到校招会场的路并不长，但那一小段路，已经足以让我构思一部连续剧，剧中有我初登讲台亲和有力的画面，有我"领着一群小鸟，飞来飞去"的画面，甚至还有我光荣退休的画面……但是，打脸来得太快。被婉拒的简历，求而不得的试讲机会，"招你们过去当校长吗"的回应第一次让我感受到市场的存在。毫无疑问，我的专业能力和综合素养没能打动招聘者，但在我有限的能力条件下，是不是换一个能和中学学科对口的专业会更好？一通头脑风暴后，非本专业的一位老师、一门课程浮现在我眼前。那是一位讲授"思想道德修养与法治"课的老师，一位文质彬彬的男士，穿着笔挺的西装，骑着破旧的二八大杠，仿佛是去赴约的精神小伙。当他走进教室，打开精心准备的PPT，昂首挺胸，侃侃而谈，我看到了知识分子的自如。面对游离于课堂的学生，他眼里偶尔闪过一丝忧伤，但又很快藏起，变着法儿的调动课堂气氛，这让我看到了人民教师的坚守和不易。教学本是一场双向的奔赴，我希望能给台上的老师一些尊重和支持，并且一定让他感受得到，所以我自此养成了目光追随讲演者的习惯。给我留下深刻印象的课程是"马克思主义基本原理"课，虽然当时的我并不了解马克思主义理论的宏大体系和现实价值，但教材字里行间体现出很强的逻辑性，多一句不行少一句更不行，环环相扣的论证和阐释让我觉得既佩服又舒服，这一点对我这么个说话啰嗦的人来讲，确实是很有吸引力的。回想起来，我对于思想政治教育专业的情愫或许在本科时就已生根发芽，所谓"情不知所起，一往而深"大概如此吧，我甚至分不清到底是我走近了思政，还是思政走近了我。从此，求职的失落感通通转化为考研的动力，除了对照招生简章的推荐书目自学备考之外，当时我能拿出的最大诚意就是毕业论文，在征得指导老师的同意后我以《马克思主义人学理论对教育管理的启示》为题，完成了自己的毕业论文。就这样，带着几分的决绝和憧憬，我本科毕业了。

（二）读研：走进思政，犹觉不足

2013 年至 2016 年，我就读于河南师范大学马克思主义学院，在马福运教授的指导下从事思想政治理论课与马克思主义大众化相关研究。这个时期我第一次进入到一个师门，在与师门兄弟姐妹相处的过程中感受到很多力量；开始懵懵懂懂地进行一些科研训练，包括如何查找文献、引用文献，如何阐述一个命题、论证一个观点，怎样进行重复率测定等；参加了人生第一次学术会议，体会到学术交流的乐趣。河南师范大学马克思主义学院的老师们非常善于鼓励学生，积极培育同学们的学术自信，三年的课程学习和科研训练使我们的学术自信逐渐增长，我也从本科期间一个主打陪伴的小透明，成长为课上积极发言，课下主动求教，敢于向老师提出一些专业问题并公开分享自己想法的活跃分子。三年的时光转瞬即逝，也许是因为期间做了一年的本科生兼职辅导员，不可避免会分散一些精力，也许是因为一篇中文核心期刊论文的毕业资格迫使我们近乎疯狂的写文章投文章，也许是因为长大后的日子本就不经过，岁月不会偏爱任何一个人，无论你准备好了没有，都一视同仁地把我们送向终点站，但这一次我的目标是明确的——我要继续读博。如果说本科毕业时初生牛犊不怕虎的我最大的求职障碍在于无处安放的专业，那硕士毕业时我最强烈的感受就是"还没学够"，本就半路出家，如今剑未配妥，出门已是江湖。硕士期间，我有将近一个月的时间待在北京，去不同的学校蹭一蹭马院的学术讲座、研究生学术沙龙等，我也是在这个时候猛然发现，当清北人师等高校的马院研究生抱着马恩选集写写划划、精读深研、侃侃而谈的时候，我那一组书基本是供在书架上的，一点儿都没有一个马院研究生该有的样子。已经离开了教育管理专业，却又对思想政治教育专业一知半解，这不就是个"半吊子"吗？为了完整地建构起自己关于本学科的知识体系，深入研读学科经典文献，在思想政治教育理论与实践研究中扎下去，我立志继续读博。遗憾的是，我没能在2016年的博士研究生入学考试中上岸。就这样，带着满心的遗憾和不甘，我硕士毕业了。

（三）读博：衷于思政，奔赴热望

2017年，我有幸被北京师范大学马克思主义学院思想政治教育专业录取，师从冯刚教授。博士期间，在冯老师的悉心指导下撰写了一些学术文章，参编了一些学术专著，参加了一些学术研讨会，参与了一些学术课题，获得了一些荣誉奖项，完成了学位论文。三年的时间里，有太多值得回味的人和事，比如知道老师带病指导论文后的自责；阳光洒满校园的午后，师门兄弟姐妹围绕在老师周围散步的惬意；为了某个学术问题和师兄争论不休的轴劲儿；一人答辩全门助阵的团结……如此种种，当时只觉得幸福，如今回想，在幸福之余更能想象老师的辛苦。在学习和科研方面，冯老师总能结合我们的思考和困惑，给出具有建设性的指导意见，从不因为观点幼稚、文笔笨拙而拒绝指导，孔子所说的循循善诱、因材施教大抵如此。当大家的困惑集中在一起时，师门组会硬是被我们变成专家坐诊，面对各种疑难杂症，哪些功夫没下到，哪些论证不到位，哪些地方需要调整，冯老师都会一一指出。大家捧着又臭又长的文章而来，不带一句虚言妄语而去，化腐朽为神奇之间可见导师的辛苦。我曾在一本书上看到这样一句话，长者最大的善良，就是在见过大风大浪之后仍从未低估小风小雨带给后生的伤痛。作为一位著述等身的学者、一位桃李满天下的师者、一位和蔼可亲的长者，冯老师总能以高深的学术造诣和脱俗的人生境界给迷茫的我们指引方向、带来能量。默而成之，存乎德行，大德至善，不言而信，这本身就是思想政治教育的典范了。时光荏苒，转眼又到了毕业季，疫情减少了告别的仪式感，或许也缓解了浸润式的感伤，却带来了"只要不说再见，我就仍然在校"的妄想后遗症，直至走上讲台，被一张张新鲜面孔唤作"高老师"，我才不得不承认，三年的博士生活终究是画上了句号。就这样，带着无尽的不舍和留恋，我博士毕业了。

（四）如今：拾阶而上，步履不停

2020 年 9 月至今，我在首都师范大学马克思主义学院工作，正式成为一名思政课教师，身份转换，使命在肩，带着无限的新奇，我打开了一个又一个盲盒。除了讲授本科生"思想道德与法治""思想政治教育学原理与方法"课、研究生"思政教学设计与实施"课之外，也兼任本科生班主任，负责师范生教育实习工作。工作后我发现，思想政治教育实际工作远比当初自己假想的要更加复杂，读书期间自己的研究成果不同程度地存在"悬浮"问题，太过理想化。真正有用的、有说服力的研究一定是扎根实践并且解决实际问题的。那么，如何把思想政治教育教学的现实困境、思想政治工作的具体困难转化为研究课题，如何寻求有效的理论指引和学理支撑，如何实现研究成果的实际转化和应用等一系列问题摆在我面前。硕博士研究生期间，我的学习和研究一直聚焦思政课教学领域，研究视野比较局限，工作后"教学有什么可研究的""教学不能成为一个独立研究方向"等声音一直存在，也让我无数次怀疑自己。人人都在做教学，别人除了思政课教学之外都有自己的一亩三分地去耕耘，而我能做的就只有思政课教学和思政课教学研究了吗？后来我发现，不是思政课教学不能成为一个独立的研究方向，而是作为一名思政课教师，我不能只研究思政课教学，无论是从科研上讲，还是从教学来看，我都需要在马克思主义理论、中共党史等相关领域有较深的涉猎，同时学习哲学、社会学、心理学、管理学、教育学等相关学科的理论知识，自觉汲取中华优秀传统文化的营养，宽口径储备知识，多维度思考问题，才能不断拓展学术研究的理论视野，增加学术研究的厚度和深度，增强学术研究的逻辑性和说服力，这是读书期间老师反复强调但自己做的不够的地方，也使我在工作后更加如饥似渴地读书。在此提及此方面感触是想让思想政治教育专业在读的硕博士研究生看到"前车之鉴"，硕博加起来一共七年左右的时间，如果只把目光放在思想政治教育专业的教材、文献、研究成果上，势必会造成视野受限，面对学科理论争鸣尤其是学科基础理论体系的重构无所适从，甚至产生倦怠心理，学科归属感和专业认同容易被消解。我们在学习时不仅要充分了解思想政治教育学科的建设与发展历程、学科定位、功能作用、理论体系、学术前沿等，也要研究思想政治教育学科与相近学科的关系，搞清楚思想政治教育学科的特殊性，如学科使命、研究范式、成果转化、特殊价值等。更要形成适合自己的学术研究风格，你是擅长思辨、逻辑推演，还是适合进行实践调研、数据分析、史料挖掘，用事实证据说话，或者二者兼有，无论是应用研究还是基础研究都能驾轻就熟，游刃有余。在和身边一些研究生交流的过程中，我发现除了一些知识储备不足、理论功底不够等几乎所有研究生都有的共性问题之外，不同的人有不同的短板。有的同学很有想法但难以言表，有的同学口若悬河却缺乏思想，有的同学善于发现问题但疏于深化研究，有的同学擅长看文献却缺乏自己的思考和观点，这些很有个性的问题都需要自己通过全面复盘发现，在学习和研究中主动克服，一定不能成为做一天和尚撞一天钟的"研究僧"，而要做一个积极进行自我塑造自我雕刻的有心人，保持清醒，深耕自己，久久为功，善作善成！

二、学术成果

时至今日，让我万分羞愧的是自己并没有什么拿得出手的学术成果，仅有的一些小文也全凭导师悉心指导，同时也离不开师门兄弟姐妹们的鼓励和帮助，在此将已经发表的期刊论文、已出版的学术专著和相关科研立项按照时间顺序分类梳理如下。

（一）期刊论文

截至目前，共发表学术论文 18 篇，教改论文 1 篇。

1.《确认与应用：教学过程最优化理论对思政课教学的启示》,《高校辅导员》2022 年第 3 期。

2.《接受视角下"四史"教育入脑入心的思政课教学研究》,《学校党建与思想教育》2022 年第 7 期。

3.《对新时代思想政治理论课建设规律的系统认识和深刻把握》,《学校党建与思想教育》2021 年第 7 期。

4.《优化高校思想政治理论课教学的过程性要素》,《高校辅导员》2021 年第 1 期。

5.《"思政课程"践行"课程思政"的特殊性及其应对》,《春风化雨 铸魂育人：首都师范大学课程思政教学研究论文集》，首都师范大学出版社 2021 年版。

6.《中华人民共和国成立以来中国共产党对高校思想政治理论课的认识和探索》,《思想教育研究》2019 年第 9 期。

7.《思想政治理论课与日常思想政治教育协同育人的实践维度考察》,《中国高等教育》2019 年第 17 期。

8.《科学把握思想政治理论课教师的主导性》,《学校党建与思想教育》2019 年第 13 期。

9.《思想政治理论课教学研究 2018 年度聚焦与展望》,《思想理论教育导刊》2019 年第 5 期。

10.《中国共产党思想政治工作传统的时代转换》,《北京教育（德育）》2018 年第 9 期。

11.《新时代高校思想政治理论课建设发展的四个重要问题》,《学校党建与思想教育》2018 年第 15 期。

12.《思想政治教育工作质量评价时代性的实现路径研究》,《学校党建与思想教育》2018 年第 11 期。

13.《大学生思想政治教育"主渠道""主阵地"协同育人探究》，《学校党建与思想教育》2018 年第 3 期。

14.《把握新时期高校思想政治教育质量评价的科学路径——"高校思想政治教育工作质量评价体系研究"开题研讨会综述》，《学校党建与思想教育》2017 年第 23 期。

15.《思想政治理论课马克思主义大众化功能的提升路径分析》，《思想理论教育导刊》2017 年第 1 期。

16.《特色与经验：中国学者视野中的新加坡教育发展》，《教育评论》2016 年第 3 期。

17.《高校马克思主义大众化研究述评》，《学校党建与思想教育》2015 年第 21 期。

18.《微时代视阈下高校党史教育创新论》，《湖北省社会主义学院学报》2015 年第 4 期。

19.《高校思想政治理论课马克思主义大众化功能弱化的原因及对策》，《广西社会科学》2015 年第 2 期。

（二）学术专著

截至目前，共参编学术专著 7 部。

1.《思想政治教育研究热点年度发布 2022》（冯刚），团结出版社 2023 年版，执笔第二十七章。

2.《高校思想政治教育治理评价研究》（严帅等），团结出版社 2022 年版，执笔第九章。

3.《新时代高校思想政治教育前沿问题研究》（冯刚等），人民出版社 2022 年版，执笔第三章。

4.《思想政治教育研究热点年度发布 2021》（冯刚），团结出版社 2022 年版，执笔第十章。

5.《改革开放 40 年高校思想政治教育编年史（1978–2018）》,（冯刚）,北京师范大学出版社 2019 年版,参编。

6.《理直气壮开好思政课——把握新时代思政课建设规律》（冯刚）,人民出版社 2019 年版,执笔第六章。

7.《思想政治教育研究热点年度发布 2018》（冯刚等）,团结出版社 2019 年版,执笔第十二章。

（三）科研项目

截至目前,共主持科研项目 2 项,主要参与科研项目 4 项。

1. 主持 2023 年度北京市教育科学委员会科研计划项目“课程思政的实践渊源、概念生成及长效机制构建研究”。

2. 主持首都师范大学 2022 年本科教学建设与改革项目“思想政治教育（师范）专业微格教学实训”。

3. 参与 2018 年度首都大学生思想政治教育课题“首都高校思想政治工作质量评价研究”。

4. 参与国家教育宏观政策研究院科研项目 2019 年（第一期）项目“思政课课堂教学综合改革实践研究”。

5. 参与 2019 年度国家社科基金青年项目“‘以文化人’的理论蕴涵和战略指向研究”。

6. 参与郑州大学 2021 年度教育教学改革研究与实践项目“新时代高校‘思政课’提升立德树人成效研究”。

三、学术志向

孔子曾讲“君子安其身而后动”,也许对于很多和我一样的年轻人来说,只是安身就已耗尽心神,提起志向总觉略显奢侈。然而,一个人完全没有志向又是不现实的,或许有人擅长以长远规划彰显志向,有人则把志向化作一个又一个小目标，也有人喜欢借助榜样为自己定方向，只不是因人而异罢了。从这个意义上讲，我倒可以借用导师的谆谆教导，表一表对自己在学习研究中的坚持与追求。

（一）做一名有思想的行动者

无论做人做事做学问，没有思想是不行的。仅就做学问而言，思想政治教育专业原本就是做人的工作，更具体地说是做人的思想政治工作，要对各种各样的人进行思想政治教育，人的思想认识发展规律是什么，教育教学规律是什么，面对不同时代、不同群体如何有效开展理论教育、价值引领、思想引导和心态培育等一系列问题都需要我们不断进行思考，持续深化认识。换言之，思想政治工作者不能只是没有思想的"留声机""传声筒""扩音器"，而要带着理解去学习，富有学理地去转化，锚定意义去宣讲。雅斯贝尔斯曾讲，教育的本质意味着，一棵树摇动另一棵树，一朵云推动另一朵云，一个灵魂唤醒另一个灵魂。其实不仅仅是教育，几乎所有思想的碰撞、心灵的交融都是这个道理，没有思想的教师教不出有创造力的学生，没有思想的学者做不出真正的学问。俗话讲，要带着脑子干活，其实也体现了孔子所说"三思而后行""学而不思则罔"的意思。至圣和老百姓都明白的道理，我们做学问的自然不能忽视。作为一名高校思政课教师，我们肩负着为党育人、为国育才的神圣使命，我们的一举一动、一言一行都影响着学生的思想认知，所以，我们必须首先成为思想深邃、精神富裕的人，才能使学生感受到思想的魅力和精神的力量。基于此，我在思想政治教育教学实践中谨守"四个绝不"要求：第一，自己没捋清的理论和知识，绝不含混地讲给学生。第二，自己都觉得枯燥的方式方法，绝不用在自己的课堂上。第三，带着理解去转化教材体系，绝不照本宣科。第四，教学中遇到的问题，绝不在课下放过。

（二）做一名有行动的思考者

"思而不学"的问题实际上不同程度的体现在许多做学问的年轻人身上。

曾经，因为科研、教学反复受挫，我产生了一系列怀疑：思想政治教育学科的学术真问题是什么？如果马克思主义理论的其他学科都比思想政治教育学科受欢迎，那么为什么要有这个学科呢？如果思想政治教育专业的硕博士应聘思政课教师时体现不出独特优势的话，思想政治教育专业存在的意义是什么？在学生工作中，我也有过各种个样的疑问：班级里的少数民族同学在语言不通、习俗不同的北京高校学习生活，他们的教育融入和社会融入是什么状况？有什么办法可以帮助他们更加充分地融入集体？从乍见之欢到久处不厌，思政课在大中小各个学段保持吸引力的秘诀是什么？不同学段的思政课靠什么吸引学生？如何在教师主讲思政课的同时又充分发挥大学生的主体性？思想政治教育教学中翻转课堂的适切性如何？师范生教育实习活动的课程化如何实现？教育实习过程中实习生的权益如何保障？课程思政和思政课程的关系是什么？课程思政和教书育人的关系是什么？马克思主义学院和思政课教师在课程思政建设中的地位和作用如何？针对其中一些问题，我及时翻阅文献，求教于人，形成一定的观点和认识后，已作为学术论文发表，也有的作为科研课题立项，但大部分至今仍然仅是脑海中的一个问号。问题不会自动解决，答案更不会自动显现，所有这些问题必须付诸行动才能将清理顺想明白，只有将思想付诸行动，才能真正实现理论与实践的互动，教学和科研的互补。基于此，我对自己的学术研究提出"三个不"的要求：第一，做研究不弄虚作假。有几分行动说几分话，有什么样的实践数据做什么样的理论研究。第二，做研究不脱离实际。围绕现实痛点、难点、堵点，深入分析实际需求和现实问题。第三，不随意搁置研究成果。读书时导师经常教育我们：要把辛苦转化为成果。我认为"辛苦"和"成果"的转化与理论和实践的互动是一个过程的两个方面。在实践中发现问题，通过学术研究解决问题，将研究成果应用于实践，在实践中检验研究成果的适用性。不随意搁置研究成果，才能不断提升学术研究和实际工作的水平。

《荀子·儒效》有言："闻之而不见，虽博必谬；见之而不知，虽识必妄；知之而不行，虽敦必困。"无论是做有思想的行动者，还是做有行动的思考者，都是思政学者的本分。作为小辈，我在这里并没有"拿底线做标杆"的意思，只是自己如今的学识和水平非常有限，做一门学问如同攀一座高峰，常言道登高才能望远，对于尚在山脚或滚石上山的人来说，自然是守本为先。做人要守住本分，做学术更要守住本分，守本固元方能行稳致远！正如我在博士毕业论文的致谢部分所写的那样："高山仰止，景行行止，虽不能至，然心向往之。"我想我们小辈能做的，就是迎着光，走向光，追逐光，然后努力成为发光发热的人。

四、学术心得

从本科到硕士再到博士，一路深一脚浅一脚地走来，我在学术上的经验的确不多，但教训可不少，所以也不敢说有什么学术心得，只是就一些自认为需要注意的问题和那些确有所需的人聊一聊。

（一）加强时间管理：大部分人的时间都是挤出来的

上学时经常感觉时间不够用，工作后才发现时间只会越来越不够用，而且那些工作比你还忙的人，投入科研的时间远远比你想象的还要多。毫无疑问，每个人可分配的时间都是一样的，我们必须学会时间管理。读本科时，有位老师曾讲：如果你们每天有两个小时投入学习，就一定能成为好学生。现在回想起来，我大概每天两小时的自主学习都没有坚持下来，这也是为什么我觉得在本科期间浪费了许多时光。读硕士时，兼职辅导员工作占用了我很多时间和精力，加上发表一篇核心论文才能毕业的硬性要求仿佛达摩克利斯之剑时刻悬在头顶，每天上学的心情跟"上坟"一样，我才开始有了挤时间的概念。白天上课、工作，晚上看文献、写论文，最着急赶一篇文章时，竟从下午六点钟一直写作到第二天早上六点钟，后来重复率检测3%，文章也得以成功发表。体会到挤时间的快乐和收获后，我每天都挤时间看文献、写论文，直至资格论文发表。博士入学后，我自认为一把年纪还在读书已经很励志了，所以放慢了节奏。后来我发现自己的导师、师兄师姐们、同学们每天都在努力工作、学习、搞科研，我室友每天早上六点钟出门泡图书馆，直到闭馆才离去。身边的每个人都像一台永动机，而我却经常因为慵懒而显得格格不入。两个月后，滥竽充数的感觉越来越强……好在有导师的指导，我很快调整了状态。然而，由于颈肩腰腿肘轮番不适，久坐带来的痛苦实在很难克服，博士一年级和二年级，我在学业和科研上的时间投入、辛苦程度在师门属于下等水平，产出学术成果的节奏、数量和质量也很不理想。我真正不遗余力地挤时间，是在博士三年级，要在半年多时间里完成二十多万字的学位论文并非易事，我也和其他人一样，只要不是上课、开会、出差，就一定会从早上八点钟到晚上十点钟"死守"图书馆，每天雷打不动地完成一定任务量，每到难熬的时候就和师门兄弟姐妹同去同归、互相督促，每天往返于图书馆和宿舍之间，路旁的风景都和我们没有关系。后来，博士论文推进到后半程，我和室友相约在晚上十点钟图书馆闭馆之后，我们回到宿舍用半个小时的时间洗漱，在十点四十分到十一点四十分之间再上个小自习赶进度，于是，三个大龄女青年一边泡脚一边写论文的画面至今清晰如昨。后来我发现，凌晨一两点钟，对面床铺的帷幔里依然透出微光，于是我也心照不宣地把小自习延长至一点钟或两点钟不等。山中岁月容易过，世上繁华已千年。就这样把时间挤了又挤，把漫漫长夜熬了又熬，我们错过了夏季满校园盛放的格桑花、向日葵和荷花，错过了秋季绚烂的银杏大道，错过了冬日初雪纷纷扬扬，直至完成毕业论文初稿。2020年6月，我从北京师范大学毕业，并于同年9月到首都师范大学工作，开启了"小菜椒"的生活，工作前挤时间学习、挤时间做科研，工作后挤时间吃饭、挤时间休息。一言以蔽之，科研虐我千百遍，我待科研如初恋。累觉不爱是常态，咬牙坚持却很帅。总结一下个人觉得还可以的节省时间小妙招：第一，不要追求仪式感，尽快投入战斗。有人干正事儿之前总要走很多流程，比如吃饭前要拍照、学习前要发朋友圈等，实际上浪费了很多时间。第二，能动手的不跑腿，提高阅读效率。如果电子文献获取方便，就不要执着于查找、借阅、购买纸本文献，可充分利用平板电脑，借助 Caj、Notability、One note 等软件提高文献阅读以及做读书笔记的效率。第三，不要等待最佳状态，干就完了。有人开心了要去庆祝，难过了要去休整，总要等到最佳状态才投入学习和科研，但人生哪有那么多天时地利人和的最佳状态，你开心就开心地学习，你难过就难过地学习，无论你是笑脸还是哭脸，学一分有一分的收获，写一段有一段的进度。

（二）进行科研训练：把一件事做到极致

学术研究并不是一件书读百遍就水到渠成的事情，需要进行持续的科研训练。科研训练有很多方面，包括但不仅限于选定研究主题、搜集整理文献、架构研究框架、展开详细论证、调研问卷和访谈提纲设计、问卷发放与回收、数据收集整理和分析等，只有经过反复训练，才能娴熟地掌握和运用一系列科研技能，养成良好的科研习惯，把所思所想转化为学术论题，并在研究中体现科学性、规范性。然而，规范的科研训练并非一蹴而就的，其中每一项都有许多细致功夫要下。仅就把握学界研究动态而言，首先要学习的是如何准确、全面地搜集文献。在指导学生毕业论文的过程中，我发现同学们搜集到的文献良莠不齐、同名不同人的成果缺乏甄别、文献覆盖面不够、文献形式单一，而且从搜集文献到学习整理文献缺乏去粗取精、去伪存真的过程，这从根本上影响大家对现有成果的把握。我认为，对于大多数人来说，搜集和整理文献还是要下一些笨功夫的，在条件允许的情况下围绕研究主题查找期刊论文、报纸文章、会议论文、学术专著、论文集、学位论文、科研立项等，以便系统全面地呈现研究概貌。搜集文献时，不要仅以主题、题名、篇名为检索条件，因为许多有闪光点的学术思想其实散落在学科领域内各个主题的研究中，有的成果虽然蕴含了某一方面的思想，但并未以此命名，有的成果虽然从名称上看是我们寻找的文献，但实际上却存在借名研究的问题，并非我们真正所需。因此，可以多尝试几条文献搜集脉络，比如重点关注某一领域代表性学者的成果，重要关注学科和专业发展历程中重要事件、重要活动、重要会议、重要文献前后的研究成果，重点关注由于学科概念和表述的变化可能带来的检索遗漏等。其次，要学习如何整理和分析文献。这一过程需要将速读、泛读、精读结合起来，重点分析具有代表性的、高质量的成果和观点，粗读甚至略去部分同质化研究成果。我个人的习惯是将所得文献整理三遍：第一遍，阅读文献并根据研究对象、研究方法、研究结论的不同进行分类整理和直观记录，这一遍的关键在"全面"，要拿出"上穷碧落下黄泉"的劲头，全面掌握已有研究成果。第二遍，根据个人研究所需，对之前分类整理和直观记录的内容进行精细处理，合并同类项，适当转述和概括学者们的基本观点，避免文献堆砌，这一遍的关键在"清晰"，要清晰地认识并呈现关于这一主题学界研究的起点在哪里、有没有明显的转折、至今达成了哪些共识、当前研究热点是什么、目前主要争论在哪里、已有研究体现出什么特征等。第三遍，精确梳理学术史，结合学术研究的重要转折、重要观点出现的历史背景等，贯通审视不同阶段学术研究的特征、研究进展、存在的问题等，指出未来研究的趋势和方向，这一遍的关键是"深刻"，一定要有自己的理解和深入的分析。以上仅就本人学习文献过程中的一些拙见进行分享，难免会出现关公面前耍大刀的尴尬。事实上，对我学习和研究文献影响最大的一篇文章是冯刚教授的《改革开放以来高校思想政治教育质量评价的回顾与思考》（《教学与研究》2018年第3期），此文被《新华文摘》（2018年第16期）全文转载，非常值得但不仅限于思想政治教育专业的硕博士研究生、青年教师学习。当然，漫漫科研路，关键好几步。学习和研究文献、梳理学术史只是我们需要进行的科研训练之一，做个有心人，自觉进行科研训练是很重要的。

（三）养成写作习惯：文章不写半句空

无论硕博士研究生还是青年教师，几乎所有科研人都有发文章的任务，发文章才能完成学业，发文章才能晋升职称，发文章才能系统展现自己的思想，发文章才能得到同行认可，形成社会影响力。但发表文章的前提是有文章，而且是高质量的论文。写一篇高质量的论文并非易事，需要很强的学术功底、深厚的知识积淀、以及对某一问题的深入思考和科学研究，大部分年轻人在这些方面都有欠缺，除了前文中提到的要积极求教于导师和前辈之外，我们自己也要拿出拼的劲头，在自己的研究领域钻进去、扎下去、写下去，一本书接着一本书地看，一个问题接着一个问题地思考，一篇文章接着一篇文章地写，不让自己"手生"。作为一名高校教师，我们每天要处理的繁杂事务很多，时间被严重碎片化，精力也几乎被消耗殆尽，但我们依然不能因此耽误科研，科研荒废掉的话职业发展的根本就没有了，而做科研又需要相对安静的、整片的时间让自己沉下去系统地思考一个问题，那我们应该怎么办呢？曾有位前辈和我讲，他每天至少拿出两个小时用于思考和写作，在这两个小时里放下手机，除了至关重要和非常紧急的事情，不去理会身边的人和事，这样不仅能保证写作的状态，还能养成不断写作的习惯。前辈的写作习惯深深触动了我，板凳要坐十年冷，文章不写半句空。我的老师也经常教育我们：一个博士，一年不写文章，两年不写文章，这个人就废掉了。我也曾有一年的时间没有发表文章，刚开始自己也没留意，直到参加工作后有位博士研究生跑来问我："你一直都在发文章，为什么2020年没发？那一年你为什么不发？"我一时语塞，为了给自己找补面子，羞愧地答道："那年疫情居家，要写毕业论文，还要找工作"。说实话，对于这个回答我是心虚的，因为我只陈述了部分事实，回避了自己的懈怠和懒惰。有人说"怀才和怀孕一样，时间久了就会被发现"，谁曾想偷懒也是这样，互联网是有记忆的，读者也是有记忆的。不好好写文章，不坚持写好文章，对谁都没法交代，这不是面子挂不住的问题，更重要的是学术热情会逐渐平淡，学科感觉会逐渐模糊，写作能力会逐渐下降。我们身边有那么多著述等身依然笔耕不辍的学术大咖，他们不正是为学为师的典范吗？择一事，终一生，追风赶月莫停留，平芜尽处是春山！

（四）重视学术交流：不要闭门造车

学术研究需要开阔的视野、思想的碰撞、他者的认同、准确的自我定位，而这些都离不开交流。我相信一定有一些年轻人和我一样，因为自己学识浅薄、阅历不够、表达能力有限，不好意思和他人进行学术交流，尤其在科研中遇到问题时，不能确定是自身能力不足还是努力不够，又怕被人拒绝，不敢贸然叨扰求教，于是在自己有限的认知水平上死磕到底，最终也没能想出个所以然来，反而给人一种拒绝交流的错觉，同时也走了一些不必要的弯路，浪费时间和精力。其实真正做学术的人一般是不会排斥与人交流的，学术成果需要社会认同，学术思想需要代代传承。做学问的人只有知道别人在做什么、研究什么，才能寻找到自身研究的独特价值，同样也只有知道他人对你的研究怎么想、怎么看、有什么期待才能不断调整和优化自己的研究，况且学术的交流和思想的碰撞是双向的，你有一种思想我有一种思想，我们交换之后就各自拥有两种思想。回顾自己的求学历程，每次遇到困惑和难题，我便会求教于导师、师兄和师姐，他们无一不给予我最无私的帮助。面对师弟师妹和自己学生的困惑，我也同样会给出最真诚的解答和建议，给他们解答困惑或给出建议的过程，也是自我复盘和思考的过程。通常情况下，我们在做科研的时候，长时间投入在自己专注的领域和事务上，时间和精力被大量占据，与朋友、同龄人的相处机会和社交时间少的可怜，加上研究方向不同，身边能交流的人不多，整个人就容易变成一座孤岛，越是这个时候我们越需要跳出孤岛，积极寻求机会与更多同行展开学术交流，哪怕不在一个研究方向和具体领域，同一大学科领域下的学术交流依然可以在我们山重水复疑无路的时候给我们带来启发，也会在很大程度上缓解科研的孤独感。

书不尽言，言不尽意。行文至此，落笔为终。很庆幸科研路上有恩师指引，最好的回报是传承，唯愿师范其万一，沐光而行，向阳而生！

高小升：发挥专业特长
紧跟学科前沿　助力学术成长

高小升，男，1980 年生，河南洛阳人。现为西北农林科技大马克思主义学院副院长、教授。

一、学术历程

（一）立志通过读书来改变命运

我出生于中国实行改革开放初期的豫西农村，这里既没有丰富的资源，也没有重要的工业企业，改革开放的春风还未被这里的人民所深深感知，但是生活在这里的人民却有着强烈的愿望，那就是要改变生活的贫穷落后，我的父母就是他们中的一员。在此背景下，我们村子里有人选择了外出务工，有人选择了创业，而我的父亲为了照顾患病的母亲和我们姊妹三人，选择了到附近的一家小煤矿打工。父亲每天辛苦地来回奔波，不仅要照顾卧病在床的母亲，还要照顾上学的我们，后来无奈我的姐姐早早辍学在家，我和哥哥才有机会继续上学。每天累得疲惫不堪的父亲也时常给我们讲，咱们家里穷，你们要好好上学，把学上好将来才能有出息。因此，就在很小的时候，在我的心里已经种下了要上学的种子。上中学时，当其他同学出去玩耍时，我也很想去，但是想起父亲和家里的情况，我最终还是放弃了，因为对我来说，考上大学可能是改变自己和家里命运的唯一机会。功夫不负有心人，1998 年的高考，我顺利考入了解放军外国语学院英语专业学习。

（二）系统外语学习奠定未来研究基础

1998 年 9 月，在父亲和哥哥的陪同下，我来到位于河南省洛阳市西郊的解放军外国语学院报到，由此也开启了我的大学生活。作为中国人民解放军唯一一所外语类专属院校，解放军外国语学院有着非常悠久的历史和光荣的传统，其前身可以追溯到 1931 年成立的红军无线电培训班和 1938 年成立的军委日文训练班，1949 年在北京正式建校，学校先后经历了两次合并，四次分家，六迁校址，最终在河南洛阳办学，语种专业丰富，是全军重要的外语人才培养和保障基地。

记得报到后的开学动员会上，我所在的七系领导就非常严肃地讲，"外语学习没有捷径，只有扎扎实实的付出"，这句话至今我仍记忆犹新。因为我的专业是英语，所以被分在七系一队四班。我们的邬队长不苟言笑，时常黑着脸，加上他肩膀上"两杠一星"的军衔，让我每次见到队长时都很紧张和害怕，唯有学好专业才能减少这种恐惧。直到多年以后，邬队长转业到地方担任领导时才知道，当时他的严肃和威严都是装出来，就是威慑我们这帮他们眼中的"新兵蛋子"好好学习。庆幸的是，我们没有辜负系领导和邬队长的期待，在学院优秀的师资力量和在当时堪称完美的基础设施条件支撑下，我的专业、也是第一外语——英语专业水平得到了较好的提升，第二外语——日语也有明显的进步。如果用外语水平测试来衡量的，我考完了当时能考的所有英语等级考试，并且都拿到了最高级，比如大学英语六级证书（CET6）、公共英语等级考试五级（PETS5）、英语专业四级（TEM4）和八级（TEM4），甚至是在当时其他专业同学的煽动和鼓舞下，我还考取了大学日语四级证书。所有这些都得益于学校在语言类专业，尤其是英语和日语方面高水平的任课老师和学校创造的良好语言学习氛围，也更理解学校确立的"勤奋、严谨、创新、奉献"的院风和"忠诚使命、会通中外"的院训。

也许是年少无知，也可能是当时互联网不发达，信息比较闭塞，又或许是我们的任课老师都比较低调内敛，直到毕业以后，我才知道给我们上课的很多老师在当时的外语学界已小有名气，有些已经是名家名师。譬如《新英汉大辞典》编纂者之一的于海江教授和曾任《解放军外国语学院学报》主编的严辰松教授。当时比我们大不了多少、刚参加工作的不少青年教员，现在也已经在外语学界颇有影响，现在每次外出参加学术会议，遇到母校的老师仍有一种亲切感。解放军外国语学院创造的各种学习条件和四年的培养，奠定了我相对扎实的英语基础功底，因此在 2002 年 6 月毕业时找工作似乎没有花费太大的精力，我就被全球知名的自行车生产及行销商——捷安特（Giant）中国有限公司录取，从事对外贸易相关工作。与此同时，我也收到了来自武汉大学国际关系学院的硕士研究生录取通知书，我权衡再三，决定继续深造。

（三）发挥语言特长和学科优势，开启国际问题研究

2002 年 9 月，我背上家人为我准备的行李，坐上了开往武汉的火车，这也是我第一次远离家乡。武汉距离我家有六百多公里，经过十多小时的奔波，我来到了梦想中的大学。武汉大学是国家教育部直属重点综合性大学，是国家"985工程"和"211工程"重点建设高校，也是首批"双一流"建设高校，学科门类齐全、综合性强、特色明显，文科在全国的优势尤为明显。"求知在武大，成才在珞珈"是对武汉大学人才培养成效的典型写照。能够成为武汉大学国际关系学院（现在更名为政治与公共管理学院）的一名硕士研究生，我内心充满了自豪，这不仅源于武汉大学是国内少数最早开设国际问题研究的高校之一，也因为我能成为武汉大学设立国际关系学院后入学的首届研究生的一员。

自豪之余，我对如何学习国际关系专业却有点茫然，毕竟英语专业与国际关系专业有着太大的差别。正当自己犹豫徘徊、无所适从时，我的导师严双伍教授语重心长地给我讲，"你是外语类专业出身，没有国际关系专业基础知识，要不就从阅读学科的历史（国际关系史）和基础理论相关的著作开始，先找一找感觉吧"，并且列出了供我们挑选阅读的参考书单。也就是从那时起，我开始了大量的阅读，并且从最基础的国际关系史读起。为了弥补自己国际关系基础知识的薄弱甚至是缺失，我先后借阅了武汉大学图书馆里所有以《国际关系史》命名的图书，没想到竟有几十本之多，尤其是王绳祖

先生主编的《国际关系史》（十卷本）更是让我受益匪浅。记得 2006 年 8 月，已到河南师范大学法学院工作的我在上海出差时，特地到当地的新华书店购买了一套完整版的《国际关系史》（十一卷本），① 因为当时在其他地方已经买不到这一套书了。至今这套书一直放在我家里书架的显眼位置，有空我都会拿出来翻一翻，每次翻看都有不同的感受。正是在不断地阅读中，我慢慢找到了学习国际关系专业的感觉和方法，更找到了影响自己一生的研究领域——欧洲问题研究。这首先与我的导师严双伍研究的指导和引领分不开的，严老师是世界史背景出身，长期研究欧洲问题，曾是中国第二次世界大战史研究会的副秘书长和中国欧洲学会法国研究会常务理事，他的著作《第二次世界大战与战后欧洲一体化起源研究》更是深深影响了我，也许最初选择研究方向有向导师研究方向靠齐的考虑。其次，承担我们课程的多位老师也从事欧洲相关问题研究，譬如时任国际关系学院院长罗志刚教授、副院长李兴教授等，这样的影响也不容忽视。此外，武汉大学长期以来欧洲研究的积淀很深，是国家认定的全国五大欧洲研究中心之一。同时，结合自己的英语专业优势，最终我选择了以英国和欧盟的关系为自己的研究方向，在老师手把手的指导下，完成了从语言学习者到欧洲问题的初级研究者的转变，并最终以《英国与欧盟的大国主导体制研究》为题完成了硕士论文，没成想在完成硕士论文十多年之后，英国脱欧让英国与欧盟的关系再次成为学界研究的热点。

2005 年 6 月，我告别了美丽的武汉大学校园生活，来到河南师范大学法学院国际政治教研室工作，并担任教研室主任。首次面对国际政治本科专业的学生，第一次走上讲台的我既兴奋又紧张，兴奋是能够为本专业的学生传道授业解惑，紧张是因为自己准备了很多授课内容，但却担心讲完了还没有下课怎么办。为了能够站稳讲台，做好研究，我把大部分精力用来阅读国际

---

① 王绳祖主编的《国际关系史》（十卷本），后来由中国国际关系学会牵头出版了第十一卷（2004年 5 月）和第十二卷（2006 年 12 月），后来虽然也有诸多版本的《国际关系史》问世，但《国际关系史》（十二卷本）依然是截至目前最为经典和权威的国际关系史研究系列著作。

问题类的著作和论文、备课和搞研究，功夫不负有心人，参加工作后不到半年，我已经站稳了讲台，实现了从研究生到大学教师的转变，并且在工作的第二年也在《湖北行政学院学报》发表了自己的第一篇核心期刊研究成果。尽管如此，在从事国际政治教学和研究中，我愈来愈感受到自己的专业功底和研究能力仍存在不少薄弱环节，由此在参加工作的第一年就萌生了攻读博士学位的想法。攻读博士学位之路可谓路漫漫，屡败屡战，每次遭受挫折之后都会自我安慰道，"博士虽然没有考上，我还有在师大的工作，我也没什么损失，明年继续来"。我的硕士导师也打电话鼓励我，"现实中会经常遇到挫折和不顺利的事，不要气馁，继续努力"。我的父亲还有岳父岳母以及我的爱人李园园女士也在旁边不时的鼓励，让我扎实复习，一步一步来。

正是来自导师、家人的鼓励，加上自己的努力，经过三年的屡战屡败，2008年9月我终于再次回到曾经熟悉的武汉大学校园，继续跟随严双伍教授攻读博士学位。不需要花太多的时间去适应环境，因为这里的一切都那么熟悉，然而却需要寻找博士研究的新方向。作为指导老师，严老师再一次建议我要发挥自己的专业所长，同时也结合国家重大理论和现实问题，并特地指出，联合国哥本哈根气候大会很快就要召开了，可以结合全球气候变化问题确定研究方向和博士论文的选题。考虑到自攻读硕士学位以来，已经持续跟踪研究欧洲一体化与欧盟问题六年有余，我再次决定将自己的研究基础和优势与全球气候变化问题相结合，最终将欧盟气候政策研究作为主攻研究方向。为了了解和掌握全球气候变化问题这一自然科学与社会科学的交叉议题，又大量阅读关于全球气候变化问题的历史和理论的系列著作，这也使得我更加清楚全球气候变化问题，尤其是国际气候合作（谈判）的热点议题之所在。所以等到2009年底联合国哥本哈根气候大会召开时，我对全球气候变化问题已经有了一定的认识和研究，借助这次会议掀起的对全球气候变化问题的研究热潮，我也产出了自己的系列研究成果。2010年7月，作为博士研究生独立完成的第一篇研究成果——《伞形集团在后京都气候谈判中的立场评析》在北京外国语大学主办的《国际论坛》发表，这是我在学术研究的道路上发表的第一篇 CSSCI 研究论文，也是我研究国际气候谈判中主要缔约方立场的系列研究成果的第一篇，更是被人大复印资料全文转载的第一篇论文，我的学术研究自信心也大受鼓舞。随后在严双伍教授的指导下，我先后围绕欧盟、基础四国等气候谈判集团的立场的研究成果先后在《国外理论动态》《当代亚太》《社会科学》发表，并完成二十四万字的博士论文《欧盟气候政策研究》，顺利毕业并入职西北农林科技大学思想政治理论课教学研究部。

（四）艰难摸索，实现向马克思主义理论（思想政治教育）研究的转型

2011 年 7 月，我再次离开熟悉的武汉大学校园，来到位于中国农耕文明发源地杨凌的西北农林科技大学报到，成为一名思想政治理论课教师。这时我才发现，硕博专业均为国际关系的我虽然可以继续讲授涉外类的课程，譬如《当代世界经济与政治》《形势与政策（国际部分）》，但是这些课程量相对较少，更多我需要承担本科生的思政课——《思想道德修养与法律基础》。作为一名思政课教师，适应马克思主义理论学科教学和研究的形势和需要成为我入职西北农林科技大学后面临的最大困惑和挑战。

因此，实现研究方向转型也成为我思考最多的问题，并进行了多次尝试，其中酸甜苦辣只有自己清楚和明白。起初，作为国际关系专业出身的我自然将国际问题研究与马克思主义理论相结合，认为自己可以开展马克思主义国际问题研究。然而现实却很残酷，并用活生生的结果告诉我，要么转型要么失败。我虽然给自己的研究打上了马克思主义国际问题研究的标签，但是没有马克思主义基本理论作为支撑，这样的研究在马克思主义理论学科专家那里很难得到认可，因此毫不意外的是，刚参加工作前两年的申报国家社科基金项目和教育部人文社科项目均以失败而告终。唯一值得庆幸的是，论文发表勉强还可以依靠博士期间的研究吃吃老本，先后在《国际论坛》《现代国际关系》等刊物上发表，但是这也不是长久之计。我的硕博指导老师严双伍教授也时常打来电话，在给我鼓励的同时，也提醒我要结合马克思主义理论研究进行适当的研究转型。作为学校给我们新入职的青年博士配备的指导老师，

思想道德修养与法律基础教研室主任丁艳红副教授也以自身的切身体会多次提醒我，"小升，你一定要有自己的研究领域"。我综合评估自己的研究基础和优势，最终将海外视角下的思想政治教育作为初步的研究领域。为了避免使自己的研究转型出现太大的跨度，我的第一步是研究海外对中国气候政策的研究，因此 2013 年第三次申报教育部社科基金青年项目时，我抱着试试看的态度以《中国气候政策的国际反应与评价研究》为题目进行申报，结果成功立项，让我一下看到了一条未来学术发展的宽广道路。2014 年国家社科基金项目我以"国际社会对中国梦的认知和评价研究"为题，再次成功立项。自此之后，围绕国家社科基金项目和教育部项目的研究，海外视角下的马克思主义中国化研究和思想政治教育研究逐步成为我稳定的研究方向，2020 年和 2021 年不仅再次获批国家社科基金项目和教育部项目，围绕国际社会对习近平新时代中国特色社会主义思想的认知评价展开研究，而且也产出了一系列的研究成果。作为学校和学院对我研究的支持，我不仅在 2016–2017 年以访问学者的身份赴英国卡迪夫大学联合研究一年，而且入选 2021 年启动的学校首批高层次人才支持计划。此外，学院还成立了西北农林科技大学中国化马克思主义海外传播研究中心，并由我担任研究中心主任。由此，海外视角下的马克思主义中国化研究和思想政治教育研究成为我从事马克思主义理论学科研究的主攻方向。

二、学术成果

如果说攻读硕士研究生算是学术研究的开始，至今我已经在学术研究的道路上走过了 21 年的岁月，在这其中既有学术探索中久久努力而不达目标的郁闷，更有收获研究成果带来的难以形容的愉悦。每当在学术发展的道路上实现新的突破，看到自己的研究成果被期刊和出版社印刷成铅字时，我都有点被自己感动，有时差一点热泪盈眶。回看过去走过的学术成长之路，我取得的学术成果主要集中在以下几个方面。

（一）国际问题研究（欧洲问题研究）

国际形势与政策教育是思想政治教育研究的重要内容。为了更好地开展思想政治教育研究，深入研究国际形势与政策，开展国际问题研究很重要。事实上，当我开始自己学术研究生涯之时，涉及的第一个研究领域就是国际问题研究。在导师严双伍教授的指导下，我确定的第一个研究领域就是欧洲问题研究。这不仅体现在我硕士期间选择《英国与欧盟的大国主导体制研究》作为研究议题，也体现在博士期间继续将欧盟作为研究议题，以《欧盟气候政策研究》作为博士论文的选题，并围绕国际气候谈判中包括欧盟在内主要谈判方的立场形成了系列研究成果。事实上，欧盟已经成为我学术研究中无法回避的研究议题，虽然在我成长的不同时期的研究内容有所不同，但是从心理上来讲总希望将自己当前的研究与欧盟结合起来。回看学术成长路上发表的研究成果，与欧盟相关的研究成果先后在《当代世界社会主义问题》《西安交通大学学报（社会科学版）》《国外理论动态》《国际论坛》《教学与研究》《德国研究》发表和出版，占本人成果中的三分之一还要多。可以说，涉欧盟研究已成为我个人学术成长中极为重要的研究对象。

（二）全球生态（气候变化）问题研究

攻读博士学位是我开展研究全球气候变化问题的起点，这不仅源于在我读博前夕世界各国为联合国哥本哈根气候大会的召开而营造的整个国际社会对全球气候变化问题的高度关注，也源于欧盟原本就是应对气候变化问题的先行者和引领者，加上我自己长期关注欧洲问题，全球生态（气候变化）问题，尤其是欧盟气候政策研究也就理所当然成为我选择研究议题的首选。我在此方面的研究主要遵循两大研究思路：一是搞清楚在全球应对气候变化的国际谈判中主要的行为体的立场和政策。事实上我把国际气候谈判中所有主要行为体——伞形集团、欧盟、基础四国以及中国的立场不仅进行了逐个分析，而且进行了比较研究，并形成了系列研究论文。二是研究欧盟气候政策及其相关问题。武汉大学有着研究欧洲问题的传统，给我上课的老师大都从事欧洲问题研究，尤其是我的博士生导师严双伍教授更是国内比较有影响的欧洲问题研究专家，也许是受此影响，我也对欧洲问题研究，特别是对欧盟气候政策相关研究有着浓厚的兴趣，不管是在攻读博士学位期间，还是毕业后到西北农林科技大学马克思主义学院工作后，我都发表了不少欧盟气候政策相关的研究论文，并在社会科学文献出版社出版了第一部学术专著《欧盟气候政策研究》。我要特别感谢愿意刊发我的这些研究成果的《国际论坛》《社会科学》《当代亚太》《国外理论动态》《中国农村经济》《德国研究》等期刊。这些期刊编辑老师的职业操守给我留下深刻的印象，我至今还记得《国际论坛》的张志洲讲授通过电话逐字逐句修改我的第一篇气候变化研究的文章，《中国农村经济》的黄慧芬老师更是和我一道对我的稿子先后 5 次修改，一直修改到 2013 年中国农历春节的前一天，就是为了确保文章能高质量的出版。

（三）海外视角下的中国重大理论与现实问题研究

博士毕业后入职马克思主义学院工作和担任思想政治理论课教学任务使得我的研究方向也必须进行调整和转型，经过艰难探索，结合我自己的研究基础和优势，最终将海外视角下的中国重大理论与现实问题作为新的研究方向，有人也把这个研究方向称为海外中国学，体现在马克思主义理论学科，我更愿意将其称为海外马克思主义中国化（思想政治教育）研究。自 2013 年5 月获批教育部人文社科基金青年项目"中国气候政策的国际反应与评价研究"以来，在国家社科基金项目"国际社会对中国梦的认知和评价""国际社会对习近平新时代中国特色社会主义思想研究"、教育部哲社后期资助项目"美欧视角下的习近平人类命运共同体重要理念研究"等的支持下，围绕国际社会对中国梦、中国道路、习近平新时代中国特色社会主义思想、习近平人类命运共同体重要理念、中国气候政策以及延安时期党的建设进行了研究，并先后在《当代世界与社会主义》《当代世界社会主义问题》《社会主义研究》《城市与环境研究》《China Quarterly of International Strategy Review》等发表了系列论文，并形成了2部书稿。曾有人问我，你的研究方向是什么？我说我的研究方向是海外视角下思想政治教育研究，新时代中国发展中的重大理论与现实问题都是我的研究对象，不同的是，我要给这些重大理论与现实问题的研究加上一个海外视角。

三、学术志向

世界上最伟大的哲学社会科学成果都是在回答和解决人与社会面临的重大问题中创造出来的。作为一名哲学社会科学青年学者，我将立足自身研究领域，发挥个人研究特长，将解决新时代国家发展中的重大理论和现实问题作为学术研究的出发点，力争做好以下方面：

1. 紧密追踪国际涉华舆论走向，尤其是海外学界关于新时代中国重大理论和现实问题的研究动态，为国家相关部门决策提供知识支撑；

2. 发挥外语优势，深入研究习近平新时代中国特色社会主义思想的国际传播，尤其是在美欧等英语世界国家的传播，提出促进中国价值、中国理念和中国方案在英语世界传播的资政建议；

3. 依托中国化马克思主义海外传播研究中心平台，加强与同行研究单位的合作，培养一批从事习近平新时代中国特色社会主义思想国际传播的研究人才，形成具有全国影响的中国化马克思主义海外传播研究团队，更好服务于中国价值、中国理念和中国方案国际传播的需要。

回望走过的学术探索之路，展望未来的学术成长之路，虽然不同时期学术研究的具体议题有所差异，但其中似乎存在着一些共同的东西，这也许是我在学术研究的道路上能够不断成长的小窍门。

（一）结合成长环境，学会进行适当的研究转型

对一名青年学者来说，成长过程中不可避免会面临研究转型的问题，因为我们成长的环境总是在不断变化中。以我为例，在武汉大学攻读硕士和博

士学位期间，依托学校丰富的文科资源以及欧洲问题研究的深厚积淀，我可以围绕欧洲相关问题开展研究。然而当我入职西北农林科技大学后，继续坚持欧洲问题研究的各种条件基本上全部丧失，由此而来的结果是必须进行研究方向转型，否则将处处碰壁。我博士毕业后参加工作后的前两年申报欧洲问题以及全球气候变化问题相关项目屡屡失败在我看来就是明证。在既有研究的基础上，结合新环境中的研究条件和基础逐步调整研究方向则更容易取得学术上的发展和进展。2011年7月，我刚入职西北农林科技大学后不久，时任学校思想政治理论课教学研究部副主任（主持工作）的方建斌教授多次在与我的谈话中建议，发挥我英语比较好的优势，同时结合学校特色，做些世界农业政策方面的研究。我结合自己博士期间研究国际气候谈判的基础，将其与世界农业发展前景结合起来，重点研究了全球气候谈判对世界农业发展方向的影响，没想到这样的方向调整竟然带来了令我感到意外的收获。一个既没有多少经济学知识，也没有多少农业相关知识的国际问题研究者，也第一次以《全球气候谈判背景下的世界农业发展前景》为题在农业经济类的权威期刊《中国农村经济》上发表，并且论文发表时我的职称也是中级职称（讲师），我想这大概是我研究方向转型带来的收获。这也使得我在自己的学术成长中总是不断地思考研究方向的问题，随时根据变化的校内外形势来对自己的研究领域进行微调和适当转型，进而始终确保自己的研究走在前沿和具有相对较高的研究意义和价值。

（二）根据自身的知识结构，进行系统而深入的阅读

青年学者的成长需要大量地获取知识，由此也需要系统专业的阅读。在今天知识大爆炸和知识碎片化的时代，迫于现实生活的压力，能够静下心来读书的人少了，静下心来系统读书的人可能更少了。或许有人会认为，完整读一本书太花费时间，阅读中国知网上的文章更快。我甚至也听到有身边的同事哀叹，已经很多年没有买过书，更没有完整看过一本书。但是我学术成长的经历告诉我，我能够从一名英语语言文学的本科生成功转型去做国际问

题研究，博士毕业后又能够从国际问题研究转型去做海外视角下的思想政治
教育研究，唯一的秘诀就是大量而系统的阅读。我的硕博指导老师严双伍教
授曾经反复地给我们讲，要想深入了解研究一个学科，抓住两个方面就足够
了：一是这个学科的发展历史；二是这个学科的基础理论。为了做好国际问
题研究（欧洲问题研究），我通过借阅或者购买的方式阅读了学界各种版本
的国际关系史、国际关系理论和研究欧洲联盟的图书，这为我的研究打下了
极为坚实的基础，因为图书提供的专业知识是系统的，而期刊论文提供的知
识则是碎片化的。如今虽然不再做纯粹意义上的国际问题研究，但是这些有
关国际关系史、国际关系理论的图书依然占据我书架的不少位置，我也时常
会拿出来再读一读，总是能给我开展学术研究带来一定的启示。如今我的研
究方向越来越向马克思主义理论学科的核心研究议题靠近。曾经有同事开玩
笑说，你看起来不像是政治学（国际关系专业）学科的博士毕业生，更像马
克思主义理论学科的毕业生，因为你的研究绝对是马克思主义理论学科的热
点研究议题。事实上，十多年前当我刚到西北农林科技大学工作时，我就是
马克思主义理论学科的一个门外汉，之所以有今天的学术发展主要依靠的就
是坚持不懈地阅读马克思主义发展史和经典作家的著作。尽管有时候读起来
非常困难，这种困难不仅源于这些文献本身难以理解，也源于各种现实生活
的干扰和冲击，好在现在已经形成了每天都要读一点书的习惯，不管有多忙，
都要读一点，要不然良心上都过不去，晚上睡觉都不得安生。我也相信这种
阅读会对我的学术成长大有裨益。

（三）发挥自身优势，结合国家战略需求确定研究领域

习近平总书记强调，构建中国特色哲学社会科学，要以中国为观照、以
时代为观照，立足中国实际，解决中国问题，不断推动中华优秀传统文化创
造性转化、创新性发展，不断推进知识创新、理论创新、方法创新，使中国
特色哲学社会科学真正屹立于世界学术之林。青年学者在成长过程中的研究
领域选择，不仅要发挥自身优势，而且要面向国家重大战略需求，为新时代

中国发展中的重大理论与现实问题的应对和解决建言献策，这也是我自己从事学术研究以来最大的心得之一。在我学术成长的不同时期，研究方向和具体的研究方向随着学习和工作地点的变化而有或大或小的挑战，但是有两点是持续不变的：一是始终坚持发挥自身的优势和特长。对我来说，在解放军外国语学院英语专业的四年本科学习奠定了我的外语基础。因此，在每个学术成长阶段，我的所有研究议题都充分发挥了英语这个交流工具在其中的作用。如果没有大量一手的英语文献作为支撑，任何对国际问题研究而获得的结论都会显得苍白无力而难以服人。参加工作后能够较好地做好习近平新时代中国特色社会主义思想的海外认知和评价研究，首先依托的依然是英语这个工具，其次才是马克思主义理论学科的专业知识。二是研究领域的选择要紧跟国家战略需求和具有前瞻性。哲学社会科学研究要解决当前中国发展中的重大理论与现实问题，这既是党和国家对哲学社会科学研究者的期待，也是哲学社会科学研究者应有的一种使命和担当。我的学术成长是幸运的，因为在不同的阶段，在导师、同学、家人的指导帮助以及个人的努力下，我及时地抓住了国家战略的对哲学社会科学的需求。攻读博士学位期间，正值国家开始重视全球气候变化问题和积极参与国际气候谈判之时，我对应对气候变化领域的先行者和引领者——欧盟气候政策的研究适逢其时，也由此产生了一系列研究成果。到西北农林科技大学工作后选择从国际视角研究新时代中国的重大理论与现实问题，尤其是中国梦、习近平新时代中国特色社会主义思想的海外认知和评价，是伴随着中国日益走近世界舞台的中央，中国越来越需要注重国际形象和国际传播能力建设，更加注重国际话语权的建构，我的研究在一定程度能为对外讲好中国故事提供一定的智力支撑。也正是如此，我的研究也先后得到了国家哲学社会科学工作办公室、教育部社科司等相关部门的支持，这反过来也促进了我的学术成长。

龚超：学海浮沉的醉与醒

龚超，男，1973 年生，湖北武汉人。广州医科大学马克思主义学院副院长，三级教授、博士生导师，中国教育发展战略学会思想道德建设专委会常务理事。

一、学术历程

习近平总书记指出，"对党绝对忠诚要害在'绝对'两个字，就是唯一的、彻底的、无条件的、不掺任何杂质的、没有任何水分的忠诚"。作为马克思主义理论及实践的教学研究者，对党绝对忠诚，前提是保证马克思主义理论"入脑入心"，自己必须"绝对相信"理论，如此才能坚定政治定力、自觉践行政治理论。

2003 年至 2009 年，是我研读马克思主义理论及探索实践教学的时期。就读于湖北大学政法与公共管理学院，师从贺祥林教授，他是我的硕士生导师；就读于武汉大学政治与公共管理学院，佘双好教授是我马克思主义理论与思想政治教育专业的博士生导师。贺祥林是湖北大学马克思主义学院二级教授，贺教授治学严谨、务实低调，是马克思主义基本原理研究及实践的"扫地僧"。我万分感谢湖北大学的导师，因为是贺教授"手把手"逐步带我这个"白丁"进入学术殿堂，从修改论文的句读、词语，到把握行文逻辑、篇章结构，贺教授用心辅导了我 3 年，培养了我治学的习惯、教给我做人的道理，他的言行让我领悟"师父"二字的真谛，使我终生受益。在我继续深研马克思主义理论时，我在武汉大学遇见了佘教授，他是全国思想政治教育专业赫赫有名的大家，国家社科基金重大招标课题首席专家，中央马克思主义理论研究与建设工程《德育原理》主要成员，全国高校马克思主义理论研究会副会长，湖北省大学生心理咨询研究会副会长，中国青少年研究会第三届理事会理事，中国思想政治工作研究会、中宣部思想政治工作研究所特约研究员。在珞珈山攻读3年博士，佘老师指导我修改一篇研究综述达20余遍，从开始的迷茫，到参与课题项目组论证、设计选题、提出假设、制作问卷、开展调研和访谈……形成调研报告，再到我独立带队完成调查研究全流程，我全程深刻领悟了"做研究"的"求真"风格。转眼我已在大学任教十多年，但在博士毕业论文选题、开题、论证、撰写、修改、答辩的全过程中，佘老师"要做真学问"的谆谆教诲还萦绕在我耳际。

2009年博士毕业后，我在广州医科大学担任思政教师，承继佘老师的研究思路开始独立科研，离开老师指导，我的研究短板马上凸显：知识贮备匮乏、研究手段局促。基于此，我有幸2011年至2014年（其中2012年7月至8月在美国旧金山州立大学参加双语教学培训）进入复旦大学社会学博士后流动站，开始了社会学博士后的学习，师从谢遐龄先生（我亲切称老师为"谢老"）。谢老学贯古今，不仅是复旦大学中西方哲学、社会学研究领域著名的大师，也是民盟上海市委第十二、十三届副主委，民盟第七、八届中央委员，民盟第九届中央常委。每次聆听谢老的教诲，那海洋般丰富的信息量、针砭时弊的洞察分析和触手可及的举措建议，让我震撼不已，既感到无限荣光，又倍受力量鼓舞，每次都希望能够只字不落全部记牢，可怜我有限的大脑只能挂一漏万。

于是，2014年至2015年、2021年至2022年，我又分别到武汉大学、北京师范大学马克思主义学院思想政治教育专业高级访学，师从佘双好教授和冯刚教授。回炉武汉大学做高级访问学者，在佘老师的指导下，我汲取了更加丰厚的知识营养和研究方法。能在北京师范大学做冯刚教授的高级访问学者，始于武汉大学读博的"师缘"，更始于学术"追星"。冯刚教授，曾任教育部高等学校社会科学发展研究中心主任，北京市委教育工委宣教处处长，教育部高等学校社会科学发展研究中心主任，教育部社政司、思政司副司长、司长，曾参与起草中央16号文件及配套文件，承担并主持完成多项国家社科研究基金项目、教育部哲学社会科学重大委托研究项目。"独与天地精神往来，而不敖倪于万物"是庄子的形象，这正适合写照冯刚教授的人格。2006 年，我导师（当时佘老师是武汉大学政治与公共管理学院副院长）主持了一个学术会议，期间邀请冯刚教授给我们做了一场 40 分钟的讲座，他站在国家规划层面对思想政治教育高屋建瓴、恢弘大气的点评，对文件精神细致又务实的解读，与学生幽默风趣又不失"邻家大哥"的青春互动，掀起了一阵阵高潮，让莘莘学子眼冒"星星"崇拜不已。作为会场服务人员，我在欢送冯刚教授的途中"小心翼翼"表达了对老师的敬慕，没有想到这样一位大家、高级官员居然认真听了我"怯怯"的敬语，还主动送给了我一张名片。这份信任和关爱，让我倍加珍爱思想政治教育学科并对前程充满信心，由此深埋了追"星"的种子。这条追"星"路一走就是 16 年，我参加了冯刚教授主讲的数十场会议讲座，足迹遍布武汉、北京、重庆、南京、合肥、浙江、厦门、广州、成都、青海、宁夏、辽宁、长沙等各地高校，聆听了冯教授关于人生、事业和学术的高深见解，这些理论惠及了我和我的孩子，还有我的同事和朋友们。我终于在 2021 年走进北京师范大学马克思主义学院，开始做思想政治教育专业高级访问学者，并在冯老师指导下成功完成了学术任务。

细数十几年光阴，一半烟火谋生，一半诗意谋爱。2009 年至今，我始终站在广州医科大学的思政讲台。2010 年被聘为副教授、2015 年被聘为教授、2020 年获"南山学者"（四层次）骨干人才称号、2022 年获领军人才"广东特支计划"教学名师荣誉。期间，我加入了一些学术团体，以团体的身份在社会中实践思政教育：中国教育发展战略学会思想道德建设专业委员会常务理事，广东省社会工作教学指导委员会委员，广东思想政治工作专家，广州医科大学广州市青年马克思主义人才培养研究重点基地负责人，广州市委宣传部"新时代广州理论专家宣讲团"专家，广东省教育厅、广州市教育局"百姓宣讲团"成员。

二、学术成果

科研路上，风雨兼程，努力沉淀；悲欣自渡，苦乐自当。近20年从事马克思主义理论、思想政治教育、德育研究，形成了较为稳定的研究风格，我在思想政治教育理论与方法、思想政治理论课、社会主义意识形态、中国共产党思想政治教育史、中国共产党精神谱系、理想信念、马克思主义中国化的基本理论等方面，获得了系列研究成果（在有关刊物发表80多篇相关学术论文）。业已形成立足历史唯物主义、辩证唯物主义与思想政治理论课三大领域融合研究问题的特点：

一是对马克思主义理论基本问题进行研究。主要集中于马克思主义基本理论，特别是历史唯物主义、辩证唯物主义等，并把马克思主义理论与思想政治理论课结合起来研究，力求把马克思主义理论、社会主义意识形态思想融入思想政治理论课教学之中。代表性成果有：《论〈道德经〉中精神压力与道德人格的张力》，《上海交通大学学报（哲学社会科学版）》2020.6、《论新时代马克思精神的继承与发展》，《湖北社会科学》2018.12、《论黑格尔精神运动的内在逻辑》，《湘潭大学学报（哲学社会科学版）》2018.5、《简论马克思的社会生活教育观》，《湖北社会科学》2013.4、《体悟生活：马克思的社会教育思想研究》，《学习论坛》2013.4、《源起、手段及目标：论青年马克思的社会教育思想》，《广东行政学院学报》2012.9、《马克思社会实践教育思想及其在中央苏区的实践》，《湖北社会科学》2012.1、《社会教育概念探微》，《浙江社会科学》2010.3、《马克思社会教育思想的理论内核》，《理论月刊》2010.1、《马克思社会教育思想：一个应该重视的课题》，《中国成人教育》2010.3、《初探马克思社会环境教育思想》，《湖北社会科学》2010.6、《香港青少年社会教育理论探源》，《青年探索》2010.7、《马克思职业技能教育思想初探》，《广东社会科学》2010.6、《马克思社会教育思想应该重视的课题》，《内蒙古师范大学学报（教育科学版）》2010.05、《马克思对西方社会教育思想的批判和继承》，《湖北社会科学》2009.12、《关于求真务实的三点思索》,《马克思主义研究》2006.04、《马克思实践的唯物主义历史观精华举要》,《东岳论丛》2005.06、《我国国体和政体的运行实践与"三个代表"的内容和本质》,《理论月刊》2005.11。

二是对社会主义意识形态问题进行研究。对意识形态特别是社会主义意识形态、意识形态安全、自媒体与意识形态的相互关系等问题有系统研究。代表性成果有:《新社会群体党建工作检视与思考——以广东省为例》,《桂海论丛》2020.6、《加强和改进新社会群体人员思政工作调研报告》,《思想政治工作研究》2020.3、《新时代高校意识形态安全体系构建的理论思考》,《思想教育研究》2020.2、《论新时代高校主流思想舆论的建构与协同》,《学校党建与思想教育》2019.10、《社会主义核心价值观的文化场域及传播路径》,《湖南科技大学学报(社会科学版)》2017.5、《从社会实在到习与性成:浅析社会规范的习得》,《广东社会科学》2015.5、《社会主义核心价值观的生成及践行路径》,《湘潭大学学报(哲学社会科学版)》2015.3、《社会主义核心价值观与公民心灵秩序的实践转化》,《湖北社会科学》2015.8。

三是对思想政治教育理论问题进行研究。特别注重研究思想政治教育基本原理、方法问题,大学生思想政治教育理论、思想政治教育心理、心理健康咨询与治疗研究等。在思想政治教育研究中,始终坚持正确的政治方向,坚持社会主义意识形态,形成了比较系统的研究成果。代表性成果有:《论我国"剩女"问题及其社会影响》,《中国青年社会科学》2015.3、《略论生态文明理论与生态广东文明建设之路》,《探求》2015.5、《论现代舆论引导在社会主义核心价值观培育中的运用》,《湖北社会科学》2014.7、《当代德日青年历史观教育之启示》,《中国青年研究》2014.6、《促进青少年践行爱国主义教育的对策——以广州青少年为对象》,《中国青年政治学院学报》2012.9、《PBL教学法在思想政治理论课中的运用——以〈毛泽东思想和中国特色社会主义理论体系概论〉课第十章"中国特色社会主义"教学为例》,《思想政治教育研究》2011.4、《当代中国民族主义思潮对青少年政治观念的影响》,《湖北社会科学》2010.2、《以提高农民工政治参与的素质和能力促进社会稳定》,《中国青年研究》2008.7、《国外社会教育理论研究综述》，《中国青年研究》2008.02、《"关心贯穿我们生命最本质的部分"——诺丁斯关心道德教育探析》，《湖北社会科学》2008.02、《国外社会教育理论研究的发展现状探析》，《理论月刊》2008.02、《当代青少年思想道德现状的研究综述》，《中国青年研究》2007.09、《当前思想政治教育学科理论研究现状及任务》，《湖北社会科学》2007.11、《当代青少年思想道德研究现状特点及展望》，《社科论坛》2007.09、《毛泽东与武装斗争》，《党史天地》2005.11。

深耕一线教学科研经年，同时用理论服务社会，略有小小收获。一是研究成果被录用或建议被采纳。譬如 2018 年调研报告《影响广州市民生育意愿的因素和对策建议》被《穗府信息》（广州市人民政府办公厅穗府办简报准字〔2013〕第 1 号）〔2018〕第 181 期采用；2018 年调研报告《我国新生人口存在的问题及解决对策》，被广州市委办公厅《中共广州市委办公厅·上报约稿》采用；"关于制定《关于切实加强和改进思想政治工作的指导意见》专题调研"获中国政研会 2018 年度二类优秀成果奖，部分建议被广东省政研会采纳；"加强和改进新社会群体思想政治工作调查研究"获中国政研会 2019 年度二类优秀成果奖，部分建议被广东省政研会采纳；"进一步做好民营企业思想政治工作研究"获中国政研会 2020 年度二类优秀成果奖，部分建议被广东省政研会采纳。二是参与服务地方讲座、宣讲和学术报告，获得系列奖励、荣誉。譬如 2021 年 11 月中共广东省委教育工委授予"广东省高校精品党课优秀党史宣讲员"荣誉称号；2021 年论文《中华优秀传统文化与马克思主义结合的广州思考》，（广州日报 2021 年 12 月 13 日），被中共广东省委教育工委党史学习教育领导小组评为"广东省教育系统党史学习教育优秀理论成果二等奖"；参编《中国梦之中国精神》，（武汉大学出版社 2017 年版），获第三届湖北出版政府奖；2020 年被评为广州医科大学"南山学者"骨干人才（第四层次）；2022 年获广东省委人才办评定的领军人才系列之 2021 年"广东特支计划"教学名师荣誉称号。

三、学术心得

何其有幸，一生得遇多位名师。恩师们身上折射的"不为大，故能成其大"品格，时时提醒我"做学问即做人"，督促我清白干净从教、宽厚老实做人。《道德经》六十三章云："天下难事，必作于易；天下大事，必作于细。"求学问道就是人生的一场修行，就是做好工作中每一件平凡的小事，真诚对待生命中的每一次遇见。

（一）读书使人灵魂丰盈，实践把理论演绎成实务

读书的转变：从务虚到务实。读硕期间一度神往本本主义，学会运用唯物辩证法，开始用逻辑、联系、抽象等方法思考学科问题。读博期间，佘老师的言行为我示范各种科研品格：他告诉我："你基础不好，要多看书，把基础打牢"——认真；布置写作任务时一句话"你把目前的事情做好就行了"——务实；邮箱的留言"要坐得住"——毅力；在我撰写青少年思想道德研究综述时表达的关爱、在为我开读书清单时表达的期盼至今让我难忘。在博士生求学期间，我认真聆听体悟各位专家学者的讲座：一是学术观点——百花齐放，百家争鸣；二是专家做学问的态度——专业而且认真，小到每一句话的出处，中到对每一件时事的点评——体会历史的厚重，领悟其现实的理性（合理正确性、合规律性、可行或可操作性）思考，大到每一个（自己或别人）观点的论证、到每一篇论文的公开发表；三是渊博的知识底蕴，宏阔的研究领域，独到的研究视角；四是临摹他们谦和仁厚的师风；五是赞扬其穷究学问的无畏学风。

亲其师，信其道。开始精读佘老师的文章，从中学习科研思维和科研方法。先看网上公开发表的论文，做读书笔记，整理自己的思维，凝炼观点和语言；阅读《现代德育课程评价探究》（载《理论前沿》），学会评价的思维；阅读《当代青年大学生价值观念变化特点及趋势分析》，探寻青年价值观念变

化的一般规律。再看导师的专著，如从《现代德育课程论》中思考思想政治教育学科研究方法；从《毕生发展与教育》中思考马克思主义与思想政治教育专业的实用性问题；从《质性研究方法》中重新认识调查研究方法等。在读专著的过程中，一切思考都是围绕如何构建学术论文而展开。佘老师赠我做研究的第一句话是"思辨研究固然重要，实证研究也必不可少，要转变思维"。第一次参加实际的课题调研，积累了一些操作层面的实证经验。首先我参阅了诸如《社会调查研究》《社会调查原理与方法》等介绍调查研究方法的著作，了解了一些基本常识；在理论与实践相结合的过程中，我基本知晓了课题的拟定、调研目的分析、问卷的制作发放回收、统计及对数据进行相关性分析等方法，然后提出问题，辅之以访谈，验证调研结果，为解决问题的关节点提出对策性思考。第二次科研思维的转变是从抽象研究到实证结合，清晰记得分配给我的课题任务是对湖北省武汉市青山区处级以上干部进行访谈，这让我熟悉了调研方法，并从座谈会上与会代表的发言中领悟到理论如何为实践服务。第三次提升是在问卷的准备与设计中，对问卷逐项商榷论定，我领悟了调查研究的科学性、技巧性相结合的特点等。

（二）磨难方能证涅槃，自渡才可达彼岸

我撰写研究综述的最大体会——不断在材料发掘中前进。例如写关于《近十年青少年思想道德研究综述》一文，仅收集相关资料一项，订成了8大本论文、报道等。一是通过 google 在网上输入 "Journal of Adolescent Research"，搜到国外研究这个问题的10篇相关文章；二是利用超星图书输入关键词"青少年思想道德"搜集到64本读物；三是在中国学术期刊全文数据库中输入关键词"青少年思想道德"，搜集到相关论文213篇并进行分类；四是期刊网上搜集到相关论文132篇；五是通过检索人大复印资料，共检索出传统美德与青少年思想道德问题论文100余篇；六是通过搜索学校图书馆藏图书，输入关键词或者主题"青少年思想道德""青少年"等共搜索著作26册；七是收集关于大学生群体的专项研究（主要收集了佘老师的研究论文）；

八是综合调查研究的资料，关于上海市青少年、武汉市青少年、湖北省青少年发展状况的研究报告，以及北京市青少年、广州市青少年各地的调查报告等较详实的资料。

我学习撰写调研报告的最大收获——语言朴实（开门见山不绕弯子）、观点精炼（针对问题分析并提出解决思路）、逻辑简约（就事论事的务实高效）、内容实用、写作及时（就调研过程写报告）、态度认真（反复修改报告）。

我学习撰写学术论文的最大体会——上课学记结合（认真做听课笔记，记下有异议和有感悟的知识点；尽可能录音，以期整理笔记，为将来上课和科研做准备），课后认真复习（查阅课堂上老师提到的参考书目，分析老师讲课思路，了解相关领域的学科前沿问题），认真研习论文（研——结合课堂的学习和研究方向找准研究的兴奋点，积极思考并撰写论文，希望达到公开发表水平并期望发表）。

（三）多与大师对话，做好事业的摆渡人

多听大师的课，我们才能懂得知识也"醉人"。"今天，我们理解结构物体的诸学说……亚氏学说中的逻辑毛病，自我的初步了解：纯粹统觉，我思故我在，纯粹统觉即我思……"。多次听谢老上课，我醉了：深刻、晦涩的哲学原来可以这样解读，深入浅出原来是这样。

多与大师对话，我们的灵魂才有归处。攻读博士后期间，我对核心价值观有了浓厚兴趣，找谢老解惑。"老师，现在天天谈核心价值观，可为什么人们口若悬河，行动却不知所以，甚至差强人意，怎样才能改变这种现状？"我自以为问了老师一个难题，不过这也是我的困惑。谢老师微微一笑："核心价值观要'入心'，要'成体'才行。我说的'入心'是需要把心智能力化为良知，监督自己的思想；我说的心智能力（主要是哲学方面的）体现为：知识能力、意欲能力和情感能力。培养这种能力也需要分层对待，不能统一步调，对于自觉性、主动性较高的人群，多使用知识能力、意欲能力（强化阅读、修养、交流等）；对于自觉性、主动性较低的人群主要培养他们使用情感的能力，要于日常生活中感而化之，润物细无声。而'成体'是要将核心价值观化为个体的文化存在。实现成体，需要知识能力参与，经由情感能力达成……"这一"谈"我醒了，原来每个问题都是有答案的，在这里，我明白了马克思的"理论武装头脑"。

模仿大师教育教学，倾力服务学生，在社会中成就未来。2009 年至今，我在一线教学兢兢业业，在模仿中研究教育教学规律，促使自己走向成熟。共计承担本科、硕士、博士思政课约 8000 学时，授课学生过万人，参加广东省广州市政府、企事业单位各类宣讲 100 余场，主持国家社科基金、教育部人文社科项目、省厅级课题、省市委宣传部、各级社科联、地方政府调研项目 70 余项，多篇调研报告被湖北省政府、广东省委宣传部、广州市委宣传部相关部门采用。

巩茹敏：秉持敬畏之心　继续砥砺前行

巩茹敏，女，1973 年生，黑龙江哈尔滨人。全国思政课教学标兵，全国高校思政课名师工作室负责人，哈尔滨工业大学思想政治教育学科带头人，哈工大长聘教授，博士研究生导师。

一、学术历程

回忆自己追逐教学与科研的奋斗之路，虽然许多岁月像流水般不留痕迹地静静逝去，但有些特殊的记忆像一道道亮丽的风景线，不因年轮的增加和岁月的远去而退色，反而会在生命演进的过程中日渐凝固起来。和大多数人的科研经历相似，最开始的自己是一只懵懂无知的"科研小白"，对于科研、学术、学科等专业术语并没有什么特别的感觉。随着自己在专业领域的日益累进、积淀，在科研和育人上逐渐养成了"敬畏恭谨、脚踏实地"的态度，立志做一名业务精湛、热情正直、充满公民精神和人文情怀的"有态度、有高度、有温度"的思政课教师。

合抱之木，生于毫末，九层之台，起于垒土。我的学术起点是撰写硕士研究生期间的毕业论文，印象很清楚，论文题目是《新中国成立初期毛泽东新民主主义社会理论中断的原因及价值》。经过搜集资料、开题等前期准备，进入独立写作环节。在写作过程中自己才真正发现，写出一篇令人满意的论文，并不是一件容易、轻松的事情。但这个写作过程，是最令人难忘的。硕士论文在完成之后，我把其中的核心观点摘录出来，又完成了两篇小论文。不知道当时的自己哪来的那么大的勇气，居然亲自跑到一家著名大学学报的杂志社投稿，主编对我说："我们天天收到大量的像明信片一样的稿件，想要被录用，文章一定要有特别之处。"主编这句话说得非常含蓄、委婉，但年轻气盛的我并没有完全领悟、明白这里的话外之音，反而以初生牛犊不怕虎的勇气自信地回答："这是我自己亲自写出来的。"最终的结果可想而知。

2002年硕士研究生毕业后，我留校任教，成为了一名思政课教师。先后主讲过"中国近现代史纲要""毛泽东思想和中国特色社会主义理论体系概论""形势与政策""共和国重大事件评述""中国共产党思想政治教育史"等课程。在上课中，我坚守"润物无声、教育无痕"的教学理念，不断探索思政课走进学生内心深处的途径与方法，通过挖掘理论魅力和精髓，触及和影响学生的精神世界，传递积极向上的正能量。但教学中总会遇到一些难点、热点、焦点问题或自己很难讲清楚的重点问题，如果只是凭借查阅资料进行备课，教学效果并不能让学生满意、让自己信服。留校任教一段时间后，自己的发展遇到了瓶颈，面临着如何走好未来之路的抉择。拿破仑曾经说过这样一句话："最能让一个人实现成长的，恰恰是你的竞争者，因为正是有了他们所提供的困难和磨炼，才能够激起我们无穷尽的斗志。"正如这句话所说的那样，看到身边的同事陆续地考取博士研究生、在专业领域更上一层楼，除了对他们投以羡慕的目光外，自己在内心深处也萌发了考博继续深造、完善自己的愿望。这种愿望不仅希望自己拥有高水平的学术研究，在专业领域占有一席之地，而且希望自己在课堂教学中能够娴熟地运用知识、创造知识、拥有独立思考问题的潜质和能力。

人一定要有梦想，心有多大，舞台就有多大。成长是缓缓流淌的溪流。有时的我们在跌跌撞撞中失败，也在踉踉跄跄中收获。天道酬勤，天遂人愿。2009年，我考入北京大学马克思主义学院思想政治教育专业，成为一名博士研究生，师从祖嘉合教授。考上北大，心里特别高兴，标志着学术生涯又开启了一个新阶段。记忆中非常清晰的一件事情，在祖老师的思想政治教育前沿问题的课堂上，老师说："你们来到北大，就是为了一个社会承认的结果，当你们获得这样的一个社会承认的结果后走出校门，别人也会高看你们一眼，就为了这个高看一眼，你们也要比别人更多一份努力。"老师的话一语中的，可谓简单而深刻，至今让我记忆犹新。

北大博士的基础年限为四到六年，要经历中期考核、开题、预答辩、正式答辩等环节。中期考核就是要完成课程学分、必读马列经典著作等，往往在第一学年的第二学期进行。我记得当自己把完成的中期考核表格发给老师时，祖老师逐字地进行修改，甚至连标点符合都改正过来。对于我的博士论文初稿，老师写了好几页密密麻麻的修改意见。有人说，人与人的相识，始于颜值，敬于才华，合于性格，久于善良，终于人品。人品是最好的作品。这句话我非常赞同。可以说，老师教会了我要秉持敬畏之心做人、做事、做学问。这个事情对我的触动特别大，甚至可以说是终身影响。现在每到临近毕业之前，我一定会对学生的每篇论文逐一把关，和祖老师一样，我会亲自对论文的每一句话进行审阅、修改、校正，包括斧正学生在语法、语句、逻辑等方面存在的错误。将心比心，由此及彼，给学生修改论文时，就会不由自主地想起老师为我修改论文的那段难忘岁月。正是这段经历让我对学生论文的修改更多了许多耐心与认真、理解与包容。

在祖老师的课堂上，她把香港某大学关于写作文献综述的方法发给我们。祖老师说，这是学术训练的第一步，要学会写文献综述，这是从事学术研究的必经步骤。文献综述是在确定了选题后，在对选题所涉及的研究领域的文献进行广泛阅读和理解的基础上，对该研究领域的研究现状包括主要学术观点、前人研究成果和研究水平、争论焦点、存在的问题及可能的原因、新水平、新动态、新技术和新发现、发展前景等内容进行综合分析、归纳整理和客观评论，并提出自己的见解和研究思路而写成的一种不同于毕业论文的文体。老师说，文献综述不仅在于"综合"，而且在于"评述"，要进行专门的、全面的、深入的、系统的论述和相应的评价，而不仅仅是相关领域学术材料的堆砌。按照老师教给我们的方法，老师要求我和同学们，在深入系统地阅读、分析文献的基础上，两个星期之内，我们要完成一篇思想政治教育方法、载体、客体、主体、环境等领域的文献综述。上课时，老师不仅进行详细地讲解，而且也会听取同学们关于这一问题的见解和意见。课堂呈现开放、自由、温暖、平等的氛围，类似研讨课堂的形式。可以说，老师的认真教导以及她给予的一些方法，是对我遵从学术规范、养成学术伦理的思想启蒙。

在北大读博士时，讲座、论坛、读书会等活动特别多。这些活动大大开阔了我的视野，拓宽了眼界。在参加一次科研活动时，中国人民大学刘建军老师的一番话给我很大启发。他说，博士研究生有一个"生"字，这就意味着你们在博士读书阶段是生涩的、青涩的、不成熟的。当把这个博士研究生的"生"字去掉的时候，那就预示着快要成熟了。在北大读博期间，也许正是由于青涩不成熟，造就了无知者无畏，带有一股学术锐气。2010年，我写出了《从典型案例看苏维埃时期中共反腐败思想与实践》一文，投稿到《毛泽东邓小平理论研究》编辑部，不到一个月的时间，编辑部老师给我反馈，让我简单地修改一下，文章很快被采用。我写的《解放战争时期中共开展宣传工作的艺术特色》一文，获得北大、清华、人大三校博士论坛优秀论文一等奖，投给《历史教学》编辑部，也很快被采用。这一时期，我把一篇稿子投给中国社会科学杂志社，结果编辑老师给我回信了，建议我把文章投到他们的中国社会科学院报上，也被采纳了。总之，非常感谢北京大学这座富含思想的学术殿堂，她以开放包容的胸怀让我有机会徜徉在浩瀚的知识海洋之中。这里不仅是读书和研究的圣地，更有学养深厚的老师、博大恢宏的天堂书馆、精彩纷呈的讲座、浓厚的学术氛围和细微处体现境界的人文关怀，这些有形和无形的宝贵财富，让我一生受益，铭记终生。

二、学术成果

回顾学术过往，我在《毛泽东邓小平理论研究》《历史教学》《江汉论坛》《教学与研究》《思想教育研究》《学术交流》等期刊发表论文60余篇，参编教材8部；五年来，主持国家社科基金项目、教育部高校示范马院和优秀教学科研团队项目、工信部党的建设重点项目、黑龙江省哲学社会科学学科体系创新支持计划专项、省教育规划办重点项目等项目近20项，参与国家社科基金等各类项目 30 余项；获评龙江青年学者，获黑龙江省马克思主义理论优秀科研成果一等奖、历史学科优秀科研成果二等奖、哲学学科优秀科研成果三等奖、统战理论优秀科研成果三等奖、黑龙江省高等教育优秀教学成果奖一等奖在内的奖励 14 项。我的研究领域主要体现在三大板块，一是党的思想政治教育理论研究。二是习近平新时代中国特色社会主义思想研究。三是教学领域的课程思政与思政课程协同研究。

一是党的思想政治教育理论研究。党的思想政治教育理论是介于中共党史和思想政治教育之间的交叉学科和专业，党的思想政治教育理论的现有研究涌现出许多成果，但在许多领域仍有提升的空间。因为我硕士研究生学习的专业是中共党史专业，博士阶段学习的专业是思想政治教育专业，所以我侧重从中共党史和思想政治教育交叉视角即中国共产党发展的历史与经验窥探思想政治教育的规律和本质，这是我研究的旨趣所在。主要聚焦于：其一，民主革命时期中共思想政治教育史个案研究。主要依据现有史料，进一步挖掘相关档案资料，从微观视角出发，针对不同对象，就某一具体个案开展党的思想政治教育理论方面的研究工作。代表性论文有《解放战争时期中共开展宣传工作的艺术特色》、（《历史教学》，CSSCI）、《从典型案例看苏维埃时期中共反腐败思想与实践》、（《毛泽东邓小平理论研究》，CSSCI）、《土改运动中的妇女动员》、（《学术交流》，CSSCI）、《思想政治教育研究中的问题反思》、（《学校党建与思想教育》，核心）、《建国以来党的思想政治教育史研究述评》、（《思想政治教育研究》，CSSCI）、《中国共产党思想政治教育史学科研究的新审视》、（《思想理论教育》，CSSCI）、等。其二，新中国成立初期农村思想政治教育研究。主要是在博士论文的基础上，申报成功国家社科基金后期资助项目《新中国成立初期农村思想政治教育的承继与转向（1949—1956）》。主要从中共思想政治教育史视角出发，选取代表性典型案例，运用思想政治教育学原理，回顾、梳理、分析新中国成立初期的农村思想政治教育的环境、主要内容与活动、主要方法与载体，提炼基本经验，挖掘时代特色。

二是习近平新时代中国特色社会主义思想研究。党的十九大把习近平新时代中国特色社会主义思想确立为党的指导思想，对其内涵概括为"8个明确、14条基本方略"。党的十九届六中全会对这一思想的内涵做出重大修订，表述为"10个明确"。党的二十大把这一思想新内涵表述为"10个明确、14条坚持、13个方面的成就"。作为当代中国马克思主义、二十一世纪马克思主义，这一思想是中华文化和中国精神的时代精华，是实现中华民族伟大复兴的行动指南。基于此，遵循"读懂习近平，就是读懂中国共产党，就是读懂今天的中国"的研究思路，聚焦习近平新时代中国特色社会主义思想。主要围绕以下领域展开：其一，关于习近平新时代中国特色社会主义思想方法论研究。申报成功黑龙江省哲学社会科学规划项目《习近平总书记治国理政战略思想方法论研究》1项，撰写4万字的结题报告；并申报学校文科繁荣项目支持计划马克思主义理论专项《习近平新时代中国特色社会主义思想方法论研究》，在《哈尔滨工业大学学报》《法制日报》《扬州大学学报》《理论研究》《黑龙江日报（理论版）》等发表《从文本视域透视习近平思想政治教育工作的原则方法》《坚定不移贯彻总体国家安全观》《从唯物辩证法透视新时代中国共产党改革思想的方法论自觉》等。其二，关于习近平新时代中国特色社会主义思想个案研究。主要聚焦习近平的思想政治教育工作、意识形态领域、话语体系特点等方面。参与承担国家社科基金项目《习近平关于社会革命和自我革命的重要论述研究》；成功申报黑龙江省哲学社会科学学科体系创新支持计划专项建设项目《习近平新时代中国特色社会主义思想高质量立体化传播研究》；在《思想政治教育研究》发表《习近平五封贺信蕴含的思想政治教育元素探析》，被期刊公众号全文转载；在《江汉论坛》发表《马克思主义中国化"两个结合"的内涵与时代价值探究》，被青马先声学术争鸣全文转载；在《内蒙古师范大学学报》发表《对党的十八大以来习近平统一战线思想研究述评》；在《黑龙江日报（理论版）》发表《初心和使命是不断前进的根本动力》《以伟大自我革命引领伟大社会革命》等多篇论文。

三是课程思政与思政课程优化协同教学改革研究。基于习近平总书记提出的"学校各类课程要与思想政治理论课同向同行、形成协同效应"以及

"推动思政课改革创新坚持的原则之一要坚持显性教育和隐性教育相统一"的教育理念，近年来，在教育部示范马克思主义学院和优秀教学科研团队建设项目和黑龙江省高校思政课教师择优资助计划项目支持下，积极开展相关研究。撰写的《课程思政：隐性思想政治教育的新形态》发表在《教学与研究》（下载8千余次，被引用215次），《新时代加强高校"形势与政策"课规范化建设的再审视》发表于《思想教育研究》，《构建课程思政与思政课程协同效应的新审视》发表在《思想政治教育研究》等。首次提出"课程思政体现了隐性思想政治教育的新形态"的新观点。对于课程思政和隐性思想政治教育的关系，提出了"课程思政契合隐性思想政治教育的育人功能、彰显隐性思想政治教育的'隐性'特点、促进隐性思想政治教育的内容构建"等观点。提出，"课程思政"是把隐蔽性、渗透性的"思政"元素"隐性"地寓于"课程"之中，本质属于"隐性思想政治教育"。而"思政课程"本质属于"显性思想政治教育"。在学理分析的基础上，从育人功能、思政资源构建、克服现有思政课的"肌无力"弊端等方面探寻二者协同的内在逻辑；阐述二者协同的优势与作用。

三、学术志向

未来，拟开展研究方向有二：一是大数据时代习近平新时代中国特色社会主义思想高质量传播研究；二是数字赋能促进大中小学思政教育一体化研究。

关于大数据时代习近平新时代中国特色社会主义思想高质量传播研究。这一研究方向，主要契合了当今中国进入新时代后意识形态领域的紧迫要求。立足新时代，放眼当今世界百年未有之大变局和中华民族伟大复兴的战略全局，不难发现，随着"中国力量""中国奇迹"的不断展现，世界范围内各种文化思潮交流交融交锋，多样化社会思潮风起云涌，社会思想文化交流愈加尖锐复杂，马克思主义指导思想也就愈加受到挑战。

在研究思路上，主要从习近平总书记系列重要讲话文本出发，探寻习近平新时代中国特色社会主义思想传播和大众化的理论渊源，大力开展马克思主义传播研究，弱化"官方举旗""大众迷失"现象，巩固马克思主义在中国特色社会主义事业中的主导地位，克服凝固化、实用化和教条化等马克思主义中国化时代化之偏颇，推动马克思主义中国化时代化的理论和实践创新。希望此项研究能够有力推进习近平新时代中国特色社会主义思想的传播，促进习近平新时代中国特色社会主义思想中国化时代化的理论体系构建和普及，有效服务党和国家重大需求，并进一步深化实践路径向纵深领域发展，发挥促进学术研究、助力思政课教学、咨政育人的时代功能，特别是为新时代伟大的社会变革和国家治理体系提供学理支撑、精神动力、现实路径。

关于数字赋能促进大中小学思政教育一体化研究。大中小学思政教育是对青少年学生进行思想品德和政治教育的主要渠道和基本环节，是坚持社会主义办学方向的重要阵地，是全面贯彻党的教育方针、落实立德树人根本任务的灵魂课程。2019 年 3 月，习近平总书记在学校思政课教师座谈会上提出"要把统筹推进大中小学思政一体化建设作为一项重要工程"。2019 年 8 月，中共中央办公厅、国务院办公厅印发的《关于深化新时代学校思想政治理论课改革创新的若干意见》和 2020 年 12 月中宣部、教育部颁布的《新时代学校思想政治理论课改革创新实施方案》提出"大中小学思政一体化建设需要深化""要循序渐进、螺旋上升地开设好大中小学思政课"。2022 年 4 月，习近平总书记再次强调"鼓励各地高校积极开展与中小学思政课共建，共同推动大中小学思政课一体化建设"。2022 年 8 月，教育部等十部门印发《全面推进"大思政课"建设的工作方案》。经过调研，大中小学思政教育一体化在实施推进过程中存在亟待突破的难点与瓶颈：第一，一体化协同育人理念不充分；第二，一体化互动平台载体相对欠缺，缺乏彼此支撑的互动平台、载体、各学段的教研合作相对匮乏；第三，一体化各学段的教学内容重复现象较为突出，表现在各个学段的思政课教材存在部分内容重复的现象，没有厘清各个学段应该承载的任务与目标；第四，一体化协同育人的理论与实践脱节，思政教育更多的是依靠课堂上老师的"一张嘴",缺少一些共享开放的社会资源,学生难以通过亲身体验感受到国家的巨大变化。

此研究方向的特色及可行性上,其一,借助人工智能技术创新思政教育机制,运用大数据提高思政教育的质量。通过数字技术赋能思政教育,在根植中华文化、扎根中国实际的基础上,针对受众需要定制个性化内容,因材、因时、因地施教,从一体化理念、一体化平台、一体化师资、一体化教学内容、一体化共享资源等方面,以期构建一个能够实现交流对话的大思政学术教学平台。其二,随着新一轮科技革命和产业变革加速演进,实现重要科学问题和关键核心技术的革命性突破,学科之间的深度交叉融合势不可挡。哈工大是一所工科特色鲜明的学校,立足马克思主义理论、思想政治教育学科,发挥计算机、人工智能、大数据等方面的优势,可以大大助力建设与"中国特色、世界一流、哈工大规格"相适应的新文科。其三,立足意识形态、网络舆情工作,将和智慧树、哈工大计算学部合作,建立反馈机制和虚拟仿真实验室,进而持续改进,良性循环,最终提高思想政治教育的公信力。

四、学术心得

习近平总书记指出,大师、大家,不是说有大派头,而是说要有大作品。我们提到老子、孔子、孟子,想到的是《道德经》《论语》《孟子》;提起陶渊明、李白、杜甫,想到的是他们的千古名篇;说到柏拉图、莎士比亚、亚当·斯密,想到的也是他们的《理想国》《哈姆雷特》《国富论》。如果不把心思和精力放在创作精品上,只想着走捷径、搞速成,是成不了大师、成不了大家的。没有优秀作品,其他事情搞得再热闹、再花哨,那也是表面文章、过眼云烟。我本人非常认可总书记的这一观点,有几点感受与大家分享。

一是找到适合自己的研究领域。适合自己的研究,才是让自己最感兴趣并最有动力持续下去。我在读博士之前,也有这样的困惑,就是自己未来的学术研究方向到底在哪里,能否找到一个相对稳定的研究领域。那时候,所看的书不是有计划、有系统地看，写作的论文也是碰到感兴趣的点才去写，没有方向性、针对性。博士阶段往往是帮助我们找到适合自己研究领域的起始阶段。因为在博士阶段做博士论文必须要找到一个成功的选题，如果选题既能观照现实，又是一个具体问题，做到理论和实际相结合，这是最佳选题。如果不能观照现实，可以选择一个基础性的题目，培养自己的学术思维，进行专业、系统的学术训练。当然这个题目一定要有学科意识、学理意识、问题意识，具有研究价值，值得深入研究等。在博士论文的基础上，未来研究可以以此为基础，再进行一层一层地拓展，逐渐形成相对固定的核心研究方向和核心研究领域，做到"术业有专攻"。

二是大量地阅读是从事研究的前提。黑格尔说过，所谓常识，往往不过是时代的偏见。要超越这个时代的偏见，唯一的办法，就是阅读，阅读是人类历史上最伟大的文化成就之一。在哲学社科领域，没读过几百本经典，不足以谈独立思考。阅读的过程，就是一个给自己时间和机会，让自己思考反思的过程。孔子曰，一日三省。在阅读的过程中，就可以从书本上的道理过渡到自己现实中遇到的问题，以理明事，启迪自己，矫正行为，帮助我们更好地解决面临的困惑。同时，对于同一件事，是否有自己的看法和判断，是一个人是否有智慧的重要体现。而判断力的强弱，极大程度上取决于一个人的思想认识。一个人的思想认识来源于经历阅历，更来源于知识储备。而知识储备依赖于长期大量阅读。

三是研究需要拥有"深井思维"。记得孟晚舟在演讲时提到，在华为，我们并不要求员工"样样精通""十项全能"，而是鼓励员工在自己真正热爱和擅长的领域付出持之以恒的努力。具有解题、破题能力的"单项突出"人才，才是当前攻坚克难时期最需要的。真正厉害的人，都拥有"深井思维"。学会在自己的领域沉下心来，以一颗匠心踏实深耕，才是一个人最稀缺的能力。这个观点也适合于哲学社会科学领域。就好比垒砖头一样，我们每天垒一点点，天长地久，我们就会垒出一个有高度的自己。

四是研究要有经受痛苦的心理准备。做科研没有一条康庄大道，也没有完全可复制的成功之路，每一个科研成功者都是在自己成长的道路上遇到无数的黑暗，在黑暗中不断摸索，穷尽各种智慧，最终得到光明。换言之，只有含泪的播种才会带来含笑的收获。这些收获不可能在轻松愉快的过程中很快地得以实现，必然伴随着痛苦、彷徨甚至恐惧，只有战胜了这些心理上的不适应，乃至挑战身体的极限，才能够到达彼岸。如果想轻松愉快，那就不要做科研，做科研就要做好有痛苦的准备，有了这些心理准备，也许就能少一点抱怨，加快一点速度，更快一点成长，最终得到自己想要的一切。

泰戈尔说：你今天受的苦，吃的亏，担的责，扛的罪，忍的痛，到最后都会变成光，照亮你的路。只有经历过地狱般的磨砺，才能练就创造天堂的力量；只有流过血的手指，才能弹出世间的绝响。未来，我将不忘初心，继续砥砺前行！

郭绍均：时光"年轮"十五载　热望"思政"更向前

郭绍均，男，1987 年生，四川广元人。四川大学马克思主义学院副教授，硕士生导师。

一、思想政治教育学术历程

年华荏苒、岁月如梭，我步入思想政治教育学科已有 15 个年头。这些时光犹如"年轮"，记录了我的学术成长历程，陪伴我走到了今天。驻足回眸，有的时光无疑是永生难忘的，至今依然历历在目。我在此略述一二。

2007 年 8 月下旬，我乘坐火车来到我国陆域版图的几何中心、中华民族"母亲河"唯一穿城而过的省会城市——兰州，进入"坚守在西部、奋斗为国家"的兰州大学，从此开启了我的大学时光。2009 年底，当时还是思想政治教育本科专业三年级学生的我，主持一项关于中华优秀传统文化的科研项目，获得了诺贝尔物理学奖得主李政道先生及其亲属设立的"䇹政中国大学生见习进修基金"（简称"䇹政基金"）资助，从此开启了我的学术生涯。我非常珍惜这份荣耀，在课余时间特别是寒暑假期里开展了很扎实的调研，同时还与台湾新竹清华大学的优秀学子进行了学术交流。2010 年底，我所撰写的项目论文通过答辩，"䇹政基金"管理委员会授予我为"䇹政学者"。这次宝贵的科研见习进修经历，拓展了我的学术视野，提升了我的科研兴趣和社会责任意识。"䇹政基金"不仅是李政道先生对祖国教育事业尤其是高等教育事业的热忱关心与重要支持，也是他崇高爱国情怀的体现。我现在依然珍藏着李政道先生亲笔签名的"䇹政学者"证书，这是对李政道先生崇高精神风范的纪念，也是激励我在学术研究方面不断探索的力量。

学者贵有师。师者，所以传道受业解惑也。在思想政治教育领域的求学路上，我有幸遇到了我的恩师王学俭教授，所获为人、为学、为事之教益颇多。王老师常说："要在过程中培养学生""要在实践中培养学生""要在团队中培养学生"。他给予我很多直接参与国家级、省部级课题研究和进入高水平科研团队的机会。我至今依然清楚地记得王老师把国家社科基金重点项目"社会主义价值与社会主义核心价值体系的内在关联研究"项目申报书给我的场景，他嘱咐我在项目研究和团队协作中尽快成长起来，这使我深受鼓舞。王老师当时虽然有大量行政事务，但经常在办公间隙和校园散步时间里，约我和其他研究生一起谈古论今，给我们指点迷津。正是在王老师的指导下，我获得了很宝贵的学术锻炼，发表了多篇学术论文，参与撰写多部著作。

2014年4月，由教育部思想政治工作司和中国人民大学联合主办的"思想政治教育学科设立30周年学术研讨会"在北京举行。本次研讨会是全国庆祝思想政治教育学科设立30周年系列活动的重要内容之一，来自北京大学、清华大学、中国人民大学、北京师范大学、南开大学、吉林大学、复旦大学、武汉大学、华中师范大学、中山大学、西安交通大学、西南大学、兰州大学等40余所高校的90余位思想政治教育学科博导和博士生代表应邀参加会议。我有幸参加和见证了这次盛会，所提交的学术论文《思想政治教育研究的类型与范式探讨》被选入《思想政治教育学科设立30周年学术研讨会论文集》，受到了广泛关注和好评，会上就被思想政治教育学科重要学术期刊《思想理论教育》约稿发表。

2017年6月，如期拿到博士学位的我陆陆续续收到北京顶尖高校和其他知名单位的入职offer。考虑到父母年事已高，我最终选择回自己的家乡，进入四川大学工作。川大深厚的人文底蕴、扎实的办学基础，以校训"海纳百川，有容乃大"，校风"严谨、勤奋、求是、创新"为核心的川大精神，以及"精英教育、质量为本、科教结合、学科交叉"的人才培养指导思想，成为我坚守学术研究初心和担当立德树人使命的重要滋养。

2018年12月，我借调至教育部教材局（国家教材委员会）工作，成为新时代课程教材建设的参与者、见证者、实践者。在一年多的工作中，我坚持多听多看和多思考多干，快速适应国家机关工作，负责高校课程教材相关课题管理，负责办理全国"两会"关于教材领域的建议提案，参与全国课程教材管理办法的研制和宣传解读，参与撰写教育部"不忘初心、牢记使命"主题教育调研成果总结报告，参与审核马克思主义理论研究和建设工程重点教材、高中统编教材和非统编教材，参加国家大中小学教材建设奖励方案调研、国家教材建设重点研究基地调研，参与国家教材委员会专家库建设，参与部分教材教辅舆情研判和应对工作，参加教育部直属机关青年干部理论学习研讨活动，进一步开拓了视野、积累了经验。这为我拓展学术研究的思维和路径提供了新的启示。从此，我很重视决策咨询报告和理论文章的撰写，已有多份研究报告获中央和国家机关省部级领导同志肯定性批示或被中央有关部委采纳，已有多篇理论文章在《经济日报》理论版、光明网理论频道等中央主要媒体发表。正是由于这次借调经历，我对课程、教材和教学工作有了更深刻的认识和更深厚的热爱，后来多次参加全国示范课程、优秀教材（规划教材）、教学名师、教学团队、教研（教创）示范中心、技能大赛的评审以及国务院教育督导委员会对省级人民政府履行教育职责的实地督查等工作。

2020 年初，结束借调工作的我回到川大，刚度过春节，就接到了新的任务。为庆祝中国共产党成立 100 周年，配合全党开展党史学习教育，根据党中央部署，中共中央宣传部牵头组织编写党史学习教育和"四史"宣传教育重要用书《社会主义发展简史》。来自四川大学、北京大学、清华大学、中国人民大学、中共中央党校（国家行政学院）、中国社科院等单位的专家学者承担了编写任务，我作为主要成员、联络员全过程参加了全书的编写审改和定稿出版等工作。《社会主义发展简史》从人类社会发展规律高度，展现社会主义从空想到科学，从理论、运动到实践、制度，从一国到多国，从初步探索到全面创新，从开辟中国特色社会主义道路到迈进中国特色社会主义新时代的壮阔历史全貌。在这次历时一年半的编写工作中，我共有 7 次辗转北京和成都，无论当时疫情多么复杂，都没有阻挡我的步伐。在此期间，思想理论界德高望重的名家大师慷慨地给予我学术思维和方法上的提点，进一步拓展了我的历史视野、理论视野和时代视野，使我进一步理解把握了社会主义发展的主题主线、来龙去脉、历史规律，进一步认识体会到中国特色社会主义的理论逻辑、历史逻辑、实践逻辑和来之不易，进一步学习体验到如何编写出导向正确、史实准确、线索清晰、观点鲜明、逻辑严密、语言生动并且集政治性、理论性、学术性、可读性于一体的精品力作。

2022 年 6 月下旬，中宣部会同教育部正式启动马克思主义理论研究和建设工程重点教材《习近平新时代中国特色社会主义思想概论》编写工作。9 月下旬，编写组初步形成编写提纲。10 月底，中宣部和教育部发来通知，要求我到北京参加编写工作。当时正是新冠疫情波及面正在扩大的时候，我看着手中沉甸甸的通知函件，毅然决然北上。历经并克服种种困难，我第一时间来到北京。这部教材是第一部全面系统体现习近平新时代中国特色社会主义思想的高校统编教材，对于推动新时代党的创新理论进高校、进教材、进课堂、进学生头脑，筑牢青年学生成长成才的科学思想基础具有十分重要的意义，国内一批著名专家、青年学者为之倾注了大量心血。在近 1 年的时间里，我有幸与专家学者们一起论框架、议思路、撰写内容、推敲稿子，在学术思想、学术精神、学术路径等方面均获得许多启发，对新时代党的理论创新成果蕴含的道理学理哲理原理以及高校思政课教材的体系化学理化均有了更全面的认识、更深入的体会。

二、思想政治教育学术成果

在思想政治教育学科领域，我长期关注思想政治教育基础理论和现实实践等问题，主要在 4 个方面有所思考，发表过一些学术成果，以见教于大方。

一是关于思想政治教育本质问题的成果。要想理解和把握思想政治教育"是什么"，首要的就是要辨明思想政治教育的"本质是什么"。思想政治的本质问题，是思想政治教育理论与实践中最为基础、最为根本的问题，也是思想政治教育理论与实践的"元问题"、前沿问题、重点问题。我曾梳理分析了有关思想政治教育本质的研究成果和前沿发展动态，总结出国内学术界关于思想政治教育本质的阐论虽未达成一致却已形成三种基本观点，意识形态的灌输引导与教育软控、阶级统治的合法性维护与社会化推动、社会适应的角色转化与文化延承。在此基础上，通过逻辑追问思想政治教育的起源演进、客观实践、特殊矛盾、根本规律、现象表征、本质属性、基本内容、主要功能、对象指称、自身品格，得出了一个新的认识：思想政治教育本质必定是"一元"的，思想政治教育是一种特殊的治理活动；思想政治教育本质应当是"立体"的，它可以被划分为四个"质级"。在导师王学俭教授指导下，相关研究成果发表在《教学与研究》。这篇论文后来获得了全国"纪念思想政治教育学科设立三十周年优秀成果"一等奖，并被评选为"思想政治教育学科30年标志性研究成果"。

二是关于思想政治教育研究范式的成果。我之所以在这方面有一定研究，缘起于全国高校思想政治教育研究会委托的一个研究任务。相关代表性研究成果《思想政治教育研究范式：体系、问题与建构》《思想政治教育研究范式的内涵、功能及其优化》均发表在《思想理论教育》，主要观点包括：第一，思想政治教育研究范式是指思想政治教育的研究成员与研究活动所共有且基本的学科传统、理论信念、价值旨趣、规范框架、概念体系、认知原则、研究指南、思维脉络、观察角度、探索视域、方法背景、分析模型和话语系统，它提供了一种探索、把握和论析思想政治教育理论与实践的可供参照和仿效的内在研究范例和知识生产方式，它规定、表征和指导着一定时期内思想政治教育的学术研究路径、学科发展方向和学者理论素养。第二，诊断问题、规范研究、调控学科、塑造共同体是思想政治教育研究范式的主要功能。第三，当前，思想政治教育研究范式既不处于"前范式阶段"或"无范式阶段"，也不处于"范式危机阶段"或"范式革命阶段"，而是处于"范式建构阶段"或"范式转换阶段"。第四，由作为主导范式的马克思主义研究范式以及作为辅助范式的跨学科研究范式和比较研究范式共同构成了思想政治教育研究的范式体系。第五，思想政治教育研究范式体系蕴含着三方面问题：一是范式体系中的普遍性问题，如范式自觉的意识较为淡薄，研究理路刻意追求纯学术，成果效用的离散较为明显；二是范式体系中的特殊性问题，如马克思主义研究范式显露出碎片化、形式化甚或异体化、边缘化的风险，跨学科研究范式显现出对思想政治教育的学科属性、学科定位和学科范围之界限的脱离，比较研究范式重视宏观比较而轻视微观比较、重视历史和现实而轻视未来和预测；三是思想政治教育研究范式与思想政治教育范式的混淆认识和混杂运用较为突出。第六，思想政治教育研究范式的建构需要协同做好以下工作：尽心护持学科品性，合力摈弃范式缺陷；科学提倡范式转换，坚决反对范式改换；始终坚持主导范式，积极融合辅助范式；理性优化学科镜鉴，自觉驱除盲目嫁接；主动强化对比研讨，内涵突破研究局限。

三是关于思想政治教育学科建设的成果。我在发表于《学校党建与思想教育》《湖北社会科学》等期刊的《思想政治教育学科的构成要素、发展特征及调适路径》《论增进思想政治教育学科建设的学科自觉》等论文中认为，思想政治教育学科自建立以来，逐渐形成由思想政治教育领域的实务活动、专门知识、学科人才、专业设置、建制条件有机结合成的整体。注重坚持党的领导、巩固实践根基、融入社会发展、发挥人才作用、优化学科政策，是思想政治教育学科发展过程中的重要特征。新时代的思想政治教育学科有必要运用整体性、规范性、内涵性、协同性、创新性的调适，实现更有成效的发展。在此过程中，如何增进思想政治教育学科建设的学科自觉，是一个关乎思想政治教育学科建设大局和发展前途的基础性课题。思想政治教育学科建设的学科自觉，指的是思想政治教育学科建设的各个方面都必须自觉坚守"思想政治教育学科性"和自觉推进"思想政治教育学科化"，积极而持续地建构和彰显思想政治教育学科的特色、风格、气派，并且以此为思想政治教育学科建设的科学化、整体化、规范化、内涵化提供切实可行和切实有效的理论导向与实践指引。在这个重大课题中，理解问题意识、学科意识及其关系，理解学科定位、学科性质及其关系，理解学科边界、学科交叉及其关系，对于增进思想政治教育学科建设的学科自觉具有牵一发而动全身的意义。思想政治教育学科已过"三十而立"之年，将要步入"四十而不惑"的重要阶段。有鉴于此，思想政治教育学科建设及其研究，应当准确廓清问题意识和学科意识，也应当精确甄别学科定位和学科性质，还应当正确厘定学科边界和学科交叉。

四是关于思想政治教育学科系统的成果。事物总是作为系统而存在，学科也不例外。系统性是一切学科必不可少的属性和特征。作为学科大家庭里的一员，思想政治教育学科也必然是一个系统性的存在，是各要素彼此相互联系并具有相应结构和独特功能的整合系统，其系统性正在形塑并且需要形塑。这不是无须深究的套语，也不应止步于空泛言说。我从研究生时期就尝试运用系统观点及其视阈分析思想政治教育学科，力求构建思想政治教育学科系统理论并使之应用于实践，殷殷期盼逐步地建立思想政治教育学科系统学，至今已有 10 年之久。毛泽东指出："马克思主义者看问题，不但要看到部分，而且要看到全体。"尽管在思想政治教育理论与实践之拼图中的每一片看上去都可能绚丽多彩，但只有把它们放在系统的适当位置，才能更充分地展现和鉴赏出它们内在的特质和整体的风韵。我在博士论文基础上修改而成的专著《思想政治教育学科系统研究》，已于 2022 年 10 月出版发行。该书认为，思想政治教育学科是作为一个特殊系统而存在和发展的一门学科。如果不在系统的视阈里认识思想政治教育学科，那么既难以认识思想政治教育学科整体的形态和特征，也难以认识思想政治教育学科内部的构成和机理。思想政治教育学科系统的建设和发展是一个系统工程，也是一个渐进的过程，更是一个集体事业。未尝不可把思想政治教育学科系统更加美好的明天视作思想政治教育学科系统的目标或者希望。该书由导论、上篇、中篇、下篇、结语构成。上篇聚焦"学理考辨"：从认识渊源、原理基础、理据借鉴、思路拓展等视阈，梳理了思想政治教育学科系统"研之有理"和"研之有据"的理论资源；在比较相关术语、邻接范畴的基础上，甄别了思想政治教育学科系统的概念、特质、边界、方位。中篇侧重"历史省思"：通过回顾过去、洞察现在、面向未来，省思了思想政治教育学科系统的科学化、学科化、系统化和精细化历程及其演进规律、演化趋向。下篇意在"图景探究"：立足思想政治教育实际，分析了思想政治教育学科系统的实践要素、理论要素、队伍要素、专业要素、平台要素及其内在关联；通过内部和外部、局部和整体、纵向和横向、上位和下位的立体考量，探究了思想政治教育学科系统的生态状况、运行机制、基本功能等结构意蕴；着眼于思想政治教育学科系统的优化，考量了整体性、规范性、内涵性、协同性、创新性等调适角度以及研究理路、教学质量、知识体系、人才队伍、专业建设、建制条件等方面的改进之策。

三、思想政治教育学术体会

我很感谢学术研究带来的乐趣和磨炼。学无止境，学然后知不足。我要继续心怀"勿忘初心，砥志研思，求是崇真，学以致用"的学术座右铭，坚持正确政治方向和价值导向，坚持理论联系实际和守正创新，持之以恒地保持"学不可以已"的态度，力求准确把握新时代思想政治教育的新形势新情况新任务新要求，在思想政治教育理论和实践方面述学立论、建言献策。

思想政治教育学科是一门理论性和现实性都很强的学科，这个学科原本就是在社会实践特别是社会需要中孕育而生的。思想政治教育学科及其研究成果的社会价值有多大，需要社会实践的检验。思想政治教育学科必须随着社会实践的发展而发展。真理无价宝，实践里面找。思想政治教育学人应当关心"家事、国事、天下事"，既"读万卷书"又"行万里路"，增强对社会热点、学术热点的敏锐性。

思想政治教育学术研究应当在读原著、学原文的基础上悟原理、述学理、求真理。自然界中的蜜蜂们是采得百花而成蜜，做学问的人通过博览群书也可成一家之言。思想政治教育学人，不仅要研读马克思主义经典文献、党和国家重要文献及重要文件，还要研读中华经典名著，也要研读国内高水平著作、国外汉译名著。杜甫说"读书破万卷，下笔如有神"，苏东坡说"博观而约取，厚积而薄发"。这说明，广泛研读、精思鉴别、恰当运用文献资料，可以使学术研究既有分寸又有分量。分析各类思想政治教育研究资料，应当去粗取精、去伪存真、由此及彼、由表及里，从中提炼出具有学理性和规律性的认识，一切浅尝辄止、囫囵吞枣、蜻蜓点水、粗枝大叶的做法都是无济于事的。

思想政治教育学术研究不能没有问题意识和创新意识。学术研究是一个不断发现问题、勇于直面问题、认真剖析问题、有效解决问题的复杂过程。马克思深刻指出："主要的困难不是答案，而是问题。""问题就是时代的口号，是它表现自己精神状态的最实际的呼声。"只有真正喜爱这个学科的人，才能真正沉下心来深思问题。深入思考，是我们的力量，并且使我们的学术研究更有分量。正如荀子所说，"人之于文学也，犹玉之于琢磨也。诗曰：'如切如磋，如琢如磨'，谓学问也。"思想政治教育学术研究需要创新，这是当代中国正在经历的社会变革和思想政治教育实践深化所提出的必然要求。思想政治教育学术研究的创新更加需要问题意识。习近平总书记指出："问题是创新的起点，也是创新的动力源。"我记得李政道先生说过，能正确地提出问题就是迈出了创新的第一步。从思想政治教育学术研究看，揭示一个规律是创新，提出一个学说是创新，阐明一个道理是创新，创造一个解决问题的办法也是创新。当代中国正经历着我国历史上最为广泛而深刻的社会变革，也正在进行着人类历史上最为宏大而独特的实践创新，改革发展稳定任务之重、矛盾风险挑战之多、治国理政考验之大都前所未有，世界百年未有之大变局深刻变化前所未有，提出了大量亟待回答的理论和实践问题。思想政治教育学术研究应当以回答蕴含于中国之问、世界之问、人民之问、时代之问中的思想政治教育之问为己任，加强思想政治教育领域基础性问题、关键性问题、时代性问题、前瞻性问题的创新性研究。

韩华：在史论结合、学科融合中开启思政学术研究

韩华，男，1979 年 11 月生，山东济宁人，首都师范大学马克思主义学院副院长，教授，博士生导师。

一、学术历程

2007 年 6 月毕业于中国人民大学马克思主义基本原理专业，获法学博士学位。2009 年，武汉大学马克思主义学院访问学者，从事思想政治教育发展报告编写工作。2013 年，北京师范大学马克思主义学院访问学者，从事中国共产党思想政治教育史教材编写工作。2014 年，清华大学马克思主义学院访问学者，从事马克思主义理论学科发展报告编写工作。

2007 年 7 月至今，在首都师范大学马克思主义学院任教。2010 年 12 月晋升副教授，2011 年 6 月遴选为硕士研究生导师；2018 年 12 月晋升教授，2019 年 6 月遴选为博士研究生导师。现任首都师范大学教学指导委员会委员，北京市习近平新时代中国特色社会主义思想研究中心特约研究员。2021 年 12 月至今任马克思主义学院副院长。

担任教育部马克思主义理论研究和建设工程重点教材《中国共产党思想政治教育史》编写组主要成员，清华大学《高校马克思主义理论学科发展报告》编委会主要成员，团中央全国青年马克思主义者培养工程理论导师，内蒙古自治区高等学校思想政治理论课教学指导咨询委员会委员，国家开放大学当代中国马克思主义研究院特约研究员。

二、学术成果

主要从事中国共产党思想政治教育史、马克思主义中国化的教学和研究工作。研究专长为中国共产党思想政治教育历史与理论研究。主持国家社会科学基金一般项目 1 项、教育部人文社会科学研究青年项目 1 项和北京市社会科学基金青年项目 2 项（1 项结项鉴定为优秀）。出版专著《全球化背景下中国共产党人价值观建设研究》《新中国成立以来中国共产党价值观建设研究》（获北京市第十六届哲学社会科学优秀成果奖二等奖）等 2 部，合著《中国共产党思想政治教育史》（新编 21 世纪思想政治教育专业系列教材，中国人民大学出版社 2011 年第 1 版、2016 年第 2 版）、《中国共产党思想政治教育史》（教育部马工程重点教材，高等教育出版社 2018 年版，首届全国教材建设奖二等奖）、《马克思主义中国化史（1949—1976）》（国家出版基金资助，中国人民大学出版社 2015 年版）、《中国当代社会史（1966—1978）》（国家出版基金资助，湖南人民出版社 2011 年第 1 版、2016 年第 2 版）等多部。在《光明日报》《马克思主义研究》《思想理论教育导刊》《思想教育研究》《马克思主义理论学科研究》等报刊杂志发表学术论文三十余篇。2021 年 1 月，获北京市第十六届哲学社会科学优秀成果二等奖。2021 年 7 月，获北京高校"三全育人"优秀成果奖论文报告类一等奖。2021 年 9 月，参编的教育部马工程重点教材《中国共产党思想政治教育史（第二版）》获首届全国教材建设奖（高等教育类）二等奖。2021 年 9 月，被评为"北京高校优秀专业课（公共课）主讲教师"，讲授的课程"中国共产党思想政治教育史"被评为"北京高等学校优质本科课程"。2022 年 9 月，获北京市高等教育教学成果二等奖。

三、学术志向

旨在用学术讲政治、从政治找学术，对中国共产党思想政治教育进行深入细致的学理研究。把握思想政治教育学科的发展方向，发挥中国共产党思想政治教育历史与理论研究的专长，以大历史观审视中国共产党百年思想政治教育历史定位，用学术讲好中国共产党思想政治教育的历史逻辑、理论逻辑、现实逻辑、价值逻辑和实践逻辑。在客观展现中国共产党思想政治教育百年历史、科学总结中国共产党思想政治教育历史经验的基础上，重视从制度史的角度研究中国共产党思想政治教育理论与实践，系统展现中国共产党思想政治教育制度化的历史进程，正确把握和总结思想政治教育制度建设的内在规律及其经验教训，做好新时代党的创新理论成果的学理性阐释和实践咨询，为新时代加强和改进思想政治工作提供启示和借鉴。

四、学术心得

从事思想政治教育研究，要坚持问题导向，增强问题意识，有"望尽天涯路"的学术追求，耐得住"昨夜西风凋碧树"的清冷和"独上高楼"的寂寞，静下心来反复研读文献资料，通过阅读经典来滋养自己的精神世界，在理论学习和调查研究中"众里寻他千百度"，最终"蓦然回首"，在"灯火阑珊处"领悟学术真谛。

第一，夯实马克思主义的理论基础。思想政治教育的本质是建构在人的基础上的以解决人的思想、立场、观点问题为核心的社会实践活动。马克思主义，尤其是中国化时代化的马克思主义，包含的领域极其广泛，蕴含着深刻的人文关怀意蕴和丰富的人文精神内涵，是思想政治教育的理论基础。"值得一提的是，马克思主义经典作家中的任何一个人，都没有写出过一本关于思想政治教育的专著，但是，谁都不能否认，在他们的很多著作中，包含着对思想政治教育工作的深刻而丰富的内容。在无产阶级革命运动的发展和社会主义革命与建设不断前进的过程中，马克思主义经典作家们在不同的历史时期，根据不同的情况，对思想政治教育的各个方面，从理论同实际的结合上，作了大量既深邃又精辟的论述，从而使这一理论，既有着针对当时形势和革命需要的指导作用，又有着在相当长的历史时期内的普遍适用性。"[1] 当代中国社会因巨大的社会变迁正在进入一个风险社会，这一变革必然要触动人们既有的社会地位和利益关系，同时要求人们的思想观念和活动方式都相应地做出改变；在这种变革面前，难免会出现各种疑虑和困惑。作为思想政治教育的理论基础，马克思主义包含着极其丰富的人文关怀思想，其中包括人的本性、人的地位、人的价值、人的尊严、人的权利、人的发展、人的自由等，这些思想奠定了思想政治教育研究的理论基础。不同学科对马克思主义学习和研究的侧重点不同，但思想政治教育学者对马克思主义的学习和研究，不能采取浅尝辄止、蜻蜓点水的态度。我们要把读马克思主义经典、悟马克思主义原理当作一种生活习惯、当作一种精神追求，要学习马克思主义经典作家治学立论的基本功。正如中国人民大学马克思主义学院刘建军教授指出的，研读经典著作应秉持信仰与理智相结合的态度，做到联系作者本人来读、联系历史背景来读、联系基本原理来读、联系现实需要来读，做到参考却不局限于导读，做到精读与泛读、轻阅读与重阅读相结合，做到发觉原始的、被忽略的思想并结合新时代作出新的解读。在中国人民大学马克思主义学院读书期间，马克思主义理论类课程的系统学习为我从事思想政治教育研究夯实了学理基础。例如，《马克思主义与当代社会思潮》课程由许征帆教授、庄福龄教授、周新城教授、郑杭生教授等主讲，通过学习，立足于马克思主义的立场，全面了解各学科的前沿理论与方法，为从事思想政治教育重大现实问题研究提供了知识借鉴；《马克思主义哲学史》课程由庄福龄教授、马绍孟教授、梁树发教授等主讲，各位老师带着我们深入研读马克思主义经典文献，

---

① 罗国杰等编：《马克思主义思想政治教育理论基础》，高等教育出版社2002年版，第11页。

一篇一篇地研读文本，通过扎扎实实的文本研究、历史背景的具体分析，能够把握马克思主义哲学起源、形成、发展的历史过程，不仅知其然而且知其所以然，为深化思想政治教育的基本理论研究奠定了哲学基础；《马克思主义发展史》课程由张新教授主讲，张老师从历史、理论和现实结合的高度，注重运用史论结合的方法，带着我们从整体上系统梳理马克思主义产生、发展的过程及其规律，为开展中国共产党思想政治教育史研究提供了方法论基础。这些课程都是由马克思主义理论学术大家主讲，是开启科学研究历程的宝贵精神财富。马克思主义作为科学的世界观和方法论，在思想政治教育研究过程中作为最一般的理论工具而发挥着方法论指导作用，是进行思想政治教育研究的方向盘、指南针、望远镜和显微镜。立场观点方法是马克思主义科学思想体系的实质和灵魂，集中反映了马克思主义的科学性、人民性、实践性和发展性。科学认识马克思主义立场观点方法，是科学对待马克思主义的首要基本问题，是马克思主义基本原理同中国具体实际相结合、同中华优秀传统文化相结合的根本理论前提和逻辑起点。我们可以从学理上阐明马克思主义基本原理与当代中国思想政治教育之间的内在关联，揭示马克思主义基本原理作为当代中国思想政治教育的理论基础和指导思想的深远意义。因此，我们必须遵循马克思主义的科学方法论，掌握和运用其中蕴含的马克思主义立场观点方法，建构适合于时代特征和历史任务的、具有中国特色的思想政治教育体系。

第二，研读中国共产党的经典文献。学习和研究中国共产党思想政治教育史，中国共产党的经典文献是学术研究的立身之本。"中国共产党思想政治教育史"研究在深化中不断拓展，研究成果在数量上明显增加，在质量上显著提高。然而，我们也应该看到，现有的"中国共产党思想政治教育史"研究精品力作还不够多，对思想政治教育发展史中的重要领域、重要事件、重要文献、重要人物未给予应有的关注，刚刚成为过去的历史远未达到思想政治教育史学研究所要求的历史厚重感；等等。中国共产党思想政治教育史研究能否取得新的发展，很大程度上取决于能否充分发掘和整理思想政治教育的史实和史料，再现思想政治教育的历史全貌。"文献作为记录、积累、传播和继承知识的载体，是学科理论研究的重要参考材料和依据"①。中国共产党在革命、建设和改革的不同时期，形成了极其丰富的文献。中国共产党各种历史档案文献和专题资料集陆续得以整理出版，如《建党以来重要文献选编（1921–1949）（全26册）》《建国以来重要文献选编（1949–1965）（全20册）》《中共中央文件选集（1949年10月–1966年5月）（全50册）》《中国共产党重要文献汇编》首批十二卷等。对于党的文献在党的历史及其研究中的重要作用，习近平在2009年2月25日中国中共文献研究会成立大会上的讲话中进行了深刻阐释，强调指出："我们党在长期奋斗历程中形成的大量文献，特别是党的主要领导人的重要文献，记录了我们党在革命、建设和改革实践中艰辛探索的奋斗历史，记录了党在不同历史条件下完成伟大艰巨任务积累的宝贵经验，记录了马克思主义中国化的理论成果和历史进程，是几代中国共产党人智慧的结晶，是我们治党治国宝贵的政治和精神财富。"从《中国社会各阶级的分析》到《关于正确处理人民内部矛盾的问题》，从《解放思想，实事求是，团结一致向前看》到习近平新时代中国特色社会主义思想，伴随中国共产党成长、壮大而产生的一批批经典文献，是我们党艰辛探索、不懈奋斗的理论与实践探索的经验总结。文献见证中国共产党百年奋斗历程，凝聚中国共产党百年探索的经验智慧。随着中国特色社会主义进入新时代，党的文献编辑工作进入一个新的发展阶段。文献资料的发现与利用，为深入中国共产党思想政治教育史研究注入了动力。我们应当坚持以马克思主义史学理论为指导，用科学的方法去研究有关的文献材料，发掘和梳理中国共产党经典文献中涉及思想政治工作问题的系列文本，注重史料的丰富多元和甄别审查，反复研读文献章节中的精彩论述，深化和拓展中国共产党思想政治教育史研究，揭示中国共产党思想政治教育发展的基本特点及其演变规律。研读

---

① 陈雨露、刘大椿主编：《中国人民大学中国人文社会科学发展研究报告.2012–2013，文献支持与实践取向》，中国人民大学出版社2013年版，第177–178页。

党的经典文献并非一件易事，只有带着问题下大力气、花真功夫，才能领会经典文献字里行间的思想政治教育深意。

第三，拓展思想政治教育研究视野。随着社会的发展，各学科间不再局限于单纯的某一领域的研究，而是跨学科跨领域研究，形成了你中有我、我中有你的局面。推进思想政治教育研究的科学化，进一步开拓研究新领域，是新时代思想政治教育学科建设的重大命题。新时代思想政治教育研究，要开拓研究领域、拓展研究空间、开阔研究视野、更新研究方法。不同学科的研究视野和方法，对于深化思想政治教育研究至关重要。思想政治教育研究必须有全面的历史观点，不仅要研究现状，而且要研究历史；不仅要研究中国，而且要研究外国，这就是"古今中外法"，"欲知大道，必先为史"。习近平总书记在党史学习教育动员大会上的重要讲话中指出："回顾历史不是为了从成功中寻求慰藉，更不是为了躺在功劳簿上、为回避今天面临的困难和问题寻找借口，而是为了总结历史经验、把握历史规律，增强开拓前进的勇气和力量。"研究历史的根本目的，就在于总结历史经验，为现实发展需要服务，为学科发展需要服务。思想政治教育工作从理论到实践都积累了丰富的经验，从而保证了党在各个历史时期各项工作的顺利完成。系统总结党的思想政治教育的历史经验，是中国共产党思想政治教育史研究的重要内容，对于我们全面揭示和把握思想政治教育的客观规律具有重大意义。对于中国共产党思想政治教育百年历程与基本经验的研究，就有着不同的研究角度，如王树荫：《中国共产党百年思想政治教育基本经验》，《教学与研究》2021年第5期；刘建军、许庆华：《中国共产党百年思想政治教育的基本经验》，《西北大学学报（哲学社会科学版）》2021年第3期；冯刚、白永生：《中国共产党思想政治教育百年发展的经验与启示》，《人民教育》2021年第11期；佘双好、康超、卢育强：《中国共产党百年思想政治教育自身建设的基本经验》，《学校党建与思想教育》2022年第5期。总的来看，研究经验可以归结为两种研究思路。第一种为总体性研究，即研究整个历史时期或某个历史时段思想政治教育的历史经验与启示。例如，探讨新民主主义革命时期、新中国、中国共产党思想政治教育的历史经验与启示。第二种为专题性研究，即研究某个领域（群体）思想政治教育的历史经验与启示。例如，探讨党员干部、高校、军队、农村等领域群体思想政治教育的历史经验与启示。中国共产党思想政治教育史经验研究的原则，既要研究不同时期思想政治教育的经验，又要把各个历史时期思想政治教育的经验联系起来研究；既要研究各个领域思想政治教育的历史经验，又要从宏观层面对思想政治教育历史经验进行综合的研究；既要研究思想政治教育历史中的成功经验，又要注意对思想政治教育失误和挫折的经验进行研究；既要用今天的眼光研究思想政治教育历史的经验，又要把经验放到特定的历史条件下研究。北京师范大学马克思主义学院王树荫教授指出，中国共产党思想政治教育史是一门研究党的思想政治教育发生、发展的历史及其规律的科学，既是中共党史的分支，又是思想政治教育的分支；既属于历史学范畴，又属于马克思主义理论学科。以大历史观审视中国共产党思想政治教育史，融入多学科的理论和方法研究中国共产党思想政治教育史，有助于深化中国共产党思想政治教育史研究。历史不仅是历史事件和历史人物，还有更丰富的社会、经济和文化内容。20世纪80年代著名中共党史专家张静如教授提出以社会史为基础深化党史研究的观点。同样，以社会史为基础深化中国共产党思想政治教育史研究，有助于深化和拓展中国共产党思想政治教育史的研究领域。此外，自然科学、社会科学、思维科学方法论的合理移植和借鉴，提供了中国共产党思想政治教育史研究的新视野。在思想政治教育研究中，我们必须具有高度的方法论自觉，进行原创性的或有原创意义的理论创新，构建中国特色的思想政治教育研究方法体系。

第四，关注现实性应用性研究问题。坚持问题意识是马克思主义的鲜明特点。马克思曾深刻指出："主要的困难不是答案，而是问题。因此，真正的批判要分析的不是答案，而是问题。"众所周知，马克思、恩格斯以毕生精力从事科学研究，留下的文献遗产卷帙浩繁。问题意识贯穿于马克思科学研究的全过程。"马克思做任何事都是很讲究方法的。他提出一个问题时，总是力求简短，然后用较长的解释来说明它。尽量不用工人们听不懂的字句。然后他叫听众提问题，如果没有人发问，他就开始考问。他的考问也是很有教学技巧的，任何疏漏或误解都不能逃过他。"①马克思主义经典作家强烈的问题意识，为科研能力提升树立了光辉的榜样。曾有学者慨叹，我们遭遇了一个"问题的时代"。进入自媒体时代，人人都有"麦克风"，个个都是信息传播者。望远镜、放大镜和显微镜，无时不在，无处没有，全天候、进行时、即时性的直播，使社会的清晰度越来越高。毛泽东强调："什么叫问题？问题就是事物的矛盾。哪里有没有解决的矛盾，哪里就有问题。"②无论是理论工作还是实践工作，都要善于发现问题，并在实践中解决问题。习近平在哲学社会科学工作座谈会上指出："理论思维的起点决定着理论创新的结果。理论创新只能从问题开始。从某种意义上说，理论创新的过程就是发现问题、筛选问题、研究问题、解决问题的过程。"③理论创新和实践创新源于对"问题"的探索和思考，科研能力的提升离不开"问题"的推动。问题意识贯穿于科学研究过程的始终，是科学研究的强大动力。古今中外，许多在学术方面有成就的思想家、理论家，都公认"问题"对科学研究的重要意义。春秋战国时期，道家、法家、墨家、儒家、阴阳家、名家、杂家等思想学术流派纷纷登场，形成了"百家争鸣"和古代中国文化空前繁荣的时代，就在于各学派思想家们具有关注时代重大主题的问题意识，聚焦"诸侯争霸、国家重构"这一时代主题。在近代中国，"新文化运动"和"五四运动"时期，名家辈出，正是因为立于时代潮头的先进分子密切关注"列强入侵、救亡图存"这一时代主题。近现代以来，无数志士仁人尝试过各种救国方案，各种思想纷纷登场，最终是具有强烈而深刻的问题意识的马克思列宁主义从纷然杂陈的各种观点和路径中胜出。新的形势、新的问题、新的任务，需要研究者根据新的情况和新的实践经验作出新的理论概括和总结。研究者应当增强问题意识、坚持

---

①　中共中央马克思恩格斯列宁斯大林著作编译局编译：《"回忆马克思恩格斯"之二：我景仰的人》，人民出版社 1982 年版，第 52 页。

②　《毛泽东选集》第 3 卷，人民出版社 1991 年版，第 839 页。

③　习近平：《在哲学社会科学工作座谈会上的讲话》，人民出版社 2016 年版，第 20 页。

问题导向，思想政治教育学者开展科学研究尤为如此。英国科学哲学家波普尔认为，"科学以问题开始，以实践问题或者理论问题开始"①，"科学和知识的增长永远始于问题，终于问题——愈来愈深化的问题，愈来愈能启发新问题的问题"②。"读书无疑者，须教有疑""疑是思之始，学之端""怀疑有如草木之芽，从真理之根萌生"……我们读书做学问，常常听到教诲，要学会怀疑。正如研究生的开题报告、论文答辩，必须回答："你的问题意识是什么？""你准备解决或者已经解决了什么问题？"等等。任何有影响力的研究成果，都是思考和研究当时当地社会突出问题的结果，是回答时代之问的产物。学术研究要有问题意识，问题意识源自人类社会实践过程中实然与应然的紧张，问题意识推动人类自觉地以理论的逻辑来把握问题的提出、问题的分析、问题的解决。问题意识的淡化，学术研究就会越来越远离现实，要么沉溺于书斋里的自我思辨，要么耽溺于技术化的文本解读，学术研究就会失去敏锐的现实批判眼光。值得注意的是，学界的一些理论研究与指导实践、解决现实问题相去甚远，对于体系的过度关注导致离现实问题越来越远。毋庸置疑，缺乏问题意识，不是从时代所面临的问题出发，不去面对时代的新问题，而是在旧理论内兜圈子，就不可能发挥思想政治教育应有的功能作用。思想政治教育研究作为一门科学，是理论性与实践性的统一体。问题渗透在形形色色、各种各样的具体事物中，有的是显性的问题，一眼就能看到；有的是隐性的问题，需要由此及彼、由表及里，通过对现象的归纳、分析、概括、提炼找准反映事物本质的问题。能否发现问题，取决于是否善于深入实际调查研究。"以实际问题为中心"，是马克思主义的科学方法论。随着研究问题意识的逐步树立，思想政治教育研究者开始大量关注现实性、应用性问题，注重理论与实践结合，从实践中寻找思想政治教育研究的生长点，力争做到"现实性"与"深入性"、"学理研究"与"对策研究"、"基础研究"与"应用研究"相结合。

---

① ［英］卡尔·波普尔：《走向进化的知识论》，中国美术学院出版社 2001 年版，第 66 页。

② ［英］卡尔·波普尔：《猜想与反驳——科学知识的增长》，中国美术学院出版社 2003 年版，第 223 页。

第五，学会查阅文献撰写学术综述。"人文社会科学研究是一项不断积累、继承和发展创新的过程。今天的学术成就无不是在前人研究的基础上取得的。每一项学术研究，都必须深入了解已经取得的成就，充分调研国内外已经发表的学术文献，全面掌握以往的研究成果。事实说明，没有足够的科学文献，科学研究就不可能跟上时代的步伐，更谈不上发展和创新。"①文献检索是思想政治教育研究工作中一个重要的步骤，贯穿于思想政治教育研究的全过程。当研究课题确定之后，必须围绕研究对象广泛地查阅文献资料。从选题、论证，搜集整理和分析研究资料到形成研究论文，都离不开文献的检索和利用。在阅读文献中进行比较、分析和构思，从而产生解决问题的新思路和新观点。英国哲学家培根有一段精辟的论述：狭隘的经验主义者好像蚂蚁，只会收集材料而不会加工使用；经验哲学家就像蜘蛛那样，只会从肚子里吐丝结网；真正的哲学家应当像蜜蜂，既能收集材料，又能消化吸收。思想政治教育研究者应该像蜜蜂，对文献资料进行去粗取精、去伪存真、由表及里地分析和加工，进行创造性的理论思维。读书和工作期间，在各位导师指导下，我先后参与完成《新时期中国马克思主义研究报告》《马克思主义发展史研究报告》《思想政治教育历史发展研究年度进展》《新世纪以来的思想政治教育学科建设研究述评》等学术综述，在查阅大量文献的基础上全面梳理了相关研究对象的学术史，对马克思主义理论一级学科及其所属二级学科有了相对深入的把握。撰写第一篇研究报告时，导师指出了一系列问题，数易其稿才达到了导师要求，才逐步学会文献综述的写作要领，要选择代表性学者、报刊和观点，对各种观点进行分类总结提炼。在综述的撰写过程中，了解到哪些问题已基本解决，哪些问题有待于进一步充实补充，进而明确研究课题的科学价值，找准自己研究的突破点。只有了解了有关研究问题的学术动态，才能选定最有价值又最值得研究的前沿课题。

---

① 袁贵仁：《在"中国高校人文社会科学文献中心"启动大会上的讲话》，《大学图书馆学报》2004年第3期。

韩桥生：坚持在立德树人的实践中探究

韩桥生，男，1983年生，江西赣县人，入选中宣部宣传思想文化青年英才，荣获首届全国高校思政课教师奖教金三等奖。江西师范大学马克思主义学院教授、博士生导师。

接到参与撰写《思想政治教育学科中青年学者成长之路》的邀请，既感荣幸，又觉惶恐。个人学术成果稀疏，学术造诣有限，实在不敢自居为思想政治教育学科的新生代学者，但转念一想，梳理一下个人的学术历程，特别是总结一下自己在学术道路上走过的弯路，或许能帮助青年学子把路走得更直一些。

一、学术历程

在对我个人的定位而言，思想政治教育工作者的定位似乎要比思想政治教育学科青年学者的定位要更准确一些。我于2002年本科毕业于江西师范大学政法学院法学专业后留校工作，2022年刚好是我参加工作二十周年。二十年的高校职业生涯中，先是在美术学院担任辅导员、党总支干事和团委负责人；2003年10月到学校招生就业处工作，在学生"入口"和"出口"的岗位上一干就是10年；2012年底开始在数信学院担任副院长，2014年9月任政法学院党委副书记，又重新回到学生工作一线；后学院调整，转任马克思主义学院党委副书记。在二十年的工作生涯中，虽然在多个岗位上"折腾"，但大部分时间都是奋斗在学生工作一线。

在与学生打交道的过程中，我深刻地体会到，自己有一桶水才能分享给学生一碗水。从留校工作那刻起，我就下定决心，一定要继续深造。开始是报了本校外国哲学专业的同等学历硕士班，后来因为工作没有坚持下去。2005 年考取了本校政法学院宪法与行政法学硕士，2009 年考取了本校政法学院思想政治教育专业博士研究生。但硕士和博士学习期间，没有脱产就读，这对自己来说，既是幸事，也是遗憾。幸运的是，自己有机会边工作边思考学术问题，每月工资照拿，免去了我对柴米油盐物质上的后顾之忧。遗憾的是，工作毕竟占用一大半时间，没有全身心投入读书之中。非常幸运的是，博士入学后，我遇到了自己的恩师汪荣有老师。汪老师不仅是我学业上的导师，更是我人生的导师。有趣的是，汪老师年轻时也长期在学生工作一线工作，同样在招生办工作多年。汪老师的工作经历对我激励有加，我原担心自己跨专业读博会跟不上趟，了解到老师本科期间就读的是化学专业，是由"理"转"文"后，我的担心就不存在了。所以在这里想对跨专业考博的同学说，不要担心有专业的鸿沟，文科各个学科都是相通的，文理科其实也是相通的，当然理科转文科容易一些，文科转理科难度大些。

多年的学生工作生涯，让我对高校的思想政治教育研究有了更深刻的体会。研究的目的是为了解决实际问题，而不是空对空，目前高校思想政治教育还存在"两张皮"的现象，唯有深入实践才能让理论研究有生命力。所以，回顾自己的人生，我最引以为傲的"业绩"并不是出版的著作、发表的论文，而是在这么多年的学生工作中没有发生一起"意外"事件，保障了学生的安全，学生考研升学率稳居全校第一，形成了红色文化教育的学生工作品牌，还被教育部评选为辅导员工作精品项目。我担任学院副书记期间，一直鼓励辅导员考博深造，让我欣慰的是，学院的专职辅导员全部都成功考取了博士生，这也成为全校的一大趣谈。

我对于学术兴趣的种子，其实在本科阶段就已经种下了。也许是自己来自农村，社交能力极差，平时也不喜欢外出，大学本科期间主要是"泡"在图书馆。大学二年级被学院推荐到青山湖校区重韶图书馆二楼文史阅览室勤工俭学，帮助整理书籍，我十分珍惜这个机会，因为自己到图书馆借书看书就更加方便了。我学术的启蒙是本科期间参加全国大学生"挑战杯"课外学术作品大赛，我们的参赛作品《村民对村委会监督的现状分析》获得了江西省一等奖、全国三等奖。参赛期间，学院老师陪同我们两位参赛的同学一起赴江西省泰和县碧溪镇游家村实地调研基层民主建设，吃住在热情的村民家里，为我们的调研提供了极大的帮助和方便。虽然二十多年过去了，但是我每每回想起这段经历，仍然感恩于心。大四期间，我发表了自己人生中的第一篇学术论文，撰写的论文《试论社会主义社会和资本主义社会的辨证关系》，发表于省级学术期刊《江西省团校学报》2002 年第 2 期。该文有 4 个整版，近 8000 字，目前知网还可以下载。论文的发表过程中还有一段趣事，当时各个刊物办刊经费紧张，会收取少额的版面费，我的论文按标准要收 400元的费用。钱虽不多，却难倒了我这么一个穷学生，当时编辑老师看出了我的难处，采取了一个"折中"的办法，那就是让我再写一篇文章来"冲抵"版面费，这对我来说真是意外之喜，时至今日我也非常感恩编辑老师的厚爱和对青年学子的栽培。

二、学术成果

读博后，在导师的指导下，我开始重点关注道德教育和道德建设问题，2012 年获批国家社科基金项目"当代中国道德价值共识研究"，2015 年获批国家社科基金项目"当代中国道德风险研究"，2018 年获批江西省社科基金重点项目"革命道德的传承和发展研究"，2021 年获批江西省教育科学规划重点项目"新时代公民道德自信研究"。先后出版了一批学术著作，代表性著作主要有：个人专著《道德价值共识论》（人民出版社 2015 年版）、《政治道德论》（江西人民出版社 2016 年版，入选"十二五"国家重点图书出版规划项目）、《道德风险论》（人民出版社 2018 年版）、《中国共产党道德传承和发展研究》（江西人民出版社 2021 年版），主编教材《哲学导论》（江西人民出版社 2021 年版）。发表的代表性论文主要有：《"三严三实"：马克思主义伦理学发展的最新成果》（《马克思主义研究》2015 年第 12 期）、《坚持以为人民服务为核心：中国共产党百年道德建设的根本经验》（《思想理论教育导刊》2022年第 3 期）、《增强党员干部道德定力》（《中国特色社会主义研究》2017 年第 8 期）、《以公正为核心构建当代中国社会道德价值共识》（《理论月刊》2014年第 6 期、人大复印资料全文转载）、《以人民为中心：我国国家治理现代化的价值导向》（《江西社会科学》2020 年第 6 期、人大复印资料全文转载）、《社会转型期道德共识的重构》（《江西社会科学》2012 年第 1 期）等。

高校的工作氛围为我提供了难得的条件，让自己能够兼顾工作和学习。边工作边读书的经历也促使我去思考学生的成长规律。围绕着红色文化教育、高校思政课教学进行探究，主持的代表性课题有：中宣部宣传思想文化青年英才自主选题项目"高校思政课教师'发声亮剑'能力提升研究"、教育部全国高校辅导员工作精品项目"建设红色班级工程"、全国红色基因传承研究中心重大项目"中国共产党意识形态建设的基本经验研究"、江西省学位与研究生教育教学改革研究项目"红色文化融入研究生理想信念教育的实践探索"、江西省教育科学规划课题"高校个性化就业指导的现状和对策研究"。先后主编出版了《我们的红色传承》（光明日报出版社 2017 年版）、《我与改革开放共成长》（江西人民出版社 2019 年版）、《精准扶贫调查报告》（现代出版社 2019 年版）、《红色文化与理想信念教育》（江西人民出版社 2019 年版）、《我们的红色基因·五四精神篇》（光明日报出版社 2021 年版）、《我们的红色基因·赣东北革命根据地篇》（江西人民出版社 2022 年版）。发表的代表性论文主要有：《全媒体时代红色文化传播的困境与策略》（《江西师范大学学报》2021 年第 5 期）、《提升高校思想政治理论课亲和力的"四个维度"》（《高校辅导员》2020 年第 3 期、人大复印资料全文转载）、《政治制度公正视野中的思想政治教育》（《教育学术月刊》2011 年第 1 期）等。

个人的一些研究成果也获得了学界的肯定，获得了一些奖励。其中，《政治道德论》荣获江西省第十七次社科优秀成果二等奖；《道德风险论》荣获江西省第十八次社科优秀成果二等奖，入选了"中国伦理学 2017—2018 年度十本好书"；《提升高校思想政治理论课亲和力的"四个维度"》荣获江西省第十九次社科优秀成果三等奖;《以人民为中心：我国国家治理现代化的价值导向》荣获江西省第十九次社科优秀成果三等奖;《我们的红色传承》获得全国学校共青团优秀研究成果奖二等奖;《智能推荐场域中主流意识形态的传播风险与应对》获得2022年江西省思政论文一等奖。

三、学术体会

人们常说三十而立、四十不惑，虽已过不惑之年，但感觉让自己困惑的东西实在太多。参加工作时感觉自己什么都敢研究，什么都敢去写，越读书越发现自己的浅薄，很多东西即使有想法也不敢轻易下笔了。特别是让自己给别人讲经验时，更是担心自己会误人子弟。但总结个人二十年的思想政治工作经历，既是对自己前半生的一个交代，也是对自己后半生的一个激励。每个人的人生都是独一无二的，他人的成功无法复制，教训却是可以吸取的。如果自己的人生经历和感悟能够对青年学子有所帮助的话，那算是积德行善了。

第一个体会，青年学者要在"梦想"中成长。在当今时代，走学术之路可谓是一条痛并快乐之路。特别是高校的文科学者，科研项目经费少，收入没法与理工科学者比。受经济收入限制，甚至有的文科博士找对象都困难。而且文科的科研周期长，完成一个国家项目普遍需要四五年的时间，有些"冷门绝学"更是需要长期耐得住寂寞、坐得了"冷板凳"。没有坚定的学术梦想，是无法在学术道路上长期坚持的。记得自己刚参加工作时，囊中羞涩，每每申报各类课题时，最关心的就是申报通知中关于评审费的规定。当时有些课题，申报时要交50元的评审费。我当时是，只要看到不要交评审费的，就一定"插上一脚"，管它能不能中，参与的积极性还是有的。记得了申报了3年，终于立项了一个校级的青年基金项目。参加工作8年，才成功获批省级科研项目。在这个过程中，有太多的失落，也多次想过要放弃。支撑自己坚持走下去的，唯有内心的学术梦想。在学术的道路上，有梦想一辈子可能还是"咸鱼"，但"咸鱼翻身"也是有可能的；如果没有梦想，注定一辈子只能是"咸鱼"。有了梦想就有了方向，虽然自己在学校多个行政岗位上"折腾"，期间也有许多脱离学术苦海的机会，但我始终坚守自己的学术初心。初心易得，始终难守。自己的每一滴汗水、每一点进步，都是不断激励自己前进的动力。每每有一篇小文章见刊，都能让自己高兴大半个月。学术梦想可以让青年学者化苦为甜，也帮助青年学者抵挡住各种诱惑，唯有梦想，才是人生前行的最大动力。

第二个体会，青年学者要在"感恩"中成长。回望过去自己走过的路，需要感谢的人太多。攻读博士学位的那几年，应该是自己在学术上成长最快的几年，在导师的指导下，个人感受到了思考时"顿悟"之快乐。个人学术道路上特别需要感谢导师的指导，汪荣有老师不仅是我学术上的引路上，更是我生活工作上的学习榜样。自己当年有点初生牛犊不怕虎，2008年评上中级职称后，就开始不停地申报国家社科基金项目，尽管"屡败"，但初心不改。读博期间，也没有停止申报，当时政策也允许定向在读的博士生申报。2012年申报时，自己开始时准备研究"道德共识"，导师指导下把研究对象改成了"道德价值共识"。现在回想起来，导师的指导真可谓"画龙点睛"，抓住了问题的本质，明确了研究的重点，指明了解决问题的方向。当年的国家社科基金立项数较少，在地方院校一个在读博士生能够获批国家社科基金实属不易，也让自己在学术上更加自信了。2015年暑假，导师亲自指导撰写了一篇高水平论文，论文从构思到写作都饱含导师的心血，但导师却把第一作者让给了我，后面论文在马克思主义理论学科的权威刊物《马克思主义研究》上发表了。这篇论文在我评教授和博导时都发挥了重要作用，凭着这篇论文的"加持"，2018年，37岁的我评上了教授和博导，成了学校文科最年轻的教授和博导。个人每次申报课题时，都是导师带着师兄弟们一起讨论，这也成了师门的常规活动。回顾自己的学术历程，需要感恩太多的人和事。有很多学界的师长、朋友和出版社、期刊的编辑对个人的成长都给予了众多的关心和帮助。个人的进步离不开团队和集体的支持，理科的学者需要实验室、需要组建团队，文科的学者同样需要学界前辈的指导和共同研讨的氛围。目前国内文科学界，很多年轻学者都是单打独斗，这其实不利于个人的长远发展。目前学界的科研团队大多是以导师为核心组建的，同门的交流既是学术的互动，也是情感的交融，对年轻学者而言，这是最应该珍惜的"宝藏"。

第三个体会，青年学者要在"守护"中成长。求学要勇于跨学科，研究最好是要聚焦。这是个人在学术道路上，最重要的经验，也是最大的教训。正是因为自己聚焦在道德教育和道德建设领域，围绕"道德价值共识""道德风险""道德自信""革命道德"形成了系列科研成果，提升自己的学术影响。后面想拓展到其他领域，虽拓宽了自己的视野，但使得自己的研究呈"发散"态势，反而影响了自己的学术进步。对于青年学者，个人的时间和精力毕竟是有限的，要想在学术上有所斩获，需要守护好自己的"责任田"。青年学者需要自觉明确个人的学术边界，划定好自己的"责任田"。在学术的道路上，我们不能让自己的"责任田"荒废了，这需要我们浇灌一生。每块"责任田"，都有"大年"和"小年"，自己的"责任田"在某个阶段可能会是"热点"，也可能会是"冷门"，甚至多年冷清，但只要它是一块地，我们就要坚信，它一定会有收成，一定会成为"热点"。不管时势如何变化，只要自己能坚守好、开垦好自己的"责任田"，就会有大丰收。我们最忌讳就是，荒了自己的田，去耕了别人的地，别人的地自己也不会太熟悉，勉强犁耙几下，收成也是不会好的。对于一个青年学者而言，选好"责任田"是至关重要的，有一个需要高度重视的点就是博士论文要选好题。最好的博士论文选题是论文完成后，还可以接着深化研究5至10年，这样博士毕业后就不需要另起炉灶了，可以直接以博士阶段的积累为起点，迅速在学界崭露头角。博士论文选题太浅了，没有足够纵深的话，博士毕业就意味着研究任务全部完成，又要重新选题了。博士论文选题难度太大的话，就一定要有长期坐"冷板凳"的决心，不要指望能够做到"多产"。很多学者产出高，但不聚焦，在学界影响也不大，有些学者凭少量的几篇高质量论文也可以在学界扬名立万。科研做到聚焦，才有可能深入，才有可能厚积薄发。

第四个体会，青年学者要在"实践"中成长。"世事洞明皆学问，人情练达即文章。"青年学者要融入所在单位，融入社会，将论文写在祖国大地上，才能更好地彰显个人的价值。目前每年发表的论文和出版的著作可谓数不胜数，但多数成果对社会的进步作用微乎其微。思想政治教育领域特别需要强化问题导向，关注现实，从教育实践中的问题出发，从学生的现实需要出发，才能真正出佳作和精品。目前思想政治教育领域阐释性论文太多，有理论深度的对策性论文较少，存在轻视实践、轻视对策性研究的倾向。出版的著作经常是"玄之又玄"的大部头，对现实的指导作用有限。我在高校学生工作一线的工作经历时刻提醒自己，"管用"才是思想政治教育研究的生命力所在，也是这个学科的影响力所在。自己出版第一本专著时，内心是相当自豪，相当有成就感。可是现在自己新出版著作后，更多的是一种担忧和愧疚，担忧的是自己的研究还不够深入，对思想政治教育没有助益；愧疚的是自己成果的出版又耗费了国家的纸张。当前学生的思想日益多元化，生活方式日益碎片化，思想政治教育的挑战与日俱增。思想政治教育学科是实践性的学科，离开了实践，是不会有生命力的。所以我特别赞同，在高校从事思想政治教育的年轻学者，要主动担任班主任、支部书记、社团指导教师，在学生工作一线去发现问题、分析问题、解决问题，在思想政治教育的实践中确立自己的理论范式，不断催生思想政治教育学科新的生长点。

第五个体会，青年学者要在"生活"中成长。目前高校青年学者科研内卷化现象严重。青年学者，特别是地方高校的青年学者，教学和科研的压力较大，各种考核如影随形。然而，工作压力仅仅是一部分，青年学者还要面临结婚、房贷、家庭等各方面的压力，每一方面都需要付出艰辛和努力。能否合理分配时间和精力，能否平衡好教学、科研和家庭的付出，直接关系到青年学者的生活幸福指数。对于思想政治教育学科的学者而言，生活即是学问，学问也是生活，从事思想政治教育研究离不开对生活的畅想和对人生的感悟。生活的阅历特别是教育子女的经验得失是提升自己思想政治教育研究水平的源头活水。人文学科的学术研究与学者的人生阅历密不可分，伟大作品的背后往往是作者波澜壮阔的人生。思想政治教育学科属于应用性学科，其理论本身不应该无限度地被人为复杂化，而是要在马克思主义基本原理的指导下，在现实的生活中、现实的教育活动中实践、总结和升华。有效的理论往往是简单易行的，是生活实践的高度凝练。防止思想政治教育学科的"两张皮"现象，去除人们对思想政治教育的偏见，需要从事思想政治教育学科的学者们"正人先正己"，把自己的生活过好才有底气指导他人的人生。在这个"黑天鹅""灰犀牛"事件随时可能发生的时代，过好自己的生活实属不易，青年学者应兼顾好工作和家庭，始终做到热爱生活，在生活的过程中用心发现思想政治教育学科需要解决的问题，并在教育的实践中找到并检验答案。思想政治教育学科的学者不仅是青年学生知识的导师，也应是人生的导师、生活的榜样。实践是理论之源，提升思想政治教育的实效并得到教育对象的认同是思想政治教育学科的生命力所在。

侯勇：做顶天立地与脚踏实地的"思政人"

侯勇，男，1983年生，湖南湘潭人。现为江南大学马克思主义学院副院长，教授，博士生导师。

一、草根负笈入思政

歧路纷纷的学科缘分。我生于鱼米之乡的湖湘大地，稚子之时以"杂交水稻之父"袁隆平为立志之向，做杂交水稻科学家，以致初中考高中，物理、化学两科满分考上省重点中学。可惜读高中时，作为一名理科生因化学学习受挫，学业出现短板，在与班主任的沟通及其鼓励和建议之下，"弃理从文"进入文科班。大学进入思想政治教育学专业，同大多大学生一样处于迷茫的状态。经过四年的师范生训练让我对教师这份职业有了基础的认知，特别是大四期间一个月的中学教育实习，与初中生同吃同住，在与他们打交道的过程中收获成长与乐趣，也让我对教师这一职业有了更深刻的认同和向往。2007年，我顺利考入河海大学思想政治教育专业，师从颜素珍教授攻读硕士学位。在研二时被导师推荐到江苏省委宣传部实习锻炼，协助理论处承担全省的理论教育、理论宣传、理论研究等相关工作，这对视野的开阔、亲身体验思想政治工作有了更深刻的感受。实习结束后，我面临应试省委下属的事业单位还是继续攻读博士学位的选择，结合自己心中对教师的职业认同感和内心的选择，选择继续硕博连读并很荣幸成为孙其昂教授的博士生。在选择思想政治教育学习之路有些彷徨，求学路上对思想政治教育这一专业少了彷徨多了笃定，随着对思想政治教育专业认同与学科自信不断增加，对于思政课教师的职业认同与选择，也是在偶然之中选择了必然，真正跨入并踏上了思想政治教育学之路。

师者指引行走林中路。对我学术成长影响很大的授业恩师有许多，在耳濡目染之中不知不觉中得到成长。回望二十余年思政学习和工作经历，绿荫不减来时路，更添黄鹂四五声：这离不开华中师范大学、中山大学、北京大学、中国人民大学、东北师范大学、吉林大学、西南大学、复旦大学、兰州大学、武汉大学、中南大学、南京师范大学、天津大学、北京师范大学、首都师范大学等传统思政学科重镇的影响；这离不开思政学科化建设以来诸多思政学科前辈们的指导关心与提携指点，从博士生期间就跟随导师参加思政学科论坛，得以近距离地聆听张耀灿、郑永廷、陈秉公、陈占安、吴潜涛、刘书林、张澍军、邱柏生、罗洪铁、王学俭、刘建军、戴焰军、王树荫、卢黎歌、骆郁廷、沈壮海、佘双好等许多先生的高论与指点，让年轻学子种下以思政学术志业种子；这离不开思政学科刊物《思想教育研究》《思想政治教育研究》《思想理论教育》《学校党建与思想教育》《思想理论教育导刊》等学科刊物主编老师们的关心支持；这离不开在江苏省委宣传部实习锻炼时，宏宾处长、之顺主任、传学团长等领导的悉心指导关怀，让我开阔理论视野、增添现实关怀和理论工作本领；这离不开我称之为思政"河海学派"的饱和式学术阅读、交流、研讨训练。

授业恩师硕士生导师颜素珍教授[①]、博士生导师孙其昂教授对我的指导关怀，既严厉又饱含深情，既耳提面命又醍醐灌顶，特别是"饱和式学术阅读和沙龙训练"使一个农家子弟在短短几年间有了较快成长。在河海大学就读期间，孙其昂教授、戴锐教授、金林南教授、黄明理教授等导师组会进行两周一次的学术沙龙以及学院的各种学术论坛、学术会议、学术讲座等，都不断滋养我成长，使得自己徜徉在学术海洋之中，通过浓厚的学术氛围潜移默化得到成长与进步。在跟随导师外出参会的过程中，从会议旁观者的"菜鸟"犹豫踟蹰不前，到不断自我鼓劲、修炼领悟，敢于言人前、敢于发观点，都

---

① 先生对我的关怀与指导无微不至，"先做人，后做事"的谆谆教诲铭记于心，只是遗憾在博士毕业到江南大学工作时，恩师罹患重病不久后驾鹤仙游，在她人生最后半年中，我几乎每周末从无锡回南京时抽空探望，仍不足以回报她的教诲之恩，唯有认真学习进步以报师恩。

离不开读博期间的场场会议锻炼。此外，也离不开硕博士期间担任导师学术助理工作的锻炼。因孙老师是马克思主义理论学科、思想政治教育学科的带头人，我需要协助导师完成一些学术性的工作以及管理性的事务工作，在作为博士生这一角色之外更多了一层助理的角色，在这之中文章整理、课题申报、助教职责等等都有涉足，并为工作之后负责本校的思想政治教育本科专业建设打下了坚实的基础。

"煎熬"的博士论文淬炼。孙其昂教授常勉励我们要具备世界的眼光、中国现实的视野，脚踏实地，顶天立地。从我博士进门，先生就给予我许多的锻炼与学术空间，一直勉励我做持续追踪和开拓性研究，鼓励我们做人要脚踏实地、顶天立地，做学问要多关注社会、多走向社会。我的博士论文也正是在此之上，从社会视角出发对思想政治教育系统进行系统分析。回想博士论文写作时的焦虑与疯狂：从文献阅读报告会被批得一塌糊涂，论文大纲初稿弄好后的洋洋自得到初稿被批泼了"冷水"，对于选题几易其稿仍不得志郁闷不堪，后与导师交流且精心思索，经过补充阅读、实践调研，重振旗鼓。坐住了电脑前的"冷板凳"，忍痛拒绝好友相邀游玩打球，只分"上午、中午、下午、晚自习、午夜"的五段"学习法"，辗辘转个不停，忙忙又碌碌……多少次由于"冷板凳"坐得太久，出现肩颈酸痛，倒缘于此发现了一个很好的调节方式——洗衣清扫，将洗衣、清扫作为休息和放松，把衣物进行搓洗、漂洗、拧晒，流程简单却能使得酸痛的肩颈与淤塞的大脑"倒空""开窍"。甚至数次睡眼迷蒙、睡梦之中进行不断追问和构思，对某一观点、角度会在睡梦中竟然会有启发和迸发灵感，有时担心忘记梦中惊醒后披衣记下或打开电脑将其加入论文之中；有时在就餐途中或行走时，灵感乍现，快速将所思所想所得记录下来。正所谓：知我者谓我心忧忐忑；不知我者谓我迂腐痴狂。正是在这样长期思考和吟咏斟酌的过程中激发灵感、启迪完善，也使得论文大纲和思路不断进步。回首往昔，写论文、做研究离不开时间的累积和过程的积淀，离不开"痴狂"的忘我之境……博士期间以及走上工作岗位之后，孙其昂教授在我的成长和论文写作中付出诸多心血，无法用言语表达。

他像严父一样在学习、生活中不断给我提劲、敲打、栽培、教诲，若论为人师、为学者，先生是我的榜样。

二、太湖之滨立教研

思政前沿问题的关注者。我主要聚焦思想政治教育元理论方面，先后出版思想政治教育研究三部曲《社会视野中的思想政治教育研究》《思想政治教育学前沿问题研究》，第三部《新时代思想政治教育学科创新论》业已获得国社科后期资助立项。具体的研究论域有：一方面，关注思想政治教育学理论前沿与理论创新论域，聚焦思想政治教育话语建构[①]、公共关注[②]、空间整合[③]、转型研究、系统建设[④]等论域。专著《思想政治教育学理论前沿专题研究》（中国社会科学出版社，2018年）获得江苏省政府哲社奖三等奖，被多所高校列为硕博士专业课参考书；专著《社会视野中的思想政治教育系统研究》（人民出版社，2016年）获省教育科学优秀成果一等奖；专著《权力运行制约和监督论》（光明日报社，2021年）获省哲社三等奖；合著《思想政治教育现代转型研究》获教育部哲社二等奖（排2）。另一方面，坚持"以研促教学"，创新思政课程与课程思政教学改革路径，提出以问题逻辑为导向建构新型课堂教学体系、以主体互动为关键构建主体间性教学体系，多措并举推动思政课教学改革创新的"理论阐释—认知认同—制度推进路径"等，发表了

---

① 参见侯勇：《权力话语与话语权力：思想政治教育话语权建构与转型》，《理论与改革》2016年第3期；尤红姣，侯勇：《思想政治教育话语的现实困境及解困之思》，《广西社会科学》2015年第8期；侯勇、纪维维：《新媒体视域下青年思想政治教育的话语困境》，《中国青年社会科学》2017年第2期等。

② 侯勇：《论思想政治教育公共性困境与公共化转型》，《理论与改革》2015年第4期。

③ 侯勇：《论多维空间视野中高校思想政治教育系统整合》，《思想教育研究》2017年第5期；侯勇，孙然：《高校思想政治教育空间整合：目标、力量与机制》，《思想教育研究》2018年第3期；吴正国，侯勇：《高校思想政治教育系统整合：理论分析、现实诉求与优化路径》，《思想教育研究》2022年第11期等。

④ 侯勇：《社会视野中的思想政治教育系统研究》，人民出版社2016年版；侯勇：《论思想政治教育学科的系统化》，《思想教育研究》2015年第3期。

《思想政治理论课教学改革的现代转型》《"慕课"视阈下思想政治理论课教学范式变革探究》等高被引文章；同时发表在《新华日报》（理论版）"思想周刊"的《多措并举推动思政课教学改革创新》被学习强国平台等转载；发表在《江苏大学学报》论文《课程思政研究的现状、评价与创新》当前下载已达9000余次。近年来主要关注思想政治教育学科交叉及交叉学科、学科研究方法论等视域，通过理论的创新形成本学科的知识增量。

教研互促的奋斗者。我从事思想政治教育理论研究与教学工作20余年，在思想政治教育元理论、研究方法等方面形成一定研究基础。（1）完成一批课题。其中主持完成国社科基金青年项目、中央马工程重大专项子课题、省社科基金等6项及其他市厅级课题5项，骨干参与国社科、教育部重大攻关项目4项。（2）获得一批荣誉。获得教育部全国首届思想政治理论课教学竞赛一等奖、教育部哲社奖二等奖（排2）、省政府哲社奖三等奖2次（独立）、国家一流本科线上课程（排名第4）；江苏省教学成果特等奖（排4）、江苏省教育优秀成果一等奖（独立）等。（3）服务决策咨询。被国家哲社工作办《成果要报》、中纪委《研究参考》、中宣部《学习与研究》等内参采用4篇；在《光明日报》《经济日报》《新华日报》等发表重点理论文章8篇。（4）形成教研成果。发表核心期刊论文50余篇，出版专著3部，合著3部，任副主编教材4部。其中出版专著《社会视野中的思想政治教育系统研究》、著作《思想政治教育学理论前沿问题研究》，已被多校列为硕博参考书；参著国社科文库《思想政治教育现代转型研究》（排2），任副主编《中国共产党思想政治教育简史》《高校思想政治理论课"启拓教学"研究》等；参著《思想政治教育研究热点年度发布2017，2018》《思想政治教育亲和力研究》等，在思想政治教育理论前沿和研究方法方面具有一定积累。

跨学科研究的践行者。依托江南大学的学科平台以及自身的学科交叉视野、学科积淀，又在学院前辈的指引下，我横跨一步到党风廉政建设、习近平新时代中国特色社会主义思想的研究。一方面，探寻党风廉政建设新思路，获得了国家社科基金项目"健全中国特色的权力运行制约和监督体系研究"的立项，深入分析反腐倡廉建设的成效和基本经验，中国共产党反腐范式的历史演进、基本经验与现实启示，网络社会制约权力腐败的新范式等，并形成和出版专著《权力运行制约与监督论》。另一方面，深化对习近平新时代中国特色社会主义思想的学理化阐释与理论创新，关注这一思想的理论体系、理论品格、理论创新、理论力量等，在《光明日报》发表《习近平新时代中国特色社会主义思想的人民性特质》《深刻理解和全面把握习近平新时代中国特色社会主义思想的金钥匙》;《经济日报》理论版发表《从"问答"中体悟思想伟力》，被光明网、人民网、中国共产党新闻网、学习强国等全文转载。

真理"甜味"的分享者。思想政治理论课是立德树人的关键课程。对于思政课老师来说，我们肩负着培养"德智体美劳"全面发展社会主义建设者和接班人的时代重任。如何教好这门课的追问一直萦绕心头。时代在发展在进步，如何推进讲深讲透讲活也要不断调整完善，如何运用多样化、生动化的语言来减少理论的枯燥、提升知识的价值也是教学中的一门学问。回想十多年前初登讲台时只是在完成讲课而已，对教学内容、教学风格、教学设计的把握、打磨远远不够，照本宣科多，后来经过不断的学习观摩、揣摩体悟，不断经过学习先进、自我修炼，逐渐找到了教学的门道和乐趣，发现并开始展现讲台上为人师的"个人魅力"。思政课不仅只是理论，更需要理论与实践的结合。我在去年开设了思政课外实践课，鼓励学生"用自己的耳朵去聆听、用自己的眼睛去观察、用自己的大脑去思考、用自己的心灵去体悟、用自己的脚步去丈量"，开展红色景点的参观和亲身体悟，不拘于课堂一隅而引导学生读破万卷，行万里路。都说思政课老师首先是个思想家，其次是个政治家，再次是个教育家，最好还能成为艺术家。自己是教育体制下合作的"产品"，现有的高校思政课还存在值得完善的地方，比如课堂教学效果需要提升、教学研究力度需要加大等，我愿意为此去做"鼓"与"呼"，为培养担当民族复兴大任的时代新人做一些自己的贡献。

三、实践锻炼拓视野

2017年8月7日一早，我在西长安街五号中宣部报到，开始了中央宣传部理论局的借调工作。回想在北京600多个日夜的工作学习体验和经历，是我人生难得的宝贵财富，我曾给我的研究生开玩笑说，"北漂"两年，于我而言，是一次深刻的学习与进修，不亚于博士后和出国访学的收获①。对我来说，每天伴随着头顶声声鸽叫和耳边电报大楼的报时声，过着"日出而作，日落不息"的"北漂"学习、工作和生活，感受着理论的魅力、品尝着真理的甜味、体悟着成长的美丽。

带着情感的顶天立地的学习。若要问学习到什么？我愿意用一句话来表达：学中央精神，习文治武功，养理论素养，得深厚友谊。因为一直在基层学习和工作，信息能力、视野格局都会有所限制，而到了中宣部工作两年时间，站得高、看得远，积累了比较丰富的工作经验，学习了怎么样建构理论文章"大逻辑、小逻辑"的起承转合，培养了高瞻远瞩、高屋建瓴的视野，提高了自身能力和综合素质。同时，也实现了许多扭转：如扭转了对社会传言部委机关公务员"清茶读报"的虚假传言，扭转了对工作习惯的惰性懈怠，扭转了做人做事的浮躁……其实最根本的是实现了思维方式的根本扭转。每当感到疲惫，路过站岗的武警时，看到他们稚嫩的脸上，透露出无比的坚毅、刚硬就让我倦意全无；每当晚上十一点多离开办公室回住地时，我都会和站岗的卫兵说声：辛苦了！尽管不相识，但仍旧向他们致以敬意。在高校长期较为封闭的学术与教学环境下，政治敏锐度仍显不足，两年多的工作体验，知道许多重要讲话稿是真理思想的体现，是引经据典立足经典的字斟句酌，是"捻断数茎须"的智慧汇聚。在这方面，仍旧需要不断加强对马克思主义中国化理论成果，特别是习近平新时代中国特色社会主义思想的学习、思考

---

① 因为借调等多方面原因放弃了博士后和出国访学计划。

和钻研，打通政治理论、学术成果、决策咨询的"任督二脉"。

带着态度的经天纬地的历练。办公室坐落在在中南海一墙之隔的仪亲王府里，庭院深深，芳草萋萋。两年多来，年纪轻轻却两鬓微霜、早生华发，在业余时间发表 4 篇 C 刊文章，出版一本专著超额完成学校的科研任务的同时，工作时间先后多次参与重要讲话稿起草和修改工作；参与党的十九大精神中央宣讲团动员会、备课会、研讨班有关会务工作；参与研修班、中心组、讲师团、重点理论文章、书稿的阅看工作等常规工作；参与《习近平新时代中国特色社会主义思想三十讲》《学习纲要》《学习问答》等重要材料的讨论、修改、网上座谈会、课件等相关工作，深切体会到中宣部"政治过硬、本领高强、求实创新、能打硬仗"的工作作风。回首再翻阅当年日记，在 2018 年 3 月 13 日星期二我曾如此写道："今天继续在八大处统稿，局处长们领着一拨拨专家一字一句地修改。重复性统稿已有数日，工作量大，枯燥严肃，久坐之后的腰酸背疼，专家们纷纷将软椅背换成硬板凳，毫无怨言，尽职尽力，想想这些专家们外出讲学那都是讲课费不菲的座上宾，却是牺牲讲学机会来参加这个枯燥耗时费力的工作，精神之苦旅，皮肉之煎熬，俯身甘做桥梁，挺身勇做灯塔的奉献精神，让人敬佩。"而当 2018 年，《三十讲》千锤百炼捻断须，千呼万唤始出来，千家万户大学习后，心中又有一种自豪感，不由得想起一副名联：地位清高，日月每从肩上过；门庭开豁，江山常在掌中看。作为一个来自乡村，出身于非名校的农村小子，通过前辈关心点拨和自身的不断努力充实提升自己，一步步学习提升，不抛弃不放弃，也学牡丹开，历练到了一种理论自信、能力自信。

带着严实的脚踏实地的修行。前后两年的工作，深切体悟到工作岗位的神圣和工作作风的严细深实。"严"，政治严肃，纪律严明，要求严格。中央部委工作要求高，工作纪律严，保密要求高。这就要求我尽快调整在较为自由松散的高校工作习惯，按照"严"的要求，坚持正确的政治方向，站稳政治立场，严以自律。"细"，细心细致，精致精细，用心用情做好每一件事情。记得在 2018 年 4 月的一个下午，《三十讲》编写进入统稿的关键阶段，时任中宣部部长、常务副部长等同志进行统稿，从下午三点一直到晚上八点中间一直没有休息，没有吃饭，一一提出问题并解决问题，甚至对一些细微问题，诸如描写"习近平总书记踏遍千山万水调研脱贫攻坚战"，用词形容从黄土高坡到"雪域高原"时，觉得"雪域高原"不太精准，调整为"青藏高原"。"深"，要深入实际，调查研究，深入讨论，把握规律，既要上接天线，又要下接地气。在《三十讲》的统改阶段，专家学者们会围绕着一句话的出处要查，是不是原文要查，一些内容有新观点进行大段删除、重写，会围绕一个观点展开激烈讨论，进而达成共识。在谈到"解决台湾问题、实现祖国完全统一"与"实现祖国大陆的完全统一"的争论，还专门请时任党史研究室的黄一兵主任关于党史上对此的一些文献资料进行解答与回应，确保符合史实，有理有据。"实"，实事求是，干实事、鼓实劲、求实效，把任务原则要求细化具体化，高质量完成任务。在《三十讲》工作任务的关键时期，时任教育处处长何成同志胃病发作，硬撑着带领着一批批专家字斟句酌地进行统改。以颜晓峰老师为代表的老专家同志们也因为一坐就是一整天，腰酸背疼也不退缩，把沙发椅子换成硬木板凳继续干，让人深受感动。通过参与党的十九大宣讲、《三十讲》等重大工作任务中，在严肃、紧张、活泼的工作氛围中，深切体悟到习近平新时代中国特色社会主义思想的理论品格和思想精髓，为人民谋幸福，为民族谋复兴，为人类谋进步，为世界谋大同，坚持实事求是、人民中心、知行合一；深刻感受习近平总书记吃尽千辛万苦、踏遍千山万水、经历千难万险、道出尽千言万语的治国为民情怀和天下情怀。

四、知行合一为志业

思想政治教育学科是顶天立地的学科。当前，随着经济社会现代化进程不断推进，针对思想政治教育学科发展与创新既有许多正面的、积极的评价，但也不可忽视学科发展面临存在的"内卷化、边缘化、科学性、公共性"等问题，如何推动新时代思想政治教育学科守正创新发展成为亟待解决的问题。

做顶天立地的思政工作者。2017 年我曾在中国人民大学高精尖中心参加思想政治教育青年学者论坛，长江学者刘建军教授作主旨报告，其中谈到青年人要有青年自信、学者自信、论坛自信，印象非常深刻，也更因此坚定笃行。刘建军教授在《思想政治教育学科独立性探源》一文再次强调思想政治教育的学科独立性，强调在学科对象、学科基础、学科体系和学科价值等方面的独立性，这是高屋建瓴地对思想政治教育学科建设的再次确证。推动思想政治教育学科的高质量发展首要的就是要以马克思主义为指导，坚持问题导向、回应时代呼唤，研究解决思想教育、政治教育、道德教育、心理健康领域重大而紧迫的现实问题，有效避免思想政治教育理论苍白、学科肌无力。思想政治教育学作为中国特色社会主义学科体系重要组成部分，不仅有"术"，也有"学"，更有"道"，既需要推进工作方法研究，也需要推进思政特色的学科研究方法创新理念、路径等研究，更好地推动学科体系、教学体系、人才培养体系建设，服务立德树人与治国理政需要。

做脚踏实地的思政工作者。理论工作者是理论战线的战士，必须置身时代大潮，时刻关注党和国家发展大局。这些年，作为青年教育工作者，我始终坚持与党的理论创新、实践创新同行，与社会热点和重大事件同步。注重理论与实践相结合。通过密集地参加党的十九大系列理论宣传、研究与教育等工作，在良师益友们的"饱满交流研讨"中提升了理论境界、知识素养。犹记当年读颜老师自选集的自序中就对这一画面感描述印象深刻：50 年前，在炊事班的颜晓峰，自制了一盏柴油灯，开始读炊事班唯一的书——恩格斯的《反杜林论》。由于柴油灯的油烟太多，清早起来，他鼻孔里全是黑灰……回望 2018 年和 2019 年在仪亲王府"北漂"行走，和颜将军一同在八大处、职工之家、国二招等地共事（给将军服务打下手），颜老师的学养深厚、儒雅随和、谦虚认真、能文能武……让人感动的是听闻子君和我要返回原单位，还专门安排邀请我们到国防大学参观并请大家小聚，这也是我第一次进入国防大学、进到军事科学院体验军旅文化，感动之至。这也进一步督促我需要坐下来沉淀，突出系统化，做到修身修行、真学真懂、活学活用、见言见行。

做言传身教的思政工作者。"先做人，后做事"这句来自硕士生导师颜教授的教诲一直铭记于心，在指导自己的学生时，我同样强调做人是第一位的。所以在育人过程中，特别重视"关系"，重视哈贝马斯所说的基于价值理性的"主体—主体"之间的"交往行动"。因而我在师门内定期开展师门例会并做到办公室随时见面，在日常生活、待人接物、身心健康、家庭及情感状况等可以称之为用"慈父慈母"般的关爱教会他们为人处世的道理，尽自己的一份力给予学生家庭式温暖。当然，作为老师，我对学术的要求更是首要的和严格的。"饱和阅读、饱和经验、饱和讨论、饱和积淀"是我对门下研究生的要求。"饱和阅读"要做到"三个1"：第一个"1"即一天读1篇C刊论文。高质量论文要精读，也要重点关注社会学、政治学、管理学、教育学、心理学等学科的内容；第二个"1"即一周保证读1篇博士论文，学习博士论文的逻辑、框架、观点、后记的撰写，每周开会的所思所想可以汇总整理到毕业论文的后记中；第三个"1"即一个月读1本著作。特别是马克思主义经典著作以及思想政治教育学科的经典著作，学习一些经典范畴、规律、功能、价值等基础理论。"饱和经验"，除了文献的阅读，我也鼓励学生广泛听取并记录广博性和专业性的专题学术讲座，注重"饱和式"会议的浸染。此外，在信息化的时代，更需要坚持调查研究，深入实际、基层与群众，真正听到实话、获得真知、收到实效，增强对国情党情民情的体悟，更好地将论文书写在中华大地上。"饱和讨论"，每周会召开一次学习会，对读书汇报、小论文、毕业论文、课题申报等都做充分讨论，让门下学生做轮值主持人，创造合作与展示的机会，增强其学术发言、主持控场和人际交往的能力，在讨论中畅所欲言不断探索，在需要时给予关键性的指导和建议，提高学习的自主性和能动性，努力做学生学术上的指引人而非"摆布者"。"饱和积淀"。"逆水行舟、不进则退"，研究生阶段的学习需要"坐得住冷板凳"，广泛读书，深化对学科的理解，不断地修炼积累、充实提高自己。"同心山成玉，协力土变金。"科研不能闭门造车，只有共同取长补短，互相启发，才能为创新性研究提供原动力。作为导师，师门团结互助、友爱扶持是我较为看重的，发挥师门"传帮带"作用，以老带新带动新生迅速成长和提高，增强团队合作和师门传承，做到大可独立撰写论文课题，小可严谨细致语句标点，在组会中交流成长，互促共进。疫情条件允许的情况下，我也会鼓励他们出去亲近自然开展团建活动，舒缓身心，做到劳逸结合，不但增进了个人学识，也会增强师门的情感凝聚力。

做守正创新的思政工作者。"守正"首先从理论逻辑来看，要体现坚持思想政治教育的政治立场与政治方向，体现意识形态性；其次，从学术研究来看，要体现思想政治教育研究方法的科学性，以学术讲政治；再次，从实践工作来看，要体现思想政治教育实效性。高校思想政治工作要遵循"因事而化、因时而进、因势而新"的要求，服务于实现中华民族伟大复兴中国梦的时代使命，"把创新高校思想政治工作融合发展模式作为亟待抓好的大事，从而通过把握好高校思想政治工作的事、时、势，推动我国高等教育事业取得更大发展"。"创新"即思想政治教育学是继承性与发展性、传统性与现代性并存的社会科学，遵循守正与创新相统一的逻辑，继承传统思想政治教育理论体系与理论框架基础之上进行理论创新与理论创造，推进思想政治教育理论形态、学术形态与实践形态的与时俱进。万美容教授在与张耀灿教授进行学术访谈时，张耀灿教授提到新时代思想政治教育要"在坚持马克思主义的立观、观点和方法之上，坚持史论结合，运用统筹兼顾的根本方法，推进思想政治教育学科建设、专业建设和学科理论的创新发展，提升思想政治教育质量"①。

万美容教授在他的博士论文出版后记中说：研究思想政治教育方法论应具有上天入地的学术理想：上要深化理论探索，完善体系建构；下要深入实际，回答实践问题。万美容教授以此为学术志业，我也深深钦佩并不断向他学习。在我具备研究生导师指导资格后，我给我指导的研究生的微信群命名

---

① 万美容：《中国共产党百年历程中思想政治教育的守正与创新》，《马克思主义理论学科研究》2021 年第 12 期。

为"顶天立地、脚踏实地",和万美容教授的理念不谋而合,也更希冀能和研究生一起既顶天立地、有家国情怀,又脚踏实地、实事求是,做学以聚之、问以辨之、宽以居之、仁以行之的优秀思政工作者!

胡玉宁：居敬持志　科际探转

胡玉宁，女，1984年生，山东冠县人。现任滨州医学院医学人文研究中心副主任，教授。

光华流转，岁月织章。时间为尺，丈量着我离乡求学、谋事成家的二十年成长历程。年近不惑之际，应当回首反思，很荣幸参加《思想政治教育学科中青年学者成长之路》一书的部分编写工作，借此回顾自己求学问学、读书写作中的往事情景，梳理总结学术研究历程，百感交集中感念隆隆师恩，回味淳淳同窗之谊，杂呈印迹略作自述于此。之所以不揣浅陋，切盼师长、同学、友人指引，犹望勉图补益，策励前行。

一、学术方向概述

我近年来从事研究方向的一级学科为马克思主义理论学科，二级学科为思想政治教育，主要研究方向是高校思想政治教育理论与实践、媒介与文化传播研究。我在滨州医学院从事大学生思想政治教育和党建工作有六年时间，在辅导员岗位的工作实践中，沉浸于日常思想政治教育和教学、舆情防控、学生心理危机干预等具体事务处理，也时时面临着学生工作中不断产生的新现象、新问题带来的压力和挑战，进而产生了深深的"本领恐慌"。当前高校思想政治工作所面临的环境、对象、任务和途径面临新的时代境遇，青年学生对社会热点的关注度不断提升、公共表达和参与意愿的上扬、群体心理和情绪结构的演变等现实境况，都对辅导员工作提出了较高的理论能力要求。或许正是来自这些具象化的实践中不断涌现的问题的深度思考，在博士毕业后又选择了进入博士后流动站，因此也带来了个人研究方向从管理学到马克思主义理论学科的交叉转向和融合。进入北京师范大学马克思主义理论流动站从事博士后研究工作之后，在合作导师冯刚教授的指导下开展基础理论和应用对策融合研究，在思想政治教育话语传播、青年媒介文化研究等方面进一步凝练研究方向，取得了一些成果。近年来主持国家社科基金课题 1 项、教育部课题 2 项、省社科及博士后科学基金项目 2 项，参编著作 6 部。近五年以第一作者身份，在《中国青年研究》《思想教育研究》《学术论坛》《情报杂志》等学术期刊发表 CSSCI 核心收录文章 13 篇，论文总被引次数超过 120 次，其中 2 篇论文被人大复印报刊资料数据库全文转载，1 篇论文被《中国社会科学文摘》转载 4000 字。获山东省社会科学优秀成果二等奖 1 项、山东省高校思想政治教育优秀成果一等奖 2 项、全国学校共青团优秀研究成果二等奖 1 项。

二、学术兴趣与基本观点

我的本硕博阶段所学专业属于管理学学科，二级学科是情报学，情报学是工具之学、方法之学，数据思维和方法工具的运用对开展学科交叉研究很有助益。在后续学术研究过程中，坚持问题导向，注重学科交叉和融合，从现实生活的具体实践中培育问题意识或者从社会热议的现象出发寻找研究目标和选题，近年来围绕思想政治教育专业学科发展的新动向、新趋势和新特点，重点围绕中国式现代化与青年文化嵌入研究、跨媒介环境下思想政治教育话语传播研究两个方面进行了初步探索，现不避浅陋叙述如下。

（一）中国式现代化与青年文化嵌入研究

青年文化研究是青年社会学领域一个重要的学术史现象，这既是当代社会在文化实践层面发展到一定阶段的必然结果，也与日益兴起的跨学科学术思潮息息相关。而在青年社会学的众多研究主题中，青年亚文化是一个内容非常丰富多彩，涉及面非常广泛，与现代社会联系非常紧密，与青年生活密切相关的一个主题。青年亚文化既是最具代表性的青年现象，也是最重要的青年社会学研究领域之一。进入后亚文化时代，青年亚文化"抵抗"精神的弱化以及亚文化自身多样化、娱乐化、圈层化与消费主义的紧密结合，使得其内涵和价值迭代更为频繁，在广泛而多变的青年亚文化文化光谱中，对于维护高校意识形态安全而言，关注那些具有政治风险和意识形态安全风险的亚文化现象及发展是非常重要的，特别是要预判和警惕青年亚文化与社会思潮的关联和同构性问题。因此，从这个角度来看，当代青年群体的亚文化现象研究，不仅仅局限于青年文化学研究领域，从更广泛的学科视野来看，青年亚文化与社会思潮的关系问题也是讨论当前中国式现代化进程中不可回避的一个现实问题。

1. 青年亚文化的价值功能和风险研究

国家和社会在各个时代对青年角色的期待是存在差异的，而社会外部环境及条件作为一个变量，也对青年亚文化的发展起到一种役使作用，所以青年角色的内涵呈现出不同的时代特质，反映在青年亚文化的演化过程上就体现为这其中所蕴涵的内在逻辑，可以从"内部结构由相对同质到高度异质的变迁、存在方式由现实化生存到数字化生存的变迁、传播方式由小众化传播到大众化传播的变迁"这三个维度来把握。虽然青年亚文化的形态、内涵、特征都发生了深刻变化，但不变的是一代又一代青年充满理想的价值追求和不断探测各种边界的想象力，不断推动亚文化在新的媒介空间中碰撞、破壁、迭代。我们需要追问：在青年一代成长中不曾缺席的亚文化形态，为什么可以流行开来，更值得关注的是青年群体从亚文化实践中得到了什么。亚文化作为青年群体普遍认同的一种思想行为取向，对青年个体的成长与发展有着重要的意义，为青年群体提供了情感归属和身份认同、参与文化的共享和共创、为青年社会化提供缓冲带和过渡期。

但是同时也要时刻关注和研判青年亚文化在发展过程中的潜在风险，特别是青年亚文化与社会思潮形成连接时，要警惕社会问题引发校园"共振"，对于高校而言，未来的挑战也主要来自社会生活中的相近生态位在校园里的渗透和传播。高校要从国家意识形态安全的战略高度出发，从高等教育育人本质要求出发，将思想政治工作贯穿于学校教育教学的全过程，并时刻警惕社会思潮与校园的连接，及时研判和分析青年亚文化群体可能出现的运动化、政治化和极端化等倾向。

2. 文化嵌入视角下的青年文化研究

文化的发展总是与社会发展的主题相呼应的，特别是随着媒介化社会的到来，文化对社会的经济、政治发展的促进作用更加显著，文化领域的交流、交融与交锋也更加深化，青年群体作为文化现代化进程中的重要主体，其对整个社会文化系统的回应成为透视中国文化现代化建设成效的重要窗口。当前，网络圈群已成为一种泛在的社会组织形式，青年圈群文化作为当前中国社会文化结构的重要组成部分，在"破圈"与"融合"的文化实践中与主流文化的互动交流也在不断加强，成为中国文化现代化进程中一股不容忽视的重要力量。文化现代化的发展进程是过程性的、阶段性的，青年圈群文化现代化发展内嵌于社会主义文化建设的整体进程中，始终处于社会主义意识形态系统的关切视野之内。考量青年圈群文化的现状与发展，必须立足中国式现代化发展新阶段的历史方位，从中国社会转型和时代变迁的宏观情境出发，以整体性、系统性的研究视野去定位和观察青年圈群及其文化建设问题。这一研究领域所蕴含的诸多议题不仅值得持续深研，而且为原创性的知识生产提供了更丰富的可能性。

青年圈群文化作为社会文化系统的构成要素，与文化系统中的其他要素存在错综复杂的关联，尤其是随着社会发展和媒介技术条件的更新，青年圈群文化在整个社会文化系统中的角色和功用会持续受到来自社会各领域的牵引力、辐射力的影响，其与主流文化之间的互动关系也将处于"嵌入"和"脱嵌"的动态建构过程中。面向未来，我们需要认真总结青年圈群文化"本土化"的成长方式和经验，探索青年圈群文化价值秩序的建构以及功能发挥的路径和空间，以文化嵌入为建设理念，以社会主义核心价值观为引领，从认知性嵌入、规范性嵌入和变革性嵌入三个层面帮助青年圈群主体明确其在社会文化系统中的角色认知、结构关系和行动依据，释放青年圈群文化与主流文化的互释互构之力，不断调控青年圈群文化的发展走向，打造青年圈群文化现代化发展的价值靶点。

（二）跨媒介环境下思想政治教育话语传播研究

新时代思想政治教育话语体系作为马克思主义中国化的最新理论成果，作为引领我国思想政治教育实践和提升思想政治教育话语权的重要理论武器必须被更多的人知道、理解、认可和掌握才能更好地发挥作用。思想政治教育的核心功能就在于传播社会的主流意识形态。因此，新时代思想政治教育话语的研究，是立足现实、面向未来的重要理论与实践命题。通过对思想政治教育话语、话语传播要素等元概念的分析和阐释能够完善话语传播相关问题的理论建构，而这样的跨学科交叉的基础理论研究在一定程度上也能够在实践层面深化思想政治教育话语传播的范式转换，比如为优化思想政治教育话语表达和叙事手段提供理论借鉴，有助于提高思想政治教育话语传播效果。思想政治教育话语传播这一研究议题仍有很大的学术探究空间，未来会进一步聚焦思想政治教育话语传播机制和传播效果评价方面的研究。

1. 思想政治教育话语传播机制的系统性研究

在经济全球化、文化多元化、社会媒介化的时代背景下，数据生成过程、信息资源分布、信息传播模式都发生了新变化，技术赋权带来的社会舆论主导权、话语权的位移导致预判、管理、引领社会舆论的难度不断增加。尽管现阶段思想政治教育呈现出持续加强改进、不断向上向好的总体态势，但思想政治教育话语传播面临着传播主体更加多元、传播环境更加复杂、传播媒介更加多变等现实性问题。如何从思想政治教育话语传播的"变"与"不变"中及时捕捉特点、总结经验、把握规律成为新时代思想政治教育话语传播研究不容忽视的重要问题。因此，对思想政治教育话语传播机制的基础理论研究要从结构、功能和过程的综合性视角进行系统性研究，同时还要密切结合思想政治教育话语的发展性、实践性特质，确保研究能够揭示思想政治教育话语传播的内在规律的同时，还要彰显思想政治教育话语传播的实践品格。

思想政治教育话语传播机制研究的基点是科学把握思想政治教育话语体系的开放性和发展性问题，无论是话语体系的建构，还是话语体系的传承和创新都要遵循历史与实践的逻辑。首先，面向现代化是思想政治教育话语发展的现实依据。思想政治教育话语体系的建设和发展必须面向时代境遇和现实问题，以问题导向回应时代要求，对错误思潮和思想困惑进行澄清破解，在遵循社会主义与中国特色的同时融入对现代化及现代性问题的思考，这是实现思想政治教育话语现代转型的实践之需。其次，科学把握思想政治教育话语传播的发展逻辑。思想政治教育话语传播和发展的生命力源于对理论话语传承和创新机制的深刻领会，中国特色社会主义实践的发展既呼唤理论及其话语的发展，也呼唤话语传播的发展，特别是要求话语传播能够对我们在社会主义建设规律、共产党执政规律、人类社会发展规律等领域所做的探索，以及不断提出的思想、观点、命题、理论等进行有效的阐释，使大众能够对中国特色社会主义理论形成体系层面的理解和把握，这就要求思想政治教育话语传播的发展必须既规范地呈现科学性，又能为话语发展提供期待与空间。再次，思想政治教育话语传播必须实现面向话语要义的准确表达。话语传播的效果与受众对话语内容要义的准确把握密切相关，话语要具备影响力、感召力和凝聚力，就必须扎根现实，深刻剖析新时代背景下教育对象思想意识和道德观念的变化轨迹，结合受众特点和不断涌现的新情况、新问题进行调整和创新，增强针对性和灵活性，丰富话语类型，遵循保持适度张力的规律，形成多样化的话语体系。

2. 思想政治教育话语传播效果的科学化研究

科学有效评价思想政治教育质量，既是监测和改进思想政治教育工作，检验和提升思想政治教育质量的重要环节，也是思想政治教育自身发展的题中应有之义[①]。思想政治教育话语传播效果的科学化研究问题，可以从传播路

---

① 冯刚、史宏月：《新时代高等学校思想政治教育质量评价科学化》，《教育研究》2021 年第 10 期。

径优化问题和传播效果评价问题两个子命题去理解和把握。其中传播路径优化问题的关键是要把握话语传播要素的协同性问题。思想政治教育话语体系不仅是一套相对完整的理论体系，而且其话语表达也逐步走向规范化、固定化、模式化，尤其思想政治教育话语中的政治理论话语、学科专业话语，这是理论及其话语体系愈发成熟的标志。思想政治教育的实践过程就是规范化、模式化的理论话语从抽象到具象的转化过程，应该对传播学理论中的基本传播过程模式进行分析研究的基础上，依托话语传播要素间的关联性，综合考量话语反馈、话语环境以及噪音因素等的影响，积极推动思想政治教育话语传播过程优化模式的呈现，以进一步凸显传播过程的科学性与有效性。就思想政治教育话语传播要素优化的基本策略而言，要重点考虑以下几个方面：以交互主体性为依托推进话语传播主体优化、以需求契合性为依托推进话语传播内容优化、以双向互动性为依托推进话语信息反馈优化、以时代生成性为依托推进话语传播载体优化。

　　思想政治教育话语传播效果的评价问题主要是指传播效果的有效性和准确性问题。首先，思想政治教育话语传播的"效"是对思想政治教育的预期目标和实际结果之间吻合度的判断，也是教育质量的重要体现。随着中国的日益开放与国际化，思想政治教育话语传播效果要体现在对内说服力和对外影响力两方面的"效"，"效"是科学把握"时"与"度"的必然结果。思想政治教育话语传播既是理论问题，又是实践问题，认识和把握思想政治教育的效果，既要重视教育结果也要重视教育过程，既要在静态中衡量，也要在动态中考察，要充分考虑教育隐性规律和过程性、阶段性特征，研究思想政治教育的效果，需要综合各方面的因素，透过现象触摸本质，认识教育效果的形成机制和影响因素，对效果形成合理的预期和判断。其次，对思想政治教育话语传播效果的评价属于思想政治教育质量评价的重要组成部分，是促进思想政治教育科学化的重要手段。思想政治教育话语传播效果的评价要确立合理的评价指标，包括传播手段、环境、受众个体差异、技术平台和影响因素等。指标体系反映了评价主体对思想政治教育话语传播规律的把握，直接决定了信息的采集和处理的科学性，因此，科学的指标体系构建是开展思想政治教育话语传播效果评价的重点和难点。

三、学术心得体会

我是一个科研新手，回望来时路，感觉自己一直是受到运气加持的人，恩遇良师指点开示，于耳提面命之际获益良多；结交净友暖心锐志，适畅抒胸臆之时疏难解困。虽不善文笔，但也不乏出于精心抑或率意的文字，此刻谈心得体会，触怀纠结的复杂情感让人提笔忐忑，但仍然决定接纳自己的笨拙，将能够表达的胸臆呈现，记录无以言表的感恩与怀念。

（一）恩遇"循循然善诱人"的好老师，实现成长中的"关键转折"

回顾学术研究的历程，感觉自身的学术觉醒和收获系统的科研训练是从博士阶段开始的，算起来也才走过了约 7 年的时间。2016 年 8 月我成为南京大学信息管理学院情报学专业的一名博士研究生，导师是朱学芳教授。朱老师在众多的报考者中思量筛选，勉为其难将我收入门下。如今回想起来，那时的我从辅导员岗位上选择报考定向培养博士，女儿刚入幼儿园，来自工作和家庭压力都很大，在一般人看来很突兀且充满不确定性，走出这一步真是无知者无畏，而能接纳学识浅陋、年过三十的"老学生"，则是先生在践行"闳学惠人，有教无类"的教育理念。往事浮现，情景依依。实验室一直坚持例会制度，例会每两周或三周一次，一次半天，例会的内容包括学生汇报学习和研究进展、阅读文献和讨论、请专家讲演等。入学后研读的第一篇外文文献是关于蟑螂仿生算法的，用时两个月逐字逐句研读，老师安排了三次组会让我汇报。如今文中所谈具体观点已模糊不在，但如切如磋、如琢如磨的文献研读和汇报思考过程，使我进一步建立了对学术研究的敬畏和尊重。还有一次难忘的组会学习，朱老师诵读《居里夫人传》（节选），默声良久后谈到科学家精神，鼓励学生孜孜求索，勇攀高峰。蓦然回首，方知恩师用心良苦，意在其中。

从教育阶段来看，我在本硕阶段后工作 7 年又攻读的博士学位，这种非连贯性的学习模式让我感受到与其他全日制同学相比更大的挑战和压力。如果说通过博士阶段的科研实训实现了学术研究的基本"成形"，那么进入博士后流动站则是提升科研能力，为后续的独立科研职业生涯储备知识与学术力量的一次"关键性转折"。2020 年 7 月，我辞去工作，全职到北京师范大学马克思主义理论博士后科研流动站开始研究工作。这次看似"叛逆"又"冒险"的道路抉择其实源自内心深处对当下状态做出的实质性反思与批判，35 周岁的"易职赴京、拜师冯门"，在很大程度上促进了我在学术研究方面的志趣养成与学术个性，实现了新阶段人生的再造和重塑。请允许我寄情于此，隆重感谢合作导师冯刚教授。久仰先生德义贤能，昊天优渥，幸得恩遇，允纳门下。先生德隆望尊、心怀大义，宏儒硕学、潜学精治，笔耕不辍、著作等身，乃新时代思想政治教育学科的"领风气之先者"。因余之愚钝，束缚跨学科转向之困，理不通、法不当之时常有，每每及此，先生均提携相助，每必躬亲，耐心蒙之，以良策方略及示，如甘露洒心、似醍醐灌顶。尊师授吾书中靡有之学、示吾卷外之理、释吾立业之惑、启吾择业之路，乃学为人师"大先生"，行为世范"引路人"。至今想起先生在课堂讲授、论坛讲演中，那种手挥五弦、目送飞鸿的潇洒气度，那种贯通理论与实践的流畅自如，话语朗朗，听者陶醉。敬服赞叹冯先生学术青春，似兰斯馨，如松之盛，而今桃李盈门，立德树人，功在千秋。

（二）与学术期刊良性互动

学术期刊与青年学者的发展具有极强的内在关联性，学术期刊与青年学者之间存在"功能－需求"的互动关系。一方面，从学者成长历程与学术研究规律来看，青年学者的成长和发展主要通过其知识生产和创新产出相关学术研究成果来体现，要经过基本知识的学习、理论的深化与突破、成果的推出与提升、理论权威的建立与拓展，在此过程中逐渐获得学术界的认可、接受。另一方面，传播学术研究成果是学术期刊最基本的功能之一，学术期刊作为人类精神文明成果的重要载体与媒介，是一种以学术思想为主要内容的公共产品①，其通过传播学术思想来满足社会公众的需求和推动科学进步。因此，学术期刊对青年学者健康成长的重要影响，主要表现在激励并引导青年学者成长，影响青年学者的研究方向及研究态度，影响青年学者的发展空间等三个方面②。对于博士研究生和青年老师来讲，发表 C 刊论文是坎坷的体验。翻阅邮箱中十多年来的各种投稿记录，那些焦灼不堪、沮丧痛楚的"退稿"经历，至今回味，仍苦涩在心。但又何其庆幸，在我学术成长的道路上，《中国青年研究》杂志给予我许多培育和扶持。邮箱里那些稿件修回意见、易稿返修记录，承载着学术小白的青涩稚嫩与潜心研学，也充盈着编辑老师的细致耐心和宽容善意。此外，通过参加杂志社举办的优秀作者论坛、学术研讨会，我也结识了青年文化研究方面的前辈、同行，进一步扩大了学术交流的范围。

（三）与同侪群体合作共享

与同侪群体的合作共享能够破圈交流、建立新知。问学、写作是一种复杂的创造性劳动，但个人的精力、才智毕竟是有限的，不可能任何论题和方向都精通，因此，学术交流和合作是非常必要的。我经常有这样的体会，当写作思路困塞之时，与同学、同行之间的交流探讨就会使问题越辩越明。有效的争论是一种高质量的思维博弈，这种思维的交互往往能够催发出精辟的见解、闪光的论点，还会使每个参与者重新组织和完善自己的认知结构，促进知识互补和思想共鸣。还记得这篇获得《中国青年研究》杂志优秀论文的文章——《从"空巢"心态到"集群"行为："空巢青年"现象透视与网络映

<hr />

① 翁贞林：《高校学报多功能特征与出版体制改革的政策建议》，《中国科技期刊研究》2011年第5期。

② 李君安、王政武：《学术期刊与青年学者互促共进研究》，《四川理工学院学报（社会科学版）》2015年第3期。

射》，这篇论文的选题过程最早是和博士同学在操场上散步时围绕当时社会热议焦点——"空巢青年"而产生的，当时吸引我们的是"空巢"这个词。从个体和家庭生命周期角度来讲，"空巢"是青年个体在成长奋斗历程中必经的阶段，但这种物理状态和空间场域对个体的情绪、认知、意志和行动究竟有什么影响，引发了我们更加深入思考，就是青年呈现的"空巢"画像背后的社会学、心理学、文化学和行为学逻辑，后面就在我们共同的努力下呈现了这篇社会心理学和网络传播学交叉学科视域下的论文，也算是国内青年文化学领域对"空巢青年"话题的及时关切和回应。该论文被人大复印报刊资料全文转载、《中国社会科学文摘》转载 4000 字，于 2019 年获第 33 届山东省社会科学优秀成果二等奖。在此，感谢身边优秀的同侪策励，思路碰撞、周细日常，情谊缔结、众志成城，必经考验、历久弥坚。

"新文科"建设背景下呼唤破除学科壁垒的跨学科交叉研究，思想政治教育学科与社会、政治、文化也越来越缔结出更加紧密的新关系，其本身的跨学科性质也要求研究者应具备更多的学科知识和研究手段。学术研究是一个"滚雪球"的过程，"板凳宁坐十年冷，文章不写半句空"这首近代文学史上的治学名联精炼地总结了做学问要甘于寂寞，只有沉得下心，经得住外界的诱惑，学问才能做扎实，写出的文章才会言之有物。青年学者要具备学术研究的内生动力，就要以真诚的问学态度和学术修为，涵养具有深刻批评力的心智，目的是培养一种赋有时代感的敏锐洞察力，捕捉新出现的学术问题和现实问题，积极运用多学科综合研究的方法和学术资源去解决问题。当然这种跨学科研究的尝试绝非易事，不仅自寻磨难，还常常会处于失败和崩溃的边缘，但或许正因如此，才能够获得些许智识上的独立性和不从众选择的成熟心态与底气。"意到语未尽，妙在不言中。"愿与吾辈青年同心共志，奔赴跨学科交叉研究的柳暗花明。

姜土生：选择·研究·发展

姜土生，男，1977 年生，重庆奉节人，曾获教育部高校人文社科优秀成果二等奖、全国高校辅导员年度人物提名。现就职于重庆师范大学，任马克思主义学院副院长（主持工作），教授。

一、偶然与必然的选择

马克思在《青年在选择职业时的考虑》这篇论文中写道：人与动物不同，动物完全依赖自然的生活条件，只能在自然提供的一定范围内活动，而人却能掌握自己的命运，有选择的自由。这正是人比动物优越的地方。但是，如果认为生活在社会中的人们能够不受任何限制，随心所欲地自由选择职业，那就完全错了。人们在选择职业时，正如人们在社会上的其他活动一样，并不是完全取决于自己的希望和志愿，而要受到自己所处的社会地位和社会中的关系的限制。这段话表明每个人的职业选择是非常严肃的，人最终选择怎样的职业道路充满着偶然性与必然性的相互交融。

我算是有着丰富的受教育经历与工作实践，最终选择了将思想政治教育作为持续奋斗的方向，并成长为一名思想政治教育学科新生代学者，除了自己内心教育情怀的指引，也有着未曾预料的机缘巧合。

（一）恰逢其时、不期而然

我的职业起点是一名乡村小学教师。在 20 世纪 90 年代中期的中国农村，能当上一名正式的人民教师是一件十分令人羡慕的事情，这是一份既体面又有保障的工作，对一名青年人来说，是极好的职业归宿。而恰逢那时是一个日益开放、充满机遇的时代，人们凭借不断的努力奋斗，能够争取到继续学习深造的机会。我在通过成人教育、自学考试后，通过了硕士研究生入学考试，考入重庆师范大学攻读硕士研究生，获得哲学硕士学位。在硕士毕业那年，正好碰上学校进行学科和专业的整合和调整，急需补充辅导员。在当时，硕士学历人才选做辅导员岗位的并不多，我毅然选择了留校，成为了一名专职辅导员，开始了思想政治教育工作生涯，一干就是 15 年。

在担任辅导员的 15 年里，我全身心投入工作，同时保持自主学习的习惯。在辅导员工作岗位上坚持开展思想政治教育工作的实践探索，尝试推进思想政治教育工作课程化，组织辅导员同事实验思想政治理论课实践教学模式，自身也积极参加辅导员专业竞赛，带领学生们开展社会调研，致力于提升大学生思想政治教育的针对性和实效性，取得了不错的成效。与此同时，我一直坚持加强自身的理论学习，提高自己的职业素养，每当处理完繁冗的学生事务后，就会对自己的辅导员实践工作做深入的理论分析与研究。并在 2011 年考入西南大学思想政治教育专业攻读博士学位，学习期间，在导师指导下，系统学习了思想政治教育专业课程，积极参加学术会议、聆听学术报告，在日益深入的学习研究中，逐渐清晰了对思想政治教育工作、思想政治教育学科的认知与理解，进一步坚定了思想政治教育的职业道路和学科研究方向。

（二）高情远致、弦歌不辍

马克思还讲到：如果职业不再是由他自己选择，而是由偶然机会和假象去决定了，这对于个人来说也是一件非常糟糕的事情。这说明个人在进行职业选择时不仅靠偶然的机遇，更要看到选择背后的必然性。细想起来，我对思想政治教育学科的选择绝不仅仅是恰逢际遇，而是早已萌芽、深植内心的教育情怀所致。

我出生在一个十分重视教育的家庭，家人自幼对我们严格要求，给我们规划了担任人民教师的职业，怀揣着做一名教师的职业理想，我考入了中等师范学校学习。师范学习期间，"学高为师，身正为范"的校训时刻浇筑着我内心的教育情怀。当我回到乡镇小学任教时，不仅是教给孩子们知识，更想对他们进行思想上的教育引导，让孩子们可以走出大山，去见识更广阔的天地。我非常明白自己的教育使命，在工作间隙发愤图强，竭力争取深造机会，从农村来到了城市学习，最终留在师范大学工作，争取培养更多的优秀教育工作者。在坚持自主学习的过程中，考取了博士研究生，还申请到国家公派英国访问学习一年的机会，工作和学习的视野从中国走向了世界。坚持自学探索的学习模式，多学科融合发展的丰富特性，农村与城市生活成长、深度观察思考的特有经历，中国文化情怀与世界文明的探寻比较，让我拥有了较强的思想韧性。自身思想的不断升华，让我也深刻意识到对学生进行正确思想教育引领的极端重要性，思想政治教育实践和研究的成效催化，使我必然坚定地选择思想政治教育之路。

我很幸运成长在中国技术发展最迅速的时期，做一个与时代同频共振的人，选择思想政治教育学科，除了自身的热爱，必然受到了时代发展的感染。我记得一件童年趣事，幼时父亲有一次出差，要去半个多月的时间，虽然发电报的费用昂贵，但父亲仍坚持给家中发来了一封电报以报平安，可这封电报还是父亲回家后才接到通知去签收的；后来参加工作时，办公室才有了串联座机，再后来有了传呼机、大哥大、能够打电话发短信的移动手机，今天我们又有了智能手机，都可以可视化通讯了……正是这一件件的小事不断激发出的感悟，激励着我们不断的学习进步。伴随科学技术的飞速发展，我深刻意识到思想引领的迫切性，持续地学习才能让我快速适应世界的改变，对时代洪流的正确判断让我能够不断更新认知，也让我在思想政治教育学科道路上得以走深走实。

（三）成为思想政治教育工作的践行者

教育情怀的始终指引和恰逢其时的工作际遇让我选择了思想政治教育工作道路。无论时代如何变换，岗位如何调整，始终坚守在思想政治教育工作一线。"纸上得来终觉浅，绝知此事要躬行"，将自己在成长过程、学习经历中感悟到的所有思想政治教育认识，在思想政治教育工作实践中进行检验。

深耕思想政治教育事业，潜心思想政治教育研究，希望时代和奋斗带给自己的思想进步也能为学生传递正确的思想指引，更希望自己的学生不断传承，真切地去影响更多人的思想认识。

二、实践与理论的研究

一方面扎根教育教学一线，不断进行思想政治教育实践，积累感性经验；另一方面，始终坚持开展思想政治教育理论研究，将积累的感性经验上升到理性认识，以更好地指导实践。

（一）深自砥砺、躬行实践

2004年起在高校担任辅导员，开启了高校思想政治教育工作生涯。在岗位上积极作为，坚定地走上专业化、职业化、专家化的辅导员道路。

在当辅导员时，我把学生们当成自己的弟弟妹妹对待，在学生的学习、生活和职业选择方面事事关心，做出了一定成绩。我坚持为学生们做职业倾向测评，与学生一起制订学习方案，也常常用自己的微薄收入资助困难学生。我能把辅导员工作取得不错成就，得益于家人的理解。《光明日报》曾刊出一则关于我做辅导员的故事，写道："姜土生是重庆师范大学经济与管理学院团总支书记，他和妻子都是高校辅导员。一天傍晚，4岁的儿子和奶奶在校园里玩，很晚了还不愿意回家。奶奶要强行抱他上楼时，孩子说：'奶奶，我们也当辅导员吧！'晚上回家后，夫妻俩对这句话琢磨了老半天，突然明白了：孩子一定是认为只要当了'辅导员'，就可以很晚才回家！"这则故事早在同事中传开了，但每次提起，还是让我有些唏嘘动情。每天晚饭后出门，母亲都会关切地询问我："今天又要加班？早点回来哈！"家人的理解和认同，更加坚定了我做职业辅导员的决心。做学生的现实榜样，源于对生活的热爱。

丰富的人生经历、合理的知识结构为我干好辅导员工作奠定了基础，我也逐渐向专家化辅导员转型。得益于对教育学、语言学、法学等专业知识的学习，我深入开展科学研究，提升了工作中的"理论自信"。为响应教育部"培养一批政治强、业务精、纪律严、作风正的辅导员人才"的号召，2011 年我成为重庆师范大学辅导员攻读"思想政治教育"博士学位研究生的第一人。我十分珍惜这次学习机会，先后参加了教育部主办的"第二十六期全国高校辅导员骨干培训班""马克思主义中国化、时代化、大众化与马克思主义理论创新学术研讨会""第四届高校德育创新发展研究论坛"等学术会议，聆听学术报告 50 余场，并在导师指导下，系统学习了思想政治教育专业课程，奠定了学术研究基础。社会经济的发展给学生培养工作提出了新要求。我主动挑起重担，组织多方力量，开展"学生素质培养模型研究"大型调研活动，建成了"学生素质培养模型"，为进一步完善本科生培养方案，提高人才培养质量做出了贡献，建成了一间名师工作室。2016 年 1 月，我主持的"姜土生工作室"获批重庆师范大学首批辅导员名师工作室，工作室为培养优秀辅导员做出了很大贡献。2018 年 2 月 28 日《中国教育报》刊发文章，报道了"姜土生工作室"两年来取得的丰硕成果。我担任学院党委副书记期间，分管的辅导员 1 人获得辅导员职业能力大赛重庆赛区优秀奖，1 人晋升副教授，1 人晋升讲师，获批省部级科研项目 8 项，发表研究论文 12 篇。

我始终把"思想政治教育是一门艺术"的理念贯穿于工作中，在实践中创新工作机制，探索出一套"系统化、信息化、规范化"的学生事务管理体系，实现了辅导员工作的"实践自信"。我也十分注重建立"创新机制、规范管理"的学生管理系统，完善寝室联系、奖助学金评定、心理危机干预等管理机制，提高了学生日常管理水平。与此同时，我始终考虑到学生生理、心理、家庭等情况，对学生进行分类培养；始终坚持"关爱学生，服务学生"的教育理念，以思想政治教育的意识引领学生的发展，对学生进行思想的洗礼。2012 年 10 月 30 日《光明日报》头版用"你的奉献我们铭记在心"为题，报道了我的辅导员工作事迹。我十分热爱辅导员工作，一干就是 15 年，先后担任了 13 个年级 36 个班的辅导员，共培养了本科学生 2091 人、专科学生 78 人。所带班级先后荣获"全国先进班集体"1 次、重庆市"先进班集体"

和"五四红旗团支部"9次。因为所带学生83%来自农村，结合实际，我为学生提出"四三三"发展目标，实施"四分一促进"考研培育计划和"五个一"师范生技能训练计划，为每名学生"私人订制"生涯成长规划。所带学生中研究生报考率达70%以上，考取率达50%，其中多人考上中国人民大学、上海交通大学、浙江大学、武汉大学、四川大学、厦门大学等；升学学生中95%选择就读马克思主义理论学科；所带学生40%以上选择到中学担任思想政治课教师，做马克思主义理论的传承者和传播者。所带学生中，还有一个特殊的群体让我格外骄傲，有近50名学生先后走上高校辅导员工作岗位，这是给我思想政治教育工作的50份褒奖。工作中，我很荣幸先后被评为"全国高校辅导员年度人物提名""重庆市高校辅导员年度人物""重庆市优秀辅导员""重庆市优秀共青团干部"；所带班集体和团总支先后获"全国优秀班集体""重庆市优秀班集体""重庆市五四红旗团委"等奖项；指导学生获全国大学生"挑战杯"创业计划竞赛国家级银奖、重庆市金奖。2013年7月，我调任重庆师范大学政治学院党委副书记，岗位调整是学校对我以前工作的一种肯定，也是我对过去工作的延伸，成为一名"领导放心、同事认可、家长信任、学生信赖"的分管领导成为我工作的新目标。

我始终以"爱心、信心、责任心"为出发点，坚定地走"道路自信、理论自信、实践自信"的辅导员道路，为培养社会主义建设者和接班人积极努力。15年辅导员工作中，不断提升自己的专业化水平，坚定自己的职业理想，在工作中不断实践探索，把握大学生思想政治教育的规律，提升了立德树人的精细化水平。

（二）博学洽闻、精进不休

工作中我也积极进行理论研究，取得了较为丰硕的科研成果。在《人民日报》《光明日报》《中国教育报》等中央、国家级报刊发表多篇理论文章。2018年6月14日，在《人民日报》发表《加强新时代政治文明建设的着力点》一文，我认为在中国特色社会主义新时代，要加强政治文明建设，就必须深刻认识党的领导、人民当家作主、依法治国的有机统一关系，在全面坚持、统筹推进中推动我国社会主义政治文明建设迈向新高度、取得新成果。2019年1月16日在《光明日报》发表《不断增强社会主义先进文化的传播力与影响力》一文，聚焦我国社会主义先进文化的主题，认为必须提高文化传播的效度与力度，增强意识形态影响力与竞争力。要推动中华优秀传统文化走向世界，让世界其他国家和地区的人们近距离接触中华优秀传统文化，这既有助于传播中华优秀传统文化的核心要义，又有利于展示中华民族文化魅力。并进一步提出了，在新时代新形势下，全面做好意识形态安全工作，必须用社会主义先进文化占领意识形态阵地。占领意识形态高地，必须以社会主义先进文化为指引，激发文化的内生动力，为中华民族伟大复兴提供强大的文化凝聚力。2022年9月24日，在《光明日报》发表了《用立法强化红色资源的保护与传承》一文，认为党和国家高度重视红色资源，红色资源是中国共产党在长期领导革命与建设的伟大实践中所创造和积累的宝贵财富，是中国共产党人坚守初心使命、不懈奋进的精神力量源泉，蕴含着丰富的革命精神和厚重的历史文化内涵。但目前，红色资源仍缺乏国家层面的立法保护，红色资源保护传承中仍面临红色文化遗存保护欠佳、对非文物红色文化遗存保护重视不够、各地区对红色资源保护重点和力度差异大，以及红色资源保护相关从业人员素质参差不齐等问题。基于立法层面，对红色资源的保护与传承提出了以下可操作的建议：一是明确红色资源保护对象、范围、原则及主体责任。厘清红色资源保护对象的具体概念。二是明确红色资源的调查与认定标准、方法、程序。三是制定对红色资源保护和管理的指导性制度及措施。四是设立红色资源的传承和利用条款。2023年2月24日，我在《中国教育报》发表《积极推进大中小学思政课一体化建设》一文，对师范院校马克思主义学院在推进大中小学思政课一体化建设中的作用进行了广泛而深入的调查研究，提出了相应对策建议，并在学校和对口区域积极推进实践，进一步用理论指导实践，从实践中总结更多推广经验，进一步优化机制体系，为推动大中小学思政课一体化建设提出更多的方案。

在《思想理论教育导刊》《人民论坛》《当代青年研究》等核心期刊也发表多篇论文，所发表文章在中国知网被引用次数达 260 次，总下载量达 13500余次；其中，发表思想政治教育工作相关论文 18 篇。2012 年 11 月，在《人民论坛》发表了《再论新时期中国共产党人才选拔标准》一文提出，新中国成立后，特别是改革开放以来的新时期，我国社会主义建设各项事业飞速发展，对人才提出了新的要求，厘清新时期中国共产党的人才选拔标准，对人才学理论研究和人才选拔实践有重要的意义。我非常关注大学生群体的发展，对大学生心理健康做了深入研究。2013 年 3 月，在《当代青年研究》发表《大学生心理危机类型分析》一文，将大学生心理危机分类为：适应型大学生心理危机、学习压力型大学生心理危机、恋爱情感型大学生心理危机、人际关系型大学生心理危机、境遇型大学生心理危机、经济压力型大学生心理危机、就业压力型大学生心理危机、综合型大学生心理危机等。我一直关注思想政治教育学科的热点问题，2013 年 6 月在《内蒙古师范大学学报（教育科学版）》发表《思想政治教育说服机制再思考》一文，提出说服机制是思想政治教育的重要机制之一，研究思想政治教育说服机制的概念、构成要素、基本原则、运行机理，对思想政治教育说服机制进行优化，无疑会促进思想政治教育说服机制的发展，提高思想政治教育的效果。2013 年 6 月，基于自己的辅导员实践经验，在《思想理论教育导刊》发表了《高校辅导员队伍专业化、职业化、专家化建设的内涵与逻辑》一文，提出高校辅导员队伍专业化、职业化、专家化建设现状，涵义不明、易导致建设思路不清，是影响建设成效的重要原因。辨析专业化、职业化、专家化的内涵，并厘定其逻辑关系，对于辅导员队伍建设意义重大。此外，2014 年 12 月发表《促进高校辅导员队伍与思想政治教育学科协同发展》，2015 年 8 月发表《学科视域下的高校辅导员职业能力提升路径探究》，2018 年 2 月发表《思想政治理论课教师与辅导员工作融合中存在的问题与对策》等文章，聚焦辅导员工作与思想政治教育学科的融合发展。同时，我也十分注重对传统文化和社会主义核心价值观的研究，2019 年 1 月，在《教育理论与实践》上发表《现代教学关系构建中的传统文化元素探微》，提出传统文化是现代教学关系建构的重要影响因素，其能够从价值观念、关系模式、关系建构等方面对现代教学关系形成各种正向和负向影响。在现代教学关系建构中，要充分发挥传统文化的积极作用，减少或消除传统文化带来的负面影响，教师应坚定传统文化的融合决心，准确定位传统文化的影响，明确现代教学关系建构中传统文化的适用标准，并根据现代教学关系的需要进行合理的运用。2019 年 7 月在《创新创业理论研究与实践》发表《社会主义核心价值观融入高校三创教育的实现路径探索》，通过大学生三创教育的背景和现状分析，阐释社会主义核心价值观融入高校三创教育课程的重要性及现实意义，提出培养创新创业创造型人才的实践路径。2020 年 10 月发表《思政课改革创新坚持主导性和主体性相统一的路径初探》一文，认为实现思想政治理论课的改革创新，就必须始终坚持主导性和主体性相统一的教学规律。由课程的自身性质和学生的发展规律等要求决定了坚持主导性和主体性相统一是思政课改革创新的必由路径之一。贯彻以教师主导为前提、学生主体为归宿的教学理念，依托课程设置的教材体系，选择在政治、思想、道德、文化等方面坚持主导性和主体性相统一，是为更好促进"教"与"学"的良性互动式教学，切实增强思政课感召力的现实途径。

围绕日常思想政治教育做了深入的研究，为进一步开展工作提供了理论保障，所撰写的研究报告得到教育部领导的认可。主编、副主编了《人力资源测评理论与方法》等 4 本教材。主持省部级以上课题 10 余项。围绕青年大学生思想政治教育，主持了重庆市社科规划重大项目《习近平关于政治文明建设的重要论述研究》（2018）《增强意识形态引领力研究》（2019）《红色资源保护与传承的法治研究》（2022），重庆市社科规划课题青年项目《改革开放以来国外政治思潮对我国大学生的影响研究》（2014），团中央重点课题《当前中国历史虚无主义思潮对青年的影响及对策研究》（2017），重庆市教委人文社科重点课题《高校辅导员引领大学生应对社会思潮研究》（2017）、《基于本土化的大学生心理危机预防与干预研究》（2014）。围绕辅导员专业化、职业化发展，主持了重庆市高校辅导员择优支持计划《基于学科发展的辅导员职业能力提升研究》（2015）。我学习研究新自由主义、历史虚无主义、西方普世价值观等社会思潮，完成了《当前历史虚无主义对大学生的影响研究》的博士论文，提高了回答理论问题的能力，利用课堂教学、主题班会和谈心谈话等机会，为学生讲透社会思潮与社会主义核心价值观的关系，解开学生思想上的疑惑，牢牢把握住了辅导员工作的主动权和话语权。

（三）思想政治教育规律的研究者

对思想政治教育学科的热爱，让我乐于深入钻研思想政治教育的学科特点，在致力于提升大学生思想政治教育的针对性和实效性的基础上，整合思想政治教育资源形成合力，探寻思想政治教育融合发展的新路，提出要积极推进思政工作课程化。首先，通过推进主题班会课程化，带领全体辅导员设计出 36 节精品班会课，全院辅导员按优势承担课程，统筹安排各班级班会。其次，通过推进学生课外阅读课程化，我用给学生课外马克思主义经典阅读计算学分的形式，最终获得学生撰写阅读报告 2300 余份、开展读书报告会 35 场、公开发表论文 228 篇的丰硕成果。最后，通过推进学生思想政治理论宣讲课程化，我组织成立的"学生思想政治理论宣讲团"，每年派出 50 名学生为全校 17 个学院的"青马工程"初级班开设思想政治理论课程，让思想政治教育专业学生与全校各专业学生形成良性互动。我一直十分关注改革思想政治理论课实践教学，主动参与思想政治理论课教学改革，担任思想政治理论课实践教学负责人，组织了 38 名辅导员参与思想政治理论课实践教学，将思想政治教育融入学生社会实践的全过程；同时动员思政理论课教师参加其他学院学生"三下乡"和"创新创业训练"等社会实践，共计 180 余人次，在指导学生社会实践中开展思想政治理论教育，形成思想政治教育合力，提高了立德树人成效。

在做好思想政治教育工作的道路上，我交到一群志同道合的朋友。曾应邀到东北师范大学、西安交通大学、北京科技大学、西南大学、云南大学、华东政法大学、山东理工大学等高校交流工作；参加学术会议 50 余次，听取专家报告 200 余场。在这些活动中主动积极发言，向全国同行取经并分享工作经验，得到了认可和赞扬，也使我对思想政治教育工作获得了更多启示。思想理论在一次次思想的碰撞和交锋中得以丰富和发展，对世界格局与形势有了更加深刻的理解。

我始终认为要做好大学生思想政治工作，既要靠辅导员自己努力，更要争取全体教师的支持。因此，我一方面在学生事务管理各环节中深入贯穿思想政治教育，另一方面积极争取专业教师的支持，邀请专业老师指导学生开展社会调查 2 万余次，让学生直接感知到社会主义现代化建设的卓越成果；我邀请专业教师指导学生申报创新创业项目 500 余项，学生荣获"挑战杯"大学生创业计划竞赛全国银奖、铜奖和重庆市金奖 8 项，积极回应了党和国家"大众创业、万众创新"的号召，辅导员与专业教师形成合力，思想政治工作取得了实效。我坚持认为，所有大学生满意度不高的思政课都有违背教育教学规律的地方；反之，所有深受大学生欢迎的思政课，无论其表现形式如何五彩缤纷、各具特色，基本都符合教育教学规律。对思政课教师而言，要积极探索乐教、善教并积极研教的规律，使学生在接受教育的过程中，不仅能够获得知识而且学会运用知识乃至融会贯通进而创新知识，而且能够通过学习进一步完善人格，最终成为对社会有用的人才。

三、守正与创新的发展

只有在守正基础上的创新，才不会偏离方向，才能源远流长；只有在创新基础上的守正，才不会固步自封，才能始终沿着正确方向推动思想政治教育蓬勃发展。

（一）守正不移、笃行不怠

不忘初心，方得始终。我十分明确坚持守正就是旗帜鲜明地落实思想政治理论课的意识形态功能和政治导向功能，在复杂的国际国内形势对比中，确保马克思主义主流意识形态的话语权和领导权。无论是在过去的工作中，还是在新时代的新征程中，毫不动摇地坚持党在社会主义初级阶段的基本路线，把握中国式现代化的本质要求和重大原则，把维护中国共产党的领导，坚守社会主义方向，坚持中国特色社会主义四个自信作为基本原则，全面贯彻党的教育方针，坚持社会主义的政治方向，培育社会主义事业的建设者和接班人。继续强化对中国特色社会主义的政治认同，巩固主流意识形态的精神引领作用，推动主流意识形态教育高质量发展。

从一名辅导员成长为思想政治工作的研究者，是在深入探究马克思主义中国化的最新成果，以习近平新时代中国特色社会主义思想为引领，不断提升自己的专业化水平，坚定职业理想，推动思想政治工作的专业化、职业化与专家化。无论是处理繁杂的学生思想政治教育工作，还是行政事务，我都坚持运用马克思主义的立场、观点和方法及时回应各种社会思潮，在思想交锋和事实雄辩中彰显马克思主义理论的科学性和生命力，始终把"立德树人"作为思想政治理论课的根本教育目标。始终遵循教书育人规律，对思想政治理论课进行改革创新，不断提高个人教学水平，借用更多有效手段和形式来提升思想政治教育教学的吸引力、感染力和说服力，促进学生在思想政治教育中的获得感。不断探究思想政治理论的基本原理和基本观点，传播马克思主义的价值认同和人类发展规律。坚持和发展中国特色社会主义、实现中华民族伟大复兴，既是思想政治教育工作的重要使命，也是我十年如一日坚定价值引领和政治立场的初衷。我深刻懂得，唯有守正，才能不迷失方向，不犯基础性错误。筑牢"守正"的根基，才能在创新中寻求突破、扬帆远航。

（二）创新求变、奋楫扬帆

唯有创新，才能把握时代，引领时代。首先，在遵循新时代中国特色社会主义发展规律中，在中西文明的比较与思考中创新发展。在社会的发展进程中，文明是一个永恒的主题，所以我把重点放在对文明形态的研究上，关注中华民族现代文明建设的理论与实践研究，从宏观的角度探索文明与文化之间的关系。其次，时刻将"立德树人"作为思想政治理论课的根本教育目标，认为真正的教育是要传播"立德树人"，以德立身、以德立学、以德施教。思想政治教育作为主流意识形态传播的主要载体，将主阵地与主渠道相结合是一个复杂的问题。立德树人的最终目标是培养有良好道德修养、有社会主义远大理想和中国特色社会主义共同理想的人，认为要实现这个目标，不仅需要将德育为先的理念落实到位，把德育教育放在核心位置，还要重视思想政治教育科学化水平的提高，应打破过去传统、陈旧的方式和观念，在创新的道路上不断进步。必须要加强对"立德树人"的重视程度，比较其与"明大德，守公德，严私德"的共同点与差别、"德"的内容与特征，以及"立德"在思想政治教育中具体实施的路径。再次，思想政治教育是随着社会发展在不断变化、与时俱进的，它本身便是一种创新。因此，思想政治教育工作的创新应当是在守正基础上的创新，在工作中采用多种行之有效的方式传播马克思主义与中国特色社会主义理论，积极研究马克思主义中国化的最新成果，突出理想信念，发挥思想政治教育对高校学生的引领作用，并不断加深对伟大祖国、中华文化、中华民族、中国共产党和中国特色社会主义的认同。

最后，在教育教学方面，为不断提升思想政治理论课的亲和力、针对性和实效性，我时刻贯彻高校思想政治理论课要紧随时代步伐创新发展，做到"因事而化、因时而进、因势而新"的要求。我认为高校思想政治教育并非单纯传授理论知识，而是要培养出具有深厚功底、善于思考和创新的全方位人才，就需要采用融汇式教学方法，帮助高校学生树立正确的思想观念与价值意识。不仅要重视思想政治教育工作与个人视野的创新，也强调学生发展需要创新。因此，在未来，我将继续探寻教书育人的主张与道路，坚定教书育人的理想信念，成为一名真正的教育者。

（三）思想政治教育发展的引领者

当代大学生接受信息的渠道日益多元多样，更加富于思辨，但也受到多元社会思潮、错误观点等多方面的影响，更加需要深入细致的教育和引导。授人以鱼不如授人以渔，要做好学生的思想政治引领，培养堪当民族复兴重任的时代新人，成为一名思想政治教育的引领者，不仅要把握大学生的思想状况与成长特征，提高思想政治引领的针对性和实施效能，还要强化主旋律对高校学生的正面引导，提升大学生的价值判断能力，对学生进行及时的引导，真正发挥先进的引领作用。

一方面，我们要坚持以马克思主义和习近平新时代中国特色社会主义思想为基础，用马克思主义中国化的最新理论成果武装头脑，用主流意识形态话语引领社会主义核心价值观的发展方向。全面加强思想政治教育理论对高校学生的指引和导向，真正用好思想政治教育这一载体，引导大学生树立正确的世界观、人生观和价值观，形成社会发展所要求的思想政治素质，充分发挥思想政治教育的育人功能；另一方面，要想成为一名思想政治教育的引领者，除了要作为一名教书人，还得时刻要求自己朝着研究者与创新者的方向发展。在复杂的国际国内形势下，要防止西方资本主义对我国意识形态的冲击，必须发挥好思想政治教育的引导作用，加强对人类文明新形态的理论与实践研究，深刻剖析中西文化交流中存在的差异和对立，寻找人类文明的共同之处，及时回应我国意识形态建设中出现的问题，在理论研究与实践操作中保持明确的意识形态导向，坚定正确的政治方向，并结合时代要求，不断促进思想政治教育的创新方法和路径。

回望来路，"别人看我是一帆风顺，我看自己举步维艰"。一个人的成长本就是披荆斩棘的冒险，要成为一名优秀思想政治教育学者更要付出超乎想象的艰辛。我非常感激学习生活中所遇到的困难，正是它们给了我动力，得以真正品尝到自由的香甜。

蒋利平：保留向下看的眼光，保持向上看的眼界

蒋利平，男，1978年生，重庆梁平人。现任湖南科技大学学生工作处处长，讲师。

习近平总书记说："人的一生只有一次青春。现在，青春是用来奋斗的；将来，青春是用来回忆的。"细想起来，我的青春不知道是不是已经结束，但至少它已经接近尾声。然而我却不太愿意去回忆，一方面因为没有光辉的奋斗历程和业绩可供回忆；另一方面是因为沉浸在美好的青春时光里，不愿意用回忆来反证它的悄然逝去。可惜时间流逝不以个人意志为转移，既然所有过往都已成历史，索性痛痛快快搜肠刮肚一番，权当对过往光阴虚度的总结。

一、学术历程

大学毕业进入高校之后，我一直在学生教育管理一线岗位上锻炼，从事思想政治教育实践工作。承蒙幸运之神的眷顾，成长之路尽管艰辛，但也有一些收获。

（一）阴差阳错与思政专业结缘

1994年，我从偏僻的山村走出来，到县城读高中，分班的时候到了一班，直到后来文理分科的时候我才知道，我们学校高中的一二班是预备的文科班。尽管是一个工科型头脑，理化成绩也相对较好，但班主任老师几番劝说之后自己也就没再继续坚持，选择了留在原班级学习文科。高考填志愿的时候想报同济大学，但由于班上有个成绩相当的同学也准备报，于是便填报了南京大学的新闻学专业。90年代末四川省高考是5月份模拟考试之后就填志愿，

连高考试卷也没见到，志愿填报只能根据平时成绩来决定。当时信息也不发达，高考录取要等到电视上发布信息才知道。经过了漫长的等待，后来才知道尽管超过了南京大学的最低分数线，但与专业要求可能还有差距，被调剂到了中南工业大学思想政治教育专业。

为了拓展就业领域，当时中南工业大学这个专业后面还加了括号——公关与文秘方向。就这样冥冥之中我的成长之路与思想政治教育专业结缘，从老家重庆梁平不远千里来到湖南长沙，能够考上重点大学十分不易。父母"面朝黄土背朝天"，辛苦操劳供我上学的艰辛我永远都无法忘记，很多话现在教育自己的小孩都还能脱口而出。"既来之则安之"，必须自己调整好心态。在思想政治教育专业我们学习了很多类别的课程，传播学、市场营销、消费心理学、公关礼仪等，也参加了各种类别的社会实践活动。短暂四年大学时光结束的时候，我拖着行李箱走在离开校园的林荫路上，拼命地回忆大学生活的点点滴滴，平易近人、和蔼可亲的老师，生龙活虎、打趣斗俏的同学，还有一起经历的晚会、演讲赛、辩论赛、勤工俭学、跳蚤市场等，都历历在目，唯独想不起来学过的概念、定理、规律……我安慰自己说大学给予我们更多的是一种看待问题的格局和视野、一种思考问题的层次和维度、一种解决问题的思路和方法，以至于后来我总是也跟我的学生说，读大学不在乎你学到过或者学到了多少知识，把这些知识转化为解决问题的素质和能力才是最重要的。后来想想，这应该就是大学的魅力，是思想政治教育专业的魅力，让我一辈子感谢与思想政治教育专业的这一份缘分，感谢母校中南大学的接纳和包容。

（二）懵懵懂懂走上辅导员工作岗位

大学毕业时我的职业规划是先就业。客观地讲，中南大学的就业机会还是蛮多的。2001年毕业前的三个月，我先后有去北京通州区选调、沈阳铁路局做文秘、安康铁路局当乘警、唐人神集团跑销售等机会，但最后我选择了到湘潭工学院担任一名辅导员，走上了教师工作岗位。这是一份专业对口度比较高的工作岗位，然而正如大家开玩笑讲的一样，世界上有两件事情最难"一是把别人的钱装进自己的口袋，二是把自己的思想装进别人的脑袋"，对如何做好辅导员工作，完成从学生到教师的身份转变，我还是懵懵懂懂、一知半解，有些信心不足。所幸我进入了一个非常优秀的团队，湘潭工学院经管系以及后来湖南科技大学商学院的辅导员团队是学校公认的优秀，当时的院领导刘友金、向国成、廖湘岳、王建成等都非常关心支持学生工作，副书记李红革更是一个拼命三郎，视集体荣誉如命，连走路都比别人快一个节奏。在这样一个团队里，我慢慢地找到了做辅导员的感觉，经常与学生交流、谈心，带领同学们一起开展各种各样的第二课堂活动。2004 年开始我担任商学院分团委书记，与学生干部们一起三下乡，一起搞晚会，一起加班熬夜做展板整理材料，因为与学生走得近，专业老师们偶尔也会投来羡慕的眼神，这甚至让我产生了一种作为辅导员独特的优越感。2005 年学院分团委被评为全国五四红旗团总支，2006 年湖南省评选首届大学生思想政治教育十佳先进个人，我以"从事辅导员工作 6 年的七点体会"为主题准备申报材料，比较意外地获得这一殊荣，被湖南省人社厅、高校工委、教育厅授予一等功。毫无疑问，这一荣誉是属于我所工作的商学院学生工作这个集体的。这 6 年的辅导员工作非常充实和快乐，奠定了我进一步观察、学习、研究大学生思想政治工作的实践基础。

（三）工作需要尝试思政实践研究

关于思想政治教育的一些肤浅研究，原初的动力都是来自于自己学生教育管理的实践需要。2007 年 4 月，经组织选拔，我被安排到化学化工学院担任党委副书记，负责学院的学生工作。化学化工学院是学校学生规模较大的一个学院，专业多、学生人数多，但我发现学生的专业思想并不稳定，很大一部分学生是专业调剂过来的，从学生党员干部骨干到普通学生略微欠缺一点"斗志"。在商学院担任 6 年辅导员，样样工作都要求勇夺第一，军训工作的 10 连冠、秋运会的 15 连冠、篮球赛的 11 连冠……无形之中培养了学生的一种不服输的奋斗精神。于是，我决定改变工作的现状要从转变学生的精神面貌开始。担任副书记的 6 年时间里，我坚持每两周召开一次团委学生会副部长以上学生干部会议，每两周召开一次全院学生班长团支书干部会议，除了与学生干部一起研讨、布置工作之外，每次会议我都认真准备，跟他们讲一些学院的发展规划、学科的专业前景、学院的特色优势等。化学化工学院的仪器设备在湖南省内是比较先进的，具有博士学历的专业教师占比 90% 以上，具有教授职称的老师占全校的十分之一，作为化工学子是完全可以骄傲的，学习条件也是有保障的。于是我带领同学们一起搞迎新晚会、毕业晚会，尽管水平不高但我带头上台唱歌，把登台演唱的"第一次"献给了化工学子；与学生干部们一起搞三下乡，邀请专业老师参与指导，结合专业所学参与地方环境治理；与同学们一起抓日常管理，带领辅导员、学生干部每周二下午检查卫生，每周检查晚归，跟大家一起培养良好的学习生活习惯……这些工作至今仍然历历在目，尤其记得化工学子相对缺乏"文艺细胞"，每次晚会都还要到隔壁学院"借节目"，后来我要求借三个、两个到一个都不准借，结果培养了一个强大的"文艺部"，以至于好几届学生会主席都是从文艺部选举出来的。短短几年时间里，化学化工学院获得了军训工作第一名、校学生工作先进单位、省级三下乡社会实践优秀团队等一系列荣誉，我明显感觉到学生干部们的底气更足了，同学们的精神面貌悄悄地发生了变化。这一段经历我最大的体会是，工作在学生教育管理的第一线，要做好学生思想政治教育工作，首先要让学生有信心、有目标、有追求，我后面总结为要"立志、励志"，申报并立项学生思想道德素质提升工程校级项目，发表了论文《高校第二课堂励志教育模式研究》，无意当中践行了冯刚老师提出的辅导员工作"把辛苦转化为成果，把经验上升为科学"①的谆谆教诲。

2013 年 7 月，我调任学生工作处担任副处长，负责学生日常管理和资助工作，与处室的同志们一起在这两个方面开展了一些实践探索。安全教育、

---

① 冯刚：《新时代高校辅导员培训教程》，人民出版社 2022 年版，第 5 页。

学风建设和突发事件的处置是学生日常管理的重点、也是难点。我一直认为，所有发生的学生恶性自伤事件都是多年积累沉淀的结果，高校只是一个集中爆发的"显示器"，只是显露在海面上的"冰山一角"，大量问题的原因可能都潜藏在"主板""内存""硬盘""操作系统"等"主机"硬件或软件里面。于是在李红革处长的带领下，我们申报了《家庭－学校－社会三位一体的大学生安全教育模式研究》，成功立项为湖南省大学生思想道德素质提升工程示范建设项目。为了加强项目建设，我们组建工作团队，探讨家庭、学校、社会如何协调联动，共建共享，最终提出了"五共十二化"工作模式，以"学校主导、社会支持、家庭配合"为角色定位，以"五共"（信息共享、平台共建、教育共商、活动共办、危机共处）为目标，以"十二化"（社会支持"四化"：参与主体多元化、教育方法情境化、活动安排常态化、实践平台基地化；学校主导"五化"：教育过程连续化、教育内容系统化、教育形势多样化、教育管理精细化、教育制度规范化；家庭配合"三化"：家校联系经常化、沟通方式立体化、信息掌握全面化）为主要举措，致力于打造学校、社会、家庭三位一体的大学生安全教育体系，最终获得结题鉴定优秀。以该项目为基础申报的教学成果《家庭、学校、社会三位一体的大学生安全教育模式十年探索与实践》还获得湖南科技大学教学成果一等奖、湖南省教学成果三等奖。

大学生资助工作在这一时期的重要任务是国家助学贷款从校园地贷款转变为生源地贷款，各个高校都面临着催还贷款的巨大压力。湖南科技大学贫困学生较多，贷款基数大，学校还承担着7%的风险补偿金，做好学生还贷工作不仅关系学校的社会声誉，而且事关直接的经济利益。学生助学贷款模式转换之后，高校与地方共同承担着还贷风险，建立双方有效的沟通协调机制尤为重要，2013年我组织申报《生源地贷款模式下校地合作风险防控机制研究》，立项为湖南省教育科学"十二五"规划课题。该课题实施期间我们加强与省资助中心的联系，走访湘潭、常德、永州等地部分县市区的学生资助管理中心，组织小型研讨会，深入比较校园地贷款与生源地贷款的优势与不足，探讨两种模式转换过程中在信息共享、人员协调、管理机制等方面可能存在的风险，2015 年发表了《高校学生生源地助学贷款的风险成因及其防范》《基于校地合作的生源地信用助学贷款风险防控机制构建的策略》两篇论文。

2016 年底，通过公开竞聘，我被安排到招生就业处担任负责人，这既是组织对我的信任，也是一种鞭策和鼓励。当时招生就业处负责学校的本科招生工作、就业工作、创新创业工作和校友工作。12 月 20 日，经过一周多的观察和思考，我拟定招生就业处的工作思路是"五个新、一个宗旨、三大主题"。"五个新"是工作基础和我对工作的总判断，即"招生工作取得新进展、就业工作保持新常态、创新创业呈现新亮点、孵化基地建设实现新突破、校友工作形成新格局"。一个宗旨就是"服务"，要服务于考生、家长、社会，服务于学生、学院和学校的发展。三大主题分别是"改革、创新、规范"。后来的工作证明，其实我对形势的判断还不完全准确，招生改革和就业工作的变化比我想象的难度要更大，情况要更加复杂，但总体来讲，我是按照这个思路来推进工作的。2014 年 9 月国务院发布《关于深化考试招生制度改革的实施意见》（国发〔2014〕35 号），2017 年上海、浙江新高考首次落地，2020 年北京、天津、山东、海南相继加入高考综合改革的队伍，2021 年湖南、湖北等 8 个省份新高考改革落地，6 年来招生类别、考试方式、专业组设置、录取批次等发生了翻天覆地的变化，改革的压力和生源质量的竞争态势前所未有。所幸在学校政策、经费、人力等全方位支持下，通过同志们的共同努力，学校的招生录取分数逐年提升，到 2020 年基本稳定在省内同层次院校的第一方阵，绝大部分外省省份生源质量也有所提高。就业工作是民生工程，我曾多次跟处室的同志们开会谈到，招生十分重要但从操作层面来讲还只是少部分人的工作，但就业更加重要是我们每个人的直接职责。2020 年初开始，受新冠肺炎疫情、全球经济下行叠加影响，就业工作面临前所未有的压力。2020 年 2 月，我们就分别发布了致用人单位和全体毕业生的一封信，号召大家正视形势，更新观念，改变方式，共克时艰。3 月份启动线上招聘会，5 月份上线学生就业网签平台，尽最大可能降低疫情对用人单位招聘和学生就业的影响。三年来，尽管疫情形势严峻，学校就业工作不断创新，初步实现了学生毕业去向落实率和就业质量基本稳定的工作目标。学校的创新创业工作具有良好的现实基础，2015年学校成立大学生创新创业孵化基地，2016年获批全国首批创新创业教育典型经验高校。然而正如创新永无止境一样，创新创业工作也永远在路上。2017年，分管校领导胡石其教授结合学校实际情况，提出了"地－校－院"协调联动、互联互通的工作模式，我们与九华经开区、湘潭市高新区等建立了联系，在18个学院建立众创空间或孵化基地，成为学校推进创新创业工作的核心理念。2017年学校获批省发改委"大众创业·万众创新"示范基地、人社厅创新创业带动就业示范校、教育厅创新创业教育示范基地。学校制定了《创新创业学院工作方案》《省双创示范基地行动计划（2017-2020）》《孵化基地管理办法》等一系列制度，规范创新创业工作的管理和运行，开设创新创业大讲堂，认真组织互联网＋大学生创新创业大赛，创新创业工作进一步提升和拓展。2022年获批国家级创新创业教育实践基地。

作为学校一个部门的负责人，工作既有压力也有困惑，招生、就业、创新创业，每一项工作既有来自外部环境、政策、形势变化带来的压力，也有来自服务对象思想、习惯、行为变化带来的困惑。就业工作面临的最大困惑来自学生就业观念的变化。从2017年开始，学校每年接待用人单位超过3000家次，举办大型招聘会、区域招聘会、宣讲会1000余场，提供就业岗位26万余个，但这些数据的提升却解决不了学校8000名毕业生的就业问题。这引发了我对学生"慢就业"现象的思考。结合湖南省教育科学规划十二五重点课题《高校毕业生就业现状及预警机制研究》，我与课题组成员经常开会研讨，分析现状，查找问题，总结原因，先后发表了《社会主要矛盾转化视角下大学生"慢就业"现象解读及治理》《大学生"慢就业"现象本质解析及对策》《集成视域下少数民族大学生就业服务质量提升的路径设计与实践探索——以湖南科技大学为例》《思想政治教育视角下的大学生就业竞争力提升策略》《大数据时代高校毕业生就业质量预警机制建构研究》等8篇学术论文，疫情期间合作撰写的《关于新冠肺炎疫情期间做好高校毕业生就业工作的建议》得到人社部副部长的肯定性批示。高校毕业生就业工作是一项系统工程，它不是简单的学生进入毕业阶段的就业指导、岗位供给、工作推荐，从更深层次来讲，还涉及高校的专业设置、招生管理、人才培养等多个领域和维度，要在根本上促进学生高质量充分就业，从高校的角度上讲，既要治标更要治本。于是，我与处室的同志们共同申报了课题《高校招生－培养－就业联动机制的构建与实践探索》，立项为湖南省教育科学"十四五"规划 2021 年度重点课题。

（四）蓦然回首重回思政熔炉深造

马克思在《〈黑格尔法哲学批判〉导言》中写道：理论一经掌握群众，就会变成物质的力量。理论只要说服人，就能掌握群众；而理论只要彻底，就能说服人。[①]习近平总书记 2022 年 4 月在考察中国人民大学时也指出，"思政课的本质是讲道理"，并强调要"把道理讲深、讲透、讲活"。这都说明要做好学生思想政治教育工作，一定要掌握理论，要用理论的彻底性阐述道理的深刻性，才能更好地指导工作的实践。经过不同岗位的锻炼，我越来越意识到自己理论知识储备的不足，萌生了继续学习深造的想法。2018-2019 年从工作到生活都是非常繁忙的一年。从工作上讲，我刚到招生就业处时间不长，自从上海、浙江 2017 年高考综合改革首次正式落地实施以来，北京、天津、山东、海南先后宣布从 2018 年开始实施高考综合改革，湖南等 8 个省份从 2019 年秋季入学的高一学生正式实施新高考，这种改革带来的工作强度以及未来生源竞争态势的不确定性让我产生一定的焦虑。从生活上讲，爱人徐金燕申请出国访学一年，2019 年上半年我要独自在家照顾小孩的学习和生活。尽管如此，我没有丝毫退缩。白天照常上班，晚上和周末则开始复习英语和专业课。2019 年 4 月我参加了华中师范大学的博士入学考试，经过初试、复试，被录取为马克思主义学院思想政治教育专业博士研究生，非常幸运地成为了冯刚、秦在东、万美容、刘宏达、谢守成等一大批知名导师的学生。

---

① 《马克思恩格斯文集（第一卷）》，人民出版社 2009 年版，第 11 页。

走进华师，我非常珍惜这来之不易的学习机会。由于在工作单位是一个部门的负责人，我选择了工作和学习两边都适当兼顾。在第一年理论学习的过程中，我每周都乘坐高铁在湘潭和武汉之间往返一次。华中师范大学是一所治学严谨的高校，老师们上课不仅学术水平高，而且要求严。马克思主义学院的学术报告非常多，上课之余我聆听了张耀灿、冯刚、卢黎歌、代玉启等一大批知名专家学者的专题讲座。华师的学风也非常好，每次到图书馆自习，都要早起床去占位置才行，很多同学都是在图书馆待一整天。在第一年的理论学习中，我认真聆听老师们的每一堂课，认真准备每一次课程报告或主题发言，认真完成每一次课堂作业和课程论文，先后撰写了《新时代高校思想政治工作战略地位研究》《马克思主义未来社会生产力理论的实践探索与启示》《高校思想政治教育质量评价的实践困境与反思》《习近平关于新时代高校思想政治工作战略地位的论述及启示》等论文，后来在导师冯刚教授的指导下，经过进一步修改完善，一部分文章先后在《学校党建与思想教育》《高校辅导员学刊》《武陵学刊》等杂志上发表，在学习上给了我极大的信心和鼓励。

二、学术成果

参加工作以来，我一直从事学生教育和日常管理工作，在辅导员和学院副书记岗位上工作了将近 13 年。在理论研究这一块其实醒悟较晚，也涉猎不深，承担的课题和发表的论文并不多。总结起来，主要集中在以下四个方面。

（一）关于高校第二课堂励志教育研究

对学生思想政治教育来说，思想政治理论课是主渠道，日常思想政治工作是主阵地，而丰富多彩的第二课堂活动则是开展学生日常思想政治工作的主要平台。学生在第二课堂活动中不仅提高了知识运用能力、语言及文字表达能力、人际交往能力、综合管理能力，而且能够更加深刻地感受和体会国家和社会的发展，自觉地把个人奋斗融入到中华民族复兴的伟大征程中。在总结实践经验的基础上，我在《当代教育理论与实践》杂志上发表了论文《高校第二课堂励志教育模式研究》，主要阐述了高校第二课堂励志教育的内涵、加强高校第二课堂励志教育的重要意义，并力图从思想引导系统、平台支撑系统、实践磨砺系统、环境熏陶系统、评价反馈系统五个方面比较全面地构建高校第二课堂励志教育的系统模式。

（二）关于生源地贷款风险防范研究

2013 年主持的《生源地贷款模式下校地合作风险防控机制研究》被立项为湖南省教育科学"十二五"规划 2013 年度家庭经济困难学生资助研究专项课题。我一直比较关注家庭经济困难学生的发展问题，国家助学贷款是一项有利于贫困学生缓解经济压力的重要资助政策，这一政策的良性运行不仅影响政策本身的可持续发展，而且对家庭经济困难学生成长成才至关重要。引导学生按期还款，从体制机制上减少逾期风险不仅保护了学生的征信纪录，而且本身也是一种良好的诚信教育。围绕着该课题我主要在《当代教育理论与实践》和《柳州师专学报》上发表《高校学生生源地助学贷款的风险成因及其防范》《基于校地合作的生源地信用助学贷款风险防控机制构建的策略》两篇论文，分析了生源地助学贷款风险的现状特征，以"信息不对称理论（Asymmetric Information Theory）""博弈论（Game Theory）"为基础，从理论和实践两个维度探讨了高校学生生源地助学贷款风险形成的原因，引入管理协同效应（Synergy Effects）理论，分析生源地信用助学贷款风险防控中校地合作的理论基础和现实依据，提出了生源地信用助学贷款校地合作风险防控机制构建的基本策略：一是落实校地合作主体职责，建立双方工作协调机制；二是增加地方经办人员数量，提高助学贷款工作效率；三是建立高校资助工作约束激励机制，实施差别放贷。

（三）关于大学生就业问题研究

就业是最大的民生，高校毕业生就业一直是党中央、国务院关心关注的重点。2018-2019年我在《沈阳大学学报（社会科学版）》《广西青年干部学院学报》分别发表了《思想政治教育视角下的大学生就业竞争力提升策略》《集成视域下少数民族大学生就业服务质量提升的路径设计与实践探索——以湖南科技大学为例》，比较关注从加强思想引导和提升就业服务的角度提高大学生就业率和就业质量。2019年以后，以湖南省教育科学规划重点课题《高校毕业生就业现状及预警机制研究》为基础，我把目标转移到了学生"慢就业"现象。近年来，就业形势日益严峻，大学毕业生人数逐年增加，就业竞争更加激烈，就业难在较长一段时期内是必然趋势。然而，与就业难相对应的却是当代大学生的"慢就业"现象。这种相对矛盾的现象在"95后""00后"毕业生中趋势越来越明显和强化。面对"慢就业"问题，我总是在想是不是不应该单纯地埋怨当代大学生过于挑剔、好高骛远呢？随着社会生产力水平的日益发展，人民生活水平进一步提升，大学生的美好就业期待也会在一定程度上攀升。我觉得这也许是社会经济发展到一定阶段的"副产品"现象。习近平总书记在党的十九大报告中指出："我国社会主要矛盾已经转化为人民日益增长的美好生活需要和不平衡不充分的发展之间的矛盾。"① 社会主要矛盾转化理论为我们重新理解大学生"慢就业"现象提供了新的观点和视角。无论是积极的"慢就业"还是消极的"慢就业"，至少包含以下三层含义：第一，"慢就业"现象反映出当代大学生对更高质量就业的美好期待；第二，"慢就业"现象折射出当代大学生对自身知识能力素质要求有更加美好的期待；第三，"慢就业"现象包含着对更加优质高效就业服务的美好期待。在此基础上，我进一步探讨了当代大学生"慢就业"现象的生成逻辑，社会层面：市

---

① 《党的十九大报告辅导读本》编写组：《党的十九大报告辅导读本》，人民出版社2017年版，第11页。

场人才供需失衡诱发大学生"慢就业"现象产生；个体层面：对职业的理想认知促使大学生"慢就业"现象发展；高校层面：就业服务有效供给不足加剧"慢就业"现象蔓延。在树立"以学生为本"的就业服务理念基础上，从加强制度设计营造良好就业环境、培养学生正确就业观提升综合能力素质、夯实高校主体责任提升就业服务工作有效性等方面探讨了"慢就业"现象的治理路径。

（四）关于高校思想政治教育研究

《思想政治教育基础理论研究》是我在华中师范大学学习期间的一门重要课程，在万美容老师的课程里我被分配到负责"思想政治工作战略地位研究"这一专题。为了做好这一专题的课堂主题发言和讨论，我查找了自思想政治教育学科设立以来各个阶段相关的代表性著作、教材和论文。万老师要求严格，这门课不仅有主题发言，还是闭卷考试，而且还要提交课程论文。在主题发言的基础上，我将一些心得体会整理为论文《思想政治教育战略地位的再认识》，2021年7月发表在《学校党建与思想教育》。在梳理既有文献的基础上，我发现学界关于思想政治教育地位的研究主要形成了"生命线"论、"中心环节"论、"基础工程"论、"主导地位"论、"组成部分"论、"基本途径"论、"重要工具"论、"动力保证"论等八种论断，但这些论断也存在层次不明、表述不一等问题。对此，尝试从历史经验、社会结构、功能属性、价值作用四个维度深化对思想政治教育地位的再认识，并通过强化思想政治教育地位的客观性论证、统一思想政治教育地位的话语表达、厘清思想政治教育地位的内在逻辑层次等手段，进一步增强思想政治教育地位研究的科学性、学理性和系统性。在张耀灿老师的《马克思主义理论与思想政治教育经典著作导读》课上，我又结合习近平总书记关于思想政治工作的论述，撰写了论文《习近平关于新时代高校思想政治工作战略地位的论述及启示》。党的十八大以来，习近平总书记围绕高校思想政治工作战略地位进行了深刻论述，从高校系统内部来看，他指出高校思想政治工作是学校各项工作的生命线，是学校人才培养的重要环节，是推进学校改革发展的重要保障；从社会系统来看，他强调高校思想政治工作是中国特色社会主义事业后继有人的重要保证。落实新时代高校思想政治工作战略地位，必须全面加强党对高校思想政治工作的领导，促进高校思想政治工作与业务工作有机融合，积极推进高校思想政治工作守正创新。在何祥林老师课程主题发言的基础上，我结合个人兴趣阐述了高校思想政治教育质量评价存在的实践困境，撰写了《新时代高校思想政治教育质量评价面临的挑战与破解》，指出在高校思想政治教育质量评价上一定程度上存在投入代表产出、过程代替结果、学业决定思想、当下判断长远、局部说明整体等实践困境，提出强化工作评价与效果评价的有机结合，坚持历史性与现实性相统一、科学性与发展性相统一、阶段性与长期性相统一的基本原则，倡导从评价理念、评价机制、评价指标和评价方式方法上进行改革创新，进一步发挥质量评价的实践推动作用。

三、学术志向

在工作实践的基础上适当开展理论探索，就像冯刚教授所说"把辛苦转化为成果，把经验上升为科学"[①]，其实也是一种乐趣，促进我们不停去思考、去总结，不断挖掘纷繁复杂现象背后的时代背景和客观规律。接下来，结合个人兴趣和承担的课题任务，我想主要在以下三个方面开展进一步探索。

（一）深化大学生就业观念变迁及引导策略研究

"物质决定意识，经济基础决定上层建筑"是马克思主义哲学的基本观点。时代发展必然引发人们观念的变革，同理，人们观念的变迁也必然是一定时期经济社会发展的反映。当代大学生就业观念的变化也是时代发展的产物，所以我认为应当用发展的眼光来看待学生就业观念的变迁，尝试用社会

---

① 冯刚：《新时代高校辅导员培训教程》，人民出版社 2022 年版，第 5 页。

主要矛盾理论来解释当代大学生的"慢就业"现象。对于当代大学生在就业观念上出现的新变化，尤其是不断凸显的"慢就业""缓就业""不就业"现象，党和政府从政策的层面、专家学者从理论研究的层面、新闻传媒从舆论引导的层面、高校从加强就业指导的层面都采取了很多的措施。要寻找行之有效的引导策略，首先必须找出新中国成立以来我国经济社会日新月异、高等教育飞速发展背景下高校毕业生就业观念变迁的历史轨迹，找出观念背后发挥深层次作用的经济、社会、教育、文化因素，找到不同时代大学生就业观念变迁的历史规律。新中国成立到 20 世纪 80 年代，我国高等教育基本上实行的是公费教育，毕业生就业政策是服从国家经济社会发展需要，实行统包统分，这是在国家经济复苏到逐步走上正轨的特殊时期实行的特殊政策。改革开放之后，国家逐渐调整毕业生就业政策，从统包统分变革为统一分配与自主择业相结合，直到 1999 年前后全部变更为自主择业为主导。就业政策的调整与国家经济社会发展紧密相关，也是高等教育改革不断深化发展的必然结果，对学生就业择业观念也有着直接的影响。下一步我想在深化"慢就业"现象研究的基础上，继续探索学生就业观念变迁的时代背景及历史规律，找出新时代引导学生积极就业、到基层就业、到祖国最需要的地方建功立业的组合策略，为推进毕业生高质量充分就业做出新的努力。

（二）深化高校"招生－培养－就业"联动机制研究

首先，高校建立和完善"招生－培养－就业"联动机制是国家政策文件的明确要求。2017 年 12 月，教育部发布《关于推动高校形成就业与招生计划人才培养联动机制的指导意见》指出：推动高校形成就业与招生计划、人才培养联动机制，促进高校毕业生多渠道就业创业，实现更高质量和更充分就业，是高等教育主动适应国家经济社会发展需要、提高高校人才培养质量的重要工作。文件从主动对接国家需求，深化招生制度改革、建立动态适应机制，提高专业建设质量、创新人才培养模式，提升就业创业能力、健全就业反馈机制，完善就业服务体系四个方面提出了 12 条具体举措。其次，高校建立和完善"招生－培养－就业"联动机制是深化高等教育供给侧改革的应有之义。长期以来，在毕业生就业领域一直存在供给与需求的结构性矛盾，高校在办学专业设置、招生计划分配、人才培养方案修订、专业课程设置等方面一定程度上存在与市场需求脱节的现象，导致高校人才培养与社会需求不相适应。建立和完善高校"招生－培养－就业"联动机制，坚持就业导向、问题导向，实质上就是进一步凸显社会需求导向，以社会需求为衡量标准来反馈、反思高校的人才培养和招生改革，形成招生、培养与就业的良性互动，从供给侧改革的角度预测和分析社会需求的变化形势，主动将处于人才培养末端的就业压力向人才培养前段的课程设置、专业布局、计划编排传导。再次，高校建立和完善"招生－培养－就业"联动机制是坚持系统思维的必然要求。党的十八大以来，习近平总书记在推进政治、经济、军事、科学、文化等方面建设的过程中都特别强调坚持系统观念和系统思维。习近平总书记指出："系统观念是具有基础性的思想和工作方法"。高校人才培养是一项系统工程，招生、培养、就业是这个复杂系统中的三个最为关键的环节，三个环节相互影响、相互制约，三者之间有机衔接、协调联动是促进高校人才培养复杂系统正常运转的内在要求。

然而从现实情况来看，受职责划分、功能协调以及高校内部治理体系和治理水平的限制，高校"招生－培养－就业"协同联动并不是一件容易的事情，如何从政策制度层面、机构设置层面、职责分工层面、操作执行层面构建行之有效的联动机制不仅是深化高校人才培养改革的重要内容，也是推进高校治理体系和治理能力现代化的必然要求。也只有从操作层面真正推动高校"招生－培养－就业"协同联动，才能从根本上解决高校人才培养与社会需求不相适应的问题，从根本上促进毕业生高质量充分就业。

（三）深化当代大学生创新创业教育价值引领研究

新时代大力推进高校创新创业教育，是实施国家创新驱动发展战略的必然要求，对于促进高等教育科学发展，深化教育教学改革，培育德智体美劳全面发展的时代新人，提高毕业生就业水平和就业质量具有重大的现实意义和长远的战略意义。高校是创新创业人才培养的主战场，是推动"大众创业·万众创新"的动力引擎。党的二十大报告指出："教育、科技、人才是全面建设社会主义现代化国家的基础性、战略性支撑。必须坚持科技是第一生产力、人才是第一资源、创新是第一动力，深化实施科教兴国战略、人才强国战略、创新驱动发展战略。"高校创新创业教育是"三个第一"的最佳结合点，承担着创新型人才培养的重要责任。

教育部《关于大力推进高等学校创新创业教育和大学生自主创业工作的意见》提出在高等学校中大力推进创新创业教育，要以提升学生的社会责任感、创新精神、创业意识和创业能力为核心；国务院《关于深化高等学校创新创业教育改革的实施意见》提出全面深化高校创新创业教育改革，学生的创新精神、创业意识和创新创业能力要得到明显增强。这两个纲领性文件规定了高校创新创业教育的目标追求，必须破除学生学习与实践脱节、知识与能力脱节、能力与素质脱节的怪现象，注重知识传递、能力培养和素质提升三位一体。因此，无论是从教育的本质规定、国家的政策文件来看，还是高校创新创业教育的现状和当代大学生投身创新创业实践的现实需要来看，高校创新创业教育都不是单纯的创新创业知识、创新创业技能的教育，离不开正确的价值引领。当前，高校创新创业教育在实践操作中一定程度上存在重"术"而轻"道"的现象。从现有的出版教材、教学过程、孵化基地建设等实践环节来看，都偏重创新创业知识、方法、技能、技巧的传授，在创新创业精神、道德理念、法治观念、责任担当等价值引领方面存在严重短板。古语有云：有道无术，术尚可求也，有术无道，则止于术。价值引领是高校创新创业教育的"道"，是更高层面的目标导向和精神追求。从创新创业教育的社会属性和长远目标来看，结合新时代发展要求，开展高校创新创业教育价值引领研究具有重要的理论和实践意义。

四、学术心得

从事学生思想政治教育和日常管理工作，理论与实践是分不开的。一方面我们要用党的最新理论教育和引导学生，用理论指导实践，提高实践工作水平；另一方面要从思想政治工作最直接、最生动、最新鲜、最丰富的实践样态中研究新问题、新现象、新特征[①]，探寻和总结工作的基本规律，不断提高工作实效。作为一线工作者，要"把辛苦转化为成果，把经验上升为科学"，我们肯定会遇到各种各样的问题，解决这些困惑我们才能获得可持续发展的内生动力。

（一）动力从哪里来？

点多、线长、面广、事杂是高校学生工作的重要特点。繁杂的事务工作对我们的身体和心理都是一种考验，容易形成因职业倦怠而导致动力衰减的现象。正因为如此，绝大多数人都认同，高校辅导员工作是最锻炼人的岗位。在这样一个特殊的岗位上，很多时候我们的主要精力都放在了具体的实践工作上，在做完那些日常事务性工作之后，有什么动力让我们来适当地开展一些理论研究呢？我个人觉得理论研究的动力第一是来源于对辅导员工作以及学生工作的热情、激情。尽管学生工作看起来细小琐碎，做起来耗时费力，但它是一项育人的工作，是高校落实立德树人根本任务的重要组成部分，是一项可以有高成就感、高附加值的工作。平时工作中我们跟学生接触最多、联系最紧、关系最亲，是学生信任和依赖的对象，我们对学生的关心和爱护在节假日的短信、微信问候中、在学生的成长成才中得到了最好的回报。第二，理论研究的动力来源于工作中服务对象的现实需求。工作中我们也发现

---

① 冯刚、刘宏达：《新时代高校辅导员工作十讲》，北京师范大学出版社 2022 年版，第46 页。

在一部分大学生群体中，不同程度地存在政治信仰迷茫、理想信念模糊、诚信意识淡薄、集体观念弱化、社会责任缺失、艰苦奋斗精神淡化、心理素质欠佳等问题，佛系、躺平、尼特族等现象正是理想与现实之间矛盾的客观反映。解决这些问题既是做好工作的现实需要，也是理论研究的动力来源。第三，理论研究的动力还来源于辅导员职业化、专业化发展的宏观政策。"加强高等学校辅导员队伍专业化职业化建设"是新修订的《高等学校辅导员队伍建设规定》的重要内容，"理论和实践研究"是高校辅导员的九大职责之一，要求我们"努力学习思想政治教育的基本理论和相关学科知识，参加相关学科领域学术交流活动，参与校内外思想政治教育课题或项目研究"。在《高校辅导员职业能力标准》中，越往中高级方向发展，越强调理论研究的重要性。第四，理论研究的动力还来源于辅导员开展理论与实践研究的现实可能。一方面，高校辅导员经历了正规的思维训练和学术研究规范历练，具备较强的实践总结能力、理论转化能力和理论创新能力；另一方面，党的十八大以来，党中央国务院高度重视高校思想政治工作，为高校辅导员推动理论创新提供了更好的现实条件。如从国家到地方不断强化的大学生思想政治教育精品项目、网络文化建设项目、名师工作室项目等，都为学生工作系统开展理论研究搭建了平台。

（二）选题从哪里找？

近年来我先后关注过学生励志教育、家庭经济困难学生资助、国家助学贷款、高校学风建设、学生就业观念、招生－培养－就业联动机制、创新创业教育价值引领等问题，尽管每个领域都涉猎不深，但这些选题都来自我日常工作的具体实践，都是我在工作或与学生交流过程中碰到的一些现实问题，这些选题的变化也折射出我从事学生管理教育工作二十多年的岗位变动轨迹。因此，我比较偏爱从具体工作实践中去找理论研究的选题，因为这些问题与我们的实际工作紧密交织，是我们无法回避的问题，不去努力尝试破解之法还可能给我们的工作造成困难或者带来困惑。其次，可以尝试从工作规律、工作经验中寻找选题。学生工作有很多事情是季节性、周期性、重复性的工作，比如我们每年都会遇到迎新季、开学季、表彰季、毕业季，心理健康教育工作则必须关注重点时段、重点人群、重要环节，这些工作既有前人的工作经验，也有个人的工作体会，怎样把"经验上升为科学"就是一些好的选题。再次，实践基础上的选题应注重寻求理论支撑。学生工作中接触到的现象和问题是很多的，把这些能够作为选题的问题深入研究下去，需要从理论上寻求支撑，进一步缩小研究范围，更加聚焦我们的选题。在探讨学生"慢就业"现象的时候，我主要从社会主要矛盾转化的角度来寻求理论阐释；在研究生源地贷款风险防控机制的时候，我从博弈论、信息不对称理论以及协作理论等方面去寻找支持。

（三）时间从哪里挤？

从事学生工作二十多年，真正开展学术研究的时间并不多，因为工作繁忙繁杂几乎是一种常态。正因为如此，很多人经常会有这样一种感慨：工作太忙了，没有时间。鲁迅先生曾说："时间就像海绵里的水，只要你愿意挤，总还是有的。"其实每个人都一样，基本不存在完整的不受干扰的时间，既然有对工作的热诚追求，也能够找到自己感兴趣的选题，剩下的时间问题肯定只能靠自己想办法"挤"。想办法"挤"时间首先必须摒弃"忙完这一阵再说"的想法。工作是不断线的，任务也总是接二连三，"忙完这一阵再说"只能是安慰自己的一种借口。其次是要把零散的时间整合起来，整合的最好方式就是任务导向、目标导向。在一定的时期内，给自己立个"Flag"是有效的办法，可以让自己有意识地整合一些比较零散的时间，也促进自己把日常的工作安排得更加井井有条，提高工作效率。第三，不断思考是提高时间利用效率的有效方法。找到了理论研究的选题，查阅资料、学习借鉴前人的研究成果必不可少，我个人感觉还需要不断地思考。散步、用餐、乘车等都可以是思考问题的时间，思考的体会和收获还可以及时地记录下来，定期进行分类整理，这样到了真正申报课题或者写作论文的时候就有了基本的框架，无形当中提高了时间的使用效率。

（四）办法从哪里寻？

高校学工队伍来源渠道多，年龄结构差异大，学科背景复杂，职责任务各不相同[①]，不同人员之间差异性非常大，导致我们开展理论研究总会遇到各种各样的困难，比如所学专业不是思想政治教育甚至是理工科、艺体类专业，工作时间短经验不足等问题，这也容易让我们产生退缩、畏难等情绪反应。遇到这些类似的问题，只要愿意去寻求帮助，办法总是有的。第一，主动学习是最好的办法。当前，党和国家高度重视学生思想政治教育，学工系统的学习路径很多，比如参加各种各样的学习培训，主动参与经验丰富同志的课题研究，虚心向工作时间较长的老同志请教等。除此之外，还可以通过提高学历的方式进行系统学习，教育部开辟的高校辅导员攻读思想政治教育博士学位专项计划就是一条专门的学习提升通道。第二，主动融入学工系统的研究团队。辅导员角色定位是整体性与个体性的统一[②]，团队建设是促进高校辅导员队伍专业化职业化发展的重要方式。很多高校根据思想教育、心理健康、日常管理、学风建设、就业创业指导、共青团建设、安全稳定等方面的不同职责分别组建了工作或者研究团队，主动融入这些团队是解决个体困惑的有效方法。第三，主动寻求专家名师的指点。对于长期思考而得不到解决的瓶颈问题，专家名师的点拨也许可以让我们豁然开朗，找到解决问题的办法。记得在博士论文选题的时候，我经历了许多周折，本想选择"大学生政治认同教育研究"，担心理论性太强难以深入下去；选择与自身工作密切相关的"高校创新创业教育研究"又觉得与思想政治教育的关联度不够。利用参加学术会议的机会，我向导师冯刚教授倾诉了自己的想法和苦恼。冯老师高瞻远瞩，建议我将博士论文选题聚焦在"高校创新创业教育价值引领研究"，一下

---

① 冯刚、刘宏达：《新时代高校辅导员工作十讲》，北京师范大学出版社2022年版，第55页。
② 冯刚、刘宏达：《新时代高校辅导员工作十讲》，北京师范大学出版社2022年版，第48页。

子解决了我苦苦思索近两个月而犹豫不决的问题。

回顾二十多年的工作经历，其实还是从事具体实践活动较多，开展理论研究偏少。但作为一名实践工作者，我的眼光总是向下盯着工作的实际问题和实际困难，向上寻求理论的支撑和政策的支持，不断探求理论与实践的有效结合。前行路上十分幸运，得到了老师们无微不至的关心和鼓励，得到了同事朋友们无私的帮助和支持，这份感激和感动我一直深藏于心。这必定也将成为我继续前行的动力，让我在理论研究和实践探索的道路上不断砥砺奋进。

金国峰：奋斗的青春最美丽

金国峰，男，1981 年生，辽宁铁岭人。现任辽宁工程技术大学党委研究生工作部部长，副教授，博士生导师。

我是出生在 20 世纪 80 年代的思想政治教育工作研究者，我的成长、求学、思想成熟的历程与改革开放以来我国经济快速发展和社会长期稳定的进程同步，我亲历了祖国翻天覆地的变化，为祖国的成就由衷地自豪。2013 年到 2022 年，是我攻读博士学位、进入博士后流动站学习的十年，人之一生，不过几个十年。我们常说，奋斗的青春最美丽，它的美丽之处在于，你经历的时候，可能是艰辛的，但跨过这一步，再回首这段时光，你的心中一定会充满了感恩与幸福。

一、学术历程：他们领我走上学术研究之路

"一个人能走多远，要看他与谁同行；一个人有多优秀，要看他有谁指点；一个人有多成功，要看他和谁相伴。"我是幸运的，在我的求学过程中得到了冯刚、曲建武、谢晓娟等名师的指点和帮助，我很景仰他们，也很感念他们，或是生活点滴小事，或是关涉人生前程，无不令我深有感怀、铭记于心。

能够进入北京师范大学马克思主义理论学科博士后流动站学习，是我的幸运。能够成为冯刚教授的学生，更是我一生的幸运。我还清楚地记得，第一次向冯老师汇报申请攻读博士后的场景。当时，我特别的紧张，准备好的很多话一半都没说出来，因为紧张，我一直是攥着拳头的，手心还出了一些汗。冯老师非常和蔼，详细询问了我的基本情况，点点头说到，"嗯，好吧！你按照学校的进站要求，好好准备一下吧！"那是我第一次与冯老师面对面近

距离的交谈，以前都是冯老师在台上我在台下，每次报告会结束后，我想上去自我介绍，都被跑上来的人群挤下来。过了一个多月，一直没有音讯，当时我就想："肯定没戏了！我的基础这么差，而且是非重点高校，冯老师不可能要我的！"刚过两个月，突然接到冯老师的电话，当时因为既兴奋又紧张，我基本上没听清老师在说什么，大体意思是，来一趟北京，看一下进站的材料！我记得那天晚上，我和我的爱人几乎一晚上没有合眼。第二天，我从阜新开车到锦州（京沈高铁还没有开通），从锦州坐高铁到了北京，到北京时已经是晚上8点左右了，而且，还下着大雨，虽然仅仅是第二次见面，冯老师看到我亲切地叫了一声，"国峰！"那天晚上，冯老师和我说了很多，从学习讲到了以后的职业生涯、人生规划。就这样，我很荣幸地成为了冯老师的学生。两年时光充实而又美好，我不仅在学业上有了再次提升，也完成了一次思想上的升华。在冯老师的指导下，我收获了专业知识，更加坚定了马克思主义信仰；开阔了学术视野，更加明确了人生努力的方向；磨炼了意志，更加懂得了奋斗的青春最美丽。两年时光，不论在冯老师的悉心指导下孜孜求索，还是同门在一起研讨学术、畅谈人生，都镌刻在我的生命里，成为我人生最为宝贵的财富！对于这两年经历的一切，我心存感恩！

在我成长的道路上，还得益于曲建武教授对我委以重任，使我能够在学习和工作中获得更多的锻炼和提高。2011年至2012年，我在辽宁省教育厅思政处借调工作，当时曲建武教授是辽宁省教育厅副厅长，负责全省高校思想政治工作。我刚借调到辽宁省教育厅，第一项任务就是筹备全国高校"思想道德修养与法律基础"课教师座谈会，我有幸现场观摩了许多全国著名的思想政治理论课教师的课，领略了思想政治教育专家学者们的风范。之后，我又参与组织了各类省级、国家级的思想政治工作会议，结识了很多优秀的中青年学者，从他们身上我看到了自身的不足，促使我下定决心一定要考取思想政治教育专业博士。曲老师一直教导我要志存高远，做一个积极向上的人，更多的时候，他不是用语言告诉我如何做，而是通过高尚的道德情操和人格魅力感染我。有一次，我从沈阳接曲老师到学校做报告，在车上他说，"国峰，我有一个小目标！我要成立励志基金，资助那些励志贫困大学生。"没过半年，"时代楷模"曲建武励志基金正式成立，到目前已资助了数千名孤儿、残障大学生、少数民族大学生。每次见到曲老师，他都是那么的忙碌，浑身充满了激情，当我提到我在学习、工作、生活上遇到的困惑时，他常说的一句话是，"年轻人不能太功利，要多讲奉献！"

考博的过程是艰辛的，2012 年过年，我除了和家人吃了顿年夜饭，几乎没有休息，大年初二还在办公室挑灯备考。功夫不负有心人，2013 年 9 月我如愿读上了梦寐以求的辽宁大学思想政治教育专业博士。辽宁大学马克思主义学院实行双导师制，曲建武教授是我的第一导师，谢晓娟教授是第二导师。谢老师是我的学术引路人，我的博士学位论文的提纲都是谢老师一字一句帮我修改的，现在我还珍藏着留有谢老师字迹的学位论文提纲书稿。对待学术研究，谢老师非常严谨认真，要求也很高，记得第一次写小论文，谢老师对我讲，"国峰，你要把宣传话语转换成学术话语！"当天晚上，应该快到 11 点了，谢老师把附有详细批注的论文修改稿发给了我，每个批注都非常详细，不仅指出了存在的问题，也提出了修改的方向，让我非常感动。很多时候，谢老师工作到很晚，学生发给她的论文，都是在当天不管多晚，都会反馈修改意见。谢老师的严格要求和悉心指导，使我在博士期间打下了扎实的学术研究基础。谢老师性格非常开朗，能和我们打成一片，我记得博士学位论文答辩结束后，她陪着我们几位毕业生畅聊到很晚很晚。谢老师几乎对所有学生的家庭情况十分了解，每次见到谢老师，她都会问我家里的情况、孩子的情况，包括我工作情况，并给予无微不至的关心和帮助，可以说，谢老师不仅是我学业上的导师，也是我的人生导师。

二、学术成果：十年，聚集网络意识形态安全

自 2013 年攻读博士学位以来，我的研究方向一直是网络意识形态安全，并紧跟国家战略需求不断深入。2013 年 8 月，习近平总书记提出"经济建设

是党的中心工作，意识形态工作是党的一项极端重要的工作"，同年 11 月，党的十八届三中全会首次提出"国家治理现代化"议题，之后经过党的十九大、党的十九届四中全会，"意识形态治理"的话语体系、学术体系逐渐走向成熟。网络空间是现实社会的延伸，网络空间意识形态作为一种互联网技术与人类社会紧密结合的产物，具有独特的内在结构和运行规律，其治理问题是重大的时代课题，就此，我产生了研究网络空间意识形态治理问题的设想。

在博士期间，我的研究题目是"网络空间意识形态安全研究"，核心观点是意识形态安全建设不能只是被动的防御，需要主动出击，主流意识形态传播是意识形态安全建设的重要内容。因此，我从传播主体、传播话语、传播技术三个方面提出主流意识形态的传播策略。进站之后，我的研究题目调整为"网络空间意识形态治理体系研究"，力求对博士期间的研究进一步深化，把治理思想引入意识形态研究领域，在国家治理现代化视域下，探讨网络空间意识形态治理问题，并从技术治理、制度治理、文化治理三个方面建构意识形态治理体系。

治理思想引入网络空间意识形态领域何以必要、何以必然？实际上，这是"治理"是否具有意识形态属性的问题。对于这个问题，习近平总书记给出了明确的答案："我们思想上必须十分明确，推进国家治理体系和治理能力现代化，绝不是西方化、资本主义化！"这一重要论述充分说明治理本身具有明确的意识形态指向。治理原义指在特定范围内行使权威，某种意义上，治理是执政党管理国家和经济社会发展的权力的实现，同时，治理也是执政党话语体系、政策实践的体现。这种权力的背后是执政党的意志和主流意识形态的价值追求。因此，把治理思想引入意识形态领域，是"坚持和完善中国特色社会主义制度，推进国家治理现代化"的内在要求，也是建设具有强大凝聚力和引领力的社会主义意识形态、坚持马克思主义在意识形态领域指导地位的根本制度的必然选择。

网络空间意识形态治理体系是指在推进网络空间意识形态治理过程中逐渐形成的制度体系，包括组织、话语、技术、制度、文化等方面的体制机制、法律法规安排，这些体制机制、法律法规形成了一整套紧密相连、相互协调的体系。网络空间意识形态治理体系是一个完整的系统，在这一系统的结构中，各要素的工作方式及其相互联系、相互作用具有特定的运行规则和原理。在我国，网络空间意识形态治理体系的良性运行，是指在中国共产党的领导下，遵循一定的治理目标和原则，协同多元治理主体，综合运用多种治理手段，实现多层治理模式的联动，优化和调动网络空间意识形态治理体系运行的内在动力，最终实现我国新时代网络空间意识形态治理效能最大化的动态过程。科学有效的网络空间意识形态治理体系应该是动态的，运行机理能够促使治理体系始终处于动态的有效的运行，这一过程也是确证治理能力的过程，因此，可以说研究和掌握网络空间意识形态治理体系的运行机理是打通网络空间意识形态治理能力和治理体系两者辩证关系，有力推动网络空间意识形态治理现代化的重要保证。

网络空间意识形态治理体系建构的基本思路是，在国家治理现代化视域下，立足网络空间意识形态领域面临的形势，遵循网络空间意识形态治理的规律特点和治理体系运行机理，坚持党的领导，协同政府、社会、企业、网民等多元主体，实现国家治理、社会治理、全球治理等多层模式联动，利用技术、制度、文化等手段提供强有力的保障机制。一是技术保障。突出强调网络空间意识形态治理体系的技术保障，是网络空间意识形态治理体系的技术特性使然，是充分发挥互联网技术在网络空间意识形态治理中的积极作用，以及增强网络空间意识形态治理体系对互联网技术变革适应性的现实需要。二是制度保障。制度是由人们制定的社会规范和规则体系，是对人们具有普遍激励和约束能力的公共产品。意识形态治理体系建构与制度建设存在着相互依存、相互支撑、相互促进的互动关系。网络空间意识形态治理体系建构，固然需要先进的技术作为重要物质基础，但同时需要各种体制机制作为制度保障。三是文化保障。对于没有边界且充满着不确定性的网络空间来说，采取任何有形手段对网络空间意识形态领域进行有效治理都存在困难。文化的最大优势在于它能够凭借其无形的力量渗透到网络空间意识形态领域的每一个角落，而且，这种影响是最为深刻和持久的。

基于这样的思考和认识，十年来我聚集网络意识形态安全问题，完成两部专著；主持完成国家社会科学基金一般项目：网络空间意识形态治理体系研究、中国博士后基金面上资助项目：网络空间意识形态治理研究、教育部人文社会科学研究一般项目：网络空间意识形态安全研究，以及辽宁省社会科学基金重点项目等省级科研项目15项和省级教学改革项目2项；在《马克思主义研究》《中国高等教育》《思想教育研究》等期刊发表代表性学术论文10余篇；完成两篇省级资政建议：关于加强辽宁高校意识形态工作的建议；获评辽宁省哲学社会科学优秀成果三等奖，辽宁省高校教学改革成果一等奖、二等奖。

三、学术志向：肩负起历史使命感和时代责任感

一代人有一代人的使命，一代人有一代人的担当。当代中国青年生逢其时，施展才干的舞台无比广阔，实现梦想的前景无比光明。作为思想政治教育工作研究者，我立志将个人理想与学科建设、社会进步和时代发展紧密结合起来，在推动学科建设、社会进步、时代发展过程中创造更大的人生价值。

一是勇担学科责任与使命，做推动学科建设的参考者。学者，是指具有一定学术成就的人。这种成就依托于学科，持续稳定的成就，需要强大的学科支撑，因此，推动本学科建设是每一位有志青年学者义不容辞的责任与使命。经过近40年的发展，思想政治教育学科已经形成了较为完备的理论体系和实践体系。在理论体系方面，形成了比较稳定的思想政治教育理念、观点、学说等，思想政治教育史、思想政治教育学原理、思想政治教育方法论等理论逐渐走向成熟。但是，相比于其他学科，思想政治教育学科建立的时间比较短，思想政治教育本质、思想政治教育规律、思想政治教育基本范畴、思想政治教育研究范式等基础理论问题亟需进一步深化。学术是一门学科的生命，思想政治教育学科已经由感性认知、经验总结转向了理论体系建构阶段，

但其稳定性还不够，一些理论性问题的学术成果还难以支撑思想政治教育学科的纵深发展，亟需思想政治教育学者产出体系化的高水平学术成果来澄清认识，阐释、检验和传播思想政治教育学科理论。作为思想政治教育工作研究者，要不断夯实马克思主义理论功底，着眼于思想政治教育学科的基本概念和内涵、学科定位和边界以及学科基础理论问题，进一步明确思想政治教育学科与心理学、政治学、社会学等其他学科之间的辩证关系，推动思想政治教育学科理论体系、话语体系、研究范式的不断完善和发展。在实践体系方面，中国共产党自成立以来，将思想政治工作作为党的一切工作的"生命线"，将思想政治工作贯穿于治党治国的各领域。随着马克思主义中国化时代化的不断深入，思想政治教育实践的体系化程度、组织化水平日益增强。但面对新征程新时代的中心任务，面对意识形态领域的严峻复杂形势，如何更好地为党育人、为国育才，需要思想政治教育工作研究者的积极回应。另外，作为推动思想政治教育学科建设的参与者，思想政治教育工作研究者还要不断发现、培养和使用思想政治教育青年人才。构建学术共同体，从思政课教师、高校辅导员、青年学生，包括企事业党政工作人员中发现和挖掘、吸收和凝聚更多的思想政治教育学科的后备人才，形成有效的人才培养、沟通交流、资源共享机制，为青年人才铺路搭桥，为思想政治教育学科建设提供人才支撑。

二是勇担社会责任与使命，做落实立德树人的践行者。人是社会关系的总和，理应肩负起相应的社会责任与使命。当前，很多青年学者，从"学校门"到"学校门"，有些青年学者长期在国外留学，接受过系统的学术训练，但缺少对社会现实的了解，缺乏心忧天下、经时济世的志向和情怀。思想政治教育学科的性质和使命决定了思想政治教育工作研究者不仅要关注学术，还要胸怀天下，厚植家国情怀，了解党情国情社情世情，做到家事、国事、天下事，事事关心。思想政治教育工作研究者承担社会责任，就是要勇于肩负起落实立德树人根本任务，做到"四个坚持""六个要"。坚持教书与育人相统一，就是要做到传道授业解惑相统一，实现专业知识与思想引领、价值塑造的紧密结合。正如习近平总书记所讲，对于学生来讲，多年以后很多知识可能会过时，可能会遗忘，但对于为人、为学、为事的道理将受益终生。坚持言传与身教相统一，就是要通过自身的渊博学识和人格魅力感染、启发、引导学生。老师是学生的一面镜子，要让学生成为什么样的人，自己首先要成为什么样的人。坚持潜心问道与关注社会相统一，就是要耐得住寂寞，坐得了冷板凳，潜心研究学问，同时，关注社会现实，从社会实践中汲取养分。坚持学术自由与学术规范相统一，就是要把握好学术问题和政治问题的辩证关系，在坚持政治方向、守住学术底线的基础上，敢于学术批判、学术创新，纠正错误的思想认识，传播正确的理论观点。习近平总书记在学校思想政治理论课教师座谈会上提出"六要"，即政治要强、情怀要深、思维要新、视野要广、自律要严、人格要正。政治要强，就是要坚定理想信念，确保理论研究和育人工作的正确政治方向，践行育人先育己、有信仰的人讲信仰的要求，做到真学、真懂、真信、真用。情怀要深，就是要有家国情怀、传道情怀和仁爱情怀，以"我将无我，不负人民"的情怀，打动学生、引导学生，让思想政治教育成为一门有温度的学科。思维要新，就是要学会辩证唯物主义和历史唯物主义，综合运用辩证思维、历史思维、系统思维，引导学生增强"四个意识"，坚定"四个自信"，做到"两个维护"。视野要广，就是要有宽广的国际视野和历史视野，除了具有马克思主义理论功底之外，学习其他哲学社会科学和自然科学的相关知识。自律要严，就是要遵守教育教学纪律，以及政治纪律和政治规矩。人格要正，就是要兼具学识魅力和人格魅力，做学生为学、为事、为人的表率。

三是勇担时代责任与使命，做新征程新时代的奋斗者。"两个百年""两个大局"是当代中国青年成长的时代背景，思想政治教育工作研究者只有将个人理想融入中华民族伟大复兴的中国梦，参与到实现新征程新时代中心任务的伟大实践中，并为之不懈奋斗，才能最大程度地发挥人生价值。思想政治教育工作研究者要学习和运用马克思主义中国化时代化的最新理论成果，在坚持"两个结合"中，掌握新思想、新理论，聆听时代的声音，思考时代的问题，回应时代的呼唤，推动思想政治教育理论的新突破。首先，不断提升设置思想政治教育议题的能力。"两个百年"的交汇期、"两个大局"的激荡期，要实现新征程新时代的中心任务，必然会面对诸多的新情况新问题新挑战，考验着中国共产党的治国理政能力，思想政治教育学科必须发挥好思想引领、塑造价值、凝聚共识、组织动员的重要作用。思想政治教育工作研究者，可以将一系列新情况新问题新挑战纳入思想政治教育议题，引导人们的广泛关注和集中讨论，并通过积极有效的思想政治教育，最大限度地凝聚社会共识，巩固人们的共同思想基础。其次，不断增强敢想敢为、善作善成的斗争本领。习近平总书记在党的二十大报告中号召全体青年，要怀抱梦想又脚踏实地，敢想敢为又善作善成。思想政治教育工作研究者要做新时代好青年的表率，发扬斗争精神，提升斗争本领，勇做意识形态较量和斗争的排头兵、急先锋，要将自身的理论水平和实践经验转化为斗争武器，引导广大青年，坚定不移听党话、跟党走，积极投身全面建设社会主义现代化国家的火热实践中。最后，不断培养能担当民族复兴大任的时代新人。中华民族复兴的伟大事业需要后继有人。当前，思想政治教育工作研究者的时代使命，就是要以强烈的责任感和使命感，培养一批又一批能够担当民族复兴大任的时代新人。思想政治教育工作研究者，要发挥理论优势，教育引导青年学生夯实马克思主义理论基础，运用马克思主义立场、观点和方法，正确认识世界和中国发展大势，正确认识中国特色和国际比较，正确认识时代责任和历史使命，正确认识远大抱负和脚踏实地，在坚定理想信念、厚植爱国主义情怀、加强品德修养、增长知识见识、培养奋斗精神、增强综合素质上下功夫，立志做有理想、敢担当、能吃苦、肯奋斗的新时代好青年，做新征程新时代的奋斗者、实干家。

四、学术心得：让青春在不懈奋斗中绽放绚丽之花

"感谢我自己，36 岁，最能吃苦的年龄、最该奋斗的年龄，我没有选择安

逸！"这是五年前，我在博士学位论文的"致谢"中写的一段话。无奋斗，不青春，奋斗是青春最亮丽的底色，人生理想的风帆要靠奋斗来扬起，奋斗的道路不会一帆风顺，但依然要保持积极向上的心态，不断奋起。

一是研究主题主动对接国家战略需求。服务党和国家的中心工作，主动对接国家战略需求，是思想政治教育学科自身发展的内在需求，也是新时代党治国理政的必然要求。思想政治教育作为一门学科，要在主动对接国家战略需求中，彰显自身的现实意义、学科价值和发展潜力。首先，研究主题主动对接国家战略需求，有利于厚植思想政治教育研究的实践基础。党和国家的实践活动，是思想政治教育的宝贵资源。思想政治教育研究，只有基于国家战略需求展开，才能更好地创新思想政治教育实践进路。其次，研究主题主动对接国家战略需求，也有利于增强思想政治教育研究的理论深度。"理论在一个国家实现的程度，总是取决于理论满足这个国家的需要的程度。"一切理论研究，与国家战略需求的对接程度越紧密，满足国家战略需求的程度越大，越能彰显其解释力、说服力、传播力。最后，研究主题主动对接国家战略需求，有利于推进思想政治教育学科的持续发展。思想政治教育学科的研究起点是中国的现实问题，而国家战略在中国现实问题中处于核心位置，对接国家战略需求，也是在对接中国重大现实问题。思想政治教育工作研究者服务国家战略需求的表现形式多种多样，比如，可以发挥思想政治教育的"生命线"功能，为国家战略提供思想基础；发挥思想政治教育的资政建议功能，为国家战略提供智力支持；发挥思想政治教育的立德树人功能，为国家战略提供人才保障。研究主题主动对接国家战略需求，要求思想政治教育工作研究者具备较强的学术水平和实践能力。战略思维是前提，要通过政治洞察力和战略思维，敏锐地捕捉到国家战略需求，同时，要正确判断自身的优势与国家战略需求的结合点。当前，最大的国家战略是全面建设社会主义现代化国家，以中国式现代化全面推进中华民族伟大复兴进程。调查能力是基础，思想政治教育工作研究者，要通过全面深入的调查研究，多做量化研究、实证研究、比较研究，增强思想政治教育研究的针对性、科学性。饱满热情是关键，任何一项研究的持续深入研究，需要饱满的热情，或者是久久为功的意志品质，短暂的情绪化研究，容易造成浅尝辄止的现象化研究。思想政治教育工作研究者，对于任何一项问题的研究，要做到有热情、有敬畏，更要有不懈的坚持。

二是一个人遇到好导师是人生的幸运。一个好导师，在一个人的成长中发挥着至关重要的作用。首先，好导师胸怀国之大者，能够引导学生厚植家国情怀。"国者，天下之大器也，重任也，不可不善为择所而后错之，错险则危。""国之大者"强调的是党和国家的重大战略、前途命运，具有鲜明的大格局、大使命特点。胸怀"国之大者"，就是要坚定理想信念，胸怀家国天下，不断提升落实立德树人根本任务的政治站位、专业能力和育人水平。好导师将坚定理想信念、坚持教育报国为安身立命之本，并耳濡目染地影响学生的价值观。对于思想政治教育工作研究者来讲，在做学问之前，首先要向导师学习做人，以导师为榜样，坚定理想信念，善于从政治上认识问题、解决问题，在大是大非面前保持政治清醒，以浓厚的家国情怀、爱国主义情怀，打动学生、感染学生。其次，好导师德行风雅高尚，能够引导学生加强品德修养。"教，上所施，下所效也；育，养子使作善也。"好导师，一定是道德上的楷模，行为世范的模范。我们往往用"德高望重、为人师表"来形容具有高尚道德情操的导师。立德为先，修身为本，这是人才成长的基本逻辑。爱因斯坦也曾讲，"用专业知识教育人是不够的"，以德育人，以德化人，是贯穿人的一生的育人育己方式。思想政治教育工作研究者，学习导师的德行是一辈子的事情。再次，好导师学识博大精深，能够引导学生扎实学识见识。"所谓大学者，非谓有大楼之谓也，有大师之谓也。"导师的一席话，总能让学生茅塞顿开，豁然开朗。已经走出校园的青年学者们，时常有种冲动，还想回到课堂，听一听导师的课，因为，导师的课堂总是充满了广博的知识、精辟的道理、深刻的启发。思想政治教育工作研究者，要学习导师知识的宽度和深度，不断敏于求知、勤于学习，做到求真理、悟道理、明事理。最后，好导师明德亲民至善，能够引导学生塑造高尚人格。好导师一定是严爱相济、润己泽人，以人格魅力呵护学生心灵，以学术造诣开启学生智慧。思想政治教育工作研究者，要学习导师的严于律己、宽以待人，自省自励、见贤思齐，如沐春风般对待学生，春风化雨般影响学生，在物欲横流的当今时代，坚守精神家园和人格底线，引导学生扣好人生第一粒扣子。

三是坚持理论研究与工作实践相结合。思想政治教育学科是应用性极强的一门科学，必须坚持理论与实践相统一。思想政治教育工作研究者既要做好理论家，又要做好实干家，在工作实践中感知社会、积累经验、提炼规律。理论研究与工作实践的有效衔接和互动，有利于思想政治教育工作研究者发现"真"问题，研究"真"问题。从我个人的成长经历来看，我所关注的理论问题全部来自于思想政治教育一线工作实践，同时，所有的理论研究成果又反过来指导我的工作实践，使一切工作实践更加专业化、科学化。一方面，思想政治教育作为一门学科，必须由系统科学的理论体系来支撑，因此，理论研究是非常有必要的。有一个时期，学界批评思想政治教育研究缺乏理论性，要避免停留在事情表象的描述和经验的总结层面，真正建立起思想政治教育理论体系。思想政治教育的理论性来自于实践性，思想政治教育实践活动，为思想政治教育理论研究提供了十分丰富的资源，而且，思想政治教育工作实践是思想政治教育理论研究的最终目的，也是检验思想政治教育理论成果是否科学的唯一标准。另一方面，思想政治教育理论研究，是对思想政治教育工作实践活动本质的规律性认识和科学化阐释，对思想政治教育工作实践具有反作用，可以服务或指导思想政治教育工作实践，避免思想政治教育工作实践的盲目性。思想政治教育工作研究者要坚持理论研究与工作实践紧密结合，避免泛理论化或泛实践化。泛理论化的严重后果是，造成理论研究的虚化、空化。实际上，在思想政治教育工作实践中，有些问题上升不到理论研究的层面，属于"假"问题，能够揭示事物本质和规律的问题，才属于具有研究价值的理论研究。泛实践化的严重后果是，造成思想政治教育学科的定位、边界等的模糊化，极不利于思想政治教育学科的健康稳定发展。不存在只有实践意义，没有理论意义的学科，所有学科的形成、发展和完善，都是理论性与实践性的高度统一。新时代新征程，以中国式现代化全面推进中华民族伟大复兴，将面临诸多新情况新问题新挑战，需要思想政治教育学科理论体系的实践性建构和思想政治教育学科实践体系的理论性建构，促进两者的有效互动，进而增强思想政治教育学科对于党和国家重大理论和实践问题的解释力。

李东坡：在思想政治教育的参天大树下成长

李东坡，男，1986年生，江苏徐州人，曾获全国思想政治教育学科优秀博士论文、全国第四届青年教师教学竞赛二等奖、全国思政工作优秀个人、国家级教学成果奖二等奖。现任兰州大学马克思主义学院副院长，副教授、博士生导师。

思想政治教育学科至今已经走过了近四十年历程，期间有创建的艰辛，亦有发展的执着；有学科的调整，亦有成长的喜悦；有辉煌的成就，亦有崭新的使命。作为一个在党的领导下成立、伴随改革开放发展、在新时代守正创新的学科，思想政治教育已然成为为党育人、为国育才的重要学科，成为落实立德树人任务、发挥铸魂育人功能的重要学科，成为积极参与党治国理政全过程，坚定不移培养社会主义合格建设者和可靠接班人的重要学科。近四十年来，一大批高校纷纷设立思想政治教育学科，为党和国家培养思想政治工作战线上的研究者、实践者；一大批学者聚焦思想政治教育学科建设，为学科发展殚精竭虑、为人才培养披风沐雨；一大批学子聚拢在思想政治教育的参天大树之下，在汲取理论营养、夯实专业素养、提升科研能力的过程中茁壮成长。我有幸成为这个学科的一员，从懵懂无知的青少年接触学科知识的战战兢兢，到豪情壮志的研究生参与学科研究的无知无畏，再到笃信笃行的青年教师融入学科发展的激情奋斗，一路走来，感慨良多；回首成长，感恩满怀；展望未来，感悟无限。

一、学术历程：一棵"老胡杨"激活满园春

结缘兰大，让我学会了在艰苦奋斗中涵养品格。我与思想政治教育学科

结缘，第一个决定性因素是兰大——一所有着不一样烟火的大学、一所被冠之以"胡杨精神"的大学。因为高考来到兰州大学，在这里生活、学习、成长，逐渐从高考失利后的落寞不甘开始接受这里的一切、观察这里的一切、感悟这里的一切，进而爱上这里的一切。兰州大学在百年的办学过程中，克服一切自然环境、经济条件、师资力量和优质生源的困难和挑战，始终以奋斗的姿态，将教育科研之根深深地扎在祖国大地的西部，同时又不拘泥于西部，既要担当解决甘肃、西部地方区域的发展问题，又具有宏阔的视野和实践，为国家战略、世界科学和人类发展服务，贡献自己独有的力量。兰州大学地处祖国西部，与黄土为伴、与黄河共生，其精神中也蕴含着黄土的浑厚质朴与黄河翻山越岭、奔腾至海的倔强。学校虽然偏居西部一隅，但作为高校之中的国家队始终"胸怀一流目标"。辽阔而神奇的西部是学校发展壮大的战略依托和广阔舞台，解决西部发展中的重大问题也是兰州大学责无旁贷的责任。人们常说兰大是一所投入产出比最高的大学，既是因为兰大向社会输送了一大批高素质人才；更是因为我们在西北做出了呈现"不一样烟火"的科研。虽然地处黄河之畔，但"两山夹一河"的地理位置夹不住兰大人胸怀家国的担当与情怀，"少雨更干燥"的自然条件挡不住兰大人追求真理的渴望和脚步，百十年的坚守与奋斗，兰大人始终盯准党和国家重大发展战略、瞄准西北地区经济社会发展重大问题、扣准新中国建设卓越人才需求，以黄土地的浑厚质朴品格、黄河水的奔腾不息精神，书写着科研创新的"兰大传奇"。兰大人这种艰苦奋斗的胡杨精神，深深感染着我，我也在慢慢沉醉其中时，体悟到了在艰苦地区拼搏奋斗的真谛。

得遇名师，让我学会了在坚守奋斗中追求价值。我与思想政治教育学科结缘，第二个决定性因素是兰大人——一个扎根西北四十余年的老思政人，一个被我称之为"老胡杨"的可敬导师。从2005年考入兰州大学思想政治教育专业算起，在兰大求学十年，毕业留在兰大工作七年，我在思想政治教育学科里学习、成长和收获，深知个人的命运与国家的要求、时代的发展紧密联系在一起。正是兰大"自强不息、独树一帜"的校风精神促导着我认真思考学术创新，正是马克思主义学院"学术自由、学以致用"的科研特点鞭策我奋力钻研现实问题，正是马克思主义理论学科的创建和思想政治教育学科的发展让我体验教书育人、铸魂育人的乐趣。我的导师是王学俭老师，从本科起就一直追随着老师的课堂学习和成长，跟随导师十余载，王老师大气儒雅而又风度翩翩，高瞻远瞩而又虚怀若谷，锐意创新而又治学严谨，学识渊博而又追求卓越，肃身正己而又与人为善，恰似一缕春风吹醉了学海漫游的书生，又如一抹阳光照耀着书山攀登的学子。王老师待我更是情同父子、恩重如山，学习上常常耳提面命、循循善诱，生活中时时指点有加、关怀备至，做人上更是一身正气、垂身示范，常使我在其言语中受教育、在其做事中见品格、在其微小处得教诲。尤其是王老师扎根西北，默默从事教书育人工作40多年，从没有因为西北的贫瘠而选择他去，也没有因为工作的经历而放弃追求，现在年逾古稀仍奋战在思政课一线，培养出了一批又一批党和国家所需要的人。我记得特别清楚，当老师在学术和教学上获得杰出成就时，沿海地区和发达地区的一些高校纷纷伸出橄榄枝，邀请老师去任教。面对这些学科更有优势、学术更有平台、地域更有诗意、生活更有格调的邀请，我们都以为王老师肯定会有所犹豫，这也是人之常情。但是王老师却从来没有表露过一丝的松动，有一次我忍不住问他为什么没有选择去更好的地方，王老师淡淡地说："在这里习惯了，有感情了，感觉这里就是家。建设好自己的家，比什么都重要。再说我走了，你们怎么办？"老师的话语虽然朴素，但让我顿时感受到了兰大人最真挚的情怀。这种甘当"教书育人的骆驼"、勇做"科研报国的胡杨"的精神始终激励着我，也激励着整个师门毕业后扎根在西北，从一棵"胡杨"变成了整座森林。我当时就决定要以王老师为榜样，一定要学做兰大的"小胡杨""小骆驼"，为兰州大学思想政治教育学科发展和思政课建设贡献自己的青春力量。

求学之路，让我学会了在坚定奋斗中实现自我。初入兰州大学，我是抱着一定要走出去，要用自己所学的知识回馈社会的心态开展学习和生活的。正像所有意气风发的青年人一样，我的心里也埋着一个大大的梦想，渴望着实现梦想、策马扬鞭的辽阔草原。所以，参加各种社团活动、竞选各类学生干部、阅读各类文科书籍成为校园生活的常态，与同学游戏、与老乡聚会、与朋友玩耍成为日常生活的必需。虽然也获得了一些成绩，但总感觉心里空落落的，好像青春的岁月不应该这样度过。直到王老师给我讲，上了研究生就要有研究生的样子，做什么事情总要有做事情的样子，把一件事坚持下去，你才会体会到做事情的快乐。我才突然发现，自己什么都想干，好像什么事情都干得不是特别好。于是我开始静下心来，认真学习和研究思想政治教育学科的相关问题，慢慢融入导师的团队，认真参与学术的研讨，在心慢慢静下来的同时，好像整个人也静了下来。直到有一天和王老师合作发表文章，看着自己的想法变成文字，看着敲在电脑上的语句变成期刊上的文章，我仿佛感觉到了一种莫名的幸福，甚至是极大的满足。我知道那一刻起，我与思想政治教育的联系可能再也分不开了。于是，从青年信仰教育到思想政治教育学科发展，从社会主义核心价值观到思政课教学创新，从复杂社会推演到社会心态追寻，从思想政治教育原理到马恩经典文献，我从一名本科生变成硕士生，从一名博士生变成一名青年思政课教师。于是，多少个周末，我在自习室慢慢看书思考；多少个夜晚，我在宿舍阳台细细品悟推敲；多少个节假日，我在办公室深深埋头备课。我逐渐体悟到了做一名思政课教师的乐趣，体悟到了坚定一份追求、坚守一份事业的乐趣。"想把我唱给你听"是每一个教师选择行业的初衷，把自己的所思、所得、所想、所感传递给青年一代，引导学生健康快乐成长；"点亮你内心的一盏灯"是每一个思政课教师选择走上讲台的初心，全力站稳立德树人的思政讲台，努力争做在学生心中埋下真善美种子的播种者、为学生成长扣好第一粒扣子的引路人、帮学生筑牢逐梦圆梦根基的工程师。这是时代的责任，更是我个人无怨无悔的选择。

二、学术成果：站牢"主阵地"收获丰收果

谈起我的学术之路，还有一个人对我影响很大，就是我的师兄——现在

中国人民大学的张智老师。我还记得我们经常在一起熬夜讨论课题时的场景，饿了吃点面包，渴了喝点饮料，乏了用一个脸盆洗脚，常常是错过了回宿舍的时间，就在自习室一起睡觉。那个时候，我们一起谈理想、谈未来，一起攻坚课题、相互批判，常常为了一个问题、一个用词两个人争论到半夜。最难忘的是一起参与导师的一个课题申报，刚刚过完年我们就早早来到学校，正月初五的校园是那么寂静、那么空旷，感觉整个兰大就属于我们两个人。为了加快进度，我们住在一个宿舍，没日没夜的在各自分工负责的领域埋头苦干，那段时间我感觉自己已经快要崩溃了，总是时不时向师兄抱怨差不多得了，但每次张智师兄都会板着脸对我讲："做事情一定要认真，要认真认真再认真，决不能自己糊弄自己。"每次我也只能苦笑着回应："你是老大，你说了算。"现在想来，那段时光，应该是求学之路上最幸福的时刻，因为时刻有一个比你更优秀的人，在监督着你、提醒着你、督促着你。现在我们在两所学校，但交流仍然是无缝对接，可以随时开启在线会议，就一个问题讨论至半夜。感谢网络时代，让师兄的监督无时不在，也让师兄的一句话经常萦绕耳旁："一定要坚守住思想政治教育的主阵地，抓住主流搞研究，不要胡搞乱搞，没有了自己的方向。"正是在这样的一个师门，我们始终围绕着思想政治教育理论与实践基本问题开展研究，聚焦时代对思想政治教育提出的重大课题开展研究，我也逐渐找到了自己的研究方向，产出了一些学术成果，当然如果它们也能算是学术成果的话。为了方便解剖我自己，也为了方便师兄更好地监督提醒我，我就厚着脸皮、壮着胆量把自己的研究所得梳理一下。

一是从思想政治教育角度开展社会心态问题研究。我的博士论文就是以这个研究方向为主题，最终形成了《复杂社会条件下社会心态培育研究》。在文中我提出了复杂社会的概念，论证了当前中国社会是一个复杂社会，并结合复杂性科学和社会复杂性研究，详细论证了复杂社会的科学内涵、清晰概念和理论意义。在此基础上，结合社会心理学研究，提出了我们所要培育的社会心态是和谐的社会心态这一论断，重点阐述和谐的社会心态是一种对内协调和对外适应的健康社会心态。同时指出了思想政治教育学由于其本身的综合性、交叉性和成长性特征，在本质上更加契合社会心态问题研究的时代性需求和实践性调整，以此维度探索社会心态培育的系统建构。非常荣幸的是，我的毕业论文获得了全国思想政治教育学科优秀博士论文奖，让我感受到了认真开展科研的价值。因此毕业后，我继续在这个领域开拓，先后申报并获得了国家社会科学基金青年项目"西北民族地区社会心态问题研究"、国家社科基金一般项目"网络社会心态复杂性及现代化治理研究"。由此可见，做好博士论文，是多么重要。

二是从复杂性角度开展思想政治教育相关问题研究。正是由于博士论文对复杂性和复杂社会的探索，让我似乎找到了一种从事科学研究的范式，即运用复杂社会理论、方法和思维进行整体性、系统性和科学性研究。我将这种复杂性研究范式运用于思想政治教育相关问题研究，先后提出了思想政治教育复杂性、爱国主义教育复杂性、大中小思政课一体化建设复杂性、思政课教学复杂性等学术观点，并通过系统论相关理论借鉴，探索提出相应的应对之策，在《教学与研究》《新疆师范大学学报》《兰州大学学报》《思想理论教育》等期刊发表了一系列论文，形成了自己比较鲜明的研究特色和研究风格。由于我在大中小思政课教学方面的研究，获得了国家社科基金特别委托项目"大中小学国防教育体系化建设研究"，我也获益于此，在学术之路上走得更加坚实。由此可见，做好博士论文，真的是多么重要。

三是从马克思主义经典著作方面探索思想政治教育原理问题。正是由于在博士论文中需要从思想政治教育角度探索社会心态问题，要打破西方心态史学、欧陆社会心理学派对于社会心态的话语垄断，我尝试从马克思主义经典作家的相关论述中探寻历史唯物主义维度下的社会心态解读。在研读经典著作、探寻理论支撑的过程中，我在求学期间浮光掠影地阅读经典文献产生了深深的自卑感，也同样对深研马克思主义经典著作产生了浓厚的兴趣。于是在博士毕业之后，我一边继续深化阅读经典著作，一边思考对于思想政治教育的借鉴启示，最终在马克思主义经典著作对于思想政治教育基本理论、工作原则、实践开展、具体方法等方面产出了一些思考和心得，并在《教学与研究》《社会主义研究》《马克思主义理论学科研究》《思想教育研究》等期刊发表了一系列论文，在西北地区闯出了一片马克思主义经典著作研究的小天地，获批中央高校重点研究基地建设项目"马克思主义经典文献中思想政治教育方法的资源发掘研究"。由此可见，做好博士论文，是真的很重要。

三、学术志向：甘做"小骆驼"扎根大西北

学术要有志向，首先是职业要有追求。作为一名新时代的思政课教师，只有首先站好教书育人的根本岗位，落实好立德树人的根本任务，才会激荡起为讲好思政课开展学术研究的磅礴动力。思政课是贯彻落实立德树人根本任务的关键课程，是用习近平新时代中国特色社会主义思想铸魂育人的基础课程，是解决好"培养什么人、怎样培养人、为谁培养人"根本问题的核心课程。作为一门灵魂塑造和价值引领的育人课程，思政课在我国教育事业中具有鲜明的特殊性和突出的重要性，既是传授科学理论知识的公共课，又是传播真理和信仰的思想课，更是引导学生成长成才的人生课。思政课作为一门融合理论性、学术性、实践性为一体，具有基础性、交叉性、综合性等特点的大学生必修公共课程，既有一般课程的科学性、系统性、规范性和知识性等特点，又有自身建设的政治性、理论性、思想性和价值性等特征，更有涵盖学生学习全周期、融入学生生活全领域、指导学生人生全过程等特性，是一门集思想性与理论性相统一、知识性与价值性相一致、历史性与时代性相融合、理论性与实践性相配合、阶段性与长期性相衔接的综合性铸魂育人课程。因此，作为思想政治教育工作者，要想讲好思政课，就要在学习成长过程中，有自己的研究天地，在深化理论研究的过程中，提升自己站稳思政讲台的综合能力。而作为部署在中国西北地区的一所教育部直属重点综合性大学，我们更要立足西北、走向全国，把思政课教学与学术研究有机融合起来。我要像一代又一代扎根大西北的兰大学人学习，做一名默默努力的学术"小骆驼"。

一是坚守住自己的专业领域，在基础理论研究方面争取发出"兰大声音"。从本科到硕士再到博士，我的专业方向一直是思想政治教育，在十几年的学习和研究过程中，我也得以不断成长。在思想政治教育学科不断发展成熟的过程中，记载着我的青春、我的努力和我的收获，也同样承载着我太多的情感、指引着我坚定的学术追求。作为一名青年思想政治教育工作者和研究者，我将秉持守正创新的学术精神，牢牢守住思想政治教育这个大本营，在深化思想政治教育研究方面持续努力。我的导师王学俭老师一生致力于思想政治教育理论和实践研究，始终聚焦于思想政治教育基础理论、社会主义核心价值观、思想政治教育工作重大实践等问题研究，带领我们在全国学术界走出了一条具有兰大特色的研究之路。我想对导师最好的致敬，就是沿着导师指明的研究方向，尽自己的努力去深化研究和探索；就是带着导师承载的兰大精神，用自己的一生去展现兰大学术和特色，在思想政治教育学科方面继续发出"兰大声音"。从学科的基础理论方面而言，我目前主要从事的是马克思主义经典著作中的思想政治教育资源研究、新时代思想政治教育的现代转型研究、思想政治教育复杂性问题研究，这也是我认为当前推进思想政治教育守正创新的几个重要方面。当然这些问题以及与之相关的研究，也不是我一个人能够承担起来的，有一批学术界的青年学者们正在聚焦这些问题，提出自己的见解和主张。我们兰州大学也有一批青年学者和青年学子正在这些领域里自由探索和组团攻坚。希望他们不要丢下我，我也争取跟上大家的研究步伐，我们共同努力把思想政治教育学科的基础理论问题学通弄懂研透，推进学科在前辈们取得丰硕成果的基础上更好地发展。

二是紧盯住国家的战略需求，在重大实践问题方面尽力展现"兰大担当"。在兰州大学求学工作的十几年间，我也在不知不觉中变成了兰大人，身上有着兰大人开展学术研究的风格和影子。还记得在庆祝兰州大学建校110周年的庆典活动上，时任兰州大学党委书记袁占亭明确提出兰大要主动接受地方党委政府领导、主动服务地方经济需求、主动融入国家发展战略的目标定位，这其实既是兰大百十年来的奋斗缩影，也是兰大走向未来的学术担当。

作为兰大人中的一员，我也会在做好学科基础研究的同时，扎根西北大地、聚焦国家发展，将"三个主动"作为我自己的学术应用和学术开拓的方向。我的学术起步之路严格意义上讲是从博士论文开始的，当我决定从事社会心态研究的时候，就已经把目光放在了以后研究过程中，如何围绕西北地区的社会心态问题开展深入探索。因此在毕业之后我就毫不犹豫地选择了西北民族地区社会心态问题研究申报国家社科基金项目。现在，从国家意识形态安全、西部边疆社会稳定以及思想政治教育内容拓展的角度，开展社会心态问题研究，已经成为我的重要研究方向，我也会按照思政人独有的关注社会现实问题的学术情怀，继续深化这一方面的研究，争取为意识形态安全、边疆社会治理建言献策，多尽一名青年思想政治教育研究者的绵薄之力。

四、学术心得：苦练"基本功"提升真素质

在我上博士的时候，最快乐的一件事就是和导师以及师兄们一起在校园里散步聊天，那时候的老师就像是一个大家长，我们就像一群孩子，围着老师问这问那，谈天说地，老师总是在漫不经心间给我们的生活、学习和工作指点一二。当然聊得最多的就是如何开展研究、如何产出成果。还记得老师常讲的一些话——"思政学科一定要面向现实社会，要从社会问题入手，展现我们的担当和责任""搞学问要有胆量，不要畏手畏脚，要敢于开拓创新""年轻人要懂得珍惜时光，干什么事情都要往前赶一赶，不要慢""学问是在干事情中锻炼出来的，不干事情就不会有成长和收获"。这些不经意间的点拨，成了我以后科研生活里的重要法宝，总是能在我学习研究的过程中指引着努力前行。今天把这些藏在心里的好东西拿出来与大家共享，也应该算是一种大公无私的表现了吧。

至于我个人的心得体会，我更想从一个青年学者如何提高自身能力素质的角度谈谈我的看法。我们都生活在一个美好的时代，但是这种美好是由别人的辛苦努力买单的。就像思想政治教育学科，正是因为有一代又一代思政

学者的努力，我们才能够站在丰硕的学术成果基础上开拓创新。我想作为青年学者，我们更应该坚守住思想政治教育的学科属性，敬畏以往思政前辈们的学术成果，反观自身的学习生活，从各方面提高自己的学科素养、科研能力和学术追求，这应该是一个基本功吧。

具体而言，我觉得有这些方面：一是一定要有明确的学科意识和坚定的学科归属。要从思想政治教育学科出发开展学术研究，千万不能耕了别人的田，荒了自己的地。二是一定要有鲜明的问题意识和强烈的创新意识。要从问题入手开展研究才能更好地体现学科价值，不论是理论问题还是现实问题，解决问题的过程，就是创新观点提出的过程。三是一定要有严格的学术训练和规范的科研素养。只有长期坚持参与科研，才能懂得如何搞好科研，提升自身的科研素养，明确开展科研的规范；只有坚持不懈开展研究，经受科研工作的磨炼，才能提升自身的水平。四是一定要有坚决的执行能力和充分的吃苦准备。再好的灵光一现，都不如及时的努力变现，科研工作需要更好更快更坚定的执行能力，让自己的思考和研究尽快落地。科研工作不是快乐的，但是收获科研成果时却是最幸福的。只有做好失败的准备、吃苦的准备，才能承受平时的苦闷和彷徨，迎来属于自己的幸福时刻。

李建国：思想政治教育学科研究的经历、成果与体会

李建国，男，1981 年生，甘肃正宁人，曾获全国首届高校思想政治理论课教学展示特等奖。华中科技大学马克思主义学院教授，担任学院副院长、纪委书记。

一、国内外学习经历、工作简历、学术兼职、所获奖励或荣誉称号等基本情况

华中科技大学马克思主义学院教授、博士生导师，副院长；长期耕耘于思想政治教育研究领域，至今出版著作 4 部，其中个人独著 2 部；在《光明日报》《中国社会科学报》及 CSSCI 刊物上发表马克思主义理论类相关学术论文 40 余篇；主持国家社会科学基金 2 项，教育部高校示范马克思主义学院和优秀教学科研团队建设项目 1 项，湖北省社科基金重点项目 1 项，湖北省教育厅哲学社会科学重大项目 1 项，华中科技大学自主创新基金多项，参与国家社科基金重大、重点项目多项；先后获全国首届高校思想政治理论课教学展示特等奖，第十届湖北省社会科学优秀成果一等奖，武汉市第十七届优秀社会科学成果三等奖；华中科技大学教师教学竞赛一等奖、华中科技大学教学优质奖、华中科技大学教学质量一等奖、华中科技大学"十佳青年教工"等多个奖项及荣誉称号，2016 年入选"湖北省高等学校中青年马克思主义理论家"培育计划，2019 年入选华中卓越学者，2021 年入选湖北省优秀青年社科人才。

（一）学习经历

2005 年毕业于西北师范大学思想政治教育专业，获学士学位，同年免试推荐至华中科技大学攻读马克思主义理论与思想政治教育专业硕士学位；

2007 年免试推荐继续在华中科技大学攻读马克思主义基本原理专业博士学位，2010 年获得博士学位并留校任教。

（二）工作简历

2010 年获聘华中科技大学马克思主义学院讲师，2014 年获聘华中科技大学马克思主义学院副教授，2019 年获聘华中科技大学马克思主义学院教授、博士生导师。先后担任华中科技大学思想政治教育研究所所长，思想道德与法治教研室党支部书记，华中科技大学马克思主义学院副院长（分管研究生培养和国际交流），纪委书记等职务。

（三）学术兼职

2016 年入选湖北省中青年马克思主义理论家，2017 年获聘湖北省新型智库专家成员，2018 年获聘湖北省思想政治教育学会常务理事，2018 年获聘武汉市洪山区大学之城名师智库成员，2019 年入选湖北省优秀青年社科人才，2019 年获聘教育部思想政治工作创新发展中心（课程育人）专家委员会委员，2020 年入选中共湖北省委讲师团专家成员。

（四）所获奖励或荣誉称号

2022 年作为核心成员参与的《思想道德与法治》课程获评湖北省线下一流课程；2021 年作为核心成员参与的《深度中国》课程获评湖北省级教学团队；2020 年作为核心成员参与的《深度中国》课程获评国家线下一流课程；2020 年作为核心成员参与的《深度中国》工作室获评"湖北省名师工作室"；2020 年学术专著《大学生马克思主义理想信仰生成论》获得武汉市第十七届优秀社会科学成果三等奖；2019 年首届全国高校思想政治理论课教学展示特等奖（教育部）；2019 年作为主要参与者的思政课教学团队入选湖北省省级教学团队；2018 年华中科技大学教学优质奖；2017 年华中科技大学"十佳青年教工"；2016 年入选"湖北省中青年马克思主义理论家培育计划"；2016 年

专著《教化与超越：中国道德教育的历史嬗变》获湖北省第十届社会科学优秀成果一等奖；2016年华中科技大学重大优秀成果奖；2014年华中科技大学教师教学竞赛一等奖；2012年"高校思想政治理论课互动教学探究"获湖北省优秀教学成果一等奖（排名第四）。

二、本人主要研究领域和研究专长

本人长期耕耘于思想政治教育领域，在前辈学人的引领下，秉承严谨踏实的学风，注重基本功底的培养；同时呼应时代要求，积极开拓新视野、新领域和新方法，推进思想政治教育的学术创新。具体而言，研究领域集中在德育思想史、大学生的道德认知与发展、大学生理想信仰形成与发展三个方面：

（一）德育思想史

在博士学位论文研究的基础上，对中国德育思想史、西方德育思想史、中西方道德教育思想流派进行了系统学习和深入研究，奠定了德育思想史研究的基础。出版了学术专著《教化与超越：中国道德教育价值取向的历史嬗变》（中国社会科学出版社，2014），论著深入回答了以下四个问题，第一，当代中国道德教育正面临着怎样的历史境遇？第二，当代中国道德教育需要继承和整合一些什么样的资源？第三，当代中国道德教育应该秉持什么样的理念和方法？第四，面向未来的中国道德教育应该坚持什么样的价值取向？论著以"中国道德教育价值取向"作为研究的核心命题，首先，从哲学的研究范式提出了道德教育中的一对矛盾关系，即教化与超越的相互关系，以此阐发道德教育价值取向发生历史嬗变的原因及作用机理。其次，从中国道德教育史及教育思想史的角度回顾了中国道德教育价值取向的历史变迁，并深入剖析了掩藏在这种变迁背后的各种影响因素，揭示了"教化""超越""道德教育价值取向"之间的互动机制及内在规律。再次，论证并提出了"面向他者的道德教育"理论，对当前我国道德教育的"应然"价值取向作出了富有启发意义的理论探讨。论著的研究，在理论上对当前我国道德教育所面临的困境和诸多问题给予了充分的揭示和回答，拓新了该领域的研究空间，提出了一些具有启发意义的学术观点，丰富了学界当前关于道德教育价值取向问题的研究，论著提出的"面向他者的道德教育"理论对当前中国道德教育具有现实指导意义。论著以哲学思维为指导，以中国几千年的道德教育实践史料为基础，分析并阐发中国道德教育价值取向的历史嬗变，有史有论，史论结合是该论著与同类著作最大的不同，对同类著作具有补缺之益，并对相同研究主题具有深化和推进的作用。在成书的过程中，作者查阅了大量相关的文献，并长期深入小学、中学、大学的德育课堂听课，走访了多名德育教师，获取了大量的一手材料。与此同时，论著在写作过程中，也得到国内众多同行知名专家学者的指导，其间几易其稿，最终才得以面世。论著语言表达具有美感。文章整体行文既具有极强的可读性、感染性，又具有严谨的逻辑性和科学性，能吸引读者又兼具启迪意义。论著中有大量的教育思想史资料，为同主题的学术研究提供了有价值的文献参考。论著被学界同类研究大量引用，其中代表性的著作有：黄书光《中国社会教化的传统与变革》，张玉龙《疾病的价值》，曹贤信、赖建平《亲属立法的人性基础》，张华《生态化综合：道德教育的视域转向与话语转型》，刘君林《"慎独"思想的现代意蕴及其对高校德育的启示研究》，梁红《思想政治理论课差异教学论》，杨超《现代德育人本论》，吴铎《道德教育展望》等，这些引用和阐发延续了论著的学术生命。2016 年专著《教化与超越：中国道德教育的历史嬗变》获湖北省第十届社会科学优秀成果一等奖，被湖北省社科联合会专题推介，受到同行学者、专家及普通读者的一致好评。

（二）大学生思想道德认知与发展

获评研究生导师后，与研究生团队聚焦于大学生思想道德认知与道德发展集中展开研究，对道德发展学说的当代代表科尔伯格及新科尔伯格主义的道德发展学说进行了系统研究，着力探讨了科尔伯格及新科尔伯格主义道德发展理论的适用及其修正问题，并采用实证量化的研究方法比较系统地研究了大中小学德育衔接问题，大学生思想道德认知与发展问题，特别是对大学生的理想信仰问题进行了全面系统的研究。个人代表性的学术成果有专著《大学生马克思主义理想信仰生成论》（人民出版社，2019），期刊论文有《大学生马克思主义理想信仰问卷的编制》（《河南科技学院学报》，2016）、《当代道德教育的两难困境及其超越》（《高等教育研究》，2013）、《文化育人的哲学省思》（《高等教育研究》，2014）。在此期间，共指导研究生19名，已毕业15名，其中代表性的硕士毕业论文有：《大中小学爱国主义教育方法有效衔接研究》《大中小学德育衔接问题研究——基于科尔伯格道德发展视角》《大学生道德敏感性现状及培养研究——基于新科尔伯格（莱斯特）道德发展视角》《新时代大学生科学精神培育研究》《当代大学生个人品德观及其培育研究》《亚里士多德德性论的当代德育价值研究》《麦金泰尔对道德合理性的建构及其当代德育价值研究》《马克思的道德批判及其共同体思想的伦理意蕴》《哈贝马斯"道德共识"理论及其德育价值研究》《马克思人的尊严思想及其当代价值研究》等。研究报告《当代大学生马克思主义理想信仰的结构性特征及表现》，被省委宣传部智库成果要报（内参）录用。研究报告《警惕"伪基督教"组织向我省高校秘密渗透》，获省级领导批示。

在本人主持的国家社科基金"大学生马克思主义理想信仰的生成机理及实证研究"优秀结项成果的基础上，出版本人第二本学术专著《大学生马克思主义理想信仰生成论》，论著直面马克思主义理论、思想政治教育研究中的"焦点"与"核心"问题，其主要特色和创新之处表现在：第一，该著作研究了马克思主义理想信仰及其中国化基本理论问题。作者在审视马克思主义经典作家的思想并对学术界关于理想信仰问题研究情况进行评价的基础上，以马克思主义传入中国为起点，运用理想信仰所包含的逻辑结构等研究视角，从意识形态、民族精神和中华文化等多维语境分析了马克思主义理想信仰的生成理路，特别是结合马克思主义中国化实践，分析了不同阶段大学生马克思主义理想信仰观形成的历史逻辑，这是该成果的一大亮点。第二，该著作运用实证方法分析了大学生马克思主义理想信仰现状及特征。该著作以问卷调查和访谈为手段，比较系统地探讨了大学生马克思主义理想信仰的基本状况及特点，特别是从认知、情感以及由理性所引导并贯穿于主体知、情、意、信和行等角度，分别探讨了"致知成信""移情生信""明理现信"等大学生马克思主义理想信仰的生成机制问题，从比较新的视角拓展了马克思主义理想信仰问题的研究。第三，该著作从理论与实践的结合上探讨了大学生马克思主义理想信仰培育的对策和路径。该著作坚持理论与现实、历史与逻辑相统一的方法，在实证分析的基础上，从"致知成信""移情生信""力行践信"等维度探讨了大学生马克思主义理想信仰的生成机制。作者提出的关于大学生马克思主义理想信仰"知性""动性""能性"等机制，为大学生马克思主义理想信仰培育的路径创新奠定了研究基础，对"00后"大学生马克思主义理想信仰的有效培育具有一定的现实指导意义。论著于 2020 年获得武汉市第十七届优秀社会科学成果三等奖。

（三）高校思想政治理论课教育教学研究

自 2007 年以来，结合自身教学工作实际，持续关注高校思想政治理论课教育教学问题研究。作为高校一线的思想政治理论课教师和长期从事理论研究的工作者，在既往教学过程中发现并思考了大量关于思想政治理论课教育教学中的理论和实践问题，发表了系列关于高校思想政治理论课教学研究论文。代表性的学术成果有《从间隔疏离到交互共融的德育课程教学观探究——以"思想道德修养与法律基础"课程教学为案例》（《现代教育科学》，2008）、《高校思想政治理论课课堂教学有效性的三维审视》（《内蒙古师范大学学报》，2009）、《创新传播模式：高校爱国主义教育新的生长点》（《现代教育科学》，2010）、《中西方道德教育理论中的人性预设之比较与启示》（《江汉大学学报》，2015）、《社会主义道德的本质及其形成》（《教学与研究》，2020）、《从掌握"话语权"到提升"话语力"——高校思政课教学话语创新探析》(《民族教育研究》，2021）。

　　具体而言，针对高校思想政治理论课教育教学开展了如下研究：第一，对学生思想状况进行了大规模的调研。通过抽样问卷调查、个案访谈等形式，定期了解大学生所思所想所感，积累了大量一手资料，构建了大学生思想动态数据库。为此，课题组在全国范围内35所高校的3500名大学生中进行了问卷调查。（按照随机抽取30所高校和立意抽取5所高校的抽样原则，根据文、理、工、医、法、农六大学科分布，按每类平均抽取5所高校，共形成30所高校的抽样框，根据样本量计算保守公式最大允许误差△p为2%、置信度为95%的，考虑到一般通行问卷有效回收率在80%左右，因此将80%作为修正系数，并结合立意抽取的5所代表性高校，根据对每所高校的样本平均期望值的估算，最后，确定随机抽取的30所高校和立意抽取的5所高校的总样本量为3500人。）对13所高校的107名大学生进行了访谈。问卷调查侧重于从数量的角度揭示一种或几种现象的发展变化趋势，帮助我们了解变量与变量之间的关系。访谈需要直接面对面地对受访者进行咨询和观察，这种方式能够获得大量的资料，对受访者进行深度分析，揭示现象背后存在的原因。问卷调查和访谈各有优劣，故此，在调查中将两者相互结合了起来。第二，深化对教材内容的研究，扎实教学内容的学术基础。传统的思政课教学内容沉淀了很多值得承袭的精华，但也需要在新的时代条件中历经新的审视和打磨。传统的教材内容倾向于直接阐释党的意识形态和社会意识要求，没有将现实问题充分融入教材。要实现教学内容的现实转化，必须加强对教材内容的深度研究，巩固教学的学术基础，使教学内容具有历史感和时代感。现实教学中教师研究成果转为教学内容的实践案例正在进行并初有成效，但也暴露出本科生面对晦涩难懂的理论内容而失去兴趣的弊端。真正能引起学生兴趣并起到价值引领作用的教学内容，是历史感与时代感并存的。教师在理论研究中既要有以内容为基础的深度理论挖掘，也要有针对现实实践问题的理论回应，将学生在教学实践中反映的问题以及学生如何自觉运用理论的问题纳入研究内容。"内容为王"，真理的感召力决定艺术的感染力，教学内容决定教学形式。在教学内容的呈现中，科学把握内容真理性与形式创新性的内在张力，既要利用形式创新对深厚理论进行转换，又要规避内容理论性的失真。第三，开发优质教学资源。优质教学资源开发包括对教学案例的精心凝练、新媒体的灵活运用以及社会典型话题的适时采摘等。教师对教学资源的择取要以社会主义意识形态为价值引领，保持对资源的敏感意识。捍卫教学的意识形态性是思政课教师的根本职责，考察学生的思想动态要以意识形态安全为红线，钻研教学内容形式要以意识形态性为指标，只有维护了教学资源的意识形态标尺，才能诊断资源能否成为思政课的教学要素和环节，课堂也由此成为教学资源展示和检验的平台。随着教育教学改革的深入，思政课已经延伸出第二、第三和第四课堂，形成一、二、三、四课堂协同育人的教学模式。第一课堂教学是主阵地，体现在教师对教学内容的集体备课中，从备学生、备教材、备教法等环节中挖掘优质资源；第二、三、四课堂教学是增效器，无论是社会实践教学、网络教学还是国际化教学，都是对第一课堂教学资源的补充，需要教师将优质教学资源开发协调到四种课堂之中。第四，思想政治理论课教学规律与教学机理探索。当前，高校思政课教学正在经历系统性的变革。从"教"的层面而言，信息技术塑造了全新的思政课教学模式。多元化、立体化的视觉图像正以一种全景式的姿态"嵌入"到思政课教学的各个环节，成为"00后"大学生开阔视野、发散思维、体验情感、认知世界的新范式、新方法、新手段。从"学"的层面而言，信息技术改变了"00后"大学生对思政课的理解与接受方式。"智能算法"激发了个体的认知潜能，"智慧学习"唤醒了个体的思想活力，从积极受众理论和认知传播理论来看，"00后"大学生不再是传统意义上作为"话语接收者"的"受众"，而是主动对话语进行接收、感知、识辨、判断、加工以及再传播的"积极受众"。从"教"与"学"相结合的层面而言，"00后"大学生的多元学习认知状态延展至一元主导的思政课堂，打破了思政课原有的教学格局，传统的"硬性灌输"和"强力说服"教学模式的效用逐渐降低，从而导致思政课教学的实际成效离时代要求尚有差距。因此，面对信息技术的重大影响和"00后"

大学生学习认知的全新变化，从大学生的认知发展系统、学习接受系统，思政课的知识形态体系、价值形态体系，思政课教学的现代媒介环境（数字图像、人工智能）研究"00后"大学生对思政课的接受规律，遵循规律精准引导，提升"00后"大学生对思政课的接受度显得尤为必要。

三、本人学术研究的展望与学术志向

本人未来的研究计划以马克思主义为理论基础，以个体思想道德认知与发展理论为主要借鉴，将宏观与微观、规范与实证相结合，从事大学生马克思主义理想信仰论题的研究，将此论题推向深入，从而提高大学生思想政治教育的实效性。本人长期致力于个体思想道德认知与发展，尤其是大学生的理想信仰问题的研究，已经取得一些代表性成果，拟在今后的科研工作中继续在该领域取得创新性突破。个体思想道德认知与发展和大学生马克思主义理想信仰教育表面上似乎并没有直接的理论融通性，但将这两个问题联系起来考察对思想政治教育学科具有必要性，而这也是本人未来研究的目标和方向。个体思想道德认知与发展论题以科尔伯格的道德认知发展理论为代表，以道德哲学、道德心理学与道德教育学为学科依托，着眼于个体的道德认知发展水平。以科尔伯格为代表的道德教育家对不同年龄段青少年的道德认知发展问题展开了实证研究包括长达数年的跟踪调查，但却没有对大学生这一特定群体展开过实证研究，而大学生的道德认知发展问题对于我国的思想政治教育而言无疑具有非常重要的价值，上述研究的缺失为我国思想政治教育学界的理论研究留下了空间。大学生马克思主义理想信仰教育以马克思主义理论尤其是马克思主义意识形态理论为基础。值得注意的是，马克思主义很少有直接对于规范性问题和教育问题的论述，更遑论对于大学生理想信仰教育论题的讨论。本人以往对此论题的研究采用的是规范层面的哲学探讨与宏观层面的实证分析，如问卷调查和访谈相结合的方法，但囿于时间的非连续性，尚未进行3–5年的跟踪调查以及个体心理学层面的实证研究。

大学生马克思主义理想信仰教育是思想政治教育学科的一个显性问题，关涉高校思想政治教育的话语权。大学生马克思主义理想信仰教育是一个复杂的系统，对此系统的科学考察从来都不是一两门学科所能解决的，至少需要马克思主义的理论基础以及来自道德哲学、道德心理学、道德社会学、道德教育学等的理论借鉴。在今后的研究中，本人拟以马克思主义理论，尤其是马克思主义人学理论、马克思主义道德哲学理论和马克思主义意识形态理论为理论基础，以科尔伯格理论、新科尔伯格理论与后科尔伯格理论中的个体思想道德认知与发展为主要的理论参考，重点汲取其跟踪调查的方法和实证心理学方法，对大学生马克思主义理想信仰问题展开更加系统和具体的研究，从而将此论题落到实处，助益于高校思想政治教育的发展。这无疑是一项十分艰巨的学术任务，难能可贵的是目前本人所指导的研究生团队具有心理学、社会学、哲学的理论功底，为这项研究的展开提供了可能，也使得本人对这项研究充满信心。

这项研究的创新之处主要体现为研究视域的创新，即以个体思想道德认知与发展理论为分析视域来研究大学生马克思主义理想信仰教育这一特定对象。因此，研究的重难点在于适切地把握道德认知与发展理论尤其是科尔伯格的道德认知发展理论，而这一理论显然还具有一定的完善空间。目前，国内学界围绕"道德认知与发展理论"尤其是"科尔伯格道德认知发展理论"这一论题就其理论来源、主要内容、对我国思想政治教育的启示、积极意义与局限性、当代发展与挑战等方面进行了多维度的研究，取得了一系列成果。从已有的研究成果来看，国内学界形成了"科尔伯格道德认知发展理论"的初步学术基础。但由于我国道德心理学先天发展不足且尚未形成统一的研究范式，后科尔伯格时代西方道德心理学对科尔伯格道德认知理论的挑战，兼之本世纪初以来"情感德育论""生活德育论"思潮的兴起，对道德认知发展的相关研究整体匮乏。研究成果以二十余篇代表性期刊论文为主，相关学术专著及译本较少，缺乏系统性与深刻性。在理论层面，对该论题只进行了"介绍型""教科书式"的阐发，缺少探讨、争鸣与碰撞；在实践层面，理论的应用指向较为普遍化，尚未将其作为方法论基础具体分析特定群体尤其是大学生的思想道德发展水平。基于目前的学术现状，本人立志带领研究生团队至少从以下几个方面展开创新性研究：

第一，从马克思主义事实与规范相统一的角度厘清"道德认知发展"的理论内涵和阶段运作。科尔伯格的"道德认知发展"是一个相对复杂的概念，借鉴了道德哲学、道德心理学、道德教育学的学术成果。科尔伯格道德认知发展理论的首要问题就是对"道德认知发展"概念的多学科式的科学界定。例如，后科尔伯格时代的道德心理学在继承认知心理学、发展心理学、人格心理学的基础上对"道德""道德人"概念本身进行了重构；新科尔伯格理论在吸收认知心理学新成果的基础上，拓展了科尔伯格理论中"认知"一词的内涵和外延；"发展""道德发展"除了具有经验层面的实证理路，本身也应具有超越、规范性的价值指向，而目前鲜有学者将事实判断与价值判断融合于科尔伯格"道德发展"概念之中。除此之外，从马克思主义的立场如何界定"道德发展"？"道德发展"与"人的全面发展"是怎样的关系？毋庸讳言，在概念演变中对"道德认知发展"进行最大共识的界定和认可是厘清科尔伯格"道德认知发展"理论内涵的必要条件。另外，我国学界对科尔伯格道德认知发展的阶段理论研究较多，却较少探讨道德认知发展的阶段运作，对道德发展与青少年道德建构之间的关系阐释不清，导致无法全面揭示科尔伯格为何从认知和发展的角度来研究主体的道德发展。

第二，以马克思主义理论为基础，系统研究道德认知发展理论的德育价值。从国内学界研究现状看，科尔伯格道德认知发展理论的德育价值研究虽较为普遍，但大都从宏观层面把握该理论对德育理念、德育模式、德育环境的启示，微观层面重视不足。例如，科尔伯格公正价值原则对德育尤其是大学德育意义的探讨重视不足。不可否认，科尔伯格道德认知发展理论从根本上没有超出西方启蒙运动以来理性主义、科学主义及其特定的社会政治文化领域，其宣扬的道德理性原则、普遍正义原则不可避免具有某种理想的形式主义普适性。但在多元文化交织共存的大环境下，我国大学生在德育领域出现认知混乱甚至相对主义的倾向，寻求建立在绝对价值意义上的道德共识成为大学生思想政治教育的关键。科尔伯格所强调的公正的基础原则对这一问题的解决无论在方法论还是具体方法层面均具有深刻的作用，且与社会主义核心价值观相吻合。关键在于，我们如何使这种形式主义的普适性与马克思主义意识形态相契合，同时与我国特定的社会结构和文化传统结合起来，借鉴其合理的成分，探索符合中国国情的德育理论和模式，在理论上和实践上都需要我们进一步思考和探讨。

第三，梳理科尔伯格理论、新科尔伯格理论与后科尔伯格理论的内在逻辑关联，阐述以个体思想道德认知与发展理论为分析视域来研究大学生马克思主义理想信仰教育这一特定对象的必要性。从目前国内学界研究现状看，对上述三者的研究相对独立，尤其是后科尔伯格理论与科尔伯格理论的比较研究不足，在比较研究中也尚未达成共识性结论。例如，人们对科尔伯格的道德推理、道德判断和道德发展阶段的理论提出了很多不同的观点，但目前的研究还没有完全解释清楚道德认知的作用，科尔伯格理论仍具有强烈的时代意义，并不能被后科尔伯格理论推翻。理论研究既要有时间域也要有空间域的思维。历史性是科尔伯格道德认知发展理论的基本规定性，因此对其研究要与新科尔伯格理论相结合，进而把握道德认知发展理论的纵向发展及新旧科尔伯格理论的一脉相承性。同时，对其研究也要有空间的并列性，把握属于道德认知理论范式的新旧科尔伯格理论与属于情感、知觉、基础理论范式的后科尔伯格道德心理学的异同点，在纵横比较研究中把握科尔伯格道德认知发展理论的独特性及其不可取代的历史地位，从而凸显以个体思想道德认知与发展理论为分析视域来研究大学生马克思主义理想信仰教育这一特定对象的必要性。

第四，推进多种研究方法与学科视角的综合研究。其一，历史审视与现实关怀相结合。对科尔伯格道德认知发展理论的研究，既要有历史的一脉相承，又要有鲜明的时代特色，尤其要符合我国道德心理学和思想政治教育的需要，唯有如此才能推进符合国情的现实研究。其二，理论批判与规范建构相结合。科尔伯格道德认知发展理论既有经验层面的实证分析，也有规范性的价值关怀，是动态开放的理论体系。而目前国内学界对其研究局限于教材式的借鉴，缺乏理论争鸣与观点碰撞。本人拟根据我国思想政治教育现实的需要，以其方法论和具体方法为基础，加强对特定群体尤其是大学生思想道德发展的访谈、调研等实证研究和认知心理学的实验研究，同时利用新科尔伯格确定问题测验的规范、操作的评价体系等对这一问题加以分析，在跳出经验研究的同时从学理上给予其价值立场的支撑。其三，综合多学科的交叉视角研究。科尔伯格本人用康德的规范伦理理论来界定公正的道德推理，并运用心理学实证数据击退哲学上的道德相对主义。可以看出，其道德认知发展理论涉及领域广泛，而目前研究大多局限于道德教育视角和道德哲学视角，对科尔伯格思想与现代道德哲学家或道德哲学流派思想的比较研究明显不足，与马克思主义相结合的研究更是匮乏。而加强学科之间的协同研究，是以道德认知发展理论为视域来研究大学生马克思主义理想信仰问题的关键。

总之，本人拟以个体思想道德认知与发展理论为分析视域来研究大学生马克思主义理想信仰教育问题，将围绕这一问题带领研究生团队进行不懈努力，争取产出一系列代表性成果。努力在《思想教育研究》《思想理论教育》等本学科核心刊物发表具有影响力的学术论文，并出版具有标志性的个人专著。在思想政治教育学科成立至今的近四十年时间内，老一辈的思想政治教育学者为学科发展奉献了自己的时间和精力。本人将以前辈学人为榜样，在其引领下奋力耕耘，立志成为该论题领域具有代表性的专家学者，为学科发展贡献自己的力量。

四、本人对思想政治教育学科的研究设想与对
思想政治教育研究者的认识

（一）本人对思想政治教育学科的研究设想

经过近四十年的发展，思想政治教育学科已经取得了长足进步。虽然思

想政治教育学科在不同历史时期具有相对稳定的主题和使命，即服务于人的思想政治素质发展的需要和党治国理政的需要，但在不同历史时期也具有不同的研究论域，或重视基础理论，或重视现实实践；或重视国家和社会的需求，或重视个体的解放……呈现出一定的研究张力。新生代的思想政治教育学者应认真总结思想政治教育学科在特定历史阶段的"变"与"不变"。结合思想政治教育学科的客观发展进程和当今时代本人对思想政治教育学科的主观认知，认为现阶段思想政治教育研究应重点着眼于以下几个方面：

第一，思想政治教育研究应坚持宏观思想政治教育与微观思想政治教育的结合。沈壮海教授早在 2004 年便在学术期刊上提出这一观点。2022 年，由其主编的《新编思想政治教育学原理》明确提出，思想政治教育学是宏观与微观的统一，思想政治教育的研究对象不仅仅包括微观层面的"人的思想政治素质及其生成与发展"，同时包括宏观层面的"社会主流意识形态及其生成与发展"。这一观点从初步提出到写入教材，充分彰显了其在学科发展史上的创新性价值，它既继承延续了以往从教育学视角出发对思想政治教育研究对象的界定，同时与十八大以来习近平总书记所强调的"课程思政""大思政""大思政课"等理念与实践深度契合。这种关于思想政治教育研究对象之"一体两翼"的观点对学界的研究具有双重启示：一方面，长期以来，思想政治教育的研究对象大都局限在大学生思想政治素质发展向度，未来的思想政治教育研究不应仅仅局限于以大学生为主体的社会多元群体的思想政治素质状况，同时应关注社会主义意识形态建构的历史经验与规律。从这一立场出发，思想政治教育与整个社会运行系统之间的关系、社会治理和地方性治理的意识形态经验、新时代文明实践中心的教育价值等都成为本学科值得关注的重要论题。另一方面，微观层面的思想政治教育仍不容忽视。习近平总书记认为，思想政治工作从根本上是做人的工作。就此而言，意识形态的建设仍然需要落脚于人的思想政治素质的提升，"转化说"仍具有不可磨灭的时代价值。因此，不可矫枉过正地以宏观思想政治教育代替微观思想政治教育，宏观思想政治教育与微观思想政治教育的结合应成为现阶段本学科研究的理论自觉。

第二，思想政治教育研究应坚持"守一"与"望多"，"道"与"术"的结合。思想政治教育学科自诞生之日起便重视学科交叉，目前学术界所提倡的思想政治教育"守好一段渠、种好责任田"也并不排斥学科交叉，前者强调思想政治教育研究要牢记其价值和目标（思想政治教育研究之"道"），而学科交叉则是实现这一目标和价值的必然手段（思想政治教育研究之"术"）。当今社会，人类实践生活的总体性日益增强，学科交叉成为学术研究的必然趋势，也是"新文科建设""新文科育人"的内在要求。思想政治教育作为一门实践性极强的年轻学科，兼之其研究对象的特殊性，更应当重视学科交叉。"社会主流意识形态及其生成与发展""人的思想政治素质及其生成与发展"是思想政治教育同一过程的两个方面，思想政治教育研究应牢牢抓住这条主线，打破学科壁垒，以马克思主义理论为理论根基，充分汲取多学科的研究成果，开展创新性与拓展性的研究。

第三，思想政治教育研究应坚持青年思想政治教育和网络思想政治教育的结合。习近平总书记在党的二十大报告中指出，"全党要把青年工作作为战略性工作来抓"，青年工作与思想政治教育的内在联系明显凸显。值得注意的是，青年群体不仅仅包括大学生，也包括青年民工等，其思想道德状况同样应当引起研究者的关注，而这一点是以往的研究较为欠缺的。在技术日新月异的时代，青年工作无疑离不开网络，网络已然成为青年思想政治教育的主阵地。因此，要将青年思想政治教育与网络思想政治教育融合起来研究。一方面，从宏观视角关注数字时代、元宇宙、人工智能、智能算法等网络大环境给思想政治教育带来的机遇和挑战。另一方面，从微观视角关注青年具体的网络行为和网络现象，如网络圈层化、网络消费主义、网络民粹主义、网络玩劳动等，分析思想政治教育对该行为和现象的教育引导。

第四，思想政治教育研究应系统整理和提炼习近平总书记关于思想政治教育的重要论述，推进思想政治教育学科在新时代的机遇与挑战中发展。党的十八大以来，思想政治工作被摆在了更加突出的位置。习近平总书记关于思想政治工作、思想政治理论课等发表了一系列重要讲话，如思政课的本质、社会主义核心价值观的宣传教育、中国精神和中国故事的对外传播、青年成长成才的规律、青年和党员干部思想政治工作的开展等，表征着思想政治教育学科迎来了新的发展机遇期。在实践中，我国意识形态领域也发生了根本性、全局性变革。毋庸置疑，服务于党在不同时期的治国理政是思想政治教育学科的一大特色。因此，面对不同社会形态下的意识形态斗争，如何讲好新时代十年的伟大变革和过去五年的工作成就，如何向世界讲好中国故事，如何更好地宣扬十八大以来的理论创新成果——习近平新时代中国特色社会主义思想，成为新时代思想政治教育的重要使命。理论工作者应自觉整理和提炼习近平总书记关于思想政治教育的系列讲话中所蕴含的思想政治教育学原理和方法论，这是我们认识新时代思想政治教育地位、价值、目标和任务的基础和前提，也是思想政治教育学科在新时代的机遇与挑战中求发展的必然要求。

（二）本人对思想政治教育研究者的认识

如果说科研与育人是思想政治教育研究者的双重使命，那么育人则是思想政治教育学科理论研究的现实导向。青年工作是我们党的一项极端重要的工作，做好青年工作是培育时代新人的直接体现，也是思想政治教育学者和思想政治工作者的重要任务。思想政治教育学科的研究者应始终围绕立德树人根本任务，坚持为党育人、为国育才，将培养心怀"国之大者"的社会主义建设者和接班人作为教书育人的指向。为更好地完成这一任务，思想政治教育学者在学术研究过程中应当做到以下几个方面：

第一，思想政治教育研究者应做到"经师"与"人师"的统一。道德与知识从来都是不可分离的。我国自古便提倡"尊德性而道问学"，对于教师更是如此要求。思想政治教育是一门规范性和实践性极强的学科，教师若缺乏坚定的理想信念，无法按照社会主流意识形态和社会道德的要求规范自己的言行，教育效果便大打折扣。在学期间，本人深刻体会到导师的渊博学识和人格魅力对本人学术研究和道德修养产生的极其深刻的影响。在成为研究生导师的十余年，本人始终恪守研究生导师的职责，在提升研究生马克思主义理论水平的同时努力担当其"引路人"的角色。在未来的教学科研中，本人也将继续践行双重使命，牢记育人初心，立志成为学识渊博又热情洋溢的研究生导师，而这也是每一位思想政治教育研究者的使命担当。

第二，思想政治教育研究者应不断提升从事思想政治工作的能力和水平，并将思想政治工作具体经验提升为思想政治教育普遍知识。思想政治教育是一门实践性极强的学科，思想政治工作和思想政治教育从来都是紧密联系在一起的，没有卓越的思想政治工作能力，思想政治教育科研成果也很难具有理论说服力。回顾学科发展史可以看出，思想政治教育学科的知名学者无不具有一线工作的经历，他们大都从事过高校辅导员或党政管理者的工作，也有学者曾担任重要的行政职务。本人在工作后的十余年中，曾担任研究生辅导员角色，目前担任学院主管研究生工作的副院长一职，在工作中积累了从事思政工作的经验，深刻感受到思想政治教育研究与思想政治工作的内在关联。因此，思想政治教育研究者在科研过程中，应当积极总结从事思想政治工作的经验，即使是与学生的简单沟通与交流，努力将在日常生活中形成的具体经验升华为具有普遍规律的思想政治教育知识。这既是思想政治教育者专业能力的象征，也是其对思想政治教育学科的贡献。

第三，思想政治教育研究者应在教学科研中形成自己的教育理念，并将教育理念践行于日常教学之中，做到教育理念与教育实践的统一。教育理念是教育实践的先导，思政课教学改革通常建立在一定的教育理念基础之上。例如，党的十八大以来"课程思政""大思政课"便是由理念到实践的发展过程。思想政治教育研究者在教学科研中，应立志形成能够经得起理论论证的教育理念，并通过不断总结从事思政课教师以来的教学经验，将教育理念运用到实践教学当中，为提升思政课的实效性贡献自己的一份力。

李丽：从学生工作者到思政课教师的成长之旅

李丽，女，1981年生，山东海阳人，天津大学马克思主义学院副教授，博士生导师。

首先，非常感谢编委会给我这样一个宝贵的机会，让我谈谈自己的学术成长之路。我本是哈尔滨理工大学的一名学生工作者（做过12年辅导员和3年院级主管学生工作的副书记），2020年转型成为一名天津大学马克思主义学院思政课教师。所以，我的学术功底和学术成就与科班出身的中青年教师相比，还有很大的差距。

但我之所以接受这个邀约，是因为我想到自己的学术成长经历对于目前虽在学生工作岗位，但有志成为一名思政课教师的同人来说，应该是具有一定的启发和借鉴意义的，下面我从我的学术成长历程、学术志向与心得等方面进行讲述，不当之处，请各位专家同行批评指正、不吝赐教。

一、学术成长历程及面临的困难和挑战

十年前，也就是2012年的春天，作为高校辅导员的我，在第一届全国辅导员职业技能大赛中获得三等奖（排名全国第12名）。回到学校后，一名老辅导员略带感慨地和我说，他工作了这么多年都没有经历过类似的比赛，说我赶上了好时候！因为如果没有这样一个比赛的平台，一个职业生涯只有七年的辅导员，是很难脱颖而出的。

事实上，这仅仅是我个人职业生涯赶上好时候的开始。三年后，得益于教育部思想政治工作司设立的高校辅导员在职攻读博士学位专项计划，我有机会在职攻读了法学博士学位。所以，真的特别感谢教育部思政司为我们辅

导员队伍提供的宝贵机会，搭建的宝贵平台；感谢时任教育部思政司冯刚司长对辅导员队伍的关爱和提携。冯司的那句，辅导员们要学会"把辛苦转化为成果，把经验上升为科学"的谆谆教诲影响了我很多年，也激励着我从实践走向理论、从第二课堂走向第一课堂。

如果说职业生涯有重要转折点，那么，在东北师范大学攻读博士学位的学术经历，则是我学术生涯上最浓墨重彩的一笔。正是因为有东师三年的博士求学生涯，让我开阔了学术视野，受到了严格的正规的学术训练，坚定了成为一名马克思主义理论工作者的信念。理想信念是事业和人生的灯塔，决定我们的方向和立场，也决定我们的言论和行动。正是因为确立了把研究马克思主义作为自己的人生追求的志向，博士毕业后，我有幸去吉林大学开始了马克思主义理论博士后研究工作。

机会偏爱有准备的头脑，我幸运地赶上了最好的时代，赶上了思政课的春天。2020年转型成为了天津大学马克思主义学院的一名思政课教师。成为专职思政课教师的这两年里，我深刻地体会到，虽然曾经十五年的学生工作经历为我讲好思政课，奠定了坚实的实践基础，让我和学生之间有着天然的情感联系；七年的博士、博士后学术研究经历为我讲好思政课提供了一定的理论支撑，让我具备一定的理论基础，但和本硕博一路连读、科班出身的任课教师相比，我的学术基础、理论功底还十分薄弱。

正所谓"隔行如隔山"，虽然说高校辅导员工作和思政课教师的工作有很多的共同性，而且党和国家一直强调两支队伍要相互协同、合力育人，但毕竟他们的工作内容、工作方式有很大的不同。比如辅导员育人工作更多的时候是和学生一起解决"怎么办"的问题；而思政课教师的工作更多的时候是和学生一起探索"是什么""为什么"的问题。前者属于实践层面；后者上升到理论层面。那些一路本硕博连读的同人苦于自己不了解学生，不了解社会，讲课亲和力不足，感染力不够的问题；而我却苦于自己理论基础薄弱，知识体系碎片化，讲课学理性、学术性不浓的问题。

二、学术志向与学术心得体会

转型前，我曾和学界多位前辈请教，转型后应该如何为新开启的职业生涯做准备。他们提了很多中肯的意见，其中比较有共性的是，他们都认为最重要的事情，就是要尽快确定自己的学术研究方向。因为，只有早点确定学术研究方向和领域，读书和做研究才能更有针对性，基于此，在过去的两年里，我进行了如下尝试和探索，与各位共勉。

一是结合自身的理论兴趣、研究基础和现实需要，确定学术研究的领域和方向。选择学术研究方向，需要一个摸索的过程，需要结合时代的需要和自身的实际。我的学科背景是思想政治教育、博士研究方向是网络思想政治教育，讲授的课程是《思想道德与法治》，我本人对互联网、青少年、成长成才的问题很有热情和兴趣。基于此，在经过两年的深入思考和认真选择后，我最终将互联网时代青少年的成长成才确定为自己的研究方向。

需要特别指出的是，尽管我讲授的课程是《思想道德与法治》，所学的专业是思想政治教育，面对的教育对象是大一新生，但马克思主义哲学、马克思主义基本原理却是最基础性的东西，是必须掌握的看家本领，不可忽视。况且一个没有哲学思维能力的人是很难做好学术研究工作的。毛泽东同志曾经说，马克思主义有几门学问，但基础的东西是马克思主义哲学。马克思主义哲学包括辩证唯物主义和历史唯物主义，是马克思主义立场、观点、方法的集中体现，是马克思主义学说的思想基础。学哲学、用哲学，一直是中国共产党的优秀传统，是中国共产党极大的思想优势和政治优势。他还说，我们的眼力不够，应该借助于望远镜和显微镜。马克思主义的方法就是我们的望远镜和显微镜。所以，作为一名思政课教师，首先就要学好马克思主义哲学、马克思主义基本原理。

学好马克思主义哲学、马克思主义基本原理，最有效的办法是读原著、学原文、悟原理。马克思主义的立场、观点、方法就存在于经典著作中、存在于马克思主义基本原理中。如果一个人根本不研读马克思主义经典，不掌握马克思主义基本原理，只能空谈所谓立场、观点和方法。因此，作为一名思政课教师，必须要原原本本学习和研读马克思主义经典著作。需要强调的是，全面系统读原著，联系实际学原文，都以悟原理为基本目的。悟原理，在今天就需深刻领悟习近平新时代中国特色社会主义思想。

因为理论基础薄弱，知识匮乏，我曾在读原著、学原文的过程中遇到很多困难，甚至一度想过放弃，于是虚心向学界德高望重的老前辈请教。老先生苦口婆心和我讲读原著和读二手资料的区别，并指出读原著、学原文，不仅包括马恩经典著作，而且包括马克思主义中国化最新理论成果，尤其是要把中国化、时代化的马克思主义，二十一世纪的马克思主义，即习近平新时代中国特色社会主义思想学深悟透。这让我茅塞顿开、豁然开朗。从此，在读原著、学原文上更卖力气，更下功夫，也日渐体会到原著的甘甜，并乐在其中、乐此不疲，努力做到真学、真懂、真信、真用。

二是埋首经典，在选定的领域深耕细作、久久为功。确定了学术研究方向，接下来就是围绕目标和方向，深入研究，埋头苦读，这就需要围绕所确定的研究方向和问题，以最基本的历史文献和最经典的学术论著为中心进行学术史、学科史的梳理。理解自己的学科，对学科本身的发展历程和问题的由来有个了解，也就是学科史。之所以要进行学术史、学科史的梳理是因为，只有进行系统梳理，才能真正了解清楚前人做了什么，运用什么方法做的；了解当下该研究领域学术研究的趋向、理论和方法；看到什么是"可持续发展"的学术问题，什么是"增长点"的学术领域。这就要求我们要在学术史、学科史的梳理上下一番相当艰苦的功夫。

做学术研究的根基和前提是读书。每个人都是被读书改变的。读书是激发思想活力、启迪哲理智慧、滋养浩然之气的必由之路。读书的过程不仅是知识积累的过程，更是提升人生境界的过程。我们要进行研究、要做学问，最基本的就是要把名称变成概念，掌握特定学科、特定专业的概念系统。正如哲学家黑格尔说，人们经常挂在嘴边的名词往往是人们最无知的东西。在概念的意义上写文章不是玩低级的、庸俗的、幼稚的概念游戏，而是要在学术上真的有理论创新，把名称变成概念，并赋予概念以时代的内涵。如何把名称变成概念，就是要建立自己的理论背景和多重概念框架。没有很好的理论背景，就不可能进行专业意义上的研究。而好的理论背景来自于埋头苦读，所以要多读书、读好书，尤其是要读经典。

三是以问题为导向，坚持问题意识，解决现实问题。干什么事情都有方法的问题。方法对头，才能一步一台阶，少走弯路。做学术研究，光有理论是不够的，还需要面向生命本身，从自己的生命体验出发去思考，密切关注实践的发展，了解社会实际情况。发现问题是最为困难的。从某种意义上说，理论创新的过程就是发现问题、筛选问题、研究问题、解决问题的过程。因此，可以说发现矛盾，揭露矛盾，分析矛盾，解决矛盾，就是写文章的最基本的方法。党的二十大报告提出："问题是时代的声音，回答并指导解决问题是理论的根本任务。"毛泽东同志曾在《反对党八股》中说："什么叫问题？问题就是事物的矛盾。哪里有没有解决的矛盾，哪里就有问题。"他说，一篇文章或演说，总得要提出一个什么问题，接着加以分析，然后综合起来，指明问题的性质，给以解决的办法。他提倡要"使大家学会应用马克思主义的方法去观察问题、提出问题、分析问题和解决问题"。因此，思政课教师要善于提出问题，善于围绕着重要的有价值的问题去学习、思考、探求。

四是坚持笔耕不辍、日积月累。对于做学问的人来说，要读、要想、要说，最重要的是要"写"。正所谓"不动笔墨不看书"，要经常写，有思路就写，文章是写出来的，写作才是硬道理。事实上，写作的过程既是思考的过程、研究的过程，也是提升能力的过程，尤其是提升激活背景知识的能力的过程，就是把自己的知识，全部的理论背景都调动到当前要写的问题上来的能力。这种能力特别重要，可以让我们在不断的积累、总结和凝练中产生新思想。不知道大家是否有这样的感受，当你萌生了把一个问题写明白，写出其中的道理的念头后，就会绞尽脑汁，调动一切与此相关的资源来论证这个问题。也正是在这样一个边想边写，边写边想的过程中，你的知识得以整合，观点得以呈现。

写的过程本身是环环相扣、条分缕析的过程，是从这个问题找到了走向另一个问题的通道。写作的逻辑应该体现在，你的第一篇文章能推出第二篇文章，一篇文章中的第一个问题推出第二个问题，第二个问题推出第三个问题，剥丝抽茧，彼此相连，而不是一个拼盘。"事非经过不知难"，你只有自己写了才知道写出一篇好文章谈何容易。读书、思考，从中悟出了道理，就尽可能把自己认为想明白的道理付诸文字的书写过程中去，把它对象化成为你自己批判反思的对象，在写出初稿之后，设想"假如我是编辑"，用挑剔的眼光看一看，找找毛病，这对修改、打磨稿子是有益的。

干事创业好比钉钉子，唯有持之以恒，一锤一锤地接着敲，才能厚积薄发、成效显著。正所谓，"日日行，不怕千万里；常常做，不怕千万事"，其大意是天天向前走，即便千万里路，也不嫌远；常常动手做，纵有千万件事，也不畏难。可见，凡事只要有恒心、持之以恒地坚持下去，就会取得成功。正如恩格斯所言："每种变化都是量到质的转化，是物体固有的或所承受的某种形式的运动的量发生量变的结果。"

关于高校辅导员如何挤出时间做科研，如何恰当处理科研与辅导员日常工作的关系的问题，我个人有很深的体会。辅导员的工作特点是"千根线一根针"，很多工作都要求短平快。在这种环境背景和现实情况下开展科学研究，要发扬挤的精神和钻的精神，即在时间上，要去"挤"，要学会见缝插针，把碎片化时间利用起来。在深度上，要去"钻"，要学会揪住一个问题，寻根追底。

三、正确认识职业生涯转型前后的关系，教师与学生、教学与科研的辩证关系

成为一名思政课教师之后，我一直在思考如何正确认识辅导员工作与思政课教师工作之间的关系，如何正确认识教师与学生的关系，如何正确处理

教学与科研的关系，如何恰当解决学术研究与课题申报、论文撰写的关系等问题，在此和大家一起探讨。

一是正确认识之前的职业与转型后职业的关系。"人生没有白走的路，每一步都算数。"曾经十五年的学生工作经历对于我今天成为一名思政课教师意味着，这样一段独特的生命历程和一种特殊的生命体验让我可以成为一名与众不同的思政课教师。如何充分发挥这段经历在新的职业生涯中的优势是值得我认真思考的问题。

以前做辅导员的时候，一直觉得理论是灰色的，生活是五颜六色的。我喜欢和学生们在一起，曾连续多年带领学生下乡支教、组织爱心义卖、捐款捐物活动。2008 年，5·12 汶川地震后，曾主动带领 5 个学生一起去四川做了半个月的志愿服务。在四川的半个月时间里，我们为一所高中，两所小学的 800 余名学生做心理辅导与人生规划。2022 年 10 月，党的二十大之后，在给学生宣讲二十大精神，讲到"有责任有担当，青春才能闪光"时，现身说法，声情并茂地讲述自己曾经去四川做志愿服务的事情，这让现场的同学们很受鼓舞和启发，他们纷纷表达了希望自己可以成为一名新时代好青年，为祖国做贡献的青春理想。那一刻，我意识到"最深真情能动人"，有真情实感才能把思政课讲得鲜活、讲得生动、讲得具体。

二是正确认识教师与学生的关系。曾经在我做辅导员期间，有位老师鼓励我说，我有望成为教育家，原因是我在一线工作，离学生最近；后来我成为一名思政课教师之后，又有一位老师鼓励我，说我具备成为名师的条件，原因之一是我和一批优秀的学生在一起。虽然说前辈们的鼓励是为了激励我在名师大家的道路上坚定前行，但他们都说到了一个非常重要的部分，那就是学生对于一个教师的重要性。所以我们不仅培养了学生，学生也反过来培养了我们。

我们说，写文章的时候，心中要有读者，想着我是为谁写的，要向读者交心，与读者交流。同样，备课的时候，心中要有学生，要想到自己讲的这些知识点是否能解决学生的思想困惑；是否能契合学生的内心需要；是否能满足学生的健康成长。

三是正确处理教学与科研之间的关系。习近平总书记说："思政课是落实立德树人根本任务的关键课程，思政课作用不可替代，思政课教师队伍责任重大"，要"让有信仰的人讲信仰，让有爱国情怀的人讲爱国"，"老师要用心教，学生要用心悟，达到沟通心灵、启智润心、激扬斗志"。既然选择了成为一名光荣的思政课教师，就要承担起为党育人、为国育才的重担，就要按照政治强、情怀深、思维新、视野广、自律严、人格正的"六个要"标准要求自己。"经师易求，人师难得"，"虽不能至，心向往之"。我热爱我的教学工作，讲思政课的过程，也是升华我个人思想境界、坚定理想信念的过程。

思政课的政治性、思想性、学术性、专业性是紧密联系在一起的，其学术深度广度和学术含金量不亚于任何一门哲学社会科学。思政课老师要以科研为基础，没有科研支撑，讲课就会内容陈旧，照本宣科，空洞说教，无法达到让学生真心喜爱、终身受益的预期效果。思政课教师要依据教学要求来选定研究方向、研究课题，把教学内容和研究选题有机结合在一起，努力实现教学科研一体化，实现"教研相长"。当教学内容成为研究方向、选题内容，教学要求也就成为推进深入研究的动力。教学中的难点问题，也就成为需要深入研究的重点问题。教学促进研究工作的展开，研究成果直接转化为教学内容，有助于增强教学的学术含量，促进提高教学水平。

我喜欢倾听学生内心的声音，期待了解学生的真实想法，渴望满足学生成长发展的需要。我常常想，学术对于我来说意味着什么呢？想来想去，我觉得做科研是为了讲好课。我希望自己可以成为一个用生命影响生命、用心灵碰撞心灵、用智慧点燃智慧的老师，把主要精力放在教书育人上。在我的课堂上，总是会安排小组讨论、发言、辩论的环节。在这个过程中，深化认识、活化理论、学以致用，不仅对学生有所启迪，而且最重要的是对学生有所震撼。

四、关于申报课题的体会

近年来，天大马院在颜晓峰院长的带领下，蒸蒸日上，破浪前行，老师们干劲十足，在课题申报、论文发表方面硕果累累，我本人也在2020年喜获国社科一般项目立项，在此也和各位同人分享我的体会。

一是在学术史的梳理上，要广泛占有相关资料。从申请课题的角度来说，学术史梳理、题目的确定、材料的搜集整理至关重要，其中学术史的梳理是研究的基础。因此，要深入了解国内外学界的研究动态，弄清楚当前实践中有什么需要，实践向理论提出了什么问题，学术理论自身在发展中提出了什么问题。在前人研究的基础上做研究，最忌讳的是述而不论。

二是在题目的确定上要用心。题目就像人的眼睛，要鲜明、生动、突出；要观点正确、论述准确、表达规范。选题，就是选问题，选题恰当，就是选准问题，提出有意义的问题。选题恰当是科研成功不可缺少的前提。选题要能站得住，有意义，要有重要的理论意义或实践意义，即有学术价值或应用价值，最好是这两方面兼而有之。选题可以选择学术界正在研究的热点问题，也可以选学术界没有人研究但却实际存在的问题；还可以选实践中存在的问题，从实践中挖掘新材料、发现新问题。总之，好的恰当的选题，是在实践方面的情况、学术理论方面的情况以及你自己的兴趣、基础等方面的情况的契合中产生的。而关于如何确定选题，前提就是要了解学术理论方面和社会实践方面的现实情况。

三是在材料的搜集整理方面要抓住重点。重在收集四类资料：第一类是以马克思主义经典作家的相关论述为代表的理论资料；第二类是党的文献、档案、报纸等文献资料；第三类是社会调查资料、实证材料，比如国家统计局每年发布的材料，教育部发布的、教育年鉴公布的数据；第四类是学术界已经研究的成果。

需要特别指出的是，搜集资料、整理资料只是研究的准备工作，不是研究工作本身。只有经过你的头脑这个加工厂的加工制作，并向新的未知的领域进军，形成新的思想、观点，才是严格意义上的研究工作。"选材要严，开掘要深。"打个比方，收集资料的过程，有点像买菜，要先整体逛逛；买食材要全，一次没买齐，就要二次购买。也就是说我们要多准备材料，材料要齐全。整理资料的过程，像择菜，去粗取精，分门别类，使之条理化。写作前要经过充分准备，要酝酿成熟。写作的过程，像炒菜，一气呵成，一鼓作气，先求成再求精，先写成，把所有想写的话都写出来，然后再改。

当然，没有积累很难把课题论证好，前期积累也是申请课题的重要指标，并占较大的权重。所以，还是要沉下心来，一头扎进去，钻研问题，思考问题，按照新的视角和新的思路，对既有的材料进行整合和分析研究，做到结构合理、逻辑严密、重点突出；做到论据和论证足以支撑其论点，得出全新的结论。

结语

"遇到一个好老师是一生的幸运。"而我的一路走来，又是何等的幸运啊，从高中老师，大学辅导员，到硕导、博导、博士后合作导师，都给予我太多的无私指导与倾情奉献，此外还有很多学界大咖，德高望重的老先生对我的真心请教都不遗余力、不吝赐教。这也让我更加坚定了走学术研究的道路，成为像他（她）们那样的人。

现在，我自己也成为导师，也指导学生。学生们对我学术指导上的期待，我总是不遗余力。虽然我的学术能力和学术水平是有限的，但我真诚投入的热情是无限的。我也喜欢这样一种教学相长的感觉。看到学生在科研入门时的困惑与迷茫，我就像看到当年的自己。

李树学：孜孜不倦
争做新时代优秀的思想政治教育者

李树学，男，1981年生，内蒙古赤峰人。现任广州医科大学儿科学院学生党支部书记、儿科学院学生科科长兼精神卫生学院学生科科长、马克思主义学院兼职教师。副教授，在读博士。

一、学术历程

（一）初入职场，转入人文社科领域

本人于2007年毕业于华南农业大学，取得农学硕士学位，在校期间主要研究寄生植物与农作物之间的关系问题，属于自然科学的范畴，严密的逻辑结构和缜密的数据分析为我今后的工作奠定了良好的基础，在校期间担任研究生会学生干部，于是在当年还没有正式毕业的情况下就提前三个月入职高职院校实习，成为一名高校辅导员老师，开始了人生的第一份职业生涯工作。入职后发现，我们同一批次入职的硕士研究生成为该校建校以来的第一批硕士研究生辅导员，内心不免有了一丝丝的优越感。因为刚刚参加工作，工作方法和工作模式也得益于当年的领导和同事，尤其是与高职院校的学生交往中，在与学生的交流中，自我的语言表达和心理期待都要发生变化，幸运的是我碰到了职业生涯的引路人，当时任学校学生处副处长的林翰雄老师，正是他的鼓励和鞭策，让我不断地总结和剖析工作中遇到的问题和困难，学会用思想政治教育的理论和方法去进行解决，还记得在入职的时候广东省教育厅组织全省辅导员进行岗前培训，此外还组织我们进行教师资格培训，学习了"高等教育学""教育心理学"等相关人文课程，在校内还邀请资深的辅导员老师对我们进行全方位的培训，让我们对思想政治工作有了一定的认

识。在工作之余，林副处长总是鼓励和要求我多写点论文，于是在他的指导下形成了第一篇人文社科类学术论文《新时期高职院校学生宿舍文化建设的探索》，发表于《文教资料》，尽管硕士期间也发表了两篇自然科学领域的论文，但是明显感受到人文社会科学与自然科学之间的区别，经历了第一次写作、投稿、修改等环节程序后，又陆续写了两篇小论文，成功申报、立项了一项课题，因此两年内就评到了讲师资格，从此进一步增强了从事思想政治教育的信心和底气。

（二）与导师结缘，做人做事做学问

本人因为从事多年的辅导员工作，自己感觉到自身的思想政治教育相关理论亟待提高，梦想着也可以攻读高校思想政治工作骨干在职博士学位研究生专项，以提升自己的学历水平。那是2019年的一个夏天，本人跟随我校马克思主义学院龚超教授去中山大学聆听一场高水平的讲座，到了现场才知道，原来是教育部思政司原司长、北京师范大学冯刚教授，记得冯教授的讲座题目是思想政治教育热点问题，冯教授讲座让我深刻感受到了思想政治教育学科的博大精深，其中印象最深刻的两句话是"把辛苦转化为成果，把经验上升为科学""做人做事做学问"。讲座结束后，在龚超教授的引荐下，简单地介绍了自己，很忐忑地提出来想加冯教授的微信，没想到冯教授欣然答应，这让我高兴坏了。在后面的日子里，凡是有冯教授主持参与的思想政治教育专委会的相关活动，我都会克服各种困难参加。在后面的几次交往和学术会议间隙中，我提出来表示要考冯教授的博士研究生，他总是笑呵呵地回答，说到时候好好准备，看看你的基础如何，冯老师和蔼可亲的笑容，真诚的鼓励和话语激励着我一步步前进，他每次都会给我推荐几本书或者几篇好的学术论文，这些鼓励的话语深深地印在了脑海当中，不断地让我加倍努力，更好地去进行考试准备。在2020年，曾经去报考浙江大学的博士研究生，因为水平有限，并非科班出身而并没有成功录取，冯老师知道消息后鼓励我继续准备，争取明年获得好的成绩，告诉我学问是一点点积累起来的，于是我利用周末时间和平时晚上阅读了大量的思想政治教育学科方面的书籍，奠定了自己一定的理论基础。在 2021 年 9 月成功录取为华中师范大学思想政治教育学博士研究生。

（三）华师丰厚底蕴，汲取学术营养

2021 年进入到华中师范大学读书，在校一年的脱产时间里，在图书馆有幸拜读了冯友兰、张岱年等学术大师的学术著作，华中师范大学优秀的学风、严谨的学术氛围、深厚的人文底蕴深深影响和吸引着我。华中师范大学马克思主义学院也是属于国内一流的学院，拥有像张耀灿教授、万美容教授、秦在东教授、刘宏达教授等一大批国内知名的学者。记得 2021 年 7 月中山大学郑永廷教授永远离开了我们，这是国内思想政治教育学科领域的重大损失，这也更加坚定了我们要珍惜知名学者和专家为我们授课的美好时光。因为疫情关系，本人有幸聆听张耀灿老先生的思想政治教育的课程讲座，老先生的讲座历史纵深感很强，深入浅出的授课艺术技巧，严密的逻辑，生动有趣，使我受益匪浅，至今仍历历在目。这段学习经历，比较喜欢的课程是由华中师范大学马克思主义学院院长万美容教授讲授的专业课，因为我们是思想政治工作骨干，所以我们的课程安排与全日制博士研究生的课程并不相同，这样我就有机会与全日制博士一起去上课。其间不仅系统学习了思想政治教育的发生论、思想政治教育的方法论、思想政治教育的机制研究、思想政治教育的基础理论，等等，让我对思想政治学科的整体认知有了一定的提升和飞跃。同时，还在线上聆听了国内著名学者或者专家的讲座，如刘建军教授、王炳林教授、韩庆祥教授、刘同舫教授、颜晓峰教授等，他们对思想教育发展史、思想政治教育学科发展、思想政治教育方法论、思想政治教育基础理论等各个方面进行讲授，开拓了自己的眼界和视野。此外，为更好地利用脱产期间的时间，还养成了另外一个终身影响自己的学习习惯，就是泡图书馆，充分利用图书馆的丰富藏书，在阅览室阅读了大量的文献典籍，每天会背着一个学生书包，和大学生一起按时跑图书馆，曾记得一个学期图书馆闭馆的结束曲总共变换了四次，这也使得自己的学术训练和水平得到了很大的提升。

在华中师范大学攻读博士学位期间，思想政治教育专委会每年都举办思想政治教育热点发布，每次我都会前往参加，也是通过这些会议，认识了国内很多知名的专家和学者。无论多忙，冯老师都会带上几本杂志或者书籍，有时是新华文摘转载的文章，有时是譬如学校党建之类的杂志，抑或是国内出台的关于思想政治教育方面的政策文件，并且总是抽出一些时间与我们交谈，虽然在几所学校都带了博士生，并且学生都来自不同的地区，但是老师都会清晰地记得每个人的工作进展或学术进展，冯老师的记忆力真的惊人，都会不失时机地叮嘱我们做好自己的学业和工作，和老师交往的点点滴滴，总是让我受益匪浅，也让我有了加倍学习和努力的动力。

记得2021年夏天，冯老师出差到武汉开会，会议之余，有幸与老师交流，冯老师谈到高校思想政治教育的发展面临的困境，又谈到思想政治学科的交叉性发展，还谈到当前高校大学生的思想状况等，冯老师对问题的理解和见地给人启迪。临别之时，还赠予我一本他已经读过的书籍——《马克思现代性思想探析》，让我好好学习其中的内容，后来我从这本书学习到该著作以当今国内外研究成果为参考，遵循马克思对资本和形而上学批判的主题，从马克思的思想发展史入手，揭示马克思与现代社会的本质关联与相互作用，有力地显示出马克思现代性思想的魅力，从对马克思现代性思想的探索结论出发，立足中国现代性建设的深刻背景，为当代中国现代性建设作了理论扩展，确保当代中国现代性建设的正确方向与顺利进行。①

---

① 冯刚：《马克思的思想与中国现代性建设的内聚——评〈马克思现代性思想探析〉》，《学校党建与思想教育》2022年第3期。

二、学术成果

（一）参编学术论著，提升学术水平

由冯刚教授主编的《思想政治教育学学科发展新论域》于 2022 年 5 月正式出版，本人负责"思想政治教育生态学"这一章的写作，从接到任务到成功定稿，前后历时半年左右的时间，深深地体会到思想政治教育学科的魅力。思想政治教育生态从思想政治教育各要素、各环节、各系统的内外双循环特点和双发展规律为研究对象，以思想政治教育生态的研究内容、实践逻辑、研究定位和系统建构为研究重点，以推动思想政治教育学科的发展，提高思想政治教育学的整体性和层次性，丰富思想政治教育学科理论体系。《思想政治教育学学科发展新论域》主要从文化学、传播学、社会学、治理学、文本学、叙事学、阐释学、生态学、评估学等几个重点方面进行相关的研究，主要分析了其创设的依据、研究内容、核心概念和基本方法论等，以期推动学界进一步的研究和讨论。思想政治工作作为治党治国的重要方式，被时代赋予新的历史使命，又迎来新的发展机遇，这就需要加大学科交叉研究的力度，探索分支学科的建设，推动思想政治教育学科实现高质量发展。从查阅图书资料，到整理相关文献，再到不断修改写作内容，最后在老师的悉心指导下成功完成。记得在最后校稿过程中，文稿当中的一些参考文献没有标注清楚，冯老师第一时间联系了我，非常及时地指出来，并且对我的写作风格进行了严厉的批评，老师非常严谨的学术规范性深深感染了我，使得我更加注重思想政治教育学科的文章撰写要注重学术规范和严谨性。

《高校思想政治教育治理研究》丛书共五册，主要对高校思想政治教育治理的理论基础、治理能力、数据治理、治理生态、治理评价等基本问题做了初步研究和探索，期待为提高高校思想政治教育的育人治理和效能，推动国家治理现代化贡献力量。思想政治教育治理是在遵循国家治理体系和治理能力现代化建设的战略部署，适应新时代思想政治教育治理政策的创新发展，回应思想政治教育实践的现实需求的重大背景下开展的，也是思想政治教育学科发展的新增长点。由张小飞和李琳教授主编的《高校思想政治教育治理能力研究》于 2022 年 9 月出版发行，本人负责第六章"高校思想政治教育治理能力体系的科学构建"的撰写，主要从思想政治教育治理能力构建的理论、思想政治教育治理能力体系构建的基本原则、思想政治教育治理能力体系构建的基本方法、高校思想政治教育治理能力体系构建的实践路径四个方面进行论述，进一步深化高校思想政治工作治理体系建设。

参与《完善新时代思想政治工作体系》中关于"新时代思想政治工作保障体系构建"的章节撰写，主要从保障体系构建的原则、保障体系的理论阐释、组织保障体系、质量保障、资源保障与利用等几个方面进行论述。整本书从完善新时代思想政治工作体系的重要意义、学理依据、构成要素及逻辑结构、实践路径等几个方面进行重点的论述。

（二）发表学术论文，将辛苦转化为成果

当前，我个人发表论文主要分为基础理论类和实践总结类两类。从基础理论文章的撰写来讲，是一个比较辛苦的过程，例如完善新时代高校思想政治教育质量评价体系探究、新时代马克思精神的继承与发展论、黑格尔精神运动的内在逻辑等，需要有思想政治教育学科的基础理论，同时还需要有马克思主义哲学的理论功底和对现实世界问题的敏锐洞察力，而恰恰是理论性的论文或研究会在自己的专业学习中起到非常大的促进作用，可以说只有思想政治教育的基础理论问题或元问题得到有效的解读，才会让学科的发展更有持久的动力和生存力。从实践总结类的文章来看，个人发布的论文主要集中在党员的教育、共青团的改革、心理健康、毕业生工作和思想政治工作创新等，这些论文都是工作中的积累，要慢慢学会将实践转化为科研成果，如果要发表高水平的学术论文，就需要下更多的功夫了。

三、学术志向

中国特色社会主义进入新时代，这是我国发展新的历史方位。新时代优秀思想政治教育者的培养和成长，必须立足于这一全新的历史方位，适应时代发展要求，满足教育对象成长成才的需求和期待。思想政治教育不仅仅是简单的知识传授和品德教化，而是激发教育对象形成符合社会发展要求的思想和行为。这一活动要因事而化、因时而进、因势而新，又要遵循教育规律、思想政治工作规律和教育对象的身心发展规律。[①] 思想政治教育需要积极借鉴相关学科的研究方法和研究成果，进一步加强深化交叉学科的研究方法。思想政治教育涉及众多的学科，哲学、社会学、政治学、心理学、管理学、传播学、计算机与大数据等都与思想政治教育实践具有密切联系，进一步加强这些相关学科的研究成果和实践经验的借鉴，比如大数据分析方法在思想政治教育实践中的应用，网络思想政治教育的样态，这些都是思想政治教育研究的重点内容。思想政治教育是一门实践性很强的活动，聚焦思想政治教育实践前沿，思想政治教育发展的实践是中国特色社会主义伟大实践中的重要组成部分，坚持实践导向，思想政治教育要重视其他领域的宝贵经验，加强实践与理论相互借鉴研究。同时，还要对思想政治教育基础理论进行进一步的探索和深入研究。

（一）做有思想的实践者

思想政治教育是一项特殊的教育实践活动，思想政治教育学就是在探索这一实践活动规律的过程中形成的学问。学科内容丰富，涵盖面广，涉及思想政治教育的方方面面。做有思想的行动者，有思想的实践者，思想政治教育者是思想政治教育活动的组织者、实施者和调控者，在思想政治教育活动

[①]　沈壮海：《新编思想政治教育学原理》，中国人民大学出版社 2022 年版，第 296 页。

中起着主导作用。实际上，这种教育活动的开展状况和实际效果，很大程度上取决于思想政治教育者的素质及其职责的履行状况。

思想政治教育从根本上说就是做人的工作，就是要引领人、培养人、塑造人，教育对象的思想水平、政治觉悟、道德品质、文化素养逐渐向与社会发展要求相一致的方向发展。思想政治教育者既要传播社会主流价值观，对教育对象进行思想理论教育，为教育对象的发展提供知识建设，促使其创新思维的生成，又要强化价值引领，引导教育对象确立与社会发展方向相一致的理想信念、爱国主义情怀和奋斗精神等。

（二）做有实践的研究者

当前，思想政治教育可以分为思想政治教育理论课、日常思想政治教育和网络思想政治教育。作为有实践的研究者，其实就是在日常思想政治教育方面做出相应的贡献，高校辅导员就肩负着日常思想政治教育的主要任务，他们每天和学生打交道，对学生的思想动态、行为习惯、心理状态等都有很直接的认识和把握。在解决学生的实际问题时，学生的思想政治教育就可以潜移默化地进行，久而久之，学生的思想观念和行为模式或多或少都会有辅导员的"影子"，这样不断形成自己的工作风格和工作模式，逐渐用思想政治教育的理论来指导实践工作。很多人认为思想政治教育工作是一项非常简单的工作，其实做好思想政治教育的工作更需要很强的理论做指导。辅导员通过平时的工作积累，将自己的研究方向与学生的成长结合起来，不断转化为研究成果。辅导员拥有一手的学生资料和一手的学生思想状况，在做研究中可以和学生一起完成，可以通过对比、类比的方式进行相关研究，最后得出一系列的成果，同时研究成果还可以应用到工作实践中，做到理论和实践相结合，真正做到把辛苦转化为成果。辅导员工作的成果转化既是一种理论积累，也是一种实践探索，理论和实践相互促进有助于实现思想政治教育内涵式发展，不断提高大学生思想政治教育科学化水平。

四、学术心得

（一）专业训练与日常学习结合

在博士读书期间，有幸听到了陈秉公教授、黄蓉教授、钟明华教授、李辉教授、刘建军教授等多位在思想政治领域具有丰富经验的学者的讲座，对思想政治教育有了全新的认识，明确了自己的研究方向。在读博之前，本人并非科班出身，所以对思想政治教育专业的知识了解并不全面，但是经过这次专业训练和日常学习，感觉就是思想政治教育学博大精深，并不像以前基础课学习的那么简单，而是研究一个实际性的问题，要系统进行研究、进行梳理、进行应用。通过学习，了解思想政治教育学科的概况和主要研究方向，例如思想政治教育学的发生、思想政治教育学方法、思想政治教育学价值和功能、思想政治教育学形态、思想政治教育学的传播、思想政治教育学环境、思想政治教育学决策、思想政治教育学主体等。在会议和讲座中，相关的研究结果和发展目标老师们讲的非常专业，上课再也没有了枯燥感，老师的讲述使我对本专业产生了浓厚的兴趣，虽然这门学科不是很容易，但我决心将它学好，这就需要在平时学习中要踏踏实实。再回归到书本上的内容，书本上的内容更加生动，更容易让我理解，这不只是一个在理性的知识层面，更大的是在一个方向所学的专业知识的用途上有了一种感性的认识，这点很重要，需要我在今后更加努力地去体会和领悟。

思想政治教育学科的博大精深，在研究中，要加强思想政治教育学元理论或思想政治教育的基础理论的研究，在系统化研究方面，国内学术领域影响比较大的陈秉公、张耀灿、吴潜涛、刘书林等诸多学者，他们都对思想政治教育的基础理论进行了相关方面的研究，这些研究为我国思想政治教育学科的发展奠定了良好的基础。此外，我们还可以在思想政治教育学的相关概念、概念的演化、精神在思想政治教育学当中的应用、思想政治教育的方法、青少年思想道德教育和成人的思想政治教育之间的区别、国内外思想政治教育学的对比研究、不同时代思想政治教育学等方面进行深入研究。尤其随着2016年全国高校思想政治教育工作会议的召开，高校思想政治工作关系高校培养什么样的人、如何培养人以及为谁培养人这个根本问题。要坚持把立德树人作为中心环节，把思想政治工作贯穿教育教学全过程，实现全程育人、全方位育人，努力开创我国高等教育事业发展新局面，思想政治教育的重要性提升到了前所未有的程度。

（二）把握时代脉搏和学术前沿

中国特色社会主义进入新时代，高校思想政治工作经历着一场从教育理念到教育方式再到教育评价的深刻变革，党和国家面临的现实情景赋予了高校思想政治教育内涵、新使命、新要求。随着经济的繁荣和科技的进步，尤其是党的二十大报告提出的以中国式现代化推进中华民族伟大复兴。习近平总书记指出："时代是思想之母，实践是理论之源。"[1]我们比历史上任何时期都更接近中华民族伟大复兴的目标，对于未来，要很清醒地认识到：国内外环境都在发生极为广泛而深刻的变化，中国发展面临一系列矛盾和挑战，中华民族伟大复兴并非一日完成。当今时代的一个重要特征就是互联网突飞猛进，互联网作为时代特征，一方面让青年变得更加独立，另一方面也为思想政治教育提供了新的途径和媒介。当代青年生来就是互联网空间的原住民，青年在哪里，思想政治教育工作就要做到哪里。开展工作和活动要以人民为中心，让人民当主角，其力量来源于人民，思想政治教育价值也体现在为广大人民服务、组织动员和团结凝聚上。思想政治教育还需要关注社会发展现实，把握社会发展的趋势和规律，剖析当前学科发展的态势，紧扣时代特征，彰显问题意识和实践导向。

关注学术前沿可以从关注思想政治教育学科最新动态、知名专家学者研究领域以及现实具体问题共三个角度来进行。思想政治教育学科研究动态可

---

① 《习近平谈治国理政》第二卷，外文出版社2017年版，第34页。

以参照全国重点马克思主义学院的发展和学术动态，关注国家相关部门、部委出台的有关政策或者文件，关注国家各教指委的相关学术动态。此外，还可以关注思想政治教育学科的相关学术会议，例如每年举行的思想政治教育热点年度发布会，这些会议中都会有领域内的前沿问题和学科发展动态。知名专家学者研究领域的学术前沿动态可以通过关注发表的相关论文和出版的相关学术著作，利用知网等数据库，经常查阅相关资料，还可以经常查阅各个学术团体的相关动态以及知名的微信公众号。了解思想政治教育某个领域的最新动态，主要就是较为固定的一些研究专家和学者在某一领域进行深耕，并且定期都会产出很多的研究成果，这就是我们常说的研究领域当中的重要研究者，所以这样的研究者的最新动态是十分重要的，我们要通过阅读相关文献和一定的工具来搜索或关注到最新发布的研究成果。聚焦到某一问题的最新研究动态，这就对信息的准确性和及时性的要求比较高，可以研究团队为单位来进行，通过研究团队的力量来获得相关的知识和研究动态。

刘嘉圣：常怀感恩　砥砺前行

刘嘉圣，男，1993年生，山西省平遥人，宁夏大学马克思主义学院讲师。

我于1993年出生于美丽的塞上江南——宁夏回族自治区银川市，这座西北小城辽阔苍茫、热情豪爽的城市风格对我的性格产生了潜移默化的影响，同时也深深地烙印在我的基因里。我有幸生长于一个教师世家，从小受到家庭教育的熏陶使我增添了对教师这一职业的向往，"传播思想、传播真理、塑造灵魂、塑造生命、塑造新人"的神圣使命增添了我对教师这一职业的崇敬。

我也十分有幸在我的学术历程中遇到了良师益友，在这里特别要感谢我在学术道路上遇到的两位恩师冯刚老师和徐先艳老师。承蒙两位恩师厚爱，恩师们总是在我人生的不同阶段遇到棘手的问题时为我指点迷津、排忧解难，正是两位恩师的严爱相济、言为士则让我学会如何做人、做事和治学并受益终身。如今，我已完成我年少时的梦想，终于走上大学讲台，成为了一名思政课教师，去追寻两位恩师的足迹。

一、学术历程

纵观我的学术历程，我要特别感恩我的两位恩师，我的成长和进步，都有他们的提携。其中，有三段经历对我产生了深远的影响，以下我将详细叙述。

（一）成长于教师世家，萌发了学术意向

家庭是人生的第一所学校。家教与家风彰显出各家各户的道德、气质、涵养和格调，正如习近平总书记所说："家庭不只是人们身体的住处，更是人

们心灵的归宿。"① 所以，家教与家风中所彰显出的品质、气度、素质、涵养为个人的成长与发展奠定了其家族特有的家庭文化风格。人的一生中会遇到诸多的幸运，如遇良好的家教家风，那一定是更基本、更深厚、更持久的幸运，而我有幸拥有了这份"沉甸甸"的幸运。我成长在一个教师世家之中，我的爷爷是宁夏大学物电学院的老师，我的奶奶是银川市十八小的数学老师，我的姑姑和姑父都是西北师范大学的老师，我的父亲也是宁夏大学马克思主义学院的老师。自小时记事起，温良恭俭、宽严相济、敬老慈幼的家庭氛围就潜移默化地影响着我，一方面让我对为人为学有了初步的认知，萌发了我早期的学术意向；另一方面也使我对于教师这个职业增添了向往和崇敬，奠定了我早期的职业方向。后来在听我爷爷奶奶讲述小时趣事时，他们说我在周岁礼时曾经"抓周"，最终抓住了一支钢笔，我想这一趣事也反映出属于我家庭的家族基因形成了代代守护与薪火相传。

小学时因为父母工作忙寄宿我爷爷奶奶家的成长经历，为我的学术历程奠定了早期的萌芽。我的爷爷是一个书法的爱好者，家中有许多他自己临摹的作品，还经常参加学校举办的一些教职工书法大赛。在我六岁时，我的爷爷就教我练习毛笔字，记得当时练习毛笔字时，他会握着我的笔，教我一笔一划地逐字练习。小时候我比较忌惮我的爷爷，因小时贪玩，一旦有偷懒、懈怠的苗头时，我的爷爷便会手持戒尺，看似很重但实则比较轻地打我的手心。在我爷爷练习书法的时候，我的奶奶也时常会在我爷爷身旁研墨，得空时她会摘抄一些古诗句，相比于我的爷爷的严厉和威严，我的奶奶更加和蔼与随和，我的奶奶会不厌其烦地一遍遍地帮我辅导和检查作业，给予我思想上的引导与知识上的补充。在我长大成人后，他们也总是用最简单、最朴素的道理指引我、感染我。我的爷爷会拉着我的手和我讲述他从山西平遥"走西口"到宁夏银川的经历，激励我"世上无难事，只怕有心人"；我的奶奶也会准备一桌可口的饭菜，询问我在学校的生活，提醒我要"与人为善"。他们

---

① 《习近平谈治国理政》第二卷，外文出版社 2017 年版，第 355 页。

最担心的就是我在学校生活的衣食住行，在每次假期回校前他们总是把钱偷偷塞进我的衣兜。

初中时回到父母身边学习和生活，严母慈父的养育方式使我萌发了学术意向。我的母亲是一位工人，她身上具备着的善良、正气、朴素、踏实等精神早已成为我的榜样。在我上初中时，她为了更好地照顾我的生活起居，辞去了工作，全职在家操心我和我父亲的一日三餐以及我的学业，现在想来，为了家庭辞去职业，这是莫大的一份勇气和决心。我记忆最深的一件事情是，因为当时初二开始学习压力增加，我的母亲会一直点灯熬夜默默地陪伴着我。面对当时繁重的学业压力，我时常有心慵意懒之意，在解题过程中便投机取巧。我的母亲看出了我的"小心思"并大发雷霆，她要求我切不可三心二意对待课业，她会一直陪着我，直到认真完成了所有的课业作业才可以休息。当时处于青春期的我也没少和我的母亲逆反甚至顶撞，但从小我母亲为我养成的一丝不苟、安分守常、言信行果的学习态度和习惯等让我在今日之学术历程中仍然受益无穷。我的父亲是我职业选择的引路人，他对待上课的认真程度与他不拘小节的性格形成了鲜明的反差。记得小时候他经常备课到深夜，甚至有一段时间还可以在深夜听到从他卧室里传出讲课的声音，后来才发现是因为白天备课太过投入，晚上在梦乡之中仍然心系课堂。他也经常教导我："老师是一个良心活，课堂上一定要对得起学生，课下一定要克己、慎独、守心、明信。"他身上对于教师这个身份的热忱也深深地打动了我，我也将教师作为我的职业首选，萌发起学术意向。多年后的今日，我也如愿成为一名教师，更加幸运的是与我的父亲共同就职于宁夏大学马克思主义学院。未来我也会继续向他看齐，与他一道不忘初心、传播知识、培育价值、印证真理。

（二）启发于师者仁心，坚定了学术目标

硕士阶段是我的学术启蒙阶段，我有幸在此人生阶段遇到我在学术历程中的恩师——徐先艳老师。最早与徐老师相遇是在我本科就读中国青年政治学院时，犹记得徐老师是当时本科生课程《马克思主义经典原著选读》的主讲老师，徐老师在课堂上娓娓道来、深入浅出，她衣着得体大方，短发显得既亲切又干练，一双炯炯有神的大眼睛在圆镜框的映衬下闪着智慧的光芒。课下徐老师平易近人、循循善诱，在课下答疑时她的声音温柔并充满力量，当时包括我在内的很多同学，都因为徐老师生动的授课风格和独特的个人魅力而喜欢上这门课。虽然当时还没有能够有幸成为徐老师指导的学生，但是这一愿望在我硕士阶段得以实现，硕士阶段由于我继续留在中国青年政治学院读研，于是便第一时间联系了徐先艳老师，向她表达了我想当她学生的愿望，最终承蒙徐老师不弃，我有幸成为了徐老师的学生。

跟随徐老师学习的三年间，徐老师高尚的品德、严谨治学的态度、亦师亦友的关怀、成人达己的匠心精神深深感染着、影响着、激励着我。记得当时第一次师门见面会时，徐老师以学术态度为主题切入，为我们阐释了如何在治学中做到严谨，徐老师当时和我们语重心长地说道：“学术能力或有大小，但学术态度一定要端正和严谨。标点符号与错别字是学者学术规范的重要体现，同时这也能充分反映出学者是否具备严谨的学术态度。”同时，徐老师在指导学生方面做到了事必躬亲、以身作则，无论毕业论文、读书笔记以及平时的小练笔等，她都会认真地帮助我们审阅和修改，每一处不合时宜的标点符号以及错别字都会在文稿中清晰地展现出来，并且事无巨细地和我们讲解修改的原因。也就是在这一言一行中，徐老师帮助我在初入学术之路中形成学术规范，并对学术产生了敬畏和向往之情。后来才得知，徐老师师出名门，她是原北京师范大学副校长、北京师范大学哲学系教授、博士生导师杨耕的学生。还记得徐老师曾和我们回忆起她的老师对她在学术规范方面的要求极为严格，因此她也将这一传统传承了下来。正所谓“严师出高徒”，作为徐老师的学生，我既荣幸亦无悔。

在徐老师的鼓励、关心和支持下，我也坚定了要继续攻读博士的决心。在考博的备考期间，徐老师给予了我极大的人文关怀，她不仅在我迷茫彷徨时为我坚定信心，而且在我懒惰懈怠时给我提示警醒；同时，徐老师也给予我巨大的实际支持，她既亲自帮我修改个人简历，也帮我手写导师推荐信，并教导我一些考博的经验，叮嘱一些考博的技巧。那时因为考博和毕业的双重压力，我时常情绪波动，徐老师洞悉之后便会主动找我谈心，助我纾解压力、放平心态。当然，师门里的每一位成员都能明显地感到来自徐老师的关心和爱护。作为徐老师的学生，我时常感慨自己是格外幸运的，因为徐老师会设身处地地为学生着想，竭尽自己所能并不计回报地帮助学生。当时在硕士毕业论文撰写的过程中，无论是论文的选题还是全文的框架，都是与徐老师反复商讨后确定的，可以说我的硕士毕业论文的完成倾注了徐老师极大的心血。在徐老师指导我写毕业论文时，曾有一件事情令我深深感动并永生难忘。徐老师总会牺牲自己的休息时间为我们毕业生指出论文的修改意见，有次她在给我电话指导修改意见时，我突然听到电话那头有小孩子的哭声，得知她的小孩由于年龄太小意外地从床上摔到了地下，当时徐老师挂断电话说先去看一下孩子，但是没过几分钟她便又接通电话继续给我指导论文……那时身陷自责的我被徐老师的师者仁心深深地打动了，徐老师也成为我心目中一生尊敬的师长榜样。纵观我的学术历程，徐老师是我学术道路上的启蒙者。是徐老师的关心、指导与帮助让我坚定了学术目标，寻得一些学术潜质，并最终能够有幸叩开了博士的求学之门，在这里想对徐老师报以最深的谢意以及最高的敬意。

（三）师从于学术大家，提升了学术能力

2019 年，承蒙冯老师不弃，我有幸拜入冯门，也十分荣幸以博士研究生的身份跟随冯老师学习。正是由于得到了冯老师的指点，我才得以在博士阶段较为迅速地提升了学术能力，开阔了学术视野，并在冯老师的悉心指导下开展了一些学术研究。初见冯老师，由于被学术大家所震慑，我还显得有些"唯唯诺诺"，冯老师洞察到了我的紧张后很快地用几句亲切的问候拉近了我们的距离。在和冯老师第一次交流过程中，我就被冯老师的博学所深深折服，冯老师总能敏锐地抓住思想政治教育热点的本质规律，不仅以极为广博的胸怀拥抱各种可能性，而且从战略思维的角度对思想政治教育进行系统谋划，总是点拨我于无形之中。在读博三年的时间里，我有幸多次受到冯老师的提点，大部分时候是在冯老师办公室喝茶聊天时，也有陪同冯老师漫步于北京师范大学的校园时，亦有与冯老师踢键子的休息间隙时。还清晰地记得我的毕业论文题目是在陪同冯老师在操场散步时定下的，现在想来这些不经意的点拨虽看似风轻云淡，实则最容易直击灵魂，这其中浸透了冯老师的心血，也蕴含着冯老师对我的人文关怀。

在跟随冯老师学习的三年时间里，冯老师脱俗淡然的人生境界、坦荡高尚的胸怀气度、严谨细致的治学风格、全面深邃的专业知识等生动地诠释了他作为我们成长道路上的引路人、传道授业的好老师、以德施教的大先生。冯老师除了在学问上给予我指导，更是时刻以身作则来教我如何做人、做事。他教导我做人要真诚，我见证了冯老师在讲座后与还有疑问的同学耐心讲解、细致沟通，直至同学解清疑惑；我见证了冯老师在外出开会时利用行程的休息间隙关心师门内每一位毕业生的毕业去向；我见证了冯老师对于每一位学生的有求必应，他会站在不同学生的角度，根据不同学生的性格，尊重不同学生的选择为学生统筹规划、未雨绸缪、思深忧远。他亦教导我做事要靠谱，要做到"言必信、行必果"，在承担责任时要"任劳任怨"，在办事方式上要讲究"能文能武"。冯老师也时刻关心着我的思想动态、关注着我的学术研究、关怀着我的个人生活，读博期间冯老师经常会带师门去参加学术会议、学术论坛，我也有幸在冯老师的带领下参加了一些学术活动，收获颇丰。冯老师竭尽所能地为我们提供丰富的学术资源，带领我们走向更为广阔的学术平台，着眼于学生的未来，真正做到了想学生所想、忧学生之忧。我想这也是为什么不止是冯门学子、北京师范大学马克思主义学院的众多学子们，包括全国众多高校的学子、思想政治工作相关工作人员等，都对冯老师赞赏有加的重要原因，大家都由衷地称赞冯老师为"学术界的一股清流"。

冯老师对于我在学术历程中的影响是深刻且深远的。冯老师经常以老一辈学者们的风骨激励我们，冯老师毕业于北京大学哲学系，大学时期的冯老师就特别好学勤奋，他是冯友兰奖学金唯一一位在本科阶段的获得者，据冯老师回忆，当时拿冯友兰奖学金的基本都是研究生，因此冯老师获得了去家中拜访冯友兰先生的宝贵机会。冯老师也时常和我们讲起与冯友兰先生、朱德生先生交流时的往事，有一件事情令我记忆犹新，冯老师说老一辈的学者们在思考问题、进行研究时特别讲究"自圆其说"，即抛出观点后要进行缜密的逻辑思考，辅以有理有据的论点，进行学理性、系统性的论述。冯老师也时常教导我们，在做研究时要传承老一辈学者们的优良传统，并强调研究的过程具备中国情怀、问题导向和世界眼光。冯老师的点拨为我的学术研究锚定了方向，不仅深化了我的思维方式，同时也让我明白了为学之道。同时，冯老师为我们营造了一个团结友爱的师门文化，让每一个身处其中的冯门人都感受到浓郁的归属感和荣誉感。冯门就如同一个大家庭，冯老师和师母作为这个大家庭的主心骨，更为这个大家庭赋予了相互关心、相互帮助、相互支撑的笃定与关怀。只要是恰逢中秋、国庆、元旦等传统佳节，冯老师和师母都会邀请在京的同门小聚一番，冯老师和师母也会为我们精心准备精美的水果、甜点、礼物等，不仅让原本"每逢佳节倍思亲"的情绪不复存在，而且使师门中的每个人都被爱和温暖所包围。若是师门内有人取得了一些研究进展和小小的成就，冯老师和师母也会主动张罗大家共同庆祝，冯门不仅仅是一个彼此交流、相互成就、毫无保留的学术平台，更是一个传递爱与诚、相互赋能、彼此激发的生活港湾。在冯老师和师母的带领下，我们师门之间的同门之谊也就自然地更加纯粹与感动，师兄师姐们的鼎力扶持、师弟师妹们的倾囊相助使同门之谊如同手足之情，任何时候想起便顿觉充满力量，温暖而不孤单。

可以说，博士求学期间取得的任何一点进步，都离不开恩师的谆谆教诲。非常感谢冯老师的以身作则，让我学会如何做人、做事和治学并受益终身。师恩深重，永生难忘，在此作为学生的我将回以学生对老师永远的敬意！

二、学术成果

在两位恩师的指导下，在硕士及博士的不同学习阶段，均开展了一些学术尝试和学术研究。特别是在博士阶段，在恩师冯刚老师的支持和帮助下，开展了一些学术研究，取得了一些研究成果。

（一）硕士阶段：进行学术尝试

在硕士阶段的学习中，在恩师徐先艳老师的悉心指导下，共发表学术论文 1 篇，完成了硕士毕业论文的写作。其中，发表的学术论文题目为《从三十年阅读史看中国大学生价值观的变迁》，独作于《宁夏大学学报（人文社会科学版）》2018 年第 6 期。我的硕士毕业论文题目为《现代性视域下我国大学生价值观的回顾与前瞻（1978 年至今）》，从论文的选题、写作到论文的完成，是在徐先艳老师的亲切关怀和悉心指导下完成的。硕士阶段是我学术历程中进行学术尝试的重要阶段，徐老师从论文选题、文献综述的撰写、论文框架搭建、论文内容写作、论文观点提炼等方面手把手地带我入门，引导我进行学术尝试，并时刻提醒我要注意学术规范，端正学术态度。

（二）博士阶段：开展学术研究

在博士阶段的学习中，在恩师冯刚老师的运筹帷幄和耐心指点下，共发表学术论文 7 篇，参编书目 5 本，参加学术会议并发言 1 次，完成了博士毕业论文的写作。

所有的学术论文均是在冯老师的悉心指点下完成的。其中，发表的学术论文中包括：与冯老师合作 2 篇，与同门梁超锋合作 1 篇，独作 4 篇，获人大复印资料转载 1 篇。与冯老师合作的 2 篇分别是：刊于《中国高等教育》2022 年第 1 期的《新时代大中小学课程思政一体化建设的内涵要素及优化路径》；刊于《高校马克思主义理论研究》2020 年第 3 期的《新时代中国民营企业发展的文化维度》，此文也被《施工企业管理》于 2021 年第 8 期全文转载。与同门梁超锋合作的 1 篇是，刊于《思想教育研究》2021 年第 11 期的《党史教育对时代新人培育的功能和作用》。独作的 4 篇分别是：刊于《高校辅导员》2021 年第 1 期的《新时代高校思想政治理论课话语体系优化研究》，此文被人大复印资料于 2021 年第 3 期全文转载；刊于《学校党建与思想教育》2020 年第 3 期的《新时代爱国主义教育的实践路径》；刊于《北方民族大学学报》2021 年第 2 期的《新时代推进大中小学劳动教育的三重维度》；刊于《领导科学论坛》2020 年第 3 期的《驱动力、经验与实施策略：论我国民营企业文化建设的实施路径》。

很荣幸在博士阶段冯老师还给予我一些参编书目及参加学术会议的机会。我参编了北京师范大学出版社 2019 年出版的《改革开放 40 年高校思想政治教育编年史（1978–2018）》，主要负责资料收集和文稿撰写；参编了中国社会科学出版社 2021 年出版的《新时代高校思想政治教育治理论》，主要负责相关资料和文献收集整理；也参编了团结出版社 2020 年出版的《思想政治教育研究热点年度发布 2019 年》，主要负责编写第十六章大学生思想热点研究，以及参与文献整理和资料收集工作；还参编了经济日报出版社 2021 年出版的《劲仔味道——民营企业工商人类学个案研究》，主要负责编写第六章企业活力的源泉：人力资源培植，以及参与全书统稿和修订，参与文献整理和资料收集工作；同样参与了北京师范大学出版社 2022 年出版的《新时代高校辅导员工作十讲》，主要负责全书的统稿工作。2021 年 12 月 2 日于烟台参加由北京师范大学思想政治工作研究院、滨州医学院联合主办的"中国共产党高校思想政治教育发展史与青年发展"学术研讨会，并作题为《党史教育对时代新人培育的功能和作用》的发言。

在冯老师的精心指导下顺利完成了博士毕业论文的写作，我的博士毕业论文题目为《新时代高校思政课建设"八个相统一"规律研究》，可以说没有冯老师的运筹帷幄和耐心指点，就不会有这篇博士论文，本人的这篇博士论文，从选题构思、框架搭建、内容写作等每个环节都凝聚着恩师的悉心点拨。

冯老师是我学术上的领路人，在带领我开展学术研究时给予我精神上、资源上巨大的关怀，在今后的学术研究中我也会多与恩师交流、不负恩师期待，继续在学术之路中坚定前行。

三、学术志向

中华文明历史悠久，素以尊师重道著称于世。教师是美的。无数教师在把自己忘我地投入到教育的琐碎和平凡之中，投入到人性的深邃和敏锐的洞察之中，投入到无数家庭的喜怒哀乐之中，他们所收获的就不仅仅是人的成长、民族的壮实，更有内心的欣喜愉悦，气质的超凡脱俗，精神的丰富深刻。我有幸成为了高校思政课教师中的一员，我也会牢记恩师的教诲、秉持恩师的嘱托、不负恩师的期盼，在未来的学术道路中继续克己、慎独、守心、明信。

一方面，我要在未来的学术道路中向两位恩师不断看齐，切实履行教书育人的职责。习近平总书记在同北京师范大学师生代表座谈时的讲话中高度概括了好老师们的一些共同的、必不可少的特质，即：有理想信念、有道德情操、有扎实学识、有仁爱之心的"四有"好老师。两位恩师身上均具备着"四有"好老师的品质，这也成为我今后为之不懈努力的前行方向，如同灯塔一样照亮了我的学术发展之路。

我要学习两位恩师在亮明身份、牢记责任、承担使命的过程中，坚持以德立身、以德立学、以德施教。第一，理想信念是我未来学术之路的"红线"。传道者自己首先要明道、信道，这也是成为教师的重要职业素养之一。古人云："经师易求，人师难得。"优秀的教师，应该是"经师"和"人师"的统一，既要精于"授业""解惑"，更要以"传道"为责任和使命。因此，我要矢志不渝地坚定马克思主义信仰和共产主义理想信念，帮助学生筑梦、追梦、圆梦，让一代又一代年轻人都成为实现我们民族梦想的正能量。第二，道德情操是我未来学术之路的"防线"。正所谓"其身正，不令而行，其身不正，虽令不从"。教育本身就意味着一棵树摇动另一棵树，一朵云推动另一朵云，一个灵魂呼唤另一个灵魂。教师的道德修养犹如隐性教育资源对学生发挥着潜移默化的影响，因此我要始终怀着"捧着一颗心来，不带半根草去"的奉献精神，自觉坚守精神家园、坚守人格底线。第三，扎实学识是我未来学术之路的"底线"。朱熹说过："问渠哪得清如许，为有源头活水来。"若想拥有广博的视野、透彻的学理、丰富的知识，就必须严谨笃学、常学常新，使自己成为终生学习的践行者。同时还要授人以渔，从学习、处事、生活等方面给予学生帮助和指导。第四，仁爱之心是我未来学术之路的"高线"。世界上没有两片完全相同的树叶，我们面对的是一个个性格爱好、脾气秉性、兴趣特长、家庭情况、学习状况不一的学生，就必须平等对待每一个学生，用欣赏增强学生的信心，用信任树立学生的自尊，把教书育人、立德树人的责任落实到平凡、细微、普通的教学过程中。

另一方面，我也要在未来的学术道路中继续深化现实问题的研究，不断提升教学科研的能力。马克思指出："哲学家们只是用不同的方式解释世界，问题在于改变世界。"[①] 思想政治教育并不是"书斋里"的学问，思想政治理论课也不应是"坐而论道"的。以马克思主义理论为引领的思想政治理论课具有突出的现实性，其理论体系由现实发轫并受现实检验，理论讲授以应用于现实为重要旨归。因此，作为一名高校思政课教师，我要加强马克思主义理论的学习，做一个坚定的马克思主义者，理直气壮地讲好思政课。在未来的学术研究中，我想将我的博士毕业论文的方向继续坚持下去，"八个相统一"规律是新时代高校思想政治理论课改革创新的基本遵循，其内在的理论蕴含、逻辑结构还存在着继续深入研究的空间。同时，我也希望能够在课堂教学和具体实践中找到思想政治理论课的前沿问题，从理论前沿、历史纵深、网络空间、技术迭代、社会热点等方面保持高度的学科敏锐感，以"八个相统一"规律为主题，以网络信息资源为依托，对新时代高校思政课的规律进行持续

---

① 《马克思恩格斯选集》第 1 卷，人民出版社 2012 年版，第 136 页。

的探索。此外，我也会在未来的学术研究中继续同两位恩师保持密切的联系，时常向两位恩师请教，从两位恩师的最新研究方向中得到启发，也会将自己最新的学术动态向两位恩师汇报。

四、学术心得

科学地把握思想政治教育的研究问题，要站在新的历史起点上去统筹思考，必须突破传统经验和传统理论，找到新的切入点以及新的角度。在跟随两位恩师学习如何做学问的过程中，我从两位恩师身上明显地感受到他们作为思想政治教育学科的推动者和研究者，不仅具备前沿性的研究视野和广博胸怀，独具匠心的学科敏锐，而且具有把握时代特征的触觉和科学的研究方法。

在两位恩师的带领下，我也在进行学术研究时产生了一些自己的切身感受和心得体会。第一，要树立问题意识。问题是时代的声音，"只有聆听时代的声音，回应时代的呼唤，认真研究解决重大而紧迫的问题，才能真正把握住历史脉络、找到发展规律、推动理论创新。"[1]从理论研究的角度来看，理论聚焦建立在对问题的关注之上。理论聚焦与问题意识是相辅相成的，离开理论聚焦的问题意识会偏离方向，缺乏问题意识的理论聚焦则变得空洞。进行思想政治教育理论与实践的研究过程，是一个不断发现问题、提出问题、回应问题、分析问题、解决问题的过程。从具体实践的角度来看，问题意识来源于对现实问题的回应。在具体实践过程中主要矛盾、棘手问题的集中凸显，必然会引发人们的关注与思考，成为当下亟需迫切解决的热点、焦点、难点与重点问题。正是在问题意识的牵引下，思想政治教育的理论与实践才得以取得长足的进步。所以，这就要求我们在进行思想政治教育的相关研究时能够站在历史的演进中未雨绸缪，用世界眼光、历史的反思、中国情怀、系统

---

[1]　习近平：《在哲学社会科学工作座谈会上的讲话》，人民出版社 2016 年版，第 14 页。

思维着眼于思想政治教育的实践。

第二，要把握时代特征。"时代是思想之母，实践是理论之源。"① 新时代的思想政治教育研究者应当具备敏锐感受时代脉搏的能力，牢牢把握时代特征，努力解决时代提出的问题。思想政治教育的发展离不开社会历史的发展，在全党全国各族人民迈上全面建设社会主义现代化国家新征程、向第二个百年奋斗目标进军的关键时刻，成就是明显的、喜人的，但也出现了一些较为复杂的形势和问题，比如：一些西方敌对势力仍然在对我们的青年学生进行意识形态的渗透；从国内来看，既是发展机遇期也是矛盾多发期，也存在着一些不良社会思潮仍在兴风作浪。所以，科学地把握思想政治教育的学术研究，必须认真把握这一时代特征，切实着眼于满足青年学生成长发展需求与期待中的迫切需要和现实困难；同时，也应扎根于新时代中国特色社会主义的伟大实践，扎根于中国梦的实现和中华民族伟大复兴的历史进程，从中汲取丰富的滋养，体现出历史的纵深感。

第三，要遵循客观规律。列宁曾对规律作出过详尽的阐释："规律的概念是人对于世界过程的统一和联系、相互往来和总体性的认识的一个阶段。"② 作为一种特殊的社会实践活动，思想政治教育有着不同于政治活动、经济活动、文化活动等特殊的规律性。新时代思想政治教育规律中还包含了思想政治教育规律、人的思想政治素质形成与发展规律、新时代高校思想政治教育过程规律、新时代高校思想政治教育管理规律等。所以，要以整体性、系统性的研究视野对待思想政治教育的研究。一方面，要重视思想政治教育过程与规律的总体构建，注重循序渐进、绵绵用力，在过程中实现系统谋划、协同配合、整体推进。另一方面，要重视思想政治教育过程与规律的关键要素，着眼于青年学生成长发展需求的生长点，凸显思想政治教育深厚的人文底蕴，整合信息技术、交叉学科的思想政治教育可用的资源。

---

① 《习近平谈治国理政》第二卷，外文出版社 2017 年版，第 34 页。
② 《列宁全集》全 55 卷，人民出版社 2017 年版，第 127 页。

　　回首过去，常有感恩，不忘初心，砥砺前行；展望未来，坚守教研，秉持信念，步伐坚定。学术研究之路，路漫漫其修远兮，吾将上下而求索，希望未来可以为思想政治教育的发展贡献自己的微薄之力。

刘晓玲:"读书不觉已春深"

刘晓玲,女,1989年生,四川省攀枝花人。西南交通大学马克思主义学院副教授。

一、学术历程

当我在脑海里细想自己进入思想政治教育专业的起点,猛然发现已经陪伴思政学科的发展走过了13个年头。从时间轴来看,生于80年代末的我和创立于80年代中期的思政学科属于同龄人,正从"而立"走向"不惑"。原本我的成长和学科的发展就像两条平行线,各自奔跑在自己的轨道上。后来,因缘际会与思政有了交集,点亮和改变了我整个的人生道路。

最初我对思想政治教育的认识在很大程度上是感性的,选择这一专业的契机和缘由也存在着偶然。可能是在大学思政课堂某一瞬间被马克思主义理论击中心灵;可能是阅读《青年在选择职业时的考虑》时被那句"人们只有为同时代人的完美、为他们的幸福而工作,才能使自己也达到完美"所打动;可能是为期一年的助理辅导员实践让我对高校思想政治工作产生了向往。

随着时光的推移,理论的积累,这些粗浅、零碎的专业初印象逐渐拼凑完整,形成了较为理性的认识。我认识到,思想政治教育作为一门具有突出实践性的新兴学科,自诞生起就致力于经验与理论的连接,实践逻辑是这个学科发展的根本。整体来看,我也是沿着"实践－理论－实践"的螺旋上升轨迹,在硕博学习和"青椒"成长中逐渐形成了学科自觉和自信。

硕士研究生阶段:诗家清景在新春,绿柳才黄半未匀。

2010年我成为云南社会科学院与云南财经大学联合培养的首届硕士研究生,跟随时任云南社会科学院马列研究所所长(现任云南社会科学院副院长)

黄小军教授学习。第一次去社科院见老师，他教导我一定利用好时间，多看书、多实践，关注时事、关心社会，做好参与社会调查的理论和方法准备。同时，黄老师给我列了必读书单，除了马克思主义经典著作，还要求查阅云南省的地方年鉴，了解云南的发展状况。入学两月后，我跟随黄老师的课题组前往云南 L 市开展了为期一周的"边疆民族地区基层组织执政能力建设"调研。在基层调查过程中，我全方位地观察、学习，对边疆民族地区基层治理工作的重要性、复杂性有了更为深刻的理解。调研小分队指导老师的理论知识、访谈技巧、逻辑思维让我折服，自惭形秽的我只能全程负责记录访谈内容，整理访谈材料，对调研发现毫无贡献。虽然调研过程中时常被带队老师打趣地嘲笑我笨拙，但在结束某村调研的返程途中，他向黄老师说了一句："这个小姑娘准备工作做得不错，提前看了这些乡村的年鉴资料，还拿本子写了不少笔记。"黄老师很高兴地说："看来小刘没偷懒，以后也保持这种学习作风，做研究必须踏踏实实，想要研究云南的问题，不了解云南的情况不行。"这次调研实践不仅让我感受到所学专业的理论魅力，对思想政治教育的理解也更加深入，视野更加开阔。我意识到思想政治教育不仅仅只关注高校大学生，还心系广大人民群众，是团结人民完成各项任务的中心环节。调研期间在某村看到矗立田间的一张宣传海报上写着硕大的几个字"农村天地，大有作为"，我怀抱着厚厚调研资料和写满笔记的本子，内心涌起一股强烈的认同感，我想广阔的天地之间，思想政治教育也是大有可为的。

博士研究生阶段：读书之乐何处寻，数点梅花天地心。

2012 年的暑假，我在中国人民大学静园的一间考研屋里租了一个床位住了下来，开启了半工半读在人大旁听蹭课的时光。如今想来，那一段自由进出校园和教室，免费学习人大名家教授们的面授课程，心无旁骛看书求学的日子，实在是珍贵得近乎奢侈。感恩感念人大老师们以极大的包容和开放接纳我这位唐突的外来旁听生。至今仍清晰记得，一个冬日傍晚，我走出教室，漫天大雪，我站在暖黄色的路灯下听到校园广播里传来了动听的歌曲，那一瞬间幸福至极，深深地被人大校园的美好所感动。一年后，我成功考上人大马克思主义学院思想政治教育专业的博士，成为时任教育部思想政治工作司司长冯刚教授的学生。三年的博士研究生学习，可以说是痛并快乐的日子。厚厚几十本的专业主文献阅读，读书报告的汇报，论文写作和互评，课堂上时刻准备发言和讨论……一切都充满挑战。不过，在马克思主义理论前沿课上，张雷声、梁树发、陶文昭、王向明、齐鹏飞等老师的专题讲授，大大开阔了我的理论视野，加强了我对马克思主义理论的整体性认识。思想政治教育重大理论问题及其研究方法课上，刘建军老师细致地讲授学术论文的写作，字斟句酌帮助修改、打磨习作，与同学们在课堂上的互评和切磋，极大地拓宽了我思考问题的方式，提升了文字表达的能力。思想政治教育主文献研读课上，王易老师让我们选择 3 位学者完成其学术思想介绍，通过对学者的生平、代表作、主要学术观点的梳理、研读、汇报，逐渐掌握了研读专业文献的科学方法，帮助我厘清学科的基本问题，明确学科的基本属性，夯实学科基础理论。冯刚老师时时督促、处处指引，教我做人做事做学问，他常说："要有世界眼光、中国情怀、时代特征。"这也成为我在理论学习和实践锻炼中的重要准则，时常提醒自己凡事不要坐井观天，不能忘记初衷，要不断更新，久久为功。在冯老师带领下，我有幸在北京参加了 20 余场思想政治教育高端论坛和学术专题研讨会，得以近距离学习思想政治教育领域专家学者们的前沿理论成果。特别是 2014 年全程参与庆祝思想政治教育学科创立 30 年的系列活动，让我对思想政治教育学科的过去、现在和未来形成更为系统的理解和认识，大大增强了学科自信。

"青椒"起步阶段：问渠哪得清如许，为有源头活水来。

2016 年博士毕业以后，循着最初的梦想，我成为了高校思政课教师。工作之初，偶感彷徨，在本领恐慌的压力带动下，不断面向实践，寻找研究方向和"真问题"。其间，由于讲授《思想政治教育学原理》《思想政治教育研究前沿》课程，担任思想政治教育专业本科生班的导师，使我在"教学－科研－育人"的交织中找到了前进的动力和着力点——"育新人"。2016 年秋天，冯老师来我校讲座时教导我说"我们这个时代需要什么样的人，我们到底要培养什么样的人"这两个问题很重要，值得深入探讨。年底全国高校思想政治工作座谈会上习近平总书记明确地提出了思想政治工作要回答"为谁培养人，培育什么人，怎样培养人"的重要时代课题。围绕这个核心问题，我积极行动起来，申报了各类课题，发表了一些文章，逐渐体会到"理论来源于实践"的真理味道。相较于过去的学生身份，作为教师，身上肩负的责任和使命迫切要求我科研进步。我认为教师对于学问的探究、真理的追问，不应只停留于满足个人喜好和学术兴趣，更应该将科研转化成为满足学生成长成才需求、解疑释惑、立德树人的"钥匙"和"工具"。工作中全方位观察学生、与学生的交流互动使我逐渐摆脱以往对于理论的掌握和对待理论的态度。因为思想政治教育作为实践性很强的应用型学科，必须面向现实，充分收集和占有第一手的经验证据，并从中发现问题、把握规律。研究的问题是否是当下思想政治教育实践真正存在的问题？经验是否可靠？对现实的分析是否有说服力？这些都需要不断运用和磨炼自己的思维能力和问题意识，时刻提醒自己避免简单的经验堆积和主观臆断。博士毕业前，冯老师曾告诫我，不要贪求速成，学术研究需要到工作当中去慢慢做，在实践当中去领悟，在实务当中去摸索。从事教学科研工作一段时间后，才真正体会到老师睿见的大智慧。

一路走来，在思想政治教育领域求学问道的时间不长也不短，回顾过往点滴，感慨生逢其时，幸得恩师，所遇所学都弥足珍贵。古语云："路漫漫其修远兮"，学术道路上唯有保持"求知若饥，虚心若愚"方能行稳致远。我始终相信只要踏踏实实，一步一步往前走，时光不负有心人。

二、学术成果与心得体会

庆幸在自己较为困惑的当下能够收到参编《思想政治教育学科中青年学者成长之路》的通知，使我有机会看清未来的路。一方面可以借此契机对过去的科研工作进行复盘，发现进步与不足；另一方面通过对过去研究的总结，可以让开展的工作有迹可循，从中找到新的研究问题。回顾以往的科研训练和探索，我主要在以下几个方面有所成长。

首先，以思想家的深度要求自己，养成深入思考的习惯和科学的思维方式。"学而不思则罔，思而不学则殆"，勤于思考、善于思考是任何一个学科的研究者进行学习和科研工作的重要基础。就思想政治教育学科而言，阅读专业文献，提出问题、分析问题和解决问题，推动理论创新发展等一切活动都需要思考。冯刚老师对学生的要求总是将"勤于思考与哲学思维"放在第一位。犹记得第一次见导师，他建议我阅读冯友兰先生的《中国哲学简史》，并要求我看完书以后回答"冯友兰先生是按照什么逻辑书写中国哲学发展史的？中国哲学家思考问题的方式和思维特点是什么？"这两个问题。经过这次读书汇报，我扭转了以往学习过程中注重理解和接受著作、教材既有结论和现成理论的固有习惯，开始有意识地学习和探究学者们思考问题的思维方法。在后来的学业指导过程中，冯老师时常鞭策我要勤于思考、乐于思考、深入思考，像哲学家一样让思考成为一种生活方式。慢慢地我养成写读书笔记的习惯，笔记主要记录著作或文章的中心论点，并且深入思考和回答几个问题：作者怎么展开论证的？这样的论证有什么漏洞？如果由我来写，会做怎样的修改和补充？这样的习惯也是养成独立思考、独立写作的一种思维锻炼方法。

得益于"凡事多问几个为什么"的训练，在老师们的指导下，博士期间先后完成了几篇学术论文的写作和发表。其一，《社会主义核心价值观内容解读之"和谐"》（2014 年），该文是在刘建军老师的指导下对社会主义核心价值观中"和谐"这一内容进行内涵解读。文章在刘老师拟定的基本框架下展开讨论，分别从概念源起、经典作家笔下的和谐、社会主义核心价值观里的和谐三个层面分析。刘老师提出，当时学界对于十八大所提出的社会主义核心价值观"24 个字"三个层面的倡导还存在诸多有待进一步厘清和阐释的地方，尤其是对于如何理解社会主义核心价值观与传统文化、与马克思主义价值理念、与西方核心价值观之间的关联、区分等问题还有许多需要澄清和说明的部分。在他的指导下，我与其他博士同学分别选取了不同的价值观内容进行研究，经过反复的研讨、修改、打磨，最终发表了社会主义核心价值观内容解读的系列文章。其二，《提升创新思维推进创新型国家的全面建成》（2015年）。该文是在王易老师的指导下，在深入研究习近平总书记系列讲话中所蕴含的科学思维（战略思维、历史思维、辩证思维、创新思维、底线思维等）基础上，选择"创新思维"进行理论剖析。写作过程中，王易老师要求我紧紧围绕"创新思维的本质是什么？创新思维的主要特征是什么？创新思维与创新型国家之间的内在联系是什么？"等问题反复思考，反复论证。在科学思维系列文章的写作过程中，我与其他几位博士同学都曾陷入思想的泥潭、不得其解，王老师用"梳辫子"的比喻鼓励我们直面困难，她告诉我们"思考只有经过打散、混乱、重组这样反复的过程才能将观点梳理清晰，其中必然会遭遇'剪不断理还乱'的痛苦，这是科研的必经阶段"。这与刘建军老师在写作课上谈到的"理论上的疙瘩都是不同层次、不同角度的纠缠"有异曲同工之妙。其三，《坚持以文化人　深入推进社会主义核心价值观培育践行》（2016年），该文由冯刚老师带领我系统学习社会主义核心价值观培育与践行的相关文献，深化"中华优秀传统文化是涵养社会主义核心价值观的重要资源"这一论断的认识，从"以文化人"的时代蕴涵、特征入手，分析"以文化人"与社会主义核心价值观的内在关系，提出构建"以文化人"视阈下社会主义核心价值观培育践行的有效机制。该文由冯老师执笔，全文逻辑严密、一气呵成，对文化育人的重要价值和时代要求进行了深入论证，是思想政治教育学界较早关注"以文化人"这一重要命题的文章，影响广泛（被引用120余次）。在人大求学期间，冯老师和思想政治教育专业博士生导师们课堂内外的细致指导和严格训练为我树立科学研究的态度、磨炼深入探究的意志奠定了基础。

其次，以政治家的高度锻炼自己，学习顶层设计的逻辑和科学决策的方法。2016年秋季，我入职西南交通大学后承担的第一门课就是《科学决策学》，这是一门工程管理类的专业课程，对该领域的知识较为陌生的我来说，难度很大。一边学习一边备课，充分调动学生的积极性和创造性，与他们一起探讨一起进步，在教学相长的过程中，我初步把握了科学决策的基础理论，对科学的思维方式和各种科学的决策分析方法有了更全面的了解。后来，由于各种原因，开课一学期后我便不再承担该门课的教学。当我以为我与科学决策学不会再有任何交集时，却又延续了几年与它的羁绊。2018年在一次学术会议上，有机会向冯刚老师请教个人的科研规划，冯老师教导我深入学习和研究思想政治教育的政策发展，探索思想政治教育政策制定的顶层逻辑和科学方法。当时正逢庆祝改革开放四十周年，老师建议我回顾和梳理改革开放以来思想政治教育政策环境的发展历程和演变特征，从中探寻规律。以此为起点，我投入到政策环境、制度环境、制度建设、治理能力等思想政治教育基础理论的研究领域中，发表了《改革开放以来思想政治教育政策环境建设回顾与展望》《新时代大学生思想道德建设的制度环境研究》两篇文章，主持了四川省哲学社会科学青年项目"新时代社会主义核心价值观的制度建设"，并且参与编写《思想政治教育治理能力评价》系列丛书。几年来，由于持续关注制度建设、政策发展等顶层设计问题，我对国家治理体系和治理能力现代化的理解和认同不断加深。我认识到国家治理体系和治理能力现代化实质就是各领域制度体系的集成和联动，使得各项制度更加成熟、更加稳定、更加定型。这就要求思想政治教育适应时代变化，不断改革不适应实践发展现实的体制机制，根据不同层面的问题，创新各方面的制度体系。凝聚价值理念、完善制度机制，凸显科学化、规范化、制度化，更好满足学生对美好生活的需要，这是思想政治教育治理现代化的内在要求。同时，制度体系的现代化不能仅仅是制度数量的堆积，还要形成协调的制度体系，注重各项制度的匹配和衔接、耦合。协调的制度体系除了各项制度之间的协同，在制度的设计、出台、实施、监督、反馈的全过程也需要协同，环环相扣，注重整体性和系统性。

最后，用教育家的温度滋养自己，提升铸魂育人的能力和教书育人的水平。成为一名高校教师是我很早之前就在心里种下的一个职业梦想，当我的求职信收到反馈，对方告诉我该校拥有思想政治教育本科专业时，我停止了求职期间对于院校选择的纠结，欣然前往。走上工作岗位后，除了思想政治理论课教师这一身份，我还有西南交通大学恢复招生后第一届思想政治教育本科生班导师的角色。从 2016 年到 2020 年，陪伴 44 名学生走过他们人生中最美好的青春时光，其间有许许多多机会走进他们的生活、倾听他们的心声、了解他们的烦恼，与学生亦师亦友的交往互动成为我不断探究"培养什么样的人""如何培养人"这一思想政治教育终极问题的现实资料宝库。面对"Z 世代"的新时代大学生，工作中常常会发现对学生的认识存在盲区，对学生的精神享用和话语体系感到陌生和新奇。同时，在一次次与他们深度交流和沟通谈心的过程中，我感受到许多学生传递出来的虚无和迷茫情绪。他们焦虑、不安、低迷、无力的状态会时常出现，有时是大一新生入学时的不适应，有时是考研保研考试时的压力倍增，有时是寝室人际关系的紧张和矛盾……成长成才道路上，他们的犹豫、纠结、彷徨一直冲击着我，让我不断思考破解之道。十九大召开后，我认真研究习近平总书记关于青年的重要论述，思考他所提出的"培养担当民族复兴大任的时代新人"这一重要命题。在申报教育部课题时，立足"有理想、有本领、有担当"这一论断，探究新时代大学生担当精神培育的现实路径。从现实来看，新时代大学生，在中西冲击、古今冲击、不同潮流的冲击之下，可能被其淹没，失去方向和主体性，陷入虚无和迷茫。部分大学生的精神世界和精神生活在一定程度上出现失序、迷惘的问题，"空心病""佛系""懒癌"等词汇成为大学生用以描述自己心理状态的高频用语。如何从理论回应现实，找到大学生担当精神弱化的影响因素，寻求有效的培育路径，成为我主持的教育部课题"新时代大学生担当精神培育研究"的主要科研任务。研究过程中，我撰写并发表了《新时代大学生担当精神培育路径探析》《文化激励在培育时代新人中的功能与作用》《论激励法在思想政治教育中的运用》《新时代高校思想政治理论课供给侧结构性改革的实践路径研究》等文章。理论不仅可以解释现实，而且能指导改变现实。我将"培养时代新人"的初心和使命融入教书育人的点点滴滴，所带年级的学生一半以上升学到国内外知名大学（清华大学、复旦大学、武汉大学、浙江大学、北京师范大学、南开大学等）继续深造，贫困生全部拥有理想的升学和就业去向。学生毕业三年后我逐一对他们进行了深度访谈，他们有的已经升学继续攻博，有的签约到央企国企行政管理或党建岗位，有的成为高校思政课教师或行政管理人员，有的成为重点高中的政治老师，有的在地方公务员系统……看到学生们都在各自的成才轨道上有所斩获，散发光芒，由衷地感到开心，这也是给作为他们班导师的我最为丰厚的精神奖赏。

冠以"思想家、政治家、教育家"这三个词，并不是有意大言不惭。当我尝试梳理过去所学所悟时，不由自主地想起刘建军老师的教诲，他说"思想政治教育者，要努力达到思想家的深度、政治家的高度、教育家的温度"。这句话既是对思想政治教育工作者提出的素质和能力要求，也是对思想政治教育专业学子寄予的厚望。每每想到自己从事的是铸魂育人这样责任重大、使命光荣的事业，就提醒自己要朝着深度、高度、温度不断修炼、向上求索。如果用一句话概括这些年自己的求学和从教经历，恰如陶行知先生所言："千教万教，教人求真；千学万学，学做真人。"

三、未来展望

凡是过往，皆为序章。回顾学术成长走过的路，看到的风景，个中乐趣只有经历者才能体会。新征程的大幕已经拉开，我亦跟随着时代步伐，努力奔跑在思想政治教育高质量发展的道路上。展望未来，我有志于在以下三个方面持续深耕，以期对完善思想政治工作体系、推动思想政治教育守正创新尽绵薄之力。

第一，深入探究新时代青年文化生态建设规律。青年是思想政治教育的重要对象，青年一代的理想信念、精神状态、综合素质，是一个国家发展活力的重要体现，也是一个国家核心竞争力的重要因素。同时，青年是标志时代的最灵敏的晴雨表，青年文化则是青年的生活境遇、社会关系的直观体现，反映了一定时代背景下青年的心理特征、行为模式、价值观念、生活方式。

基于现有的青年文化研究成果，我将聚焦于"文化生态建设"这一重要命题，尝试用文化生态学相关理论探究新时代青年文化生态建设的目标、现状与路径。这一问题的思考源自于我对青年文化现象的观察和青年成长成才规律的探索。长期以来，西方社会思潮不断对青年进行文化渗透，冲击和挑战着我国的意识形态安全。青年文化生态作为多元思想文化交流交融交锋的"主战场"，既是争夺青年、赢得青年的场域，也是培育青年、塑造青年的土壤。通过文献综述，发现学界对于中国特色社会主义文化建设和青年文化发展的研究成果非常丰富，其中也有一些涉及中华文化与青年发展，文化生态与思想政治教育互动关系的话题。但是受制于单一学科和多学科"散点式"交叉研究，现有研究整体上存在以下不足：一是宏观的文化建设理论与青年文化探微之间缺少对话，容易陷入"理论很丰满，现实很骨感"的困境；二是微观的青年文化研究存在"只见树木，不见森林"的局限；三是缺乏科学且适合中国语境的青年文化生态衡量标准和评价体系，不利于摸清实际、找准问题。我将坚持以习近平新时代中国特色社会主义思想为指导，宏观与微观相结合，以问题为导向，运用系统观念，博采文化生态学、文化哲学和青年文化研究等交叉学科的理论，试图构建适合中国实际和本土语境的青年文化生态建设理论分析框架，并以此开展深入细致的实践问题研究。

第二，学习和掌握"调查－实验"研究方法。之所以致力于学习和掌握"调查－实验"研究方法，主要原因在于我所在学术团队（由几位志趣相投的"青椒"自愿组成的科研进步共同体）正在集体学习这一哲学社会科学研究方法。

"坚持问题导向是马克思主义的鲜明特点。问题是创新的起点，也是创新的动力源。"①"调查－实验"法能够弥补理论研究和经验研究各自的缺陷，直面现实，直击问题，充分掌握现实状况和把握客观规律。当然，每一个科学研究方法都有其局限性，此方法也并不是万能的适用于所有的思想政治教育

---

① 习近平：《在哲学社会科学座谈会上的讲话》，《人民日报》2016 年 5 月 19 日。

问题。未来的学术研究过程中，将尽量开阔视野，吸收借鉴多学科的研究方法和理论知识，尝试做跨学科和交叉学科的综合研究，这也符合思想政治教育高质量发展和现代化发展的必然趋势。

第三，关注人工智能与社会意识领域的新问题。大数据、人工智能技术的快速发展推动社会进入全新的时代，深刻影响着人们的思维方式和行为方式，改变了思想政治教育发展的时空及教育主客体。传统"面对面""点到点"的思想政治教育，无法有效应对在网络人机互动、网络人际互动等基础上建立起来的主体技术交往实践活动。思想政治教育需要融合前沿信息技术，增强"编码"和"译码"能力，以此加速从"技术自觉"到"技术自强"、由"契合组合"到"整合融合"的转型。伴随着人工智能发展浪潮，以大数据为基础、以算法与模型创新为核心、以强大的人工智能为支撑的全新思想政治教育数智化生态体系正在生成。未来，我将依托所在单位获批建设的四川省首批省级哲学社会科学重点实验室"人工智能与社会意识实验室"，跟随所在团队，瞄准前沿，聚焦热点，立足科学研究，力争以人工智能促进社会意识领域的科学研究，为政府关于智能社会的决策提供针对性建议与对策，推动思想政治教育治理的智能化和现代化发展。

鲁力：潮平两岸阔　风正一帆悬

鲁力，男，1987 年生，湖北嘉鱼人。湖南大学马克思主义学院副教授、硕士生导师。

一、学术历程

我出生在一个普通的教师家庭，父母都是教师。从小就比较爱读书，小学的时候就读到了《辩证唯物主义与历史唯物主义》《哲学 ABC》等理论读物，对马克思主义产生了浓厚的兴趣。高中毕业后，我考入山东大学，就读于历史学专业。山东大学的学术氛围非常浓厚，经常有各种学术讲座，我喜欢听学术讲座，极大开阔了视野。印象比较深刻的讲座有香港科技大学孔宪铎教授讲他因为家庭原因初中辍学，只有初中学历，上了大学，又是怎么刻苦学习，迎头赶上来，后来出国留学成为教授。还有臧健和女士的讲座，讲她怎么被丈夫抛弃，然后流落到了香港，在湾仔码头卖水饺，一步步成为企业家。还有章开沅教授的讲座，讲他在江上放排的故事，无书可读，一张报纸读了几个月，广告都不放过，所以后来搞历史研究视野比较宽阔。山东大学以文史见长，历史学有比较厚重的历史底蕴，入学之初就由著名明史专家黄冕堂教授、秦汉史专家张金光教授等学者给我们大一新生开讲座指引入学门径。开学以后的第一次专业课是《世界古代史》，由郑群教授给我们讲希腊精神，他讲得很投入，我们听得也十分陶醉，沉浸在古希腊的精神世界里，记得很清楚他讲的一句话"古希腊人就像孩子一样"。大一我就产生了读博的想法，那个时候也去听了院里的一些博士毕业答辩，见到了历史学界的一些学术权威。大二的时候有幸作为交换生，选送到兰州大学交流学习，兰州大学历史学本科是国家基地班，配备的是兰州大学最好的师资。在兰州大学读书的时候，我读到了孙正聿教授的《哲学导论》，为激动人心的思想感到振奋。大三又回到山东大学读书。刘玉峰教授是唐史专家，尤其擅长唐代经济史。我的本科毕业论文《傅筑夫学术思想述评》是由他指导的。通过刘玉峰教授的选修课《中国古代经济史》，我了解了很多经济史研究的大家，傅筑夫就是其中之一。傅筑夫是马克思主义史学家、经济学家，有很深的马克思主义造诣，这给我走上马克思主义理论学习研究道路很大的启发。

大学毕业后，因为对于马克思主义理论的兴趣，我考研到武汉大学马克思主义基本原理专业。记得当时研究生面试的组长是石云霞教授，头发花白，和蔼可亲，秘书是杨虹教授，美丽优雅。我的硕士指导教师是杨乐强教授。杨老师第一次和我见面是入学两个月以后，他约我在学校操场见面，给我讲他的人生经历，讲他学英语和评职称的故事，把我当成一个完全平等的谈话对象，敞开心扉。杨乐强教授问我以后的打算，我说想当中学老师。他说我学习基础较好，与其当中学老师，不如读博深造，当大学老师，同样也是教书育人。杨乐强教授给我们讲西方马克思主义专题课，教我们网购，我第一次上网买书就是那个时候，买了一本马尔库塞的《单向度的人》。在杨乐强教授指导下，我的硕士论文在答辩时被评为优秀。我也是那一年整个武大马院唯一一个考上外校博士的应届硕士毕业生，在毕业典礼上被佘双好院长称为"学术达人"。

硕士毕业后，我考入中国人民大学，就读于思想政治教育专业，师从冯刚教授。当时冯刚教授任教育部思政司司长，工作十分繁忙。但是他十分重视我的培养，每隔一段时间就叫我去教育部见面谈心。每次谈话都是思想深邃、高屋建瓴，让我佩服不已。他多次强调，写文章一定要有自己的观点，有创新性，绝不能人云亦云。写博士论文，不能指望一下子把所有的问题都解决，能够解决一两个问题就可以。冯刚教授虽然身居高位，但是他为人一团和气，不沾一丝官气，也不拿架子，非常平易近人，这让大家都非常钦佩。在读博期间，冯刚教授指导我参与了他主持的教育部重大委托课题的研究工作，还参与了教育部思政司组织的《社会主义核心价值观读本》编撰工作，开阔了学术视野，学术能力得到极大的锻炼。在冯刚教授的精心指导下，我的读博生涯十分顺利，以优异的成绩拿到了国家奖学金，顺利完成了博士学业，如期通过博士论文答辩，被评为马克思主义学院优秀毕业生。在人大求学的几年是人生中非常美好的几年，有一群志同道合的同学朋友，有一批享誉学界的名师指导，王易教授、刘建军教授、张雷声教授、陶文昭教授、项贤明教授等各位老师的授课让我受益匪浅。

博士毕业后，我入职同济大学。同济大学马克思主义学院的领导们十分关爱我。因为我是思想政治教育专业毕业，所以就安排在思想道德修养与法律基础教研室，教研室学术氛围浓郁。教研室的各位教授多次获得国家课题立项，申报课题特别有经验，乐于帮助和指导年轻人。2016 年我获得上海市哲学社会科学基金青年项目立项，这是我第一次获批课题，当时特别兴奋。2017 年我出版了我的第一本专著《中国传统文化的思想政治教育价值研究》。这本书出版以后受到很多专家学者的肯定，销售情况也比较好，不到半年就在京东和当当上脱销了。出版几年后发现在两本核心刊物上有关于这本书的书评，而书评人我并不认识，这也说明了学术界对这本书的认可吧。

在同济大学工作几年后，为了更好地学习中国共产党治国理政的理论与实践，我进入湖北省政府研究室工作，主要工作是为省政府主要领导提供文稿服务。在此期间，多次参与省政府工作报告的起草工作。起草的多篇文稿和调研报告得到省政府主要领导的批示肯定。对机关文稿规律的把握有了较大的进步，文稿服务能力显著增强，成为处室的业务骨干，受到领导同事的高度好评。2020 年 9 月 17 日，习近平总书记来到湖南大学岳麓书院，考察当地加强和创新高校思想政治工作、传承弘扬优秀历史文化情况，这给我深深的启发和鼓舞。湖南大学传承岳麓书院千年文脉，正是开展马克思主义理论教学和科研的好地方。岳麓书院在传统文化中的地位决定了在这里进行传统文化研究的有利地位。于是，我来到了湖南大学马克思主义学院。湖南大学马克思主义学院的各级领导都关心支持我的教学和科研工作，很顺利又一次完成了身份的转变。

二、学术成果

一是关于中国传统文化的研究。这是我的一个主要研究方向。先后发表多篇相关论文，如《中国传统文化的伦理取向及其道德教育价值研究》《中国传统文化的情感教育价值研究》《中国传统文化与大学生心理健康的关系研究》《试论中华优秀传统文化的创新特质及其当代价值》《新时期弘扬中国传统文化的原则与途径研究》《习近平关于中华优秀传统文化重要论述的理论蕴涵》（合著）、《论儒家文化的思想政治教育价值》（合著）。并在中国社会科学出版社出版了专著《中国传统文化的思想政治教育价值研究》。我分析了中国传统文化的思想政治教育价值的结构，将其划分为思想教育价值、政治教育价值、道德教育价值、心理教育价值、创新教育价值。我提出，作为一种重要的伦理性文化，中国传统文化中的道德观念十分浓厚，几乎一切行为活动都要放在道德的天平上予以考量。注重道德修养是传统中国人的典型特征。中国古代许多道德信条还越出国界影响到世界很多国家和地区。道德是具有历史继承性的。今天进行社会主义道德建设必须继承中国传统文化中"讲道德、尊道德、守道德"的文化传统，发扬传统美德，不断夯实我们的思想道德基础。我认为，中国传统文化中的重情精神有利于现代人体认情感的价值，中国传统文化中的人文精神有利于现代人提升情感的境界，中国传统文化中的理性精神有利于现代人摆脱情感的羁绊，中国传统文化中的人伦精神有利于现代人超越情感的局限。我认为，中国传统文化中的人文精神有助于提升大学生的生命意义感；中国传统文化中的乐观精神有助于培育大学生积极的心态；中国传统文化中的超越精神有助于化解大学生的心理压力；中国传统文化中的人伦精神有助于大学生形成和谐的人际关系；加强大学生心理健康教育不应该忽视中国传统文化教育。

二是关于中国精神的研究。我先后发表《论社会主义核心价值观与当代中国精神的弘扬》《国家治理视域下中国精神的政治价值探析》等论文，并在社会科学文献出版社出版《中国精神的理论阐释》（第一作者）。我提出，伴随着中国精神在中国特色社会主义现代化强国建设中作用的日益凸显，关于中国精神的研究越来越受到党和国家的重视，越来越受到学界的关注。我提出中国精神具有六个特点：民族性与世界性相统一、时代性与永恒性相统一、稳定性与发展性相统一、理论性与实践性相统一、人民性与科学性相统一、先进性与广泛性相统一。中国精神的思想价值在于它是中国特色社会主义的思想基础。中国精神的政治价值在于它是提升中华民族凝聚力的强大精神力量，是提升综合国力的强大精神力量，是反腐败斗争的精神武器，是维护我国意识形态安全的精神屏障。中国精神的教育价值在于它能够为大学生成长成才指引正确方向，提供思想保证，注入精神动力。社会主义核心价值观提升了中国精神的时代性、先进性、世界性。学校教育要把中国精神的相关内容融入课程，广泛开展关于中国精神的知识教育、审美教育、体育教育、道德教育、劳动教育。要为中国精神的传播营造良好的舆论氛围，构建积极的社会风气，打造清朗的网络空间。中国精神的家庭教育要充分发挥妇女的家庭作用，营造尊老爱幼的家庭氛围，树立良好的家教家风，让家庭成为孕育中国精神的坚强堡垒。

三是关于马克思主义理论创新人才培养的研究。我先后发表《论马克思主义理论学科创新型人才培养》《关于马克思主义理论创新型人才培养的思考》《论思想政治教育理论创新人才培养——基于思想政治教育学科 30 年标志性研究成果作者群体的研究》等论文。我认为，培养马克思主义理论创新型人才是整个马克思主义理论学科乃至我国不容回避、不容忽视的重大任务。马克思主义理论创新型人才是指能够在马克思主义理论研究和实践领域开拓进取，与时俱进，开创马克思主义发展的新局面，对社会发展做出创造性贡献的人才。培养马克思主义理论创新型人才是建设创新型国家的需要，建设社会主义文化强国的需要，马克思主义中国化、时代化、大众化的需要和马克思主义理论学科发展的需要。培养马克思主义理论创新型人才要高度重视马克思主义原典的训练，建立马克思主义理论学科创新基地，造就马克思主义理论大师，马克思主义理论教育普及与提高并行，吸引优秀人才加入马克思主义理论研究的队伍，构建批判性的思维方式，构建创新型的知识结构，建立良好的学术传承机制，创造民主自由的教学管理模式。

四是关于新自由主义对大学生思想行为的影响与对策研究。先后发表《新自由主义对大学生思想的影响研究综述》《关于新自由主义的产生、传播及其在中国的影响研究综述》《关于抵御新自由主义对大学生不良影响的对策研究述评》《新自由主义对大学生思想行为的影响及对策研究述评》（第一作者）等论文。我提出，新自由主义的渗透使大学生深受冲击，大学生的政治信仰、人生观、价值观、生活方式、行为方式等都受到不同程度的影响。新自由主义能够对大学生产生消极影响，实际上是内因和外因共同作用的结果。针对新自由主义的影响，对策主要从以下几个方面提出：从理论上战胜新自由主义，加强对新自由主义的批判，正确认识其本质；加强主旋律教育和主流意识形态引导，用社会主义主流价值武装大学生头脑；加强和改进高校思想政治教育；做好大学生思想政治教育工作，提高大学生分辨是非的能力。这些对策为有利地应对新自由主义思潮对大学生的不良影响奠定坚实的基础。

五是关于思想政治教育文化性格的研究。我先后发表《论当代中国思想政治教育的文化自觉》《论思想政治教育研究的理论自觉》《文化视域中的思想政治教育：属性、功能与自觉》等论文。我提出，思想政治教育是一种重要的文化活动，具有文化属性。思想政治教育目的蕴含着文化理想，思想政治教育主体是被文化塑造过的人，思想政治教育内容体现不同的文化内涵，思想政治教育方法是文化的产物。从文化的视角看，当代思想政治教育具有三大功能，即文化继承功能、文化选择功能、文化创造功能。当前，我国思想政治教育应当坚持弘扬中华优秀传统文化的文化路向自觉，坚持和谐与包容的文化理念自觉，坚持独立与自信的文化立场自觉。我认为，思想政治教育代表一定的社会文化理想，需要加强文化自觉，以更好实现自己的使命。思想政治教育要有"立足中国"与"面向世界"的双重自觉，让世界理解中国，让中国走向世界。思想政治教育要有"现代意识"与"传统情怀"的双重自觉，寻求指导思想的一元化与思想文化的多样性的相互统一。思想政治教育要有"精英品格"与"大众取向"的双重自觉，坚持主导思想的严肃性、高雅性与形式的活泼性、易接受性的统一。思想政治教育要有"崇尚科学理性"与"回归日常生活"的双重自觉，在不断提升自身的科学性的同时，深入群众日常生活，化为无声的力量。

六是关于哈贝马斯与马尔库塞科技思想的比较研究。我先后发表《马尔库塞与哈贝马斯理性观比较研究》《马尔库塞与哈贝马斯科技意识形态论比较研究》《马尔库塞与哈贝马斯科技意识形态危害论比较研究》《马尔库塞与哈贝马斯科技发展前景论比较研究》《论哈贝马斯科技思想对马尔库塞科技意识形态的理论拓展》（合著）等论文。我提出，无论马尔库塞还是哈贝马斯，他们对当今资本主义的诊断和对科技理性的批判都起源于对于理性的考察和批判。马尔库塞认为理性本来应该是否定性与肯定性的统一，但是理性的分裂导致了理性的肯定性方面的单向度发展，而否定性的丧失，要解除科技的异化就是要恢复理性的本来面目，重新建立理性的批判向度。马尔库塞在对工具理性和现代科技进行批判的基础上提出了它的解决办法。要消除科技造成的对人的压抑和单向度状态就要超越于工具理性，用新的感性和爱欲解放来进行拯救。哈贝马斯认为理性的重新奠基在于区分劳动和相互作用，建立话语民主。哈贝马斯建立起新的合理化框架。新的合理化就是交往合理化，就是强调相互作用的重要意义，恢复生活世界的本来面目。要实现交往合理化就需要建立民主公正的对话秩序，实现话语民主，科技也应当参与其中改变自身过去傲慢的态度，与人们交流关注人们的需要。

三、学术志向

习近平总书记在全国高校思想政治工作会议上强调，"我国有独特的历史、独特的文化、独特的国情，决定了我国必须走自己的高等教育发展道路，扎实办好中国特色社会主义高校。我国高等教育发展方向要同我国发展的现实目标和未来方向紧密联系在一起，为人民服务，为中国共产党治国理政服务，为巩固和发展中国特色社会主义制度服务，为改革开放和社会主义现代化建设服务。"习近平总书记这里讲的是高等教育发展，其实也适用于思想政治教育工作者，身为新时代的思想政治教育工作者，就是做到习近平总书记这里所说的"四个服务"，为国家民族繁荣富强不懈奋斗。

一是为人民服务。习近平总书记指出："我国哲学社会科学要有所作为，就必须坚持以人民为中心的研究导向。脱离了人民，哲学社会科学就不会有吸引力、感染力、影响力、生命力。我国广大哲学社会科学工作者要坚持人民是历史创造者的观点，树立为人民做学问的理想，尊重人民主体地位，聚焦人民实践创造，自觉把个人学术追求同国家和民族发展紧紧联系在一起，努力多出经得起实践、人民、历史检验的研究成果。"个人的发展离不开国家和人民。实现中华民族伟大复兴是近代以来中华民族最伟大的梦想。每一个中国人都应该朝着这一梦想的实现而努力。作为思想政治教育工作者，应该把这一梦想贯穿到自己的学术研究中去，坚定道路自信、理论自信、制度自信、文化自信，用自己的学术研究为巩固中国价值、凝聚中国精神、发挥中国力量服务。人民是历史的创造者，有生命力的学术研究必须植根人民，为了人民，依靠人民，做人民利益的忠实维护者，人民需求的忠实表达者，人民生活的忠实书写者。

二是为中国共产党治国理政服务。中国共产党的领导是历史的选择，人民的选择，是中华民族伟大复兴的可靠保证。只有加强和改善党的领导，才能使党治国理政更加富有成效，更好带领全国各族人民迈向中华民族伟大复兴。在这一过程中，不能少了哲学社会科学工作者的助力。习近平指出："面对全面从严治党进入重要阶段、党面临的风险和考验集中显现的新形势，如何不断提高党的领导水平和执政水平、增强拒腐防变和抵御风险能力，使党始终成为中国特色社会主义事业的坚强领导核心，迫切需要哲学社会科学更好发挥作用。"思想政治教育工作是中国共产党政治工作的生命线，在中国革命、建设和改革开放等各个历史时期都发挥了重要作用。加强思想政治教育研究，批判形式主义、官僚主义、享乐主义和奢靡之风，批判形形色色否定党的领导的错误社会思潮，提升党员干部素质，提升党的领导水平和领导能力，对于中国共产党治国理政大有裨益。在这些方面思想政治教育研究大有可为。

三是为巩固和发展中国特色社会主义制度服务。中国特色社会主义制度是党和人民经过长期探索取得的宝贵成果，是中国发展进步的坚实基础，丝毫不能动摇。理论上的清醒和坚定是最大的清醒和坚定。坚持中国特色社会主义制度，关键是在意识形态上要牢牢把握住马克思主义的指导地位不动摇。习近平指出："面对社会思想观念和价值取向日趋活跃、主流和非主流同时并存、社会思潮纷纭激荡的新形势，如何巩固马克思主义在意识形态领域的指导地位，培育和践行社会主义核心价值观，巩固全党全国各族人民团结奋斗的共同思想基础，迫切需要哲学社会科学更好发挥作用。"思想政治教育的重要任务是要向人们讲清楚马克思主义为什么行，中国特色社会主义为什么好，中国共产党为什么能，破除人们思想上的重重迷雾，统一思想，坚定信心，巩固全国人民团结奋斗的共同思想基础。

四是为改革开放和社会主义现代化建设服务。我们身处改革开放和社会主义现代化建设的伟大时代，这个时代成就伟大，彪炳青史，同时这个时代也问题重重，矛盾不断。在发展中暴露出许多的问题迫切需要解决，这对于哲学社会科学工作者既是挑战也是机遇。习近平指出："面对改革进入攻坚期和深水区、各种深层次矛盾和问题不断呈现、各类风险和挑战不断增多的新形势，如何提高改革决策水平、推进国家治理体系和治理能力现代化，迫切需要哲学社会科学更好发挥作用。"思想政治教育研究要强化对于改革进入攻坚期和深水区，人们思想上精神上各种矛盾和问题的研究，帮助化解人们思想上精神上的各种矛盾和困惑，培育平和理性的社会心态。要强化推进国家治理体系和治理能力现代化背景下思想政治教育治理的研究，让思想政治教育在改革开放和社会主义现代化建设中发挥更大的作用。

四、学术心得

一是要有浓厚的兴趣。从小我就对马克思主义理论有比较浓厚的兴趣。经常遇到有人问我，为什么选择马克思主义理论专业，我都说因为兴趣。在很多人心里感觉马克思主义就是一些枯燥的理论，但是在马克思主义学者眼里肯定是充满乐趣的。数学、物理、化学，很艰深也很枯燥，可是那些科学家们沉醉其中，任何一门学问都有其乐趣所在，能不能体会到其中的乐趣就看有没有兴趣，这和个人的天赋秉性有关，也与后天的培养有关。兴趣是学习的基础。要想钻研好任何一门学问都少不了兴趣，缺乏兴趣肯定是干不好的。我对马克思主义理论以及与之相关的哲学、文学、历史学等学科都有强烈的兴趣。

二是要有远大的抱负。"文章，盖经国之大业，不朽之盛事。"我始终相信文化事业的生命力更为长久。历史上的亿万富翁很多很多，可是现在早就没有一点影子了。历史上身处高官显位的人也很多，可是被人记住的也很少。而一部优秀的作品，可以穿越时空，代代相传。艾思奇的《大众哲学》出版八十多年了，今天仍然是畅销书。马克思恩格斯的著作就更不用说了，两百多年了，仍然是屹立于人类思想之巅，仍然被无数人阅读。在我心中，始终怀揣一个梦想就是写出一部能够传之久远的著作。尽管离这个目标还很遥远，但是有了抱负，就有了奋斗的动力，而且目标越高，动力也就越大。

三是要有自己的思考。古人说"学贵自得"，唯有经过自己独立思考得来的知识才能深刻和记得牢。写文章最忌讳没有思考，只是堆砌材料。思想是文章的灵魂。思想的高度和深度就决定了文章的高度和深度。思想的高度和深度也是一个人的精神境界的决定性因素。马克思之所以被多次评选为"千年思想家"就在于思想的超越性和科学性。毛泽东之所以能够领导中国革命取得成功就是因为他独创性的思想解决了中国革命的实际问题。做学问需要独立的思考，要反对本本主义和教条主义，开动脑筋，解放思想，思考问题。

很多问题经过自己的思考，有时候看书发现与前人暗合，别有一番乐趣。更多的时候是能够自己给自己答疑解惑，解答一些自己感觉困惑的问题，解开心头的疑问，使自己的思想认识有一个进步。

四是要加强写作的训练。写作能力是文科生的基本生存能力。不论是从事学术研究，还是其他工作，都离不开写作。在高校里面，师生最苦恼的是怎么写作和发表高水平的论文。在政府机关，最头疼的是材料工作，笔杆子也是奇缺人才。作家是写出来的，文科的学者也是写出来的。大凡学术名家都有一批高质量的作品。中文版马克思恩格斯全集有 50 卷，每卷都有七八百页。中文版列宁全集有 60 卷，列宁只活了 54 岁，平均每年最少要写一本书。要在文科的学习中有所成就就必须加强写作的训练，练就一手好文笔。写作这一技能只能在练习中学会。写作能力的训练必须持之以恒、久久为功。所谓"十年磨一剑"。优秀的作品需要时间的打磨，写作能力就是在一个个具体的作品的磨炼中逐步提高。

五是要热爱阅读。古人云："立身以立学为先，立学以读书为本。"教育家朱永新说："一个人的精神发育史就是他的阅读史。"阅读对精神的成长，对个人修养的提高，对学术能力的提升具有至关重要的作用。在多媒体时代，手机上图像信息占据了大量的时间，手捧一卷沉浸式的阅读显得越来越奢侈。要注意防止手机过度占用时间，而把时间更多地留给书籍。只有足够的文献积累，学问才有本源。必须要有"自己和自己过不去"的精神，啃大部头，啃难度较大的经典著作，这样才能为治学打下良好的基础。努力做到"无一字一句无来历"，通过阅读掌握人类文明的精华，积淀前人探索的成果，站在前人的肩膀上，这样才能想得更深，看得更透，走得更远。

马超：思想政治教育之光照亮前行的路

马超，男，1987年生，河北丰宁人，吉林大学马克思主义学院副教授。

一提到"光"，大家就会感受到光明、温暖、希望、力量。世界有光，才能温暖我们的生活；心中有光，才能照亮我们的道路。非常荣幸能够参选《思想政治教育学科中青年学者成长之路》，"思想政治教育学科的新生代"说的是表现优异、潜力十足的学科后进，"学者"更是一种学识素养和学术成就的身份代表，我想自己能够参选，主要得益于自己的青年身份，也是编委会对于我近年来业务工作的肯定和鼓励。虽然对于"思想政治教育学科新生代学者"的称谓诚惶诚恐，但是并不妨碍以此回顾和总结自己过去16年在思想政治教育领域的求学问道与学术感悟，我想以"思想政治教育之光照亮前行的路"来概括自己的过往成长和未来展望。

一、遇见光：我的思想政治教育求学问道

光在物理学上是一种客观存在的物质，属于电磁波的一部分，是不以人的意志为转移的。马克思曾经说过："意识在任何时候都只能是被意识到了的存在。"[①]光是先于人类而存在的，人类只有意识到光的存在，才能在头脑中形成光的形象，进而理解光、感受光、把握光和运用光。而思想政治教育是伴随人类社会历史发展而不断变迁演进的，具体到我与思想政治教育的缘分来说，思想政治教育是先于我而存在的，思想政治教育学科正式成立的时间都要比我的年龄大3岁，这也大概算是我伴随思想政治教育学科共同成长起来

---

① 《马克思恩格斯选集》，人民出版社2012年版，第152页。

的。但是，只有意识到思想政治教育的存在，才能够自觉地建立起自身与思想政治教育的关系，才能去认知、理解和把握思想政治教育。遇见思想政治教育之光，是思想政治教育学者成长与发展的必然经历，但是这种遇见不是瞥见和窥见，而是在求学问道和理解感悟的基础上的正式遇见。我是在完成思想政治教育学业、走近思想政治教育学者、开展思想政治教育研究、融入思想政治教育学界、感悟思想政治教育学科、参与思想政治教育实践过程中正式遇见思想政治教育之光的，既有其偶然因素，也有其必然因素，做到了偶然与必然的统一。一经遇到思想政治教育之光，我的学术成长就有了方向与目标，引领自身坚定思想政治教育的学术人生。

遇见思想政治教育学业。思想政治教育学业是思想政治教育求学问道的开端。思想政治教育学业是学习者以学习思想政治教育基础理论的方式理解和思考"思想政治教育是什么、为什么、怎么做"的基本问题的实践活动。我始终感到幸运的是我的学业从一而终，学士、硕士、博士学位均是思想政治教育专业，这也促使我不断深化理解和思考上述三个问题，日益走向思想政治教育工作岗位。而之所以选择思想政治教育学业，正是源自一场美好的偶遇，但偶遇之中也有必然因素。高中学习时，我的历史老师曾经说过："看你这么喜欢政治、历史课程，将来肯定是报文科专业的。"的确是这样，但是高考填报志愿时在选择专业上还是出现了困惑和迷茫，然而一次偶然的旁听却明晰了我的高考志愿。2007年的夏天，正式填报高考志愿的前一天，我正准备去教室，在走进教学楼时看见几个同学正围着自己的班主任咨询高考填报志愿的事情，我便停了下来旁听，这位班主任从学校类型、专业特点、就业形势、个人兴趣等方面客观分析、全面指导，说了很多，但在我心里只记住了一句话："思想政治教育这个专业挺好的，未来发展前景也不错，你们怎么没有报这个专业呢？"回到教室后我思来想去，最终将思想政治教育作为第一志愿专业放进了我的高考志愿中，并成功被思想政治教育专业录取。现在回想起来，就是这样一次偶然旁听，一句随意话语，改变了我的高考志愿和人生轨迹，促成了我与思想政治教育的缘分，好似看到了思想政治教育的晨光。

遇见思想政治教育学者。思想政治教育学者是思想政治教育求学问道的灯塔。思想政治教育学者，是思想政治教育理论的人格化形象，是行走在社会之中的思想政治教育理论，像光一样给予学习者思想启迪，指引学习者前进方向，鼓励学习者生成独特气质。大学四年的思想政治教育专业学习，使我对思想政治教育的理论知识和体系架构有了初步的认识和理解，更引发了我对思想政治教育专业教材编者（学者）的学术仰慕与渴望接近。大学即将毕业时，站在"十字街头"的我坚决地选择了报考吉林大学思想政治教育专业硕士研究生，而这一选择有着两重因素的影响，一是渴望能够在更高学府、更优平台、更权威学者的培养下成长成才；二是既然选择思想政治教育专业，就要去"朝圣"，仰慕吉林大学思想政治教育专业的学术阵地和陈秉公教授的思想政治教育学术造诣。历经一年的艰苦奋斗，成功考取了吉林大学思想政治教育专业硕士研究生。在这里我遇见了陈秉公教授、娄淑华教授、吴宏政教授、石瑛教授等思想政治教育学者，正是各位老师的悉心指导，推动我的学业进步、学术成长，特别是思想政治教育学科的重要奠基者陈秉公教授，年过古稀、笔耕不辍、成果卓著，每天坚持八小时学术工作制的学术态度，深深触动和激励着我，感受到思想政治教育权威学者之光在照耀后进者，也非常有幸能够成为陈秉公教授的助理。从现在来看，考取吉林大学思想政治教育专业硕士研究生是正确的选择，是接近思想政治教育之光的选择，使我真正与思想政治教育结缘，遇见思想政治教育学者，接触思想政治教育学科，深化思想政治教育理解。

遇见思想政治教育学术。思想政治教育学术研究是思想政治教育求学问道的内核。思想政治教育学术研究是把握思想政治教育基础，探究其前沿，窥见其创新的关键。忆想当年自己怀着激动的心情步入吉林大学马克思主义学院，紧张思考"何为研究，研究什么，怎么研究"的问题，这个时候非常有幸拜入娄淑华教授门下，现在想来，这既是一种缘分，更是一种必然。正是在恩师的悉心指引下，我逐渐走上了思想政治教育学术研究的道路，循序感受到思想政治教育学者之光在学术道路上给予自己的指引、温暖与成长。从硕士阶段的学习到博士期间的钻研、从读书笔记的批复到学术文章的发表、从师门讨论会的组织到学科学术会议的参加、从社会实践调研到问卷访谈资料分析、从校级教改项目的参与到国家社科项目的担纲，恩师为我的学术成长提供了无数的机会与条件，倾注了大量的心血和希望。正是恩师理论研究的前瞻与学科建设的担当为我确定了可供长期攻关的研究方向，清晰记得恩师对于学术研究的要求，学术研究有担当、科研突破耕基础、聚焦前沿观现实、文章推进顾全局、思路明晰始下笔、观点凝练须有据、话语使用要精准，这样才能学有所获、研有所得、功有所成。没有恩师的鞭策与教诲，就没有我思想政治教育学业的完成，更没有我思想政治教育学术研究的发生与成长。

遇见思想政治教育学界。思想政治教育学界是思想政治教育求学问道的生态。思想政治教育学界是思想政治教育领域内的学者形成的学术生态，其反映着思想政治教育的学术环境，规范着思想政治教育的学术边界，哺育着思想政治教育的青春幼苗。我遇见思想政治教育学界，经历了从老师言语中的印象形态"思想政治教育学界"到文献研读中的理论形态的"思想政治教育学界"，再到学术会议中的人化形态的"思想政治教育学界"，延至工作实践中的社会形态"思想政治教育学界"，达至我居其中的定在形态"思想政治教育学界"的认识与理解。很多时候，经常会听到这样的话语"渴望融入到思想政治教育学界""希望有人能把我带到思想政治教育学界"，其实这内在折射出语者所惯性存在的中国传统文化中的"圈子"观念，是以自己作为"他者"的思维和心态来看待思想政治教育学界，本质是渴望融入"某一圈子"或"某一团队"等。而对于每一位真正的思想政治教育研究者和工作者来说，自身已然是思想政治教育学界的成员，问题在于如何提升和强化自身对于思想政治教育学科的贡献，确证自身作为思想政治教育学界成员的身份。

遇见思想政治教育学科。思想政治教育学科是思想政治教育求学问道的依托。思想政治教育学科是思想政治教育的理论体系、工作队伍、人才培养、组织形式、制度体系、社会实践等综合而成的学科形态。吉林大学思想政治教育学科具有侧重基础理论研究，注重传承创新的优良传统，拥有独特的培养理念、优秀的师资队伍、完善的制度体系、明确的发展目标。我正是在吉林大学马克思主义学院学习与工作的过程中，感悟思想政治教育学业、学者、学术、学界、实践的基础上正式遇见思想政治教育之光的，从学科边界的厘清到学科归属的明晰，从学科教师的指导到学科理论的研究，从学科体系的把握到学科教学的实践，从学科建设的参与到学科使命的理解，使我深刻感受到吉林大学思想政治教育学科给予自己的锤炼与成长。可以说，遇见思想政治教育学科，是思想政治教育求学问道的内核，意味着对思想政治教育的理性认同、整体把握和使命自觉，使我越发自觉传承优良传统，深耕理论研究、提升教学能力、推动学生培养、积极社会实践，渴望以自身微薄力量推进思想政治教育学科更优质发展。

遇见思想政治教育实践。思想政治教育实践是思想政治教育求学问道的旨趣。认识源于实践，又指导实践。思想政治教育的学术成果，需要在思想政治教育的理论研究、教育教学、学生培养、社会实践中获得并确证其科学性与价值性，彰显其光芒的温暖与力量。作为思政课青年教师，我坚持将学术成果转化为教学内容，学生在课堂的点头回应、课间的探讨交流、课后的鼓掌致意，是对于自身思想政治教育学术成果的认同肯定。作为研究生指导教师，我坚持将学术成果转化为专题讨论，学生在交流中的前提追问、共识凝聚、创新思考，是对于自身思想政治教育学术成果的价值彰显。作为社会实践者，非常幸运作为中组部、教育部第九批援藏干部人才赴西藏大学马克思主义学院开展援藏工作，在雪域高原锤炼成长中深刻感悟到"革命理想高于天"的信仰力量，在促进学科建设和人才培养中深刻明晰到国家意识形态前沿阵地的极端重要，在社会宣讲和基层调研中深刻体悟到满足人民美好精神生活需要的价值意义；在感受西藏翻天覆地变化中深刻领悟到"到祖国和人民最需要地方去"的使命担当，启迪自身思想政治教育研究和实践需要深入基层、走进群众，落到实处，在祖国和人民最需要的地方贡献力量。

二、吸收光：我的思想政治教育学术成果

光能是自然界绿色植物进行光合作用的动力，光合作用是绿色植物获取物质和能量，促进生长与发展，推动地球碳氧循环的重要媒介。我的思想政治教育成长发展同样经历了"光合作用"，遇见思想政治教育之光，通过思想政治教育与自身的教育经历和社会阅历相结合，与自身的教学活动和社会实践相结合进行"光合作用"，进而凝聚出自身在思想政治教育领域的研究方向，产出了一些学术成果成绩，实现了自身的思想政治教育成长与发展。

思想政治教育的本质是一定阶级或社会通过教育的方式引导个体思想自由性与社会政治导向性相协调，促进个体与社会同向全面和谐发展的社会实践活动，具有鲜明的社会属性与人本属性。从大历史观来看，思想政治教育是人类社会历史发展的必然产物，并伴随人类社会发展进步而不断演进变迁，而其内在蕴含着思想政治教育伴随现代化进程促进社会现代化与人的现代化及其协同发展的重要内容。回顾自身 16 年的思想政治教育成长历程，从学科的"门外汉"到学科的"小学生"，再到学科的"探索者"，我对于思想政治教育基本问题的认识与理解不断深化，特别是在恩师的指导和帮助下相继完成了硕士学位论文《思想政治教育方法论现代性》、博士学位论文《国家治理现代化视域下思想政治教育功能转换研究》，逐渐将自己的研究方向凝聚在思想政治教育与现代化。

中国共产党的百年奋斗史，内蕴一部党不断探索现代化、求解现代化的历史，思想政治教育作为党的优良传统和政治优势，是推进党团结带领全国各族人民探索和型塑中国式现代化的重要方式，而探索社会现代化与人的现代化成为思想政治教育学科研究的前沿问题。自留在吉林大学马克思主义学院工作以来，我进一步深刻认识到党的思想政治教育的重要性，始终坚持思想政治教育与现代化研究方向，聚焦国家治理现代化与思想政治工作研究和高校思想政治教育文化育人研究，两项研究既有其相通契合之处，也各有其

侧重点。

围绕国家治理现代化与思想政治工作研究，现已完成博士学位论文，申请立项国家社科基金青年项目1项，中国博士后科学基金面上资助项目1项，西藏大学思想政治教育研究委托项目1项；在思政类、社科类等期刊发表论文多篇，被部级单位采纳研究报告1篇。提出，国家治理现代化是以国家制度革新为内核的社会现代化与以治理能力提升为内核的人的现代化的统一，思想政治工作在国家治理现代化进程中积淀而成独特优势，即"两大"根本优势、"两大"基本优势及"七大"具体优势，特别是在西藏大学马克思主义学院工作期间，进一步从边疆民族地区基层治理层面探索中国共产党思想政治工作的西藏经验，综合探索思想政治工作的现代建构。

围绕高校思想政治教育文化育人研究，现已完成教育部人文社科基金青年项目1项，吉林省社科基金项目（思政专项）1项，吉林省教育厅社科基金项目1项；在思政类、社科类等期刊发表论文10余篇，被部级单位采纳研究报告1篇。提出，人的现代化是社会现代化的内核，文化育人是高校思政课落实立德树人根本任务，推进人的现代化的重要方式；基于历史逻辑、现实逻辑、理论逻辑的高度契合性，时代新人的现代精神特质在于民族性、革命性和社会主义先进性；高校思政课作为触及人的思想和灵魂的教育活动，应注重对青年学生文化人格的塑造，以中华优秀传统文化、党的革命文化和社会主义先进文化为核心内容，培养以民族性格为根脉、以红色品格为支柱、以理想人格为灵魂的时代新人，推动青年学生的现代全面发展。

现代化是一项"未竟的事业"。中国共产党团结带领全国各族人民在长期探索和实践的基础上成功开创、推进和拓展了中国式现代化，为中华民族伟大复兴找到了正确道路，为人类探索和求解现代化提供了中国方案和中国智慧。新时代新征程，党的中心任务是团结带领全国各族人民全面建成社会主义现代化强国，以中国式现代化全面推进中华民族伟大复兴，这也内在指明了思想政治教育学科的使命与担当。我对于思想政治教育与现代化研究刚刚起步，但在深刻领悟党的新征程新使命的过程中进一步明晰了作为青年"探索者"的责任与担当，已将思想政治教育与现代化研究确立为长期攻关的学术课题。拟在以往学术思考的基础上重点探索以下三个课题：（1）思想政治教育的基础理论研究。从学科定位来看，思想政治教育既是一个新兴学科，也是马克思主义理论的一个二级学科，其经历近40年的发展，已经实现从"无论"到"有论"、从"有论"到"精论"的升华与蜕变，但是依然存在许多"争论"问题需要澄明、反思与重构。依据马克思主义理论，坚持问题导向与体系意识，以元理论问题探究为切入点，以凝聚学科共识为着力点，建构现代思想政治教育理论体系，成为思想政治教育学科建设的重要方向。（2）国家治理能力现代化与思想政治工作研究。从2035年的远景目标来看，基本实现国家治理现代化是推进和拓展中国式现代化的关键环节，国家制度体系必将更加先进完善，国家制度显著优势必将更加强化和彰显，而国家治理能力成为影响国家治理现代化、国家制度优势转化为治理效能的关键增量，探索思想政治工作提升国家治理主体的治理能力论题，成为促进国家治理现代化，推动中国式现代化的重要学术趋向。（3）现代文化人格与思想政治教育研究。"培养什么人"是我国教育需要回答的根本问题，也是思想政治教育需要思考的首要问题，而关键在于明晰教育与思想政治教育在"培养什么人"的问题上的共性与个性。思想政治教育归根结底是文化铸魂文化育人的教育活动，而这里的"文化"主要指向当代中国的主流文化形态，"铸魂""育人"主要指向培养具有现代精神气质的时代新人。从人的现代化的维度探索思想政治教育培养具有现代文化人格的时代新人论题，力争能够在学术上有所创新，在实践上有所启迪。

三、感悟光：我的思想政治教育学术心得

思想政治教育学术研究，融合在追寻与接近思想政治教育之光，成为与散发思想政治教育之光的过程。感悟思想政治教育之光，是思想政治教育学术研究追寻光、接近光的内在所得，也是思想政治教育学术研究成为光、散

发光的外在彰显。虽然思想政治教育学术研究的道路各不相同，但必然殊途同归，均致力于思想政治教育的建设与发展，发挥其在人与社会协同发展中的独特功能作用。综合自身以往的思想政治教育学习经历和学术成长，概括而成一些关于思想政治教育学术研究的浅显感悟，供专家学者批评指正和学习者参考借鉴。

（一）坚定身份认同，增强学科自信

思想政治教育学术研究的前提在于坚定思想政治教育学者的身份认同，增强思想政治教育的学科自信。从思想政治学业来说，我们需要经历从"学习者"到"研究者"的飞跃，从"跨专业"到"本专业"的转变，确立自己作为"思想政治教育研究者"的身份认同；从思想政治教育事业来说，我们需要剔除"外来户""跨界者"等寄生挂靠的功利观念，确立自己作为"思想政治教育从业者"的身份认同，进而达成基于身份认同基础上的思想政治教育职业伦理和精神信仰的认同与践行。马克思在《青年在选择职业时的考虑》中认为，我们应选择"一种建立在我们深信其正确的思想上的职业"[1]，"重视作为我们职业的基础的思想"[2]。这内在指明开展思想政治教育学术研究，前提在于坚信思想政治教育学科的指导思想与基础思想，增强思想政治教育学科自信。从坚信指导思想来说，我们需要坚定信仰、信念和信心，用中国化时代化马克思主义武装头脑、指导实践，真正做到"在马姓马、在马信马"，明确思想政治教育学科归属与使命担当；从坚信基础思想来说，我们需要读经典、悟原理、厚基础、强理论，掌握思想政治教育学术研究的看家本领，回应和破除各种疑惑或质疑思想政治教育学科的干扰。任何缺乏身份认同和学科自信的学术研究，都会使自身陷入到思想政治教育学术研究的身心痛苦之中，只有坚定身份认同，增强学科自信，才能树立"以思想政治教育为业"

---

① 《马克思恩格斯全集》（第1卷），人民出版社1995年版，第459页。
② 《马克思恩格斯全集》（第1卷），人民出版社1995年版，第459页。

的学术观，真正做到言行一致，学以致用，研有所获。

（二）明晰研究特长，培养学术特质

思想政治教育学术研究的关键在于明晰思想政治教育的研究特长，培养自身独特的学术气质。一般来说，学术研究主要包括研其经典，究其本质与价值；研其理论，究其根本与创新；研其形势，究其脉络与实质；研其自身，究其精神与特质。个人理解，思想政治教育的学术研究主要包括四个方面，一是面向经典文本的思想政治教育理论基础研究，主要指向马克思主义经典文本及其思想政治教育意蕴研究；二是面向基本问题的思想政治教育基础理论研究，主要指向思想政治教育的根本性、基础性问题研究；三是面向历史进程的思想政治教育理论经验研究，主要指向中国共产党思想政治教育史，马克思主义思想政治教育史、中国传统思想政治教育史等研究；四是面向社会现实发展的思想政治教育理论前沿研究，主要指向社会新形势新问题新任务与思想政治教育创新发展的关联性研究。这四个方面的学术研究既有交叉融合，又各有侧重偏向。青年学者们应围绕这四个方面，结合自身的教育经历和研究兴趣等，找准自己的学术定位和研究专长，形成自己较为适合与擅长的研究论域；确立一个可供中长期攻关的研究课题，避免见异思迁、到处撒网、浅尝辄止等；立足研究专长找准最佳切入点拓展学术视域及其研究广度、高度和深度。这样才能充分聚焦某一论域开展沉浸式深度研究，从学术思维、学术观点、学术风格、学术贡献等方面凝聚自己的学术特质，最终建构以理论基础为依据，以基础理论为支撑，以理论经验为脉络，以理论前沿为目标的学术大厦，产出独具自身精神气质的系列性、高质量学术成果。

（三）积淀研究经验，平和学术心态

思想政治教育学术研究的态度在于积淀思想政治教育的研究经验，平和思想政治教育的学术心态，明晰学术研究是日积月累、水到渠成、厚积薄发的过程。这其实也是对于学术研究的一种体悟理解，是整体心态把握与具体

方法积累的综合。从整体心态把握来说，如何正确看待学术研究至关重要。我们经常会听到"将学术研究作为一种生活方式"的观点，如何将其作为一种生活方式呢？我的理解是应该像对待爱情与婚姻一样看待学术研究。从思想政治教育学业到思想政治教育学术，我们既要有"窈窕淑女，君子好逑"的渴望之情，也要有"衣带渐宽终不悔，为伊消得人憔悴"的耐磨之志；还要有"青苗一岁一朝霞，碧落千山万朵花"的培育之法，更要有"愿有岁月可回首，且以深情共白头"的坚守之诚。从具体方法积累来说，理论学习方面应走进经典，占有理论，型塑思维，建构体系；捕捉问题方面应观照现实，聚焦前沿，实证调研，透视本质；理论阐释方面应语言打磨，结构合理，观点有据，循序递进；研究纵深方面应承继传统，问道师长，致敬名家，窥见创新；研究意志方面应经住诱惑，耐住寂寞，直面困惑，追求收获。习近平总书记指出："鞋子合不合脚，只有穿的人才知道。"学术之路没有固定模式，我们需要做的是在摸索中积淀研究经验，获取自身的研究体悟，找寻适合自己的学术道路，保持平和心态，将学术研究作为一种生活方式，才能行稳致远。

（四）注重师道传承，珍视学术形象

思想政治教育学术研究的活力在于思想政治教育的师道传承。从思想政治教育学业的尊师重道到思想政治教育工作的传道授业，其核心环节在于型塑与珍视自身的学术形象，给师道以传承，给学术以启迪。学术形象是学者的学术象征，主要表征为学术理念、学术道德、学术品格、学术观点、学术成就等。任何思想政治教育研究者都必然留有其师承的印记，或是学术道德，或是学术风格，或是学术领域，等等，我对于师道传承和学术形象的理解，主要源起于恩师的座右铭"学生是教师生命的延续"。这内在包含了教师率先垂范与学生重道传承的双重意蕴。感悟陈秉公教授的"主体人类学"的理论原创和学术品格，恩师娄淑华教授的"思想政治教育方法论"的理论创新与学术风格，吉林大学马克思主义学院"旗帜领航、铸魂育人"的教育理念和学术传统，促使我更加注重师道传承和珍视学术形象。学品即人品，思想政治教育学界对于学者的认识、学生对于教师的理解，往往是从品鉴其学术成果开始的，进而延伸到对于学者和教师本人的评价。因此，重视自身的学术成果质量是型塑和珍视学术形象的关键。我始终坚持"文章撰写取悦自己，才能取悦编辑与读者；项目论证征服自己，才能征服评委与专家；学术成果鼓励自己，才能帮助学科与社会；学术特质型塑自己，才能传道学生与周围"的观念。思想政治教育学术研究永远在路上，注重师道传承，珍视学术形象，是促进自身成长，承继学科传统，推动学生进步，贡献学术智慧的根本所在。

（五）明晰使命担当，贡献学术智慧

思想政治教育学术研究的价值在于明晰思想政治教育的使命担当，贡献学术智慧。思想政治教育在中国革命、建设与改革进程中积淀而成党的优良传统和政治优势，这离不开无数思想政治教育先辈的拼搏奋斗与无私奉献。站在新时代的历史方位，思想政治教育青年学者应怀感恩之心、敬畏之心、承继之心，勇担历史使命，推动思想政治教育创新发展，强化思想政治教育在中国式现代化进程中的优势与效能。从思想政治教育创新发展来说，思想政治教育青年学者应做马克思主义的坚定信仰者，在守正创新中厚植思想政治教育学科的鲜亮底色，以自身的学术能力提升和学术成果贡献，推进理论创新、队伍强化和效能优化，塑造具有鲜明中国特色、时代特征、学科特质的思想政治教育学科体系；在科研教学中强化思想政治教育学科的立德树人教育使命，以自身的育人能力提升和人才培养贡献，引导青年增强作为中国人的志气、骨气和底气，坚定道路自信、理论自信、制度自信和文化自信，培养思想政治教育学科发展的后继之人与堪当民族复兴大任的时代新人。从思想政治教育社会实践来说，思想政治教育青年学者应做党和国家事业的忠诚实践者，在思想宣传中做好党的路线方针政策的研究阐释和政治引领工作，以统一思想、凝聚共识为导向，坚决捍卫"两个确立"，维护国家意识形态安全，把人民的思想观念统一到中国式现代化建设上来，防范和化解各种风险

挑战，凝聚起实现中华民族伟大复兴的磅礴力量；在社会服务中丰富人民群众的精神境界，以满足人民群众的美好精神生活需要为导向，践行群众路线和调查研究，更加观照人民群众的政治诉求和文化需求，推进学术成果转化为基层精神文明建设与思想道德引领效能，鼓舞和营造人民群众的向上向好文明风尚，为人民群众的美好生活追求提供更优质服务。

聂小雄：仰望星空　脚踏实地

聂小雄，男，1993年生，四川成都人，北京师范大学博士，现就职于电子科技大学马克思主义学院。

一、意料之外情理之中的选择

人生际遇往往在于每一次选择，许多选择相互交织构成人生历程，起伏跌宕，皆在其中。立志从事思想政治教育教学科研工作，是意料之外情理之中的选择。

回顾过往经历不难发现，与思想政治教育结缘是偶然相遇中的必然选择，这一缘分经受了时间的洗礼，可以说是命中注定的。由于高中擅长数理化，再有班主任是物理老师的加持，分科时我便选择了理科，本硕走上了工学学习的道路。硕士阶段从事计算机方向的研究，市场的需要加上"双一流"高校优势专业的背书，在很多人看来有着很好的就业前景，而我却作出了令人意外的决定，毅然选择了思想政治教育专业继续深造学习。之所以作出这样的抉择，实际上从求学经历中早已有迹可循。虽然自己本硕都是一名工科生，但却对学生党团工作十分感兴趣，本科阶段就积极向党组织靠拢，是本年级中第一批加入中国共产党的学生。求学期间自己也有丰富的学生工作经历，担任过班级团支部书记、学生党支部书记以及学生会主席等职务，这些工作实践让自己收获喜悦与肯定的同时，也更加真切地体会到学生工作的重要价值，沟通交流能力与组织协调能力得到较好锻炼，萌生出期许未来从事思想政治教育相关工作的想法。而让这种想法愈发明确与坚定，并最终让自己作出跨专业报考思想政治教育博士的决定，还因为一些切身经历和对未来工作的理性思考。2017年，还在电子科技大学读硕士的我有幸参与了吴满意教授主讲的《中国特色社会主义理论与实践研究》课程学习，课堂中吴老师深入浅出、旁征博引、娓娓道来，呈现出令人向往的思政课教师形象，对我坚定跨专业考博的想法有着重要推动作用。同时，在对自身未来研究方向与择业问题的理性思考中，我也发现思想政治教育学科与计算机科学相关知识交叉融合的颇多可能性与现实价值性，对开展这方面研究具有浓烈兴趣。硕士期间承蒙自动化研究所各位老师的指导与关照，自己参与过科研项目的实证调研，从事过门户网站与微信小程序的设计开发，也多次担任科研项目的学生负责人，实证思维与数据分析能力得到良好培养，交叉研究的内在乐趣与潜在可能以及对思想政治教育的真挚情感，让我最终选择了报考思想政治教育专业的博士继续深造学习。

2020 年，经受新冠疫情带来的诸多变化，面对硕士毕业论文的种种压力，克服跨专业考博的重重困难，我顺利通过了博士研究生的统考与面试，承蒙老师厚爱，有幸拜入名师门下，跟随北京师范大学马克思主义学院院长张润枝教授学习，至此开启自己的博士求学之旅。张老师作为我的重要引路人，将我带入思想政治教育学科，给予我良好的启蒙教育，帮助我打牢专业理论基础，提升专业能力素养。从入学伊始，我就经常向张老师请教学术问题，每次自己总会列满满一页纸的问题，从框架设计到阐释论证，从如何收集查找相关资料到如何辨别论文质量，总之自己有疑问的都会请教。正是张老师给予我的一次次耐心指导，让我很快掌握了思想政治教育的话语体系、思维方式和论证方法，也更加真切地感受到思政学科相较于其他学科所独有的魅力，对思政的真挚热爱与求索信念在心中生根发芽。同时，张老师也教导并鼓励我在打牢专业基础的同时，着力发挥跨学科优势，基于自身知识结构寻求思想政治教育交叉学科研究的着力点，明确未来深耕研究的重要方向。此外，博士毕业论文写作可谓是一项大工程，是学术能力全方位训练的重要环节，也是学术成长的宝贵经历，从论文选题、架构、论证以及修改完善，倾注了张老师不少心血，我想正是有张老师一次次的指点和帮助，自己才能够较好地完成博士毕业论文并有今日之成长。

说起学术历程，还要感谢对自身学术成长起着重要推动作用的师长——北京师范大学思想政治工作研究院院长冯刚教授。冯老师长期从事马克思主义理论、党建与思想政治教育研究，具有丰富的思想政治工作实践经验，是贯通理论与实践的学术大家。博士求学期间有幸跟随冯老师学习，得到老师颇多指点与扶持，无论是在办公室向老师学习请教，还是校园散步与老师交流讨论，冯老师总能给我深刻启发，给予我分析论证学术问题的根本性、思路性指导，让我学习到论证问题要注重内在逻辑推理，能够自圆其说，认识到做学术研究要打开视野，不能完全局限于自己的研究方向，要关注其他时政热点问题，同时论文写作要注重学理表达，要用学术的力量回应、破解现实问题，开展思想政治教育交叉学科研究要注重结合思政的特点、把准思政的规律，等等。正是在老师一次次的悉心教导下，自己对于思想政治教育有了更加深刻的认识与理解，对于如何开展学术研究、论证与破解学术问题有了更加清晰的思路、宽广的视野，特别是如何将计算机科学知识与思想政治教育有机结合有了更加明确的方向和着力点，增强了自身学术自信和决心从事思想政治工作的信念。带着这些学习的体悟和收获，我也即将步入人生的下一阶段，开启思政课教师的职业生涯。

二、思想政治教育的多维初探

作为思想政治教育研究的新进者，虽然学习和探究思想政治教育的时间并不长，但在三年博士求学期间围绕中国共产党的创新理论、思想政治教育数据学以及思政课教师专业发展等主题开展了研究探讨，积累了一些认识与思考，形成了一定学术成果。

围绕中国共产党创新理论的相关研究。党的创新理论作为党和人民集体智慧的结晶，是在解决实际问题中产生的科学理论，也是时代的思想精华。学习、研究、传播党的创新理论是思想政治工作的重要任务，也是思想政治教育研究者开展学术探究的重要方向。研究成果主要有：刊发于《思想教育研究》2023 年第 1 期的《中国共产党"为人民服务"宗旨的时代表达》，探讨了以人民为中心的发展思想作为"为人民服务"的时代彰显，贯穿于中国式现代化建设发展实践中，是"为人民服务"的价值表达，保障人民当家作主作为"为人民服务"的政治着力点，在发展全过程人民民主中得以有效保障，是"为人民服务"的政治表达，提高人民生活品质作为"为人民服务"的民生指向，将党增进人民福祉的价值目标落到实处，是"为人民服务"的民生表达。刊发于《湖南大学学报（社会科学版）》2023 年第 2 期的《中国共产党历史主动精神的时代蕴涵》，论述了历史主动精神作为源于历史、面向现实的关键力量，蕴含着传承并坚守党的初心和使命的担当精神、敢于直面风险和考验的斗争精神、遵循经验和规律的创造精神。发扬历史主动精神能够有力激发人民投身民族复兴伟业的精神动力，强化人民身为历史创造者的主体意识，凝聚人民爱党爱国爱社会主义的思想共识。必须着力在马克思主义唯物史观确立强化中、在党史学习教育深入开展中、在中国特色社会主义建设实践中赓续和发扬历史主动精神。参编冯刚教授主编的《新时代思想政治工作体系研究》，主要负责第一章《思想政治工作体系的历史演进》的编写工作，在深刻把握各个历史时期思想政治工作成果与经验的基础上，详细探究了新民主主义革命时期、社会主义革命和建设时期、改革开放和社会主义现代化建设新时期以及中国特色社会主义新时代四个历史时期思想政治工作的重点内容以及思想政治工作体系的构建历程。

围绕思想政治教育数据学的相关研究。思想政治教育数据学作为推动思想政治教育从经验迈向科学的重要一步，研究思想政治教育数据的内容蕴含、采集获取、分析处理、实践运用等核心问题，为思想政治教育的科学形象建构做出了重要贡献，有待思想政治教育研究者持续深入探究。研究成果主要有：刊发于《学校党建与思想教育》2022 年第 23 期的《思想政治教育数据分析的实践运用》，探讨了思想政治教育数据分析基于对分析目标的深刻把握，确立分析研究的核心指标，进而在指标计量中明晰思想政治教育的现实状况，通过比较分析衡量思想政治教育的实际水平，实现思想政治教育数据分析在思想政治教育现状评判中的描述性运用；通过归纳梳理数据主体各基本要素，在此基础上开展多维分析，厘清各要素之间的复杂关联，实现思想政治教育数据分析在厘清思想政治教育各要素关联中的诠释性运用；通过把握趋势认识发现规律，并运用规律开展数据预测，从而推动预测可能数据的转化落实，实现思想政治教育数据分析在预测思想政治教育信息中的探索性运用。参编冯刚教授主编的《思想政治教育学学科发展新论域》（中山大学出版社 2022年版），主要负责第八章《思想政治教育数据学》部分内容的编写工作，梳理了思想政治教育数据学的研究现状，同时聚焦思想政治教育数据分析视角探究了思想政治教育数据学的逻辑理路与实践运用。参编冯刚教授主编的《思想政治教育研究热点年度发布（2022）》（团结出版社 2023 年版），主要负责第八章《思想政治教育数据分析研究》的编写工作，从不同维度梳理总结了思想政治教育数据分析研究的年度进展，论述了思想政治教育数据分析呈现的专题研究与相关探讨相结合、理论探究与案例分析相结合、理念审视与方法审视相结合的突出特征，探讨分析了思想政治教育数据分析的未来研究动向。

围绕思政课教师专业发展的相关研究。思政课教师专业发展研究既是顺应思政课改革创新需要和教育质量提升要求提出的重要课题，也是推动教师成长发展科学化的关键探索，具有重要的研究价值。研究成果主要有：刊发于《中学政治教学参考》2022 年第 36 期的《以评价促进思政课教师专业发展探论》，探讨了教师评价是"指挥棒""风向标"，事关教师发展方向。评价因其具有的管理、诊断、反馈、导向、激励等功能，从增强教师专业发展意识、明确教师专业发展内容、激发教师专业发展动力、完善教师专业发展保障等方面，不同程度地推动实现思政课教师专业发展。刊发于《高校辅导员》2022 年第 4 期的《思想政治理论课教师专业发展的内生动力探赜》，阐释了思政课教师专业发展内生动力的生成是一个动态变化过程，实践认知、知情结合、外践于行成为其内生动力理论逻辑和实践逻辑运演生成的起点、关键点和落脚点。提升内生动力要引导教师在厘清内涵与把握优势过程中强化认同、在课程要求与责任使命统一中激发需要、在制度完善与政策保障结合中增强信心。刊发于《南方论刊》2022 年第 6 期的《中小学思想政治理论课教师的专业素养及提升》，论述了中小学思政课教师必须在提升专业素养上下功夫，切实提高政治素质，筑牢理想信念；加强道德修养，厚植教师情怀；夯实专业知识，强化理论武装；提升教学技能，增强教学能力；更新教育理念，实现自身的专业成长与发展。同时，自己博士毕业论文也是聚焦思政课教师专业发展开展综合性研究，以回答什么是思政课教师专业发展、思政课教师专业发展内容要素由什么构成、思政课教师专业发展基本阶段以及影响思政课教师专业发展的主要因素等一系列关键问题为主线，运用文献分析法、跨学科研究法、系统分析法等研究方法，同时采用个人访谈、多维问卷调研等数据收集法以及质性与量化等数据分析法，在理论探讨和实证分析结合中，提出推动促进思政课教师专业发展的有效策略。

三、求实求真的学术志向

学术研究作为探究真理、追求真理的实践活动，是研究者提升学术能力、推动学科发展进步的重要途径。作为从事思想政治教育研究的新生力量，在未来科研道路上需始终秉持求实求真的学术态度，脚踏实地、持之以恒，以对思想政治教育的真挚热爱与从事学术探索的坚定信念为支撑，砥砺前行，深耕学术沃野，坚持理论与实践相结合的思维方法，助力推动思想政治教育科学化发展。

（一）助力推动思想政治教育科学化发展

思想政治教育科学化发展作为时代和实践的客观要求，是思想政治教育演进变革的必然趋势。推动思想政治教育科学化发展，必须坚持以科学理论为指导，切实遵循思想政治教育基本规律，拓宽学科研究视野，有效回应实践发展现实问题。结合自身学科特色、知识结构以及学科发展的现实要求，以思想政治教育数据学研究为着力点，在理论探赜和实践运用结合中，助力推动思想政治教育科学化发展。数据作为对客观事物的逻辑归纳，是对事物进行记录并可以鉴别的符号，反映事物的性质、状态及相互关系，广泛存在于思想政治教育各环节与全过程。随着互联网的深度运用和大数据技术的发展成熟，思想政治教育数据分析在运行理念、对象范围、处理技术等方面都得到了极大拓展，以数据思维探究思想政治教育既符合应对思想政治教育复杂化趋势的现实要求，也适应思想政治教育学科科学发展的实际需要，具有重要的研究价值。在科学分析的基础上有效运用思想政治教育数据，能够帮助我们更好把握思想政治教育的本质变化、逻辑关系、内在规律等关键信息，进而助力推动思想政治教育的现状把握、问题破解与决策制定。

思想政治教育数据学作为多学科交叉融合而新生的研究方向，目前尚处于分析探讨阶段，其研究范式需要进一步明确，研究思路需要进一步完善，研究方法也需要进一步拓展。在之前的学术研究中，针对思想政治教育数据分析的描述性运用、诠释性运用、探索性运用等实践运用问题进行了分析探讨，也从不同维度梳理了思想政治教育数据分析的研究现状，总结了主要特征并分析展望了未来的研究动向，同时也针对思想政治教育实际研究问题开展了不同维度的实证调研与数据分析，厘清了一定研究思路，积累了一定研究经验。基于现有认识基础，在未来研究中仍然需要坚持不懈、绵绵用力，有效厘清思想政治教育数据学的一系列关键核心问题，进一步明确思想政治教育数据的内容蕴含以及采集获取的有效方式，探讨优化思想政治教育数据分析处理的思路方法，特别是关于思想政治教育数据分析运用中的静态结果呈现与动态过程剖析、线性关系梳理与非线性关系揭示、单一因果探究与多维关联厘清等问题。同时，也需要不断拓宽研究视野，充分吸收借鉴相关研究成果，在深刻把握思想政治教育特点、遵循思想政治教育规律的基础上，持续深化思想政治教育数据学研究。

（二）贯彻理论与实践相结合的思维方法

思想政治教育作为一门科学，是理论与实践的统一体。实践作为思想政治教育理论之源，是理论得以深化发展的重要土壤，同时实践问题的有效破解以及社会实践的不断发展也需要科学理论的有效指引。在思想政治教育的创新发展中坚持理论与实践的有机结合，通过不断总结凝练思想政治教育实践中的规律性认识，并将其升华为理论用以指导思想政治教育实践，能够在相互助力、相辅相成中推动思想政治教育的守正创新。基于自身学术志趣以及对思想政治教育的认识和思考，未来开展思想政治教育研究需始终贯彻理论与实践相结合的思维方法。

一方面，立足中国特色社会主义伟大实践，持续深化中国共产党创新理论研究。党的创新理论作为党和人民实践经验和集体智慧的结晶，是国家政治生活和社会生活的根本指针，具有重要研究价值。学习贯彻党的创新理论，特别是习近平新时代中国特色社会主义思想，是思想政治教育研究者的重要使命。在之前学术研究中，围绕习近平总书记关于思想政治教育的重要论述开展了学理探讨，具有一定理论基础。在未来的学习研究中也要加强党的创新理论的研究学习，在读原著、学原文、悟原理上下功夫，坚持学思用贯通，知信行统一，做到常学常进，常悟常新，同时有效结合党的领导人关于思想政治教育的重要论述，以及党和国家出台的有关思想政治教育的一系列政策文件，开展相关学理研究，自觉做好党的创新理论的研究、阐释与宣传工作。

另一方面，依据思政课教师成长发展实际，不断完善思政课教师专业发展研究。作为理论统一于实践的重要命题，思政课教师专业发展研究既有系统的理论支撑，又有鲜明的实践导向。探究思政课教师专业发展是进一步深化思政课教师理论研究的着力点和突破口，能够有效回应当前思政课教师研究中存在的现实问题，切实破解思政课教师成长发展难题。同时，开展思政课教师专业发展研究，也能有效强化教师专业素养、提升思政课教育教学质量、推动思政课教师队伍专业化建设。围绕思政课教师专业发展这一议题，研究探讨了思政课教师专业发展的概念内涵、理论依据、现实需要、内容要素、基本阶段、影响因素、推动策略等一系列关键问题，也聚焦思政课教师专业发展内生动力以及教师评价对思政课教师专业发展的作用影响进行探索分析，对思政课教师专业发展问题具有相对深入的认识与理解。在未来学术研究中，也要继续着力深化思政课教师专业发展研究，加强对学界相关研究动态的持续追踪与学习，根据实际研究问题强化实证调研的设计与运用，并基于对调研数据的多维分析，更好把握思政课教师专业发展相关问题。同时也要加强对相关研究方法的合理借鉴，比如合理借鉴教育学中的个案研究法，更加详细、全面地认识了解教师专业发展过程，厘清其运行逻辑以及各要素之间的相互关联；借鉴社会学中的田野调查法，切实走进教师专业发展现场，更加有效把握思政课教师专业发展的现实状况，进而不断深化完善思政课教师专业发展研究。

四、学术探索的体悟感受

作为博士阶段才开启思想政治教育专业学习的科班生，我从事思想政治教育学术研究并不长，加上硕士求学期间为备考思政专业博士研究生的积累学习，也才短短四年。因此，与其谈论自己关于思想政治教育的学术心得，我更愿意分享自己这些年在老师们的悉心点拨下，对思想政治教育学习研究的体悟与感受。

（一）坚持勤学善思，注重学术积累

学术积累是一个循序渐进的过程，对于从事学术研究的人而言至关重要，需要长期坚持。博士求学期间，无论是向老师请教学习，还是日常与老师交流讨论，抑或是自己开展学术研究的切身实践，都深刻体悟到坚持勤学善思，注重学术积累的重要意义。坚持勤学善思是思想政治教育研究者夯实自身专业素养的有效途径，也是更好进行学术研究的重要前提。坚持勤学不仅要求

研究者刻苦努力、勤奋踏实，也要求研究者在学术积累中有目标、有计划、有策略地学习积累。对于从事思想政治教育的研究者而言，一是要坚持对党的创新理论的持续学习，对党和国家出台的有关思想政治教育政策文件的反复钻研，为学术研究提供根本遵循、方向指引和政策指导。二是要坚持对马克思主义经典著作的反复研读，在读原著、学原文、悟原理中深刻把握马克思主义蕴含的世界观、方法论以及贯穿其中的立场观点方法，为学术研究提供指导，增强阐释论证的学理性。三是坚持对自身研究方向的相关问题进行动态追踪，通过学习吸收相关研究成果，掌握研究现状并厘清未来研究深化的着力点和突破口。四是要坚持对学界知名专家学者研究成果的关注学习，找准学科发展前沿热点，深化对学科重要研究问题的认识与理解。五是要坚持关注其他学科的有益研究成果，不断拓展学术视野，在吸收借鉴内化中助力学科相关问题研究。同时，学术积累过程中也要善于思考，树牢问题意识，秉持批判精神，重视学术反思的有效开展，从自身学术研究实践中吸收启发性认识，总结有益经验，为更好开展学术研究提供重要支撑。此外，在日常学习积累中研究者也要重视对自身专业素养的有效管理，在把准自身专业知能现实优势与具体薄弱环节中明确专业发展方向，进而更好进行学术积累。

（二）心怀学术理想，躬身实践笃行

心有所信，方能远行。学术研究是一场艰辛求索、追求真理的旅程，伴随思想政治教育研究者成长发展始终。漫漫学术征途中，既要仰望星空，心怀学术理想，也要脚踏实地，自觉躬身实践笃行。在研究生求学阶段，无论是进行计算机软件相关的科研任务，还是开展思想政治教育相关的科学研究，老师们都多次教导我从事学术研究要有所追求，应心怀学术理想，注重实践锻炼，坚持知行合一，这种铭刻心中的点拨教导经过自身的学术探索也感受得愈发生动且深刻。理想作为人们对自身发展目标的向往和追求，蕴含着推动人们创造美好生活的巨大能量。对于思想政治教育研究者而言，心怀学术理想就是在学术探索实践中要有学术追求，既有自己的学术思考和观点，也有助力分析破解学术问题、推动学科发展的责任感与使命感，坚定学术理想能够持续激发学术探究的内在热情，帮助自身克服各种困难挫折，为朝着既定目标迎难而上、接续奋斗提供动力支撑。同时，学术是客观的、实事求是的，学术研究需要积极实践、笃行不息。在日常的学术积累中，需要树立问题意识，保持对相关学术问题探索求证的内在志趣，基于对发现确立的具体研究问题进行整体审视与多维剖析，并在浩如烟海的文献中收集提取相关佐证资料，有效寻求破解学术问题的思路方法与论证阐释，进而不断深化对相关学术问题的认识与理解，这一过程既是将知识理论运用于学术探究并指导其实践开展的生动体现，也是提升优化自身科研能力、建立学术信心、接近并实现学术理想的必由之路，因而，学术探究需要坚持心怀学术理想与躬身实践笃行的有机统一。

（三）筑牢身心之基，坚守品格之本

学术研究既是夯实专业能力的学术历练，也是战胜挑战、磨砺品格的人生修行，需要筑牢身心之基，坚守品格之本。学术研究的征途是充满挑战的，其间交织着的各种困难往往会生发形成重重压力，在一定程度上消解着学术探索的内在动力，并阻碍学术研究的有效开展。在这场犹如马拉松的求索过程中，需要关注并重视身心健康。俗话说，"健康是成功的命脉，也是成功的本钱"。学术研究要求长期地学习积累，需要针对某些学术问题进行长时间的深耕钻研，良好的身体素质有助于研究者持续开展学术积累，是更高效投入学术研究的重要前提。同时，学术探索过程中也需要注重心理健康，在面对教学与科研产生的各种压力之时，应持有良好的心态，乐观积极地看待自身面临的困难与挑战，特别是在面对复杂且艰巨的科研任务时，更要脚踏实地，保持耐心，坚定自身攻坚克难的信心。此外，学术研究也是一项严谨缜密且开放包容的科学工作，不仅强调自身独立的思考探索，也重视与他人之间的交流学习，这都内在要求着坚守品格之本。学术研究必须遵循学术规范，严守学术道德，秉持以忠于科学、客观公正、严谨治学的科研态度开展各类学术探索。在学术积累与探究的过程中，也需要不断向师长与同事们交流学习，这都需要研究者将做学问和做人有机结合起来，待人真诚、乐于助人、虚心求教、懂得感恩，进而在专业知识与科研能力的持续提升以及道德品质的坚守提高中，更好地进行学术积累与开展学术研究。

邱仁富：在问题思考中不断成长

邱仁富，男，1980 年生，广东韶关人。中央财经大学马克思主义学院教授、博士生导师。

一、学术历程

1980 年 5 月，我出生在一个偏僻的村落，乡村很美，山清水秀，但是生活条件比较落后，贫穷是当时农村的普遍现象。从我懂事开始爸妈就经常教育我们（姐姐、哥哥和我）要好好学习，这是我们改变命运的"唯一通道"。幸好，不辱使命，不负期望，在学校老师的培养下、在父母的艰辛供养下我们三姊妹都考上了大学。到外地读书也就意味着离家乡越远，离开了养育我的土地。其实，我少年成长中不仅好学习，也很喜欢劳动，喜欢学习主要是受姐姐、哥哥影响，他们学习成绩都很好，也深受我舅舅刘光韶先生影响，他是教书先生、是文化人，小时候他教我写字，写得最多的还是那句话"在艰苦的岁月里"，这一句话在儿童时期对我触动很大。那个时期正值改革开放的春风吹拂大地，对许多农民而言，外出务工是一种时尚，也是摆脱贫困的最直接路径，村里很多年轻人都到深圳、珠海、广州等城市打工去了。面对这种现象，父母不要我们出去打工，反而叫我们要静下心来读书，当时我不太理解父母的主张，后来慢慢理解了。喜欢劳动，主要是出生在农村，父母起早贪黑的劳动，给我感觉中国农民的本色应该是这样的，我也总感觉种田是作为农民的本分，而且我有点喜欢种田，虽然辛苦、艰难，但是对土地的情感还是深厚的，有时候还喜欢闻刨土中那种新土出来的味道，很清澈、很醇厚。读中学期间，每当周末回家，我都喜欢第一时间就去看我家田里的庄稼长得怎么样，看到庄稼长得好，总是满心欢喜，时常坐在田埂上看着绿油油的庄稼发呆许久，甚至忘记了太阳的"严厉"。

与思想政治教育结缘是从读大学开始。2000年9月有幸考入韶关学院外语系攻读英语教育专业的学士学位，在大学四年的美好时光里，除了学习专业知识之外，我在思政课的教师带领下初步学习了毛泽东思想、邓小平理论等党的创新理论，并逐渐产生了比较浓厚的兴趣，四年中在母校的时光是美好的，学校的图书馆很好，资源比较丰富，在那里阅读了大量的西方著作，这为我后面攻读硕士学位、博士学位打下良好的基础。因为是学英语专业，对奥斯汀（J.L.Austin）的言语行为理论、塞尔（J. R. Searle）的言语行为理论比较感兴趣，也为我后面从事话语研究打下了良好的基础。正是基于这样一种学习兴趣，我跟爸妈说，我想读一个研究生，他们听后很开心，说你要是考得上你就去读，姐姐、哥哥也很支持。就这样，在求学的路上一路前行，从广东到广西，从广西到上海，行走的路越走越远，离家乡也就越来越遥远。

幸运的是，我于2004年7月考入了广西民族大学政法学院攻读马克思主义理论与思想政治教育专业硕士学位，开始接受思想政治教育的系统训练。广西民族大学创建于1952年3月，前身是中央民族学院（今中央民族大学）广西分院。母校非常有特色，是个民族院校，坐落在群山之中，大家都叫"坡"，我们政法学院在"一坡"，我们习惯叫"政法楼"（今"求是楼"），群山之中还有一个湖，名叫"相思湖"，这里孕育出了一大批的人才和学术成果，那时候有老师称之为"相思湖学派"，围绕"相思湖"形成了民族学、文学、艺术等学派，在广西的影响力不断扩大。我个人认为，这里的思想政治教育也很有名气，有唐鹏教授领先的团队，有少壮派的何龙群教授、贺争平教授、黄骏教授、唐贤秋教授、崔晓麟教授、韦有多教授、陆世宏教授、陈元中教授、程林辉教授、刘国彬教授等，而且很多教授都有人大的传统，在思想政治教育研究方面逐渐形成了"相思湖现象"。很荣幸，我是在这个阵容比较强大的队伍中学习成长，老师们对我们和蔼可亲、悉心指导。同年9月，有幸拜入恩师贺争平教授门下，成为他的大弟子。贺老师为人和蔼、待人真诚，对我们远离家乡的学生关照有加。在贺老师的指导下开始学习系统论，了解耗散结构，掌握系统思维，并在他的指导下撰写学术论文，先后在《学术论坛》《广西社会科学》《思想政治教育研究》等刊物发表多篇论文，在这些杂志前辈编辑的指导、帮助下成长起来，比如陈梅云老师，她很支持年轻人成长，她对我的每一次投稿都很认真对待，对稿子反复提出修改意见、热情指导。实事求是地说，学校教学条件不是很好，但是这里的老师都很厉害，有一种"山不在高，有仙则名"的感觉，比如每次聆听唐贤秋教授的课都非常受启发，他当时在中国社会科学院哲学所博士后流动站做博士后，每次回来都给我们带来最新的学术信息，激励我们前行。也不知道什么时候开始，我有幸入了黄骏教授的法眼，他当时获得国家社科基金一般项目"新时期的多元文化互动与我国少数民族地区和谐社会构建模式的创新"（06BSH038），有幸加入他的团队，在他的带领下开始涉及文化共生、和谐文化、和谐共生等相关领域的学习和研究，并在《理论探索》《学术论坛》《兰州学刊》等刊物发表了系列论文，有的还被人大报刊复印资料全文转载。积累了这点家底，我申报了国家社科基金项目，幸运地获得立项，这个项目是在黄老师项目基础上衍生而来的，当时还不太能领悟研究文化共生、和谐共生是多么的重要。在硕士阶段，我先后发表论文10多篇，有3篇文章被人大报刊复印资料全文转载，每次发文章、被转载都有种受宠若惊的感觉，也有一种奋进的劲激励前行。发文章总是兴奋的，但日子总是熬出来的，每次遇到学术困境的时候我们经常去叨扰崔晓麟教授，她总是和蔼可亲的态度，耐心细致地讲解，给我们班级同学很多的温暖，她很有亲和力，我们也很喜欢与她"唠嗑"。当然，最操心我们的还是班主任陆世宏教授，我们习惯都叫他"陆博"（他是我们学院比较早的人大博士，于2000年毕业于中国人民大学中共党史专业），与其说他是我们的"管家"，倒不如说他更像我们的兄长，三年中带领我们风雨前行，在各个方面都给我们很大的帮助。坦诚说，硕士研究生阶段，生活还是很艰苦的、但是也是快乐的，我们学院的学习氛围很好，班里的同学都很团结，大家在苦中奋进，都想摆脱"贫困"，大家都很刻苦学习，形成了一种相互交流、你追我赶的良好氛围。

有一天，舍友黄祖军回来学校，他是我们班的在职研究生，没有课的时候他会回原来的单位从事教学科研工作。我问他回来干嘛，他说他来办理报考博士生的材料。研三面临毕业，出路是一个问题，虽然一直考虑，但是我当初还没有着落。我于是问他考哪个学校，他说他在报考上海大学的博士，我问上海什么大学，他说上海大学，这是上海大学第一次走进我的世界，他鼓励我也去考上海大学。我随即查阅了上海大学的资料，发现这所大学来头不小，早在1922年就创办了的上海大学，虽然不知道跟现在的学校是否有亲缘关系，但是感觉这所学校应该不错的，特别是对钱伟长校长的教育理念深感认同。我查阅了当年上海大学社会科学学院的博士生招生信息，惊喜发现上海大学的思想政治专业博导水平都很高，这里云集了一大批在全国具有相当影响力的大专家，诸如忻平教授、陈新汉教授、王天恩教授、崔宜明教授、安维复教授、程竹汝教授、陶倩教授等，在思想政治教育研究方面形成了上大特色，特别是在价值论、描述论等领域取得了一系列开创性成果。用哲学做思政，这是上大的特色和优势。当我看到王天恩教授（笔名：王天思）在研究描述论，这是一个新的领域引起了我的极大兴趣。于是，冒着试试看的态度，我跟王老师联系，表达了想考他的博士的想法，王老师很快就给我回复，欢迎我报考。其间还有一个小插曲，快要考试的时候我又收到上大的邮件，说报考王老师的考生太多，竞争很大，请考生慎重考虑是否来上海参加考试。我犹豫了一天，还是决定去参加考试，坚持本身也是一种力量。就这样，我和黄祖军两人懵懵懂懂地来到上大参加博士生考试，他考社会学转专业，我考思想政治教育专业。上大校园很美，深深地把来参加考试的学生吸引住了。在考试过程中，发现报考王老师的考生还是蛮多的，我其实没有多大信心能考上。不过那次考试收获很大，见到了研究描述论的王老师，感觉来一趟见到他比考试本身更有意义。很感动的是，王老师后来招收了我，一个来自西部的考生。另外，黄祖军也顺利考上了社会学专业的博士，导师是安维复教授，他在社会学专业带博士。

2007年8月有幸拜入王老师门下，恩师睿智、豁达、宽厚、仁慈，做人和做学问都是一流的。第一次见到他就给我深刻的印象，恩师气场很大，他是一位善于给人阳光的人，每次跟他聊天都给人一种豁然开朗的感觉，总能感觉到满满的正能量。得益于恩师悉心教导，做人做事，他都给我树立了榜样。聆听恩师的课程，跟随他的思路，让我对描述论、规定论有了初步的了解。博士期间，聆听了陈新汉教授的课，他是研究价值论特别是评价论研究的大专家，让我对价值论、评价论等领域有了初步的了解。这些领域在国内都具有很大的影响力。三年很快过去，承蒙学校和学院抬爱，让我留校做思政课教师，实现了从学生向教师转变，寒窗苦读十多年，终于可以服务社会，坚持以教促学，以教促研，开启了对思政课的教学研究。

二、学术成果

我于 2010 年 7 月入职上海大学社会科学学院，从社科学院到马克思主义学院，见证了学院的发展，也见证了学院团队的发展。在工作期间，主要从事以下几个方面的研究：

一是聚焦价值观研究。在陈新汉教授及其团队老师的帮助下，先后参与陈教授的相关课题研究，慢慢对社会主义核心价值体系（观）的研究产生了浓厚的兴趣。围绕价值观特别是社会主义核心价值体系（观）的研究，本人先后承担了系列研究课题：（1）主持 3 项国家项目：分别是国家社科基金重点项目"新时代用社会主义价值观凝心聚力研究"（20AKS015）、国家社科基金青年项目"全球化视域下社会主义核心价值观培育机制研究"（13CKS051，成果鉴定等级为：免于鉴定）和"文化共生与民族地区和谐文化的构建研究"（07CSH023，成果鉴定等级为：良好）。前两个课题都直接研究价值观，后面这个课题"文化共生与民族地区和谐文化的构建研究"其中有一部分是研究社会主义核心价值体系。（2）主持中央马克思主义理论研究和建设工程重大项目"全面从严治党与意识形态建设研究"（2017YZD09）子课题"在加强意识形态建设中净化党内政治生态研究"，这个课题力图从意识形态建设，特别是价值观建设方面来研究阐释党内政治生态问题，研究中国共产党人的价值观是其中应有之义。（3）主持上海市哲社规划项目4项，分别为"多元文化互动视域下的社会主义核心价值体系话语权研究"（2012）、"培育社会主义核心价值观研究"（2012）、"新时代社会主义核心价值体系研究"（2018，结项等级为良好）和"智能时代文明交流互鉴与人类共同价值研究"（2019），以及共青团中央规划课题"话语理论视域下社会主义核心价值体系大众化研究"（2008）等多项课题，这些课题从不同的角度来研究价值观（体系），力图对价值观（体系）有一个整体性的把握。其间，曾参与陈新汉教授主持的国家社科基金重大招标重点课题"价值论视域中的社会主义核心价值体系研究"（2009）和忻平教授主持的国家教育科学重点课题"社会主义核心价值体系融入国民教育全过程"（2012）的实际研究。在价值观研究方面形成系列专著。10多年来在研究核心价值体系（观）、共同价值、多元文化过程中形成系列成果，先后在人民出版社、上海人民出版社等出版专著《多元文化互动视域下社会主义核心价值体系话语权研究》（2019）、《价值的力量：新时代社会主义核心价值体系研究》（2019）、《社会主义核心价值观的传统文化根基研究》（2018）、《社会主义核心价值观培育研究》（2015）、《文化共生视域下少数民族地区和谐文化构建研究》（2014）、《坚持核心价值体系的人民主体性》（合著，2011）、《社会主义核心价值体系论研究》（合著，2012）等著作，从核心价值观的基础理论、人民主体性、文化根基、话语权、全球化、地方性知识、日常生活化等角度研究社会主义核心价值体系（观），基本形成了一个研究体系。此外，还参与编写论文集多部：《警惕核心价值体系"边缘化危机"》（合编，2011）、《社会转型期的中国价值论研究》（合编，2014）、《坚持社会主义核心价值体系研究中的问题意识》（合编，2014）等，在价值观研究中逐渐形成了稳定的研究方向。

后来，孙伟平教授加盟上海大学，他是做价值论研究的大专家，他的加盟，可以说上大价值论研究团队如虎添翼，在陈老师和他的带领下团队积极推动价值论研究，举办一系列的重大活动、出版系列著作、创办中国价值哲学研究会会刊《价值论研究》等，我有幸参与其中的相关工作，得到了锻炼、收获了成长、收获了友谊，更加坚定了我对价值论方面的研究信心和力量。

二是聚焦思想政治教育研究。在思想政治教育研究方面，主要从事思想政治教育话语体系、思政课教学研究。这是在博士论文研究基础上的进一步深化和拓展，也是教学过程中对思政课教学重点难点的研究。先后获得了上海市教育科学项目（市级项目）："思想政治教育话语创新研究"（2012）；上海高校青年教师培养资助计划项目："思政课'问题解析式'教学主体性研究"（2012）；上海高校马克思主义理论研究项目："新时代思想政治教育亲和力研究"（2018）和"新时代思政课铸魂育人的基本问题研究"（2020）等课题研究，出版专著《思想政治教育话语论》（2013）、《新时代思想政治教育引论》（2022）以及与同人合作的《新时代思想政治教育亲和力研究》（2020）等著作。并在《思想理论教育导刊》《思想理论教育》《思想教育研究》等刊物发表系列文章。从总体上看，主要聚焦在思想政治教育话语、思想政治教育相互性、课程思政与思政课程等方面的研究。

三是聚焦决策咨询服务研究。作为思政课教师，我原来一直以为上好课、做学术研究就可以。随着马克思主义学院功能的不断拓展，对思政课教师参与理论研究阐释、理论宣传、决策咨询服务等方面提出了更高要求。记得当年王老师做院长的时候，忻书记来学院时经常用文学院来激励我们，说文学院张勇安院长的团队，做的多么好，拿到了多少领导批示等，鼓励我们学院要加强智库建设（顺带说一句，他有一个特点，在文学院，他经常表扬社会科学学院。在社会科学学院，他又经常表扬文学院，这两个学院都是他直接分管，他都想建好建强）。我开始琢磨智库建设是从 2017 年开始，感谢组织培养和学院老师信任，让我协助欧阳光明院长分管学院科研工作，接力棒在手，我集中精力琢磨学院的智库建设，积极开展各方面的调研、向兄弟学院学习，在各位老师的支持和帮助下，我们形成了两支智库团队即思政课教师团队、学工队伍团队，思政课教师团队主要聚焦社会重大理论热点、社会热点问题、思政课建设、马克思主义学院建设、马克思主义学科建设、意识形态分析等问题；学工队伍团队，主要聚焦学生思想观念问题、心理问题、青年成长等问题，我们合作研究，集体攻关，撰写决策咨询报告，经过几年的努力，至2022年学院共有60多篇智库专报被中央有关部门采纳，10多篇被中央领导同志批示，这是非常欣慰的。学院逐渐把智库建设作为一个重要的领域，特别是学院获批上海高校马克思主义理论智库"强国战略与话语权研究中心"之后，学院智库建设的组织化、平台化建设更加坚强有力。我是在这个背景下组织教师、参与决策咨询报告撰写，我本人撰写的专报有30多篇被中央有关部门采纳，9篇被中央领导同志批示。通过这几年的关注、锻炼，我发现决策咨询报告是我们思政课教师坚持用马克思主义观察时代、把握时代、引领时代的"用武之地"，也是实实在在地为上级有关部门提供建设性意见和建议，是"情怀要深"的重要体现。

总体上说，这些年围绕以上领域进行思考、研究，先后在《哲学动态》《中国高等教育》《思想理论教育导刊》《毛泽东邓小平理论研究》《思想理论教育》等杂志发表论文130余篇，其中，被"人大复印资料"全文转载14篇，被《新华文摘》《羊城晚报》《红旗杂志》等辑目、转摘多篇。根据中国期刊网的数据显示，本人论文先后被有关学者引用2200余次。在《中国教育报》《中国社会科学报》《文汇报》《解放日报》《新华日报》《上海宣传通讯》以及中国社会科学网、学习强国等平台发表理论文章20余篇。先后入选上海市"曙光学者"高层次人才项目（2016）、上海市"阳光学者"（2014）、上海市马克思主义理论教学研究"中青年拔尖人才"（2017）、上海大学优秀青年（2013）。这些认可更加激励我义无反顾、勇往直前，在学术的海洋中继续探索，在思政课建设中勇毅前行。

三、学术志向

立足"两个大局"来把握思政课，感觉未来可以从以下几个方面下功夫。

一是深化大思政课研究。作为思政课教师，归根到底要把思政课讲好，新时代要讲好思政课就需要善用大思政课。习近平指出："'大思政课'我们要善用之，一定要跟现实结合起来。上思政课不能拿着文件宣读，没有生命、干巴巴的。"思政课是落实立德树人根本任务的关键课程。2021 年"两会"期间习近平提出善用"大思政课"的重要论断，为新时代思政课建设提供根本遵循。坚持用习近平新时代中国特色社会主义思想铸魂育人，要坚持问题导向、守正创新，把握时代问题，不断深化思政课教学改革，积极构建"大思政课"，不断增强思政课的思想性、理论性和针对性、亲和力。

二是深化思想政治教育"四大体系"研究。2016 年 5 月 17 日，习近平主持召开哲学社会科学工作座谈会并发表重要讲话时指出要建设学科体系、学术体系、话语体系，体现中国特色、中国风格、中国气派。2022 年 4 月 25 日，习近平在考察中国人民大学时指出："加快构建中国特色哲学社会科学，归根结底是建构中国自主的知识体系。"从学科体系、学术体系、话语体系到知识体系的拓展，深化了对学科建设的规律性认识。未来推动思想政治教育研究，应聚焦在学科体系、学术体系、话语体系、知识体系等领域研究，经过几十年的发展，思想政治教育学科体系、学术体系相对成熟和完善，但是，相比较而言，思想政治教育的话语体系、知识体系有待于进一步加强。

三是深化中国价值观研究。世界观、人生观、价值观是一个人的"总开关"，也是一个社会的"总开关"，起到根本指引、灵魂统摄作用。2015 年 2 月 28 日，习近平在会见第四届全国文明城市、文明村镇、文明单位和未成年人思想道德建设工作先进代表时的讲话指出："紧密结合培育和践行社会主义核心价值观，大力倡导共产党人的世界观、人生观、价值观，坚守共产党人的精神家园。"①党的二十大报告提出要"用社会主义核心价值观铸魂育人"。面向未来，弘扬中国价值观，需要把社会主义核心价值观、共产党人的价值观、全人类共同价值联系起来，引导青年既要增强对社会主义核心价值观的认同，又要了解共产党人的价值观、全人类共同价值，不断增强广大青年更

---

① 《习近平谈治国理政》第二卷，外文出版社 2017 年版，第 324 页。

加坚定"四个自信"。当前，在广大青年群体中弘扬全人类共同价值研究，具有极为重要的意义，这是引导广大青年坚持胸怀天下的重要体现。特别是立足智能时代，随着大数据、人工智能的快速发展，从价值论的角度去看，仍然具有很大的研究空间。

四是推动21世纪马克思主义研究。马克思主义是我们立党立国、兴党兴国的指导思想，也是思政课教学研究的根本指引。进入21世纪，如何以马克思主义的基本立场、观点、方法去观察世界，聚焦人类共同遇到的风险挑战，聚焦人类的持久和平、永续发展，聚焦建立更加公平公正的国际秩序，推动共建共享、共生共赢发展等问题，坚持守正创新，深化研究阐释中国在21世纪为解决人类共同遇到的风险挑战提供的"中国方案"，这是推动21世纪马克思主义研究的重要课题。

四、学术心得

从成长的经历来看，从事学术研究需关注以下几点。

一是坚持以教促研。在成长的道路上，作为思政课教师，教学是第一位的，如何讲好思政课，讲好中国故事，讲出中国的道理来，这就需要从事学术研究，围绕教学过程中遇到的问题、难题展开研究，逐渐形成和凝练研究方向。党的十八大以来，习近平高度重视思政课教学，主持召开一系列座谈会、作出了一系列重要指示批示，中央出台了一系列文件、政策支持，推动思政课教学取得历史性成就。面对党中央如此重视，面对学生的新要求，如何讲好思政课，讲清楚教材内容背后蕴含的道理，这就需要善于研究，从教学里面找研究点，在研究的基础上讲好思政课。

二是坚持问题导向。讲好思政课，关键在于解决学生的思想困惑，解决学生的思想问题，引导学生树立正确的世界观、人生观和价值观。我从事思政课教学，是从问题思考开始的，恰逢上海大学在推进"六个为什么"进思政课教学试点。2009年教育部推动"六个为什么"进思政课教学，北京大学、上海大学被遴选为试点单位，在忻书记（时任学校党委副书记）、王老师（时任社会科学学院院长）等领导的推动下，上海大学掀起了轰轰烈烈的思政课改革。上海大学在推动"六个为什么"试点过程中逐渐探索出了"基于问题逻辑的问题解析式教学"，简称"问题解析式教学"，通过问题抓人、解答到位的方式形成学生提问、教师回答的良性互动场面，在深化问题研讨中增强育人效果。这是国内较早探索思政课问题解析式教学的试点。这一教学成果后来获得国家教学成果二等奖。"问题解析式教学"作为一种教学模式，逐渐在上海大学和相关学校推广。我是从参与《释疑与解惑："六个为什么"：来自大学生的问题》（王天恩、胡申生，2009）、《问道心扉·基于问题逻辑的思政课教学模式研究》（王天恩，2011）等教学改革的著作编写、问题回答中逐渐融入学院的思政课改革，逐渐了解思政课教学中的学生问题，并在教学过程中不断采集学生的问题，采取项链教学模式，不断在回答学生问题的过程中增强课堂教学效果。在参与"项链模式"的教学中逐渐掌握"问题解析式教学"的奥妙。经过十多年的实践证明，坚持问题导向，是提高思政课教学效果的有效方式，问题从学生中来，解答到学生中去，师生在交流讨论中都有收获，达到了澄清问题、掌握方法、扩宽视野、增进理解、扩大认同，实现价值引领的目的。

三是有机融入团队。个体的成长总是与单位、团队的发展联系在一起。从个人成长角度看，博士毕业后走上教学科研岗位，教学需要团队，科研同样需要团队。科研团队在个体成长中发挥重要作用。我入职后，有幸加入了陈新汉教授领衔的"上海大学价值与文化研究中心"的团队，这个团队以研究价值论出名，逐渐形成了评价论、核心价值观等研究特色。在陈老师带领下，这个中心影响力不断扩大，逐渐成为国内价值论研究的重镇。特别是后来孙伟平教授加盟上大之后，我们价值论研究的团队力量不断扩大，形成了中国价值哲学研究会会刊《价值论研究》、中国价值哲学研究秘书处挂靠上海大学、价值与文化研究中心等一体化发展格局。我是2006年开始了解价值体系，直到加入这个团队之后，在陈老师的指导下，对价值论、核心价值观

（体系）等相关问题有了较为详细的理解，在这个团队中，定期有学术会议、学术沙龙、学术研讨、工作会议等，团队作战、协同发展，我是在这个团队中逐渐成长起来的。在团队中锻炼成长，在成长中更好地服务团队。很荣幸能够加入这个团队，也很感恩各位老师的培养。

四是养成写作习惯。作为思政课教师的主要特点之一，就是教学任务很多，量大面广，如何平衡教学与研究的关系问题，使两者保持一定的张力，这一点非常关键。从长远来看，教学之余应坚持写作，把写作作为一种生活方式、工作方式，形成良好的写作习惯，长期坚持下去，持之以恒，久久为功，总会有所收获。

事非经过不知难，成如容易却艰辛。回顾成长的经历，从懵懂少年到而立之年，再到不惑之年，从广东到广西、到上海、再到北京，从韶关学院到广西民族大学、到上海大学、再到中央财经大学，一路走来，十分不易，不管是学习阶段，还是工作阶段，都得益于组织的培养、得益于学校的厚爱、得益于老师们的教导、得益于同人的鼓励、得益于家人的支持。人生是一场旅行，应该是一场快乐的旅行，对我而言，从事思政课教学、从事学术研究是人生旅行中的最亮丽的风景。站在新的历史起点上，要做到忠于党、忠于党的事业，听党话、跟党走；要不忘初心、牢记使命，更加谦虚谨慎、戒骄戒躁；要严于律己、宽以待人，艰苦奋斗，做政治上的明白人、工作上的老实人、纪律上的清白人、事业上的用心人。"立志做有理想、敢担当、能吃苦、肯奋斗的新时代好青年，让青春在全面建设社会主义现代化国家的火热实践中绽放绚丽之花。"[1]

---

① 习近平：《高举中国特色社会主义伟大旗帜 为全面建设社会主义现代化国家而团结奋斗：在中国共产党第二十次全国代表大会上的报告》，人民出版社，2022 年第 71 页。

史宏月：求学路漫，探索不断

史宏月，女，1992 年生，山西阳泉人。北京林业大学马克思主义学院讲师。

思想政治教育专业，似乎与我有着不解之缘。而我与它的缘分，准确来说是从本科开始的。上大学的时候，正巧赶上学校推行新政策，施行大类专业招生，这种模式，使得我大一时可以平行学习六个专业的课程，经过一年的学习后，再确定自己要学什么专业。思想政治教育专业，正是我最后的选择，而这个选择也让我与思想政治教育专业产生了割不断的缘分和连接。如今，我成为了一名高校思政课教师，这个缘分也在不断延续，回忆我的学术历程、回看我的学术成果，回味我在学术方面的心得与志向，都围绕这个专业的不断深入学习和理解而逐渐铺陈开来。

一、学术历程——良师相伴，益友同行

回想我的学术历程，有困难不易，也有欣喜欢愉，在这个过程中，良师益友是我最大的支持和助力。我很幸运，也很感恩。

（一）初入——不识其中真味

本科阶段，我对思想政治教育专业的学习，主要是基础类的学习。本科专业课程的设置侧重点，也更偏向学科教学方面，即致力于培养中学思政课教师。那时，我对思想政治教育的学习和研究主要是依靠大学的课程和专业课老师的引导，在思想政治教育学原理、思政课教学、教育学和教育心理学、中西方哲学、党史研究等方面都有过学习和涉猎，但整体上，这些学习都是

初步的且没有那么深入的，学习状态也往往是被动接受吸收多于主动感知思考。然而即使如此，也不可否认这种广泛的学习和涉猎，都确确实实打开了我的学术视野，丰富了我的精神世界，也进一步激发了我沿循此专业方向展开学术研究的兴趣，同时也为我更进一步地深入理解和学习思想政治教育专业打下了一定的学术基础。

（二）再探——落细落实，打牢地基

本科学习的基础和对思想政治教育专业的兴趣，致使我在考研时期还是坚定选择了思想政治教育专业，并投报了我心仪良久的北京师范大学。很幸运的是我以专业第一的成绩考入了北京师范大学思想政治教育专业，开始了我的硕士学习生涯。硕士阶段的学习和本科阶段还是有很大差别的，不仅有了硕士生导师进行专门系统的指导，自我的学习状态也必须积极转变，只靠被动接受吸收很难跟上脚步，主动地感知思考才能寻得其中门道。就思想政治教育专业学习而言，我一方面是从学校学院设置的课程中、从专业老师们的智慧中汲取养分，不断加深对本专业的理解和感悟，寻找感兴趣的学术研究方向；另一方面则是在硕士生导师的影响下，不断形成自己的学术研究思路、研究习惯和方法，逐渐走上学术研究的正确道路。

在硕士阶段的思想政治教育专业学习和研究中，我的研究工作主要是集中在思想政治教育的理论与实践研究，以及中华优秀传统文化的相关研究方面。非常幸运，我在硕士阶段遇到了我的导师，王天民教授，他对学生的培养一丝不苟、严谨得当。能够成为他的学生，我受益良多。在学术研究方面，王老师对我的影响很大，主要表现在两个方面。首先是学术研究的态度和习惯方面，我至今仍然记得，刚刚步入硕士阶段的自己，在学术研究方面还是比较迷茫的状态，是王老师积极与我沟通交流，引导我发现自己学术研究的兴趣点，并给予我鼓励和信心，教我查阅整理文献资料的方法等，让我有自信可以写出学术论文。而我写出的第一篇学术论文，王老师也是给予了最多的帮助和引导，从文章的选题构思，到文章的框架充实、遣词造句，甚至是标点细节，他都尽己所能，予以我最中肯的建议和指导。令我记忆深刻的是，我第一次收到王老师对我文章反馈意见的时候，他对于我文章审阅的细致程度，已经细节到了标点运用是否到位的地步，这是我没有想到的。我本身是一个比较重视细节的人，自认为对文章的细节把握不差，但是王老师如此精心地逐字逐句地给我的文章提建议的举动，还是让我深受触动，而这也从此影响着我，养成了注重细节、严谨的学术研究态度和写作习惯。在王老师指导和点拨的过程中，我在学术研究方面的思辨性和论文写作的规范性方面都获得了一定的进步和成长。

其次是在读书学习的引导方面，王老师通过组织每周的师门读书会，带领我们品味、解读马恩经典著作，西方哲学著作和中华优秀传统文化的相关经典作品，诸如《大学》《论语》《尼各马可伦理学》《关于费尔巴哈的提纲》《德意志意识形态》《哲学的贫困》《共产党宣言》等，拓展我们的视野，启发我们的思考，虽然我的所学所悟只有皮毛，却也是受益颇多。我时常怀念王老师组织的师门读书会，想起来当年读书会，一方面觉得压力比较大，需要读原著，形成一定的观点表达出来，担心自己说的不对、说的不好，内心还有一定的畏难情绪；但另一方面，能与老师和师兄师姐就原著、热点问题等展开交流，又感觉是十分重要的学习和锻炼机会，内心也是充满期待。所以当时的读书会可以说是痛并快乐着，而读书会的形式倒逼着我也养成了良好的阅读和思考习惯，并不断形成了研读经典、结合现实关注问题、发现问题、发表观点、形成论文的良性循环。虽然硕士期间发表的论文不多，但是也有意识地锻炼自己思考写作，动手写。而不断动手写的过程，也让自己能更好地达到把自己想要表达的东西真正能表达清楚、到位、准确的状态，这些都为我之后的学术研究之路奠定了良好的基础。

（三）更进——开拓思路，引领方向

博士阶段，我选择继续在思想政治教育专业深耕，并同时申请了北京大学和北京师范大学的博士研究生，很幸运的是，我收到了这两所大学的录取通知。最终因为我对冯刚教授的敬仰和崇拜，我毅然选择了北京师范大学，拜入冯刚老师的门下继续深入学习思想政治教育专业。我很荣幸能有冯老师作为我的博士生导师，为我的学术研究之路引领航向。博士阶段的学术研究，自主性更强，研究方向更加聚焦，研究也更加深入。

在博士阶段的思想政治教育专业学习和研究中，我的思路是更加开阔的，学术探索的过程也是更加充实的。冯刚老师既有丰富的思想政治教育工作实践经验，又有深厚的思想政治教育理论功底。他对思想政治教育学术热点和前沿问题的把握，总是让我们深受触动和启发。在冯老师的引领下，我逐渐认识到在交叉学科视域下研究和思考思想政治教育问题的重要性和大趋势，因而，在博士阶段的学术研究中，拓宽学科视域，结合现实问题深入思考，成为我的一大研究主线。我一方面通过深度参与冯老师的课题，思考学习重大课题项目相关的研究问题，寻找自身科研生长点的同时，积累课题项目研究经验；另一方面则是通过阅读导师推荐的书目，借助师门交流组会，与师兄师姐讨论问题，来不断激发学术研究的思维火花。在冯老师引领下，我们师门的组会总是能带给人很多启发，良好的学风和门风对我影响深远。

在冯老师门下学习的过程中，我印象最深的就是，初入师门，便有幸加入到了导师的一个国家社科基金重大项目"高校思想政治教育工作质量评价体系研究"之中。导师给予了我充分的信任和鼓励，也在整个参与过程中给予积极的引导和支持，工作细节之处还会及时叮嘱，虽然第一次深度参与这么大的课题项目，但是在冯老师的指导和师兄师姐的帮助下，我也学会了很多，成长得很快。在这个过程中，我也逐渐感受到，导师虽然有一种严谨有素、不怒自威的气度，但他给予学生的更多是认可和鼓励，比如，在深度参与这个国社科项目的过程中，我对高校思想政治教育工作质量评价的论题有了进一步的了解和思考，便心存忐忑地与导师分享了我的观点和认识，虽然存在很多不足，但老师没有先说哪里哪里不好，而是首先给予积极的认可，然后高屋建瓴地指出了很多关键性的问题，让我茅塞顿开。而后导师也积极跟进和推动，没有让我因为可能出现的拖延症，而失去这次产出学术成果的机会。在导师把控文章整体结构和方向的基础上，我们确定了选题，之后我积极发挥主观能动性，在文章的整体框架设计构思、具体研究论证和内容丰富充实等方面做了充分的工作，也在文字创作和细节打磨上倾注了很多心力，最后文章得以顺利完成并在 CSSCI 来源期刊发表。有这一次的经历之后，我也对自己有了很大信心，变得更加敢想敢思考，也更加能理清研究问题的思路，更好地阐明研究问题。同时在导师的积极督促下，之前存在的学术产出拖延症也好了不少。回想起来，冯老师对我的影响真的是全方位的。

总体来说，博士期间，因为冯老师结合我们学生各自特点因材施教的教育和引导方式，让我在博士阶段的学术研究工作基本上是松弛有度，保持着一定节奏的。始终记得，多少次对待写作的论文，就像自己的孩子一样，产出的过程伴随着疼痛与欣喜。每当陷入思维的困境，便觉浑身难受，但是一旦突破思维的囹圄，思路一打开，便觉欣喜若狂，浑身轻松。除了写作，通过师门组会，冯老师也有意识地让我们能多说多分享，不仅要能把观点写出来，还要能说出来说清楚，而这种锻炼，也让我在参加工作，成为一名高校思政课教师之后，受益颇多。讲清楚道理、研究明白问题，成为我进行学术研究和思政课教学的主基调。

二、学术成果——循序渐进，厚积薄发

作为思想政治教育专业的学习和研究者，首先，我比较关注时政、关注国家方针政策，喜欢就具体问题去分析研究，从确定选题、构思框架到查找资料、研究论证，再到推敲细节、翔实内容，循序渐进，踏实写作，不断提升自我。

首先，近几年，我结合社会现象、学术热点问题展开思考，发表了几篇学术论文。记忆比较深刻的是我在《思想教育研究》上刊发的一篇题为《集体主义的文化基因与时代发展》的论文。这篇论文创作的灵感来源是，新冠疫情下，我国各行各业以及无数个体在抗疫斗争中所展示出的集体主义观念

和思维，深深感动并震撼着我。由此，我与导师对集体主义的相关论题进行了研讨，之后，结合我个人对文化育人方面的关注和兴趣，确定了"集体主义的文化基因与时代发展"这个题目。在这篇论文的创作中，首先，我围绕集体主义的相关论题查找了丰富的文献资料，并整理了与我的创作相关的文献和素材，随后以集体主义携带的文化基因及其在新时代的不同呈现为基点，我从中华传统文化、马克思主义理论、革命文化和社会主义先进文化四个维度，对文章的整体框架结构进行了构思与设计，并经过与导师的讨论和修改，进一步完善了框架和提纲表述。其次，围绕文章的整体框架，我进一步查找文献资料、观察整理现实生活中的可用素材，结合我的理解与思考，不断充实文章的内容，对各部分提纲进行更为深入严谨的论证，并在反复推敲和论证思考的基础上，完成了整篇论文的创作。最后，我对文章进行了更为认真的文字打磨、细节调整与把控。在文章发表前，通过与编辑部老师的交流沟通，进一步完善了文章的细节和文字打磨工作，最终顺利实现了文章的发表。并且在之后被《人大复印报刊资料》全文转载。此外，《思想价值引领融入"中国之治"理论创新研究》也是本人以独立作者身份刊发的一篇论文。这篇论文的创作，主要是结合当前推进国家治理现代化的时代背景，以解析思想价值引领对国家治理的价值功能为出发点，进一步探讨在"中国之治"的理论创新方面思想价值引领发挥的作用和彰显的价值。整篇文章在选题确定、整体文章的框架设计、文献资料的收集整理、内容的充实和论证等各个方面，我都作了积极的准备与工作，并按自己的节奏完成了论文的创作。同时，还有《思想价值引领在国家治理现代化中的功能研究》《治理现代化视域下青少年思想道德建设探赜》等文章的选题和写作推进都是基于对社会热点和国家方针政策的关注，以期结合具体问题的研究，不断提升学理研究的素养和水平。

其次，思想政治教育作为一个实践性和综合性较强的学科，随着时代和实践的发展，其理论研究也须与时俱进、与实践发展相适应，同时在研究过程中也须坚持开放性的视野，协同多学科视域研究问题，分析解决问题，以推动其创新发展。因此，我常常关注思想政治教育实践发展方面的问题，在导师影响下，也积极关注思想政治教育领域的前沿问题研究，并以之为思考基点，创作发表了几篇论文。比如，《建构高校思想政治教育工作质量评价指标体系的方法与路径》发表于《东北师大学报（哲学社会科学版）》，是本人与导师合作发表的一篇论文，这篇论文的创作源于导师的国社科课题"高校思想政治教育工作质量评价体系研究"，作为第二作者，我在导师的指导和方向引领下，收获良多。同时，发表在《教育研究》上的《新时代高等学校思想政治教育质量评价科学化》等文章，也是对质量评价问题的进一步思考和研究。

再次，马克思主义理论是思想政治教育的理论基础，是我作为思想政治教育学习和研究者的理论根基，因而也是我一直以来学习和研究的重要视点，在导师指导下，我尽自己所能多读马列原著，近几年，阅读并分析过多篇马恩选集中的经典文章，如《黑格尔法哲学批判》导言、《1844 年经济学哲学手稿》《关于费尔巴哈的提纲》《德意志意识形态》《哲学的贫困》《共产党宣言》《反杜林论》《家庭、私有制和国家的起源》《路德维希·费尔巴哈和德国古典哲学的终结》《论原始基督教的历史》等，并就其中的问题进行了自己的思考和写作，也为之后的论文写作积累了一定的理论和文献储备。比如，在《新时代立德树人的理论内涵及其价值意蕴》《新时代厚植爱国主义情怀的文化理路》《集体主义的文化基因与时代发展》等文章的研究论证中，我都充分运用了自己对马克思主义理论和文献资料的理解与分析，以期更好地论证文章的主体内容。

最后，基于对思政课教师职业的热忱，我也很关注思政课教学方面的问题和研究，以期能更多地理解和把握有效发挥思政课主渠道作用的策略与方法。因此，我不仅担任了思想道德与法治课的助教，在实践中与老师和学生们交流探讨，而且也积极关注并研究中央刊发的与思政课相关的文件和政策，结合现实需要深入思考和研究思政课教学方面的问题。基于此，我与硕导合作在《教学研究》上发表了《高校思想政治理论课美育功能探析》一文。此外，出于对传统文化的兴趣，我也比较关注中华传统文化对思想政治教育发展的涵养价值和借鉴意义，并积极研读了一些中华传统经典著作，如《大学》《中庸》《论语》等，并与硕导合作在《吉林师范大学学报》上发表了《论〈论语〉诚信精神及其当代实践》的文章，等等。

硕博学习研究阶段，我经常积极主动地与导师进行学术交流和沟通，虚心向导师请教论文写作、项目论证等相关问题，积极写作并发表论文。同时，积极参与导师的教学科研活动，作为主要参与人参与了博导的诸如"高校思想政治教育工作质量评价体系研究"等多个科研项目研究，参与编写了《新时代高校思想政治教育治理论》《高校思想政治教育治理引论》《治理视域下高校思想政治教育创新发展》《思想政治教育研究热点年度发布（2020–2022）》等多部著作，在实践中不断加深了专业认识并积累了学术研究经验。我深知，科研是一条漫长的道路，但路漫漫其修远兮，吾必将上下而求索。

三、学术心得与志向

求学二十余载，在学术研究的道路上也走过了十余年，感恩一路上有良师益友相伴，收获了一些成果，得到了一些成长，在学术研究方面，也有了自己的一些感悟和心得，对自己未来的学术之路也有一定的期待和期许。

（一）学术心得——沉得下心，审得清势

一是要能沉下心来读书思考，夯实学术基础，了解把握好学科发展趋势。读书思考是哲学社会科学学习的必备要素，对于思想政治教育专业的研究也是同样，但思想政治教育学科作为一门综合性较强的学科，这里的读书就不仅要读专业相关的书籍和文献资料，以及支撑学科发展的书籍和文献，还要能以交叉学科的视域看待学科发展，广泛地阅读能与思想政治教育理论和实践具有关联或是能产生关联的书籍和文献资料，在阅读的过程中积极地思考、整理、归纳、分析，形成自己能够理解把握，并且可以为自己所用的研究资

料和素材，同时，要善于动笔标识，及时记录激发思维灵感的地方，和进一步研究可能引用到的学术观点，将学术研究中的文本研究做细做实。整体上，不仅通过阅读专业相关的书籍和文献资料不断夯实学术研究基础，而且要在思考、归纳、分析的过程中把握好学科发展趋势，沿循学科发展趋势展开进一步的研究。

二是要能以开放的视野广泛涉猎其他学科的知识，探寻不同的科研生长点。对于思想政治教育学科而言，综合性和实践性是其重要特点，而思想政治教育以人为对象的特点，也给予了这个学科较大的包容性。一方面，在思想政治教育学科发展的过程中，教育学、心理学、社会学、管理学等的研究内容和方法都为其发展提供了重要借鉴，其研究领域也有交叉的部分；另一方面，随着时代和实践的发展，一些与时俱进的学科领域逐渐细化、凸显出来，比如大数据信息研究、国家等与思想政治教育学科的发展也有着密切的关系。因而，以开放的视野广泛涉猎其他学科的知识、研究方法，探寻其中与思想政治教育学科问题研究和学科发展相关的契合点，结合现实需求，探讨问题、解决问题，也是思想政治教育学术研究的一条重要路径。

三是要能积极地与学术前辈交流观点，分享研究成果，促进深度思考和研究。任何学术研究都不能闭门造车，完全陷入自己的世界里，这样很容易思维受限，甚至有可能与学术研究发展的趋势产生偏离，思想政治教育专业的研究尤其如此。所以，在进行学术研究的过程中，既要有独立思考的时间和空间，也要积极地与学术前辈进行交流和分享，尤其是在此研究方向有一定经验和成果的前辈，学术前辈的研究经验和思维深度不仅可以为我们的研究把准方向，还可能会为研究的进一步展开带来意想不到的收获。通过交流分享，可以充分了解学术前辈对此研究命题的看法、观点、认可度，进而清晰地把握自身研究的思路、方法、主线是否能获得更大程度的认可与支持。同时，通过进一步地互动，还可以辩证吸收学术前辈就此研究命题所提供的相关研究经验和积极建议，以不断拓宽自身进一步研究的思维广度，加大进一步研究的思考深度，进而更好地产出高质量的学术研究成果。

四是要能坚持问题意识和实践精神，结合实践去分析问题，解决问题，将学术研究与实践生活紧密结合起来。学术研究的重要使命之一就是剖析实践问题、解决实践问题，作为实践性极强的学科，思想政治教育专业的学术研究更是要把问题意识和实践精神作为重要的能力素质。一方面，要将思想政治教育的学术研究与广泛的实践生活紧密结合起来，发现实践生活中与思想政治教育有关的问题和研究命题，将实践问题研究与思想政治教育的研究范畴、规律、方法结合起来思考，既通过实践寻找学术研究基点，也通过学术研究的方式分析清楚实践问题。同时，还要能结合实践生活，充分解读党和国家政策的变化趋势和优势，更好地发挥思想政治教育的资政育人功能。另一方面，要将思想政治教育的学术研究与教学实践工作紧密结合起来，实现思想政治教育教学与科研的良性互动、相互增益是作为一名高校思政课教师的重要课题。思政课教学实践的问题和经验可以成为思想政治教育学术研究的重要生长点，思想政治教育的学术研究成果也可以充分融入思政课教学实践之中。因此，要做一个有心人，积极探索二者之间的可以产生呼应的点，善于将思政课教学实践问题的解决思路和经验归纳升华拔高为学术研究成果，在促进二者相互增益的过程中不断提升学术研究能力。

（二）学术志向——研究明白问题，讲清楚道理

一是沿循学术发展趋势，在思想政治教育领域的基础理论、前沿理论等方面进一步地研究、思考、产出一些高质量的学术成果。思想政治教育学科发展近 40 年来，形成了很多高质量的学术研究成果，在思想政治教育领域的研究范畴和基础理论也逐渐成熟发展起来，但是本学科的发展时间总体还是不长，基础理论的研究和发展还有待一代代思想政治教育学者继续发挥作用，因而我希望自己可以在基础理论的进一步研究和夯实方面作出自己的贡献。同时，一个学科的发展只有与时俱进，才能始终保持生机与活力。思想政治教育学科，作为影响人的思维观念的重要学科尤其如此，近年来，思想政治教育领域的热点问题和前沿问题，已有不少学者展开研究，并产出了一些学

术成果，就我个人而言，关注和发现思想政治教育领域的前沿理论和前沿问题，积极地进行分析和研究，以期能产出一些高质量的学术成果，也是我不断努力的方向和重要的学术追求。

二是立足自身的研究兴趣和方向，在本人已有研究的基础上，就学科相关的研究领域不断深耕，形成具有个人研究特色的高质量学术成果。思想政治教育学科的研究领域广泛且复杂，作为一个研究者难以覆盖全部领域，与其广而不精，不如在个人感兴趣、有基础的研究方向上持续发力，以形成个人学术研究的特色和风格。我一方面是对中华优秀传统文化与思想政治教育的关系颇感兴趣，在硕士和博士阶段的研究成果中都对中华优秀传统文化有一定的研究，因而我想以之为基础，继续在中华优秀传统文化与思想政治教育的研究领域深耕；另一方面，我的博士阶段，在思想政治教育治理、思想政治教育质量评价等研究方面也有一定的成果，这两个研究方向也具有相当的理论价值和实践意义，因而也将是我在今后的学术研究中持续发力的方向，期待能通过不懈努力，产出更多高质量有价值的学术研究成果。

三是积极推进学术成果转化，一方面通过研讨交流的形式，提升学术研究的认可度，拓宽学术研究的影响力；另一方面，将学术研究成果与教学、实践紧密结合起来，既形成教学与科研相互促进的良好模式，也发挥科研成果对实践发展的引领力和推动力。作为思想政治教育的研究者和工作者，我期望自己能在把握思想政治教育学术发展趋势和个人研究兴趣的基础上，积极推进学术成果的转化，有效发挥学术成果的理论价值和实践价值。理论价值主要体现在，尽可能地扩大思想政治教育学术研究的认可度和影响力，不让学术研究成果流于虚浮的形式，仅仅成为一个人或是一小部分人的理论和成果，而这就需要进行广泛的学术研讨和交流，在研讨和交流中产生碰撞，加深理解，促进升华，进而不断增进理论研究的认可度和影响力，扩大理论影响的覆盖面。实践价值主要体现在，既发挥学术研究对教学实践的促进作用，也发挥学术研究对社会实践的引领作用，绝不将学术研究仅仅停留在理论层面，也绝不出现学术研究与实践割裂的情况。尤其是思想政治教育学科，多数研究者同时也是思政课教学者，将学术研究与思政课教学有机结合，实现二者的相互增益是个人发展和学科发展的重要路径。同时，思想政治教育的学术研究也须充分发挥其服务于国家发展和社会实践的重要作用，因此要致力于研究社会实践中的真情况、真问题，提出有效的解决策略和方法，发挥其对社会实践的引领和推动作用。而这些也是我未来不断努力的方向和不懈的追求。

王春霞：雄关漫道求索路　宁静致远勤登攀

王春霞，女，1979年生，云南曲靖人。现任教于曲靖师范学院马克思主义学院，副教授。

路漫漫其修远兮，吾将上下而求索。时光荏苒、岁月如梭，转眼间从事科研活动已近十年。回首往事，内心不禁感慨万千！从攻读博士学位开始学术生涯，到如今在学校工作，我坚持不懈地潜心研究，虽然失败多于成功、蹉跎多于进步，但或许我的科研经历更贴近大多数青年科研工作者。因而，在此真实地呈现我的学术历程、分享我的学术志向、表达我的学术感悟，以期与如我一样的科研青椒共勉。

一、学术历程

我祖籍江苏省南京市，出生在云南省一个县城的幸福家庭里。童年时代，在父母无微不至的关心和照顾下，我度过了平淡而天真的童年。由于父亲、母亲总是忙于工作，无暇顾及我。在记忆中，童年时期我总是孤零零的一个人，虽然有时候也跟四合院的同伴们疯玩，但由于母亲是重庆知青，口音跟本地人不同，经常因为此事被同伴们捉弄，因此，我逐渐喜欢沉浸在自己的世界里。在那个没有网络，也没有太多娱乐活动，甚至连电视频道都只有中央台和地方台的年代里，我主要的娱乐活动就是拼命看书，从书中获得慰藉，从小画书到安徒生童话，再到各种名著，这也使我从小就养成了喜欢阅读的习惯。现在看来，在那样的年代里，的确阅读让我"看"到了更丰富的世界。

1998年，高中毕业，我考入了云南大学政治系，在大学知识的海洋里，我不断学习探索，每天基本上都是教室—图书馆—宿舍"三点一线"的生活，通过努力，我对马克思主义哲学、政治经济学、社会学等有了一定的熟悉和掌握，进一步读研深造也成为我大学期间最主要的目标，因此泡在图书馆成为了整个大学生活的主旋律。2002 年大学毕业，我如愿考取西南师范大学政治与经济管理学院的研究生，即现在的马克思主义学院。那里师资力量雄厚、学习资源丰富、科研条件优渥。三年的系统学习，使我比较全面地掌握了思想政治教育学科的基础理论。更为重要的是，学院注重科研的传统，尤其是导师们严谨治学的态度，对我后来的科研生涯产生了重要影响。

2015 年，我迎来了人生的重要转折点，考入西南大学马克思主义学院，攻读思想政治教育专业博士学位。博士生涯留下了一段刻骨铭心的记忆，三年时光、一千多个日日夜夜见证了我的迷茫、苦闷、崩溃、坚持、进步……三年的点点滴滴仍历历在目，仿佛就在昨天。回首往事，犹记作为一个科研小白的焦虑与迷茫，犹记投稿久久没有回音的无助与绝望，犹记毕业论文写作滞涩的痛苦与崩溃。在难以意料的艰辛面前，我无数次萌生了放弃的念头。今天看来，值得庆幸的是，在备受煎熬中，我经受住了博士求学之路对体力、意志力和自信心极限的极大挑战，最终坚持了下来，并于 2018 年如期获得了博士学位。三年时光转瞬即逝。然而，于我而言，却是一生中最难忘而宝贵的一段经历，三年的博士生涯不仅是科研之路的开始，更为重要的是，三年来，学业砥砺了我的身心，让我对身边的人和事有了更深刻的认识，对亲情、友情、师生情、同学情有了更真切的体悟，也让我对人生有了崭新的思考。与此同时，三年短暂时光塑造了我对学术的敬畏之心、对目标的专注执着、对他人的包容温暖、对自己的自律约束，而这些品质都是开展科研活动所必备的。

在我的科研历程中，对我影响最大的是两位德高望重的著名学者。一位是教育部思政司原司长、中国教育发展战略学会思想道德建设专业委员会理事长、中国高等教育学会全国高校思想政治教育研究分会学术委员会主任、北京师范大学思想政治工作研究院院长——冯刚教授。冯老师长期致力于党建、思想政治教育、大学文化建设和高等教育等领域的管理和研究工作，曾参与起草中央 16 号文件及配套文件；承担并主持完成多项国家社科研究基金项目，在《光明日报》《中国高等教育》《思想理论教育导刊》《旗帜》等报刊杂志上发表学术论文百余篇，其中多篇被《新华文摘》《人大报刊复印资料》全文转载。冯刚先生一直是我最崇拜最敬重的老师，在很大程度上，我对学术的美好憧憬与向往大都来自于对老师超高学术造诣、严谨治学态度、高尚学术人格的敬仰。老师的学术讲座一路伴随着我的成长，也不断增强着我对学术的渴望。还记得在西南大学读研、读博期间，时常有幸聆听老师的讲座，每每老师来到西南大学，那种难以抑制的兴奋、幸福之情总是溢于言表。即便如此，在我的人生历程中，从未想象过、也从不敢奢望，多年以来一直默默仰望的学者，竟真真切切的成为了我的老师，幸甚至哉！多年以来，在学术这条道路上可谓是艰难跋涉、步履蹒跚，整个过程，我无数次怀疑自己的智商、无数次否定自己的价值，甚至一度濒临抑郁的边缘。之所以最终能够坚持下来，很大程度上来自于老师一直以来的无私帮助与绵密关爱。这些年来，在我迷茫不知所措时，老师总是及时指引前进的方向；在我懈怠不前时，老师总是暖心地督促提醒；在我愚钝不化时，老师总是不厌其烦地指导；在我无助绝望时，老师总是赋予无穷力量。感恩老师一直以来的不离不弃，感恩老师多年以来的默默付出。我一直以为自己很坚强，可是每每回想起老师细雨润物般的关爱，总是情不自禁泪湿眼眸，那一幕幕感人至深的场景，似乎就在眼前。永远忘不了，老师不顾舟车劳顿的疲惫，给予我醍醐灌顶的指导；永远忘不了，当我在学习工作中遇到困惑时，繁忙至极的老师总是关怀备至；永远忘不了，当我写作滞涩时，老师总是悉心指导，并时常转发一些优质深度文章不断启发我的研究思路。没有恩师的指导、扶掖，我的学术梦想无论如何也不可能坚持至今；没有恩师的关爱、关心，我无论如何也不可能取得点滴进步。恩师不仅让我体会到了学术的无穷魅力，更让我看到了人性的无限美好，恩师方方面面的高度深深地感染着我、震撼着我，作为后生，虽不能望其项背，却心向往之。在此，向恩师致以最崇高的敬意！

　　另一位是我的博士生导师——思想政治教育学科领域的著名专家、国务院马克思主义理论学科评议组成员、西南大学原党委书记黄蓉生教授。黄老师长期致力于马克思主义理论与思想政治教育研究，对习近平新时代中国特色社会主义思想、高校思想政治教育、高校党建与意识形态建设、红岩精神与思想政治教育等都有深入研究，承担并主持完成多项国家社科研究基金项目，在《求是》《马克思主义研究》《光明日报》《中国高等教育》《政治学研究》等报刊杂志上发表学术论文百余篇。拜黄蓉生先生为师，于我而言，实属大胆之举。甚至不敢想象，过去曾多次擦肩而过却没有勇气上前问一声好的先生，竟然成为了我的老师！第一次跟老师联系时的诚惶诚恐、语无伦次，至今仍历历在目。不曾想老师不弃愚钝、纳入门下，更不曾想公务繁忙的恩师能够如此尽心尽力地指导学生。读博过程中遇到的困难远远超出了预期，似乎每一个阶段的任务都难以企及，尤其是老师对论文的高标准、严要求，加上自身天性愚钝，以至于自卑、痛苦、绝望总是如影随形、挥之不去。而最终之所以能够走出负面情绪的阴霾，离不开老师的悉心教导、亲切关怀与执着点化。每当我遇到困难与挫折无比沮丧时，老师总是肯定我的努力和进步，鼓励我奋勇前行，让我一次次重拾信心。即便如此，在对待学术的严格要求上，老师从不打半点折扣，并时常语重心长地教导我们做学术需要历练"板凳甘坐十年冷，文章不写半句空"的精神。起初，我并未真正理解这句话的内涵，后来随着与老师交往的不断频繁与深入，我逐渐明白了这种精神的深意，因为这种难能可贵的精神就淋漓尽致地体现在老师身上。至今记忆犹新的是，我的博士论文从选题、开题到撰写、修改任何一个环节，老师都为我导航把关。老师仔细认真的程度让人惊叹，从框架思路到语言表达，再到文字润色、句读符号。在老师指导下毕业论文经过反复修改，最后一稿交给老师前，自己看了近三天，没曾想第二天老师就通知反馈论文。当时还以为论文不用再修改了。自认为就一天时间老师至多就是对大框架进行再次把关，可当拿到论文的瞬间，立即明白了老师又是熬夜修改论文，尤其是当老师一页页边翻论文边说修改意见的刹那间，内心百感交集、五味杂陈，既为老师对学术的严谨而无比感佩，也为自己的懈怠而羞愧难当。在导师的帮助下，资格论文得以顺利发表、毕业论文得以顺利通过。三年的博士生涯从导师身上学到了很多优秀品质。

二、学术志向

所谓学术志向，就是做学术的理想、抱负和决心的方向。无疑，这是从事学术活动所必须深度思考的核心问题。在此之前，这一问题虽然不时浮现在脑海里，但总是朦朦胧胧，若隐若现，这次有幸参与书稿的写作，借此机会深入思考这一根本问题。毋庸置疑，在我心目中学术一直都是神圣而高大上的，然而在功利之风盛行、浮躁之气弥漫的影响下，我却一度迷失了方向，最终经过一个长期过程才确立起自己的学术志向。

三十出头方才读博的我，起初带着"读书改变命运"的种种功利想法。功利的想法带到学习中随之引发的便是科研浮躁症和科研焦虑症。书目只是选择性地阅读要考要用的知识，却无法静下心来完完整整地研读马恩原著；论文选题总想着蹭热点，却无法潜心研究基础理论；甚至读博也只是盼着能尽快毕业获得学位，却不是考虑如何切切实实提升自己的科研能力。由此带来的问题便是对未来的种种担忧和现实的困惑。尤其是工作以后，在现行的科研考核体制之下，一度被论文压得喘不过气来，以至于每天惶惶不可终日。自以为自己每天都在努力做学术，殊不知离学术的本真却越来越远。究其根源，在于尚未思考清楚做学术的根本目的。幸好在我人生最困惑之时，冯刚老师循循善诱的教导与绵密暖心的关爱为我的人生开启了另外一扇窗户。老师总是引导我思考问题一定要有深度，研究选题必须建立在一定的理论基础之上。老师认为没有学理性的论文就不叫学术论文，没有理论基础的研究就好比在松软的沙滩上建房子，由于地基不稳，必然造成房子下沉甚至坍塌。老师总是语重心长地开导我，做学术不能急于求成，而必须注重日积月累。老师的话振聋发聩，让我不仅为自己的浅薄和无知羞愧难当，而且开始了对人生意义的反省与追问。从老师身上，我看到了超越世俗的光亮，浮躁不安的心慢慢沉静下来，无处安放的灵魂逐渐有了归依，而沉静下来的科研生活给予我莫大的心灵慰藉。

在老师的耳濡目染、潜移默化下，我终于领悟到了学术的真谛，也逐渐明确了自己的学术志向。究其本质，学术活动旨在探究规律、探索未知、探寻真理，具有很强的专业性和理论性，学术的生命力主要来自于其创造力，其特质决定了学术必然是一件孤独而崇高的事业。因此，对学术研究要心存敬畏之心，而绝不能急功近利，尤其是人文社会科学，唯有厚积才能薄发，唯有行稳方能致远，唯有静下心来潜心研究，方能写出真正具有学术价值、学术贡献的高质量文章。论文只是学术研究结果的表现形式、学术思想的重要载体，由此，不能本末倒置，否则，论文写作就异化为一个极其枯燥而痛苦的过程。其实，写作论文就如同一个十月怀胎和一朝分娩的过程，是一件水到渠成的事情，其中有痛苦与煎熬，更有幸福与欣喜。深刻明白了这一道理后，我不再将科研活动当作乏味的苦差事，也不再将自己看作可怜的苦行僧，逐渐确立了自己的学术志向。

让学术成为一种生活方式，而非生存方式。从某种意义上来说，选择学术，就是选择了一种生活方式。诚然，对于生活于现实社会中的人而言，学术首先是一种谋生方式，因为，"人们首先必须吃、喝、住、穿，然后才能从事政治、科学、艺术、宗教等等"；① 然而，如果我们仅仅止步于此而不愿再前进一步，学术便沦为了一种"为稻粱谋"的工具，随之带来的严重后果便是人与学术的结合必然成为一种生硬的结合，做学术仅仅迫于外在压力的束缚，成为了一种无奈之举、逼上梁山。相反，只有将学术作为一种兴趣、一种追求、一种生活方式，融入到我们的日常生活之中，内化为生活的必要组成部分，才能激发出做学术的强大内生动力，也才能够从学术中感受到幸福与成就！这样的生活方式虽然辛苦劳累，却也让人感受到充实满足！只有当学术成为一种习惯、成为一种生活方式，学术才能回归学术本身，做学术也才能

---

① 《马克思恩格斯选集》（第三卷），人民出版社 2012 年版，第 1002 页。

进入到不问名利、不问收获、只知耕耘的状态。

这样的生活方式意味着非同寻常的得失！学术，乃做学问之术，历来需要持续思考与投入，需要十年如一日的默默坚守！就此意义而言，学术好似一场寂寞的长跑，又似一次神秘的探险。只有沉得下心来、耐得住寂寞，不断探索未知、求索新知、勇往直前，方能登凌绝顶，始见云霞。这也就意味着做学术必须放弃许多稀松平常的生活乐趣与享受。然而，得失总是相伴相生，在失去的同时，也能体会到许多他人无法体会到的乐趣。其一，每天心无旁骛地遨游于书山学海中，远离尘世争利于市的喧嚣、远离复杂人际关系的焦虑，能够让人乐享沉浸在书本中的宁静生活，实属难能可贵！其二，体会到他人体会不到的痛苦，此乃高级痛苦，这或许也是一种可遇而不可求的幸福！事非经历不知难，做学术就如同在黑暗中摸索，充满着不确定性和艰巨性。在此过程中，时常为了寻找一个未知的答案而苦思冥想、搜肠刮肚、茶饭不思、夜不能寐，或许这种苦苦寻觅的痛苦又是另一种幸福。其三，体会到柳暗花明的欣喜。学术犹如一场长途旅行，有山穷水尽的困顿，也有柳暗花明的欣喜。学术之路道阻且长，或许只有亲身经历过，才能真切体会到王国维在《人间词话》中提到的人生三重境界，第一重"昨夜西风凋碧树，独上高楼，望尽天涯路"；第二重"衣带渐宽终不悔，为伊消得人憔悴"；第三重"梦里寻他千百度，蓦然回首，那人却在灯火阑珊处"。依稀记得初次读到这几句话的时候不明其中蕴含，恰恰是写作中穷思竭想后的豁然开朗、绞尽脑汁后的茅塞顿开所带来的那份喜悦让我深刻体会到其中意境。

这样的生活方式意味着淡泊名利、安贫乐道！人生在世，无论穷达逆顺、贫富贵贱，都免不了要与名利打交道。然而，在名利面前，到底坚守什么、舍弃什么，看重什么、看轻什么，折射出一个人的价值取向。习近平总书记在对黄大年同志先进事迹的重要指示中明确指出要"学习他淡薄名利、敢于奉献的高尚情操"①，号召大家以黄大年同志为榜样。实际上，这是习近平总书记对广大科研工作者的勉励和要求。科研是向未知挑战，其间充满着诸多不确定性，况且投入与产出也并非必然成正比，甚至往往投入甚多，却收效甚微，即使有收效，也并非立竿见影，而是一个漫长等待的过程。学术的特殊性决定了只有长期钻研、持续关注，才会有所突破，这就需要科研工作者拥有淡泊名利的心境，具有超强的韧性与耐力，守住学术的初心，把"十年磨一剑"的决心变成"板凳甘坐十年冷"的行动，静心笃志、心无旁骛、力戒浮躁，远离追名逐利，甘于清贫、甘于寂寞。值得庆幸的是，这些年来，经过不断历练，静心学习、潜心思考俨然已成为了我生活中不可或缺的组成部分，无论是读博期间还是博士毕业，对学术研究总是孜孜不倦、乐此不疲，感觉每天总有看不完的文献、想不完的道理，日日嗜书，寒暑不移，只求竭其所能方能无愧于心。有时也会受困于各种世俗杂念而无法自拔，而此时此刻学习思考是治愈一切情绪的最好良药，倾心投入科研可以得到内心真正的平和与宁静。

这些年来，我主要致力于大数据视域下大学生思想政治教育、红色文化与思想政治教育研究，通过坚持不懈的努力，形成了一些研究成果。博士阶段三年学习主要致力于大数据视域下大学生思想政治教育方法创新研究，从起初完全不知大数据为何物，到二十多万字博士论文的最终完稿，研究过程始终坚持以马克思主义理论为指导，以问题为导向，坚持理论与实践相结合、历史与逻辑相统一，按照大数据视域下大学生思想政治教育方法"创新是什么""为什么要创新""如何创新"三个问题推进，建构出大数据视域下大学生思想政治教育认识方法、实施方法、评估方法与反馈方法创新系列。与此同时，这些年来我持续不断地关注红色文化与思想政治教育研究，主要着力于红色文化融入大学生思想政治教育、红色文化融入国家治理现代化及红色

---

① 《习近平对黄大年同志先进事迹作出重要指示　强调心有大我、至诚报国，把爱国之情、报国之志融入祖国改革发展的伟大事业之中、融入人民创造历史的伟大奋斗之中》，《人民日报》2017年5月26日。

文化融入党建几个方面，形成了系列论文，并先后发表于《思想理论教育导刊》《思想教育研究》《学校党建与思想教育》等思想政治教育学科的重要刊物上。在未来的科研生涯中，我在继续关注红色文化与思想政治教育的同时，将结合云南少数民族省份的特殊实际，致力于少数民族地区筑牢中华民族共同体意识及少数民族地区思想政治教育研究。相信，在科研道路上，只要心怀诗与远方，勇赴星辰大海，岁月定不负人。

三、学术心得

我天性愚钝、才疏学浅，在学术之路上蹉跎多于进步、失败多于成功，谈及学术心得实在诚惶诚恐。因为一个学术浅薄的人谈论如何做学术，就好比一个完全不会做菜的人高谈如何做出美味佳肴，似乎显得有些不合时宜。因此，与其说谈心得，于我而言，确切地说，更大程度上谈的是我个人对学术的一些体验和感受。如何做学问，古往今来不少学者都有许多精辟论述，受其启迪，结合自己近十年来的求学求真之路，谈一点粗浅认识。

知情意行的统一。学术活动是从事新知识的创造活动，其本质决定了学术研究是一种极其复杂的、难度较高的脑力劳动，需要在知、情、意、行各要素上下苦功夫。所谓"知"，就是认知、观念，包括感知觉、意识、注意等。知主要解决认知问题和理性问题，是做好学问的首要前提和第一要领。正所谓不知者无畏，知而深深畏，这正好印证了认知的极端重要性。解决认知问题，一方面要不断夯实理论功底。作为思想政治教育专业的科研工作者，夯实理论功底，就是要夯实思想政治教育学科的理论基础和基础理论。理论基础是学科理论体系建立的基石，是基础理论的基础，反映着学科的根本属性。基础理论是学科理论体系的基础部分，反映着学科研究对象的本质及矛盾运动规律。思想政治教育专业的研究者，既要加强马克思主义经典著作研读，又要加强思想政治教育学科基本概念、基本范畴、基本原理等基础理论的学习，不断提升马克思主义理论素养和思想政治教育专业素养。另一方面要不断增强学术思维。俗话说："外行看热闹，内行看门道。"这即是说，内行人看问题是看本质和方法，而外行人只看形式和表面。做学问也不例外，只有通过大量阅读优秀文献形成学术思维，才能增强专业敏感性，从而站在理论的高度、专业的维度，透过现象抓住问题的本质。一言以蔽之，"宝剑锋从磨砺出，梅花香自苦寒来"，在学术道路上只有坚持学习，才能站得高、看得远，不断开拓学术视野。

情和意是非理性因素，以非逻辑的形式出现，所谓"情"，就是情绪情感，"意"就是意志。正向的情绪情感是做好学问的关键，虽然理性将人与动物区别开来，但人终究是感情动物，人们的任何行为都伴随着一定的情感。正所谓知易行难，真正付诸行动，需要情感提供强大动力。同样，做学问并不是心血来潮，而是需要倾情投入与全身心付出。一旦与学术结缘，则意味着艰辛探索的开始。然而，如果将学术纯粹当作一件艰苦的脑力劳动，那么久而久之，必然心生厌倦。相反，只有爱她、钟情于她，才能像热恋中的青年男女那样，始终魂牵梦绕、忘情投入，从而迸发出灵感的火花。毕竟学术不是冷漠静观出来的，而是在倾情投入中创作出来的。坚韧的毅力是做好学术的保障，毛泽东在谈到读书求知的重要性时，曾打过一个形象的比方，他说："有了学问，好比站在山上，可以看到很远很多的东西；没有学问，如在暗沟里走路，摸索不着，那会苦煞人。"[①]进一步而言，只有登上了山顶，才能体会到"会当凌绝顶，一览众山小"的感觉。而做学问的过程就好比登山，越接近峰顶空气越稀薄，山势越陡峭，条件越险恶，体力消耗越大。同样的道理，越接近学术前沿，越充满艰难险阻，越是对自身极限的极大挑战，越需要坚强的意志和坚定的决心。在布满荆棘的学术道路上，唯有坚韧不拔、锲而不舍，方能到达成功的彼岸。

所谓"行"，就是行动和表现，是对知、情、意的实施过程，是最终落脚点和归宿，行主要解决行为落实问题，是做好学问的根本。如果一味地沉浸

---

① 逄先知，金冲及：《毛泽东传》（第二册），中央文献出版社 2011 年版，第 500 页。

在不切实际的幻想之中，而不是脚踏实地地付诸行动，那么再好的思路、再完美的设想，终将沦为镜中花、水中月，最终一事无成。进一步而言，论文写作就是文字与思想的演化功夫，而语言表达与逻辑推理并非书本上能够完全学到，这种功夫的造就离不开日复一日坚持不懈的写作，因为写作就是调动、整理自己的知识，捋清自己的思路，将日积月累的输入转换成思想输出的过程，在全神贯注的写作中，能够最大限度地激发出人的潜能。况且，想象与实际的写作总是相去甚远，作为科研工作者，倘若只是驰于空想骛于虚声，终将蹉跎岁月。相反，静下心来深耕细作，不仅能够写出好的文章，更为重要的是，能够耕耘自己的心田、磨炼自己的心志、提升自己的人格，从而能够以更好的状态投入到写作和生活中。因此，持续不断的写作是提升写作能力的不二法门。

老师的指导、同窗的情谊、家人的支持。学术是一场终生的修行，回望这些年来的奋斗之路，感慨万千！没有老师的悉心指导、同窗的深情厚谊及家人的鼎力支持，就绝不会有我的点滴进步与不断成长。千言万语汇成一句真诚的感谢！

老师的教诲与指导是科研道路上的引路明灯。我一直认为，自己的最大幸运就是每个阶段都能遇到良师。硕士期间，我的导师董娅教授严而有爱，作为我的导师，她亦师亦友，不仅指导我要一步一个脚印地学习，更引导我要体味生活的乐趣。从入学开始，董老师就教导我们要注重写作能力的训练，尽量多读、多思、多写。由于当时我是师门里年龄最小的，董老师对我的生活特别关心，甚至比起学习更关注我们的生活。虽然至今已毕业多年，董老师仍然时常关心着我的生活，经常亲切地提醒我在努力学习的同时不要忘了生活本身。博士期间，我的导师黄蓉生教授以学术严谨著称，她勤奋刻苦的钻研精神潜移默化地影响着我。黄老师特别强调对理论的学习和学术思维的训练，她要求我们认真研读马克思主义经典著作，并定期组织读书会交流研讨。在跟随黄老师学习的这些年里，我受益匪浅，逐渐从一脸迷茫的科研小白跨入科研大门。在我人生最迷茫最困惑的时候遇到了冯刚老师，他不仅有着渊博精深的学术造诣，而且宽厚仁慈、爱生如子，老师经常教导我，做研究不能闭门造车，不能总沉浸在自己的世界里，要有开阔的学术视野，老师不仅帮我规划研究方向，还不厌其烦地指导我开展具体研究。多年来，老师以高尚的人格、博大的胸怀教育我如何做人、做学问，无论是工作上碰到难题，还是生活中面对失意，老师都给予了莫大鼓励与关爱。老师高尚的人格如同黑夜里的一盏明灯照亮了我前行的路，成为支撑我在科研道路上义无反顾走下去的最大动力。

同窗的深情厚谊是科研道路上的动力支柱。在科研道路上，我的另一大幸运就是遇到了相濡以沫的同窗好友！同窗是一种特别的缘分，是一种永恒之情。2015 年，我怀着对未来的无限憧憬回到母校西南大学攻读博士学位，清晰地记得参加博士新生见面会看到新同学的那一刻，内心无比兴奋，对未来几年的研究生活也充满着无限期待。我们年级的同学来自不同地方、有着各自不同的研究方向，但大家能够相互包容、相互帮助和鼓励。尤其是415博士工作室的同学，我们的生命轨迹有幸在西南大学马克思主义学院415室交汇，在这里相识、相知、相互帮助，结下了深情厚谊。在三年共同的学习生活中，暖心的军哥、亲爱的丽莉、勤奋的吉莉给我带来了太多温暖与感动！三年的博士生活，有沁入骨髓的孤独、有锥心刺骨的忧郁、有刻骨铭心的绝望，但同窗好友的陪伴也让我的博士生活增添了些许色彩。这一段时光弥足珍贵！如今虽然大家毕业到了不同城市、不同工作单位，但相互之间的感情仍然非常好。没有她们一路相伴，或许我的科研之路会更加孤独无助。

家人的鼎力支持是科研道路上的坚强后盾。都说陪伴是最长情的告白，而我，对家人的陪伴却少之又少！所以面对家人除了深切的感激之情，就是深深的愧疚之意。这些年来为了追逐学术梦想，我总是沉浸在自己那一片小天地里，疏于照顾和关心家人。而家人却始终无私地包容着我、温暖着我。没有家人的默默付出，我绝不可能有潜心学习研究的机会！我的母亲为了让我安心做科研，毫无怨言地帮我处理一切家务。儿子特别懂事乖巧、乐观自信、积极上进，让我少了许多后顾之忧。还有我的爱人，亲爱的李先生，从大一相识、相知、相爱以来，几十年如一日的守护着我，宠溺着我！正是因为他毫无原则毫无保留的爱，才让我可以任性地选择自己想要的生活方式；正是因为他为我创造了优渥的生活环境，才让我不为生活所累、不为生存所困，心无旁骛地投入学习研究！难以想象，如果没有家人的鼎力支持，科研将是一件多么奢侈而遥不可及的事情。

佛说，前世的五百次回眸才换得今生的一次擦肩而过。那么，与我亲爱的老师、同窗、家人的相遇、相识、相知的过程，究竟又需要积攒多少前世今生的缘，才让我们彼此参与到彼此的生命里！最大的感恩就是不辜负，在未来的人生道路上我将继续坚守初心、砥砺前行！

王方：良师助我实现人生新跃升

王方，女，1987年生，河南省周口市太康县人，北京邮电大学马克思主义学院，讲师。

一个人选择了一种职业，就是选择了一种生活方式。特别荣幸，我能够成为一名光荣的思想政治理论课教师，在自己喜欢的学术领域进行钻研，在神圣的三尺讲台上传播真理。做学术研究不是一件轻松的事，需要沉浸投入，刻苦钻研，也需要持之以恒，勤奋自律。在学术之路上要做一个坚定的长期主义者，以平和心态锻造过硬本领，以创新成果回应时代发展之问，以爱国之心、报国之志指引自己前行。下面我将从学术历程、学术成果、学术志向和学术心得几个方面，进行简要分享。

一、学术历程

回望自己的学术之路，是一个在不断探索中发现热爱的过程。从大学时候的懵懂，硕士期间的迷茫，再到博士期间的蜕变，每往前走一步，都是在为实现学术之路上由量的积累到质的飞跃做准备。虽然过程中有过无数次的茫然无措和痛苦挣扎，但每到困顿之时，总有领路人带我走出迷雾，所以才有了成长发展和一路的收获。感谢在我成长之路的关键节点，给我指导帮助和支持的老师、家人、朋友、同学，感谢自己的勤恳坚持，唯有加倍珍惜际遇，坚持不懈努力，才不辜负一路跋山涉水之苦。

（一）我与思想政治教育专业的不解之缘

我本、硕、博学的都是思想政治教育。之所以选择这个专业，源于家族里一个长辈的指导。我的这个长辈曾在高校任职。高考报志愿的时候，长辈问我想读什么专业，我说政治这门课我一直学得不错，想学一个相关的专业。长辈大手一挥，说，那你应该去学思想政治教育，思想政治工作是经济工作和一切其他工作的生命线。学好这个专业，日后会有很多用武之地。你不仅要读大学，还要读硕士、读博士。当时的自己，即懵懂又期待，就这样开始了大学生活。

好的师者，传道授业解惑。大学里我印象比较深刻的几位老师，为我开启了学术之门。王东虓老师、张励仁老师教会我要从基本理论入手，用理论结合实际去分析问题；郑发展老师、冯聚才老师、禄德安老师和韩啸老师教会我要用社会学、人力资源学、国际政治学和心理学等交叉学科视野去认识思想政治教育学问题；高昂老师、孙新成老师、岳林强老师、周荣方老师特别注重激发我们的课堂积极性，引导我们呈现自己的认知和想法。正是在这些好老师的带领下，我对思想政治教育这个专业的感情更深，学得津津有味。每次泡在图书馆里，特别享受那种全身心沉浸于书中、周围万物与我无关的感觉。我还特别喜欢我们郑大教学区的自习室，坐在大大的落地窗前，看书累了就望望窗外，鸟语花香，心旷神怡，并且那种忙碌了一天的收获感和满足感无可比拟。同时，我也特别感谢我身边优秀的大学同学们，我们班一共28人，有一大半同学读了硕士，分布在北京大学、中国人民大学、中山大学、中央党校、中央民族大学、华南理工大学、上海大学、郑州大学、西南大学等高校。其中10人又继续在北京大学、清华大学、中国人民大学、北京师范大学、中山大学等高校读了博士，毕业后分别在中山大学、北京农业大学、北京林业大学、北京邮电大学、中国人民公安大学、中国矿业大学、郑州大学等高校就职。我的这些同学们上课认真听讲，下课进行探索式学习，组成学习小组研讨问题，还积极参与学校的文娱活动，既多才多艺，又专业素质过硬，这种无声胜有声的力量和氛围为我的大学生活增添了许多色彩，让我看到真正优秀的人是如何平衡和规划学习、生活和实践的。

大三下学期面对考研还是工作的抉择，我毅然选择了考研。当时长辈问我准备报考哪里，我说我还没有想好。长辈说，你既然学习思政这个专业，当然得去北京看看了。长辈因为年轻时候在中央党校培训过，特别喜欢那里的环境和氛围，就极力向我推荐这所学校。于是，我就考到了这所神圣的学府——中央党校。当然，备考过程也是几经波折，一把辛酸泪。有过自我怀疑，自我否定，却也始终初心不改。记得备考那会儿，坐在教室一遍遍写专业课笔记，大冬天就着窗外的雪花坐在楼梯间一遍遍背书，心中只有一个信念，就是我需要一个认可，通过自己努力考上梦想学府的这种实力认可。也正是在那个备考阶段，让我把大学四年学习的内容重新整合了一遍，书上的知识也在一遍遍复习中实现了融会贯通，以至于考前根据真题再次背诵要点的时候，有种醍醐灌顶的感觉。都说你所认真走过的每一步都算数，就这样，我在日复一日的坚定前行中，终于来到了大有庄100号。我还记得当时通知书寄到了好朋友的单位，她拿到通知书的时候，比我都激动，说特别为我骄傲。而我自己也特别开心。我终于拿到了去往北京的通行证，要开始新的人生旅程。这也是我从小到大，第一次去北京。所以，录取通知书我到现在还留着。

第一次走进中央党校北院的大门，站在主楼前面的白杨树旁，有种庄严肃穆又感觉自己特别渺小的震撼。在中央党校的三年学习生涯中，我特别庆幸遇到了一大批治学严谨又特别勤恳的老师们。当时，我们是在马克思主义理论教研部，也就是现在的马院。我们那一级马克思主义基本原理、马克思主义发展史、马克思主义中国化、国外马克思主义和思想政治教育这5个专业的学生是在一起上课的。第一节课是牛先锋老师给我们上的马克思主义基本原理课的导论部分。牛老师讲课逻辑严密，观点鲜明，板书也是条理清晰，字体隽逸。直到现在，我脑海里依然能浮现出牛老师边讲课边画出一幅思维导图的场景来。邱耕田老师平时总爱骑一辆自行车穿梭于南院和北院之间，上课的时候有种气定神闲的自信和从容，文章写得更是字字珠玑。王中汝老师治学严谨，讲课的时候信手拈来，娓娓道来。宋福范老师教会我用比较思维去认识和分析问题。陈冬升老师结合自身实际经历的讲课方式至今让人记忆深刻。王莉老师思维活跃，刘莹珠老师饱含热情，王巍老师侃侃而谈，赵培老师注重互动，李彬彬老师条理清晰，李双套老师一丝不苟，他一字一句带我们研读经典著作的场景依然历历在目。还有很多很多好老师，给我们树立了特别好的榜样示范作用。印象特别深的还有一点，老师们经常结伴去学校或者对面国际关系学院食堂吃饭，然后回去伏案工作到十点多再回家。所以每一位老师的课都各具特色又内容充实，现在回想起来都依然觉得是特别丰富的精神盛宴。也是在这种不知不觉的成长和浸润中，对思想政治教育这个专业也爱得更加深沉。不过很多时候关于未来的发展目标不够明确，会处于自我怀疑的苦闷之中，找不到自我评价的标准，也就容易在别人的标准里摇摆不定，然后极其痛苦。

（二）遇到恩师，让我真正实现了学术上的蜕变

更多的成长蜕变是在读博之后。现在回想，读博之路的艰辛、焦灼、喜悦、成长、收获与感动，一幕幕映入眼帘。感恩一切的因缘际遇，让我来到北京师范大学，让我成为冯刚教授的学生，让我实现科研能力的跃升和人生境界的升华。我的导师冯刚教授既有大家风范，又有仁者之心，对学生真的是尽心尽力、尽职尽责、因材施教。何其有幸，遇到恩师。冯老师以言传身教的方式让我深刻理解了"学为人师、行为世范"的精髓，让我也要立志成为像我导师一样的好老师；感恩老师的精心栽培，让我看到了人生的无限可能，我的每一分收获，每一步成长，都得益于老师的用心指导；也正是老师和师母的鼓励，让我在自我怀疑、沮丧、困惑的时候，更加坚定学习目标，期待美好未来。

三年的读博生活，让我深刻认识到理论与实践相结合的强大力量。冯老师以其敏锐的热点捕捉能力，总会第一时间带着我们进行最新的政策研读，关注顶层设计，启发我们结合社会焦点去认识问题；老师鼓励我们结合自己关注的问题和学术兴趣去进行总结分析，在我们列出论文框架之后，会通过小组会议的形式进行讨论，引导我们分析框架内部的逻辑关系，确认逻辑自

洽之后再动笔写；老师会结合学生特点进行任务分工，督促我们在具体的写作实践中总结反思，然后产出更高质量的作品；老师鼓励我们多去听讲座、参加论坛，从专家学者的报告中汲取营养，在不同的场景下锻炼自己的胆量和表达能力；老师喜欢通过交谈、调研的方式去发现现实问题，进而思考如何通过理论来解决实际问题，同时用实践经验的总结来丰富理论；老师对新鲜事物保持着好奇和探索之心，所以每次我们聊到微博热点、网络热词，老师都会和我们探究这些现象背后的深层次原因，并引导我们可以和理论相结合，做出一篇文章来。所以很多时候我们关于论文的思路就是在和老师一起散步的路上理顺的。也正是老师在论文选题、框架拟定、行文逻辑规范、写作思路引导、成长发展规划等方面给予我的帮助指导，让我在学术之路上的探索既有高瞻远瞩，又有脚踏实地，将自己的学术思考能够真真正正转化为一篇篇文章被大家看到，让我有信心和底气可以成为一个持续进行学术研究的思政学者。

老师常说做学问要思想独到、言之有物、逻辑自洽。老师身上有着强大的精神力量，每次跟老师交流，都觉得自己茅塞顿开，因为论文而产生的烦闷、困惑和低落情绪，瞬间被扫除，然后继续能量满满地啃文献、查资料、找出问题症结。我们也很好奇，老师每天有那么多的工作要处理，怎么就可以一直保持这么好的状态呢？并且每次聊到一些问题，老师都能出口成章。后来请教老师的时候，他说到自己的习惯，每天坚持看书，利用走路、吃饭以及其他空闲时间进行思考。所以，老师经常会问我们，最近看了什么书？有没有什么新收获？老师会根据每个人的性格特点和关注的问题进行针对性的指导，肯定我们的闪光点，鼓励我们以更多的热情去投入学术研究，找好自己的节奏去平衡学习和生活。老师把我们每一个都放在了心上，会由衷为我们每一个人取得的成绩而开心，强调我们师兄弟姐妹之间要在学习上多交流探讨，生活中互帮互助关心他人。我毕业时候要搬家，老师记着日子，跟我说让师弟们去帮忙啊，那么多东西别自己搬。老师真是方方面面都在为我们考虑着。老师为我们创造了师门融洽有爱的祥和氛围，也用他的身体力行在方方面面给予我们以潜移默化的影响。曾经我的一个同学在听过老师的学术讲座之后，特别激动地给我发了一条信息，说很羡慕我有这么好的导师，冯老师是思政领域的一股清流。我回复他，深以为然。

我也特别庆幸结识了一大批优秀的师兄师姐师弟师妹，比如我的王振师兄，不管他有多忙，总是会在我们遇到学习、生活中的困惑的时候，尽心尽力为我们解答问题。严帅师兄以他的实际行动告诉我们尽管上班工作繁忙，只要愿意挤出时间做科研，依然可以卓有成效，所以每次看师兄的文章，听师兄的发言都获益匪浅。成黎明老师、周作福老师、金国峰老师都在各自的领域做得特别好，是我们学习的标杆。史宏月师妹、梁超锋师弟、刘嘉圣师弟和朱宏强师弟做事特别细心，文章也是写得又快又好。徐文倩师妹、黄渊林师弟、徐硕师妹也是特别热心好学。还有好多好多身边的同门，每个人都在积极努力又闪闪发光地书写着自己的人生足迹。同时，感谢老师的用心带领，让我们感受到这么强大的正能量汇聚。

生活明朗，万物可爱。仔细想想，也是特别感谢自己一路以来的坚韧。过去种种的磨难，苦涩，蜷缩在角度艰难度日的时光，因着自己的努力拼搏，终于可以闪闪发光了，这种愉悦也是无可比拟的。从小学的一路颠簸，到初中高中的题海战术，到大学时候的茫然无措，再到硕士期间的艰苦卓绝，博士期间的步入正轨，直到现在的游刃有余，这种种发展变化，一步一个台阶地往前走，抬头看，终于有花团锦簇在前，是苦尽甘来，也是理所应当。

二、学术成果

个人认为，做学问需要长久的专注、系统的思考、广博学识的累积、内在觉醒的驱动和家国情怀的指引，才能真正成为一个对国家和社会有价值、对学生负责任的人，这也是我努力的方向和前行的目标。

总体来说，我的学术成果并不多。目前共有 8 篇论文见刊，分别发表在《国家教育行政学院学报》《学校党建与思想教育》《北京教育〈德育〉》《高校辅导员学刊》《高校辅导员》等期刊上；1篇通稿，发表在"人民论坛网"，主持校级课题1项，参与课题2项；参编著作4部，分别是《改革开放40年高校思想政治教育编年史（1978—2018）》《理直气壮开好思政课——把握新时代思政课建设规律》《思想政治教育研究热点年度发布（2022）》以及本书《思想政治教育学科中青年学者成长之路》。

必须要说的是，恩师为我的成长成才真是付出了太多的心血。在开始正式写作之前，老师列出了一个书单，让我们在博一上学期进行自主学习，定期召开小组会议，然后交流读书收获与学习心得。我还记得读博期间第一次写论文，正是在2019年3月18日全国学校思想政治教育理论课教师座谈会之后。听完习近平总书记在座谈会上的讲课之后，老师让我们就"八个相统一"的相关命题进行研读，然后结合时代发展挖掘理论的创新之处，等我们列出研究框架之后又带着我们进一步进行小组讨论，最后才让我们着手写出自己的认知。正是在这一系列规范的学术训练和实践中，让我更加深刻体会到了读博的乐趣，也更加坚定了我开展学术研究的信心。这篇文章后来被《人大复印报刊资料〈高校思想政治理论课教学研究〉》转载了，虽然自知写的还有很多不足，但能够以这种形式被肯定，心里虽有惶恐，步伐却更坚定。

暑假写了第二篇论文，当时老师先是给了我们20天进行文献资料的整理搜集，然后写出研究综述，经过小组交流之后，再进行研究框架的确立。当我看到师弟自己整理的文献综述内容丰富充实，条理又那么清晰的时候，大为震撼。深感进行学术研究来不得半点虚假和偷懒，自己的时间和功夫花在哪，是可以通过一次次的小组研讨和平时交出的作品展现出来的。想要出成绩，就必须沉得住气，静下心来坐冷板凳，这样才能问心无愧地在本领域立足。就像平时阅读文献的过程中，每次发现新的观点、有新的思考收获或者体会到系统严谨的论证逻辑以及掌握了新的论据材料，等等，都会由衷感谢作者本人为文章付出的心血，也会想着自己写的文章也要这样经得起推敲。之后的每一篇文章，都是在老师的指导下，在一次次的讨论中，在一篇篇文献的阅读与分析中，逐渐理顺逻辑，得以成型。

我还记得第一次参与著作编写工作的时候，自己紧张、激动又忐忑的心情。老师把我们需要系统查阅的期刊文献、相关著作、政府部门的政策文件以及整体进度进行了总体安排，初步成稿之后，又对内容进行了整体讨论，之后又是一遍又一遍的细节确认和文字校稿，整个过程的每一个环节，都让我看到了老师对待学术的严谨态度和敬畏之心，所以三年读博生涯，自己从未敢懈怠，尽管愚钝，也从未停止生长。而且每次写完文章或者书稿的第一反应就是，小心翼翼地请教老师，想听听老师的评价，更想老师给出一些指导意见。也是这样一点点磨炼，使我的读博生活一点都不枯燥乏味，反而特别充实，我的底气、自信和兴趣就是在不断汲取知识养分的日日夜夜中茁壮成长起来的。与此同时，也正是老师的引导、督促与言传身教，让我们不再虚度光阴，而是系统地将学习、思考的收获转化为学术成果呈现出来。写到这里，热泪翻涌，再次感谢恩师冯刚教授。

三、学术志向

关于学术志向，我坚定地想要成为像我的导师一样的学者。我会敬畏讲台，教书育人，将教学和科研相结合，勤勤恳恳地做好自己的本职工作，在教学实践中总结经验深化学术思维，将学术成果运用于教学之中提升教学质量和育人实效。

习近平总书记在中国人民大学考察时指出："思政课的本质是讲道理。"[①]这也为我进行学术研究指明了方向，提供了根本遵循。从教学与科研的关系来看，教学为科研指明方向和问题，科研为教学提供深厚的理论支撑。这也就要求我们，在进行学术研究的过程中，一是要注重理论逻辑，锻造真本领。要对每一个研究主题进行鞭辟入里的学理阐释，而不是进行概念的叠加或者

---

① 《习近平在中国人民大学考察时强调：坚持党的领导传承红色基因 扎根中国大地走出一条建设中国特色世界一流大学新路》，《人民日报》2022年4月26日。

套用。不仅要科学把握关于自然界、人类社会和思维发展的规律，还要遵循思想政治工作规律、教书育人规律和学生成长成才规律；不仅要搞清楚研究主题的内涵、外延、特征、内容、功能、作用、价值，影响，还要讲清楚理论的内在逻辑与发展变化的影响因素；不仅要搞清楚"是什么"，还要弄明白"为什么"和"怎么办"的问题。我记得博二时候老师带我们去参加"思想政治教育基础理论研究"高峰论坛，我第一次认识到推进思想政治教育基础理论研究的意义重大，也是我们思政学人的使命所在。二是要注重历史逻辑，树立大局观。要搞清楚问题发展的来龙去脉，也要坚持动态发展的眼光，从具体的、历史的视角出发去认识问题，分析问题。不能以现在的眼光去评判过去的问题，也不能一成不变地去看待问题。既要关注产生问题的具体社会环境，也要关注时代发展对问题的影响和要求；既要学会立足当下，又要坚持面向未来；既要植根中国土壤，又要葆有国际视野。要以"各美其美，美人之美，美美与共，天下大同"的开放包容心态，去观察世界、认识世界。进行学术研究，绝不是简单的就问题谈问题，要进行由点到线再到面的立体分析，实现理论的创新发展和新的知识生产。三是要注重实践逻辑，肩负时代责任。学术研究要面向世界发展趋势和国家发展需求，坚持问题导向和实践指向。在进行学术研究的过程中，既要有把握理论热点和学术前沿的专业能力，又要有锐意创新的学术志气，不断提升学术品位，把自己的研究和社会现象、发展实际以及实践过程中遇到的现实问题结合起来，关注政策文件和各大会议精神，透过现象剖析问题的本质，而不只是满足于从文献中去寻找答案。四是要保持开阔的学术视野，关注跨学科的融合发展。近年来，学科交叉研究、跨学科研究、学科融合等已逐渐成为学术研究的发展趋向，学科之间的对话交流已成为常态。进行学术研究，要广泛涉猎其他学科领域，开展跨学科的交流学习，建立广而深的学术知识体系、宽广的学术视野和多学科的知识积累，借鉴、吸纳、转化其他学科的范畴、理论及方法，解决思想政治教育学科领域的相关问题。

做科研是久久为功的事情，要静下心来，进行经年累月的积淀。从6岁踏上求学之路以来，对于学习我是一直葆有敬畏之心的，我坚信潜心向学，脚踏实地，终会学有所成，学有所获。未来依然要秉持初心，真诚、坦荡地拥抱生活，扎实、沉浸地钻研学问。掷地有声、铿锵有力，用踏实投入赢得认可，用出色沉稳回报师恩。也希望自己日后可以成为真正的学者，坚守行业本职，广泛涉猎，纵向深入发展，真正去探究去思考去实现有益的成果转化，在实践中总结经验，在科研中勤勤恳恳，在教学和日常事务中充满热情，持续锻造真本领，做一个坚定的长期主义者。

四、学术心得

做学术研究是值得一生持续求索的事业。只有从心底里认同自身所从事职业的价值，以自律态度和钻研精神在专业领域立足，化外在压力为动力认真投入，将科研与教学紧密结合，学术之路才会走得更加长远。

（一）做学问需要自我觉醒和内生动力的驱动

习近平总书记在全国高校思想政治工作会议上强调，"高校教师要坚持教育者先受教育，努力成为先进思想文化的传播者、党执政的坚定支持者，更好担起学生健康成长指导者和引路人的责任。"[①] 学生只有"亲其师"，才能更好地"信其道"。因此，教师要深耕自己的本职，要在自己的专业领域有所建树，才能有更多话语权，从而赢得学生依赖；教师要对所传授的内容真懂真信，学生才能真正感受到知识的魅力和吸引力。作为青年教师，打铁还需自身硬。一方面，要从心底里认同自己作为青年学者担负的使命，以担当精神主动对接国家发展战略，以问题为导向进行学术研究，以回答中国之问、世界之问、人民之问、时代之问为学术己任，以彰显中国之路、中国之治、中国之理为思想追求，把个人的学术追求融入国家前途和民族命运之中。另一

---

① 习近平：《在全国高校思想政治工作会议上的讲话》，《人民日报》2016年12月9日。

方面，要在学术研究的征途上投入极大的热情，在自己感兴趣和擅长的领域进行持续深耕，假以时日，才能呈现出真正优质和被业界同行认可的作品。要坚持长期主义，以平和的心态去潜心向学，确保写出来的内容是自己的所思所想和独到见解，而不是人云亦云，充斥着急功近利之心，否则就容易追着别人的步伐走，而荒了自己的责任田。同时，要成为一名好老师，需要具备政治严、思维新、情怀深、视野广、自律严、人格正的品质，而这些素质要求，与教师自身所接受的教育培训有关，更与教师自身的持续修炼有关。对于青年学者的成长发展而言，固然有赖于种种机缘，更离不开系统的学术训练和个人持之以恒的努力，需要经年累月在学术之路上跋涉，不断磨炼心智，才能够真正做出成绩。内生动力会催生人的自律意识，养成坚持每天学习、思考、汲取知识养分的习惯，坚持看文献，做记录，听讲座、论坛、报告，翻阅期刊，关注社会热点，保持开阔的思想，将热点问题、现实问题、理论发展融合起来予以分析，用理论来解决实际问题，这也是青年学者实现自我成长与发展的路径之一。

（二）做学问需要外在压力的督促

人都是有惰性的。如若不能合理分配自己的时间精力，很多空余的碎片时间就在不知不觉中溜走，等到年终总结的时候发现自己在科研成果上颗粒无收，该是多么遗憾。读博期间，老师给我们布置任务的时候，会大致限定一个时间，临近时间节点，老师就会提前问进展，以确保任务的完成。所以我从不敢懈怠，虽然过程中会焦虑，神经紧绷，但看到有进展有成果就会特别开心。就像写毕业论文期间，老师带着我们梳理论文的每个章节，然后让我们在规定时间完成初稿，修改和细化工作。如果没有老师这样认真负责地盯着，没有 deadline 的压迫，就不会有我们论文的如期高质量产出。工作之后，时间被分割的厉害，心里的那根弦从未放松，因为我知道，一旦懒惰，就容易陷在自己的舒适区不动弹，那也就无从谈起所谓的成长进步了。同时，积极向上的环境氛围会对人有特别强大的带动作用。看到老师、同门以及身边的同事都在为学术研究全心投入，自己也会在潜移默化的影响中想要做得更好。在这里要感谢老师的教导，感谢师兄师姐们给予的榜样作用，感谢北京邮电大学提供的广阔平台。

（三）要将教学和科研相结合。

作为一名老师，教学和科研是分不开的。老师要学会"两条腿"走路，使教学和科研相互支撑。这就要求我们，既要关注理论的创新发展，又要聚焦学术前沿；既要关注时代发展变化，又要把握世界发展趋势；既要坚持内容为王，又要讲求上课的艺术和方法；既要善于从教学实践中总结经验，使自己的思考认知转化为学术成果，又能够将学术研究中的前沿成果有效运用于课堂教学之中，以提升课堂教学的思想性和系统性。比如，我在读博期间受到了系统的学术训练使我的思维能力有很大提升，因此，我在具体的学术研究过程中就会特别关注学生思维能力提升的相关问题，也会将科研成果中的收获用于课堂教学之中，引导学生打开思路，调动自己的实践体验和已有认知，就相关问题大胆表述自己的想法和观点。同时，我会结合课堂内容进行系统梳理和新增知识点的补充，让学生在积极参与课堂教学过程中有更多收获，思维能力在一系列的训练中得以提升。处于新时代的教师，要将国际视野、全球意识和时代要求相结合，用教学实践丰富学术研究，以科研成果滋养课堂教学，实现教学实践和学术研究的双向互动，为推动学科发展和理论创新贡献自己的力量。

展望未来，学术之路虽然布满荆棘，但咬紧牙关攻坚克难，终会劳有所获，鲜花满怀。诚如王安石在《游褒禅山记》中所言："古人之观于天地、山川、草木、虫鱼、鸟兽，往往有得，以其求思之深而无不在也。夫夷以近，则游者众；险以远，则至者少。而世之奇伟、瑰怪、非常之观，常在于险远，而人之所罕至焉，故非有志者不能至也。"学术研究的征程上，已有无数开拓者为我们青年学者的成长发展树立了榜样，也激励我们以更勇毅的姿态果敢前行！

王振：以文化人求索路，风物长宜放眼量

王振，男，1988年生，吉林洮南人。现任北京师范大学马克思主义学院思想政治教育教研室讲师、硕士研究生导师。兼任中国教育发展战略学会思想道德建设专业委员会副秘书长。

一、学术研究历程

之所以能够走上教学科研工作，与我的求学经历密不可分。我学习思想政治教育专业，以及而后从事思想政治教育教学与研究工作，与本科所学社会工作专业具有一定关联。2007年，我考入华北电力大学社会工作专业学习，四年的专业学习让我对社会工作中的"助人自助"理念和深厚的人文情怀所感染。本科毕业以后，我考入中央民族大学马克思主义学院攻读思想政治教育专业硕士研究生，进行思想政治教育理论与实践的系统学习。学习之初，对思想政治教育专业并没有深入了解。对马克思主义经典著作、思想政治教育学科研究方法等理解得尚不深入。依稀记得导师帮我修改论文的"花脸稿"，对思想政治教育学科论文写作和研究方法的学习，正是在同一篇文章的反复修改中理解的。2015年我考入中国人民大学马克思主义学院攻读思想政治教育专业博士研究生，师从冯刚教授。在冯刚教授的指导下，以实践为导向，进一步加强思想政治教育基础理论的学习和研究，追求思想政治教育理论与实践的深度融合。至今仍记得博士复试回答冯老师提问的紧张和求学期间冯老师悉心指导的场景，冯老师对思想政治教育工作的情怀，对思想政治教育研究的开阔视野，以及对思想政治教育理论与实践创新的学术反思，对我的影响十分深刻，使我对思想政治教育学科建立了坚定的自信。从本科到博士，从厚植人文情怀到提升学术素养，从老师们的悉心培养到积极自我

领悟，为后面从事的教学和研究工作奠定了扎实的基础。

以文化人是我从博士研究生时期就开始关注和追踪的研究选题。党的十八大以来，党和国家高度重视文化建设，在进一步坚定文化自信、促进中国特色社会主义文化繁荣发展的进程中，文化成为了人文社会科学领域的一个重要研究焦点。其中，以文化人就是一个重要的方面。以文化人成为新时代的重要研究课题，是对中华优秀文化的自觉、自信、自强的必然结果，也是遵循文化自身发展规律的重要表现。2015 年 10 月，由教育部思想政治工作司主办、《思想教育研究》编辑部承办的"以文化人与社会主义核心价值观培育践行"专题研讨会在北京召开。时任教育部思政司司长冯刚教授做了主旨发言，强调"以文化人"中"文"是基础，"化"是关键，化人的根本在育人；用什么样的"文"来"化人"，决定了"化人"的最终成败，如果用承载西方错误价值观念的"文"来"化人"，就会把人"化"到歧途，甚至"化"到反面去；"化"的途径和方法决定了"化人"的最终效果，"化"是以人们喜闻乐见的方式，潜移默化、循序渐进地感染人、影响人、转化人，让人们在不知不觉中接近和接受，达到"育人"的最终目的。来自清华大学、中国人民大学、四川大学、中南大学、武汉大学、中山大学、北京科技大学等高校的专家学者和思想政治工作者参加了本次研讨会，围绕研讨内容专家学者形成了一批学术研究成果，由此引发了思想政治教育学界关于以文化人的研究热潮。当时攻读博士学位的我有幸参与到了本次研讨会的服务工作之中，在学习和聆听与会专家学者的发言之后，对以文化人这一选题产生了浓厚的兴趣。新时代以文化人具有深厚的理论蕴涵，是中国传统文化和马克思主义理论深度融合的产物，同时它也具有突出的实践特色，是思想政治教育理论与实践深度融合的凸出代表。会后，我做了大量的文献调研和综述工作，对这一研究方向的兴趣和自信越来越浓厚，经过与导师的交流，将以文化人作为了我博士研究生期间的研究方向。在博士研究生期间，围绕这一选题，我发表了一系列相关学术论文，为博士论文写作以及后面的相关研究奠定了良好的基础。

博士毕业以后，我以师资博士后的身份进入北京师范大学马克思主义学院工作。在冯老师的指导下，博士后研究工作中我仍然坚持以文化人这一研究方向。先后主持了中国博士后基金面上支助项目"习近平'以文化人'重要论述的内在逻辑与当代价值"和国家社科基金青年项目"'以文化人'的理论蕴涵与战略指向研究"，从中华优秀文化、马克思主义理论和西方文化哲学等视角深化以文化人的理论蕴涵。并且，在思想政治理论课教学以及日常思想政治教育工作中，注重以文化人在实践领域的应用。从 2018 年入职北京师范大学马克思主义学院以后，不仅要从事博士后研究工作，还承担着思想政治理论课教学工作，同时在 2020 年又承担起了本科生兼职班主任的工作。在思想政治理论课教学和日常思想政治教育工作中，我坚持理论研究与实践创新深度融合，积极探索增强思想政治理论课的文化蕴涵，凸显日常思想政治教育工作的文化力量，努力将以文化人的研究成果转化为思想政治理论课和日常思想政治教育创新发展的重要助力。博士后出站以后，结合教学、科研和日常思想政治教育工作，在以文化人研究的基础上，我仍然以文化为大研究视角，努力丰富和创新着思想政治教育的文化研究。

回顾思想政治教育学科学习和研究的 10 年历程，其中的苦辣酸甜已成为人生洪流，现已坦然面对，思想政治教育学科的自觉、自信和自强也成为了一种坚守的情怀和安身立命的职业。身边的朋友，尤其是本科时期的同学，常常会问我为什么会走上思想政治教育专业的求学、教学和科研之路，这可能和我最开始的专业、性格都有些许的差异。最开始还会和大家一同回忆这一路的往事，讲讲这其中的必然和偶然。可是到了后来，只想讲一句，都是最好的安排！因为，理想、情怀与现实，能讲的我都讲了，不能讲的我只能保持沉默，毕竟"牢骚太盛防肠断，风物长宜放眼量"。但是，对治学的敬仰之心、对恩师们的感恩之心、对思政事业的自信之心、对"育人自育、为仁由己"理念的坚守之心从未缺位，也许这些都是走上这条人生之路的重要原因。

二、学术研究成果

在 10 余年的思想政治教育专业学习和研究工作中，围绕思想政治教育基础理论和以文化人研究，先后主持国家社科基金青年项目"'以文化人'的理论蕴涵和战略指向研究"、中国博士后基金面上资助项目"习近平'以文化人'重要论述的内在逻辑与当代价值"等科研项目。出版专著《思想政治教育视域下以文化人研究》(社会科学文献出版社 2021 年版)，主编《新时代高校思想政治教育治理导论》(团结出版社 2022 年版)，副主编《大学生思想政治工作概论》(北京师范大学出版社 2020 年版)，参编《改革开放以来高校思想政治教育工作发展史》(人民出版社 2018 年版)、《思想政治教育研究热点年度发布（2021）》等著作。在《马克思主义理论学科研究》《思想教育研究》《思想理论教育》《国家教育行政学院学报》等重要杂志和报纸发表论文 30 余篇，多篇被人大报刊复印资料全文转载。10 余年来，相关学术研究成果主要集中在深化思想政治教育视域下以文化人研究、以文化为视角深化思想政治教育理论与实践的深度融合研究、从文化的维度深化思想政治教育在国家治理现代化中的功能和价值研究三个大方面。

（一）深化思想政治教育视域下以文化人研究

以文化人是思想政治教育的规律性认识，也是文化育人的总体机制表达，在新时代思想政治教育中扮演着重要角色。思想政治教育视域下的以文化人，强调教育实践中各要素的内在文化蕴涵，在此同一性的基础上建立教育者、教育对象、教育内容之间的紧密联系，使教育对象在自己创造的生存方式中将教育内容内化于心、外化于行，教育者、教育内容以"随风潜入夜，润物细无声"的方式不断增强教育对象的文化自觉、文化自信与文化自强。以文化人作为思想政治教育中的一个重要命题，得益于中国哲学滋养，受到马克思主义的科学指导，经过中国共产党领导人的创新发展，具有深厚的理论蕴涵。

在科学理论的指导下，思想政治教育视域下的以文化人具有自己独特的运行系统和管理方法，深刻把握其中的内在规律和基本要求，对于提升思想政治教育质量具有重要意义。《思想政治教育视域下以文化人研究》（社会科学文献出版社 2021 年版）作为国内较早系统研究思想政治教育视域下以文化人问题的专著，创新探索了以文化人的时代内涵、理论框架、系统运行、过程管理、大学创新以及各实践场域中的价值发挥，得到了学界及日常思想政治教育工作者的普遍关注与较好评价，《学校党建与思想教育》杂志刊发了书评，对相关研究的价值和内容进行了高度评价。《新时代以文化人重要思想的理论蕴涵》（《马克思主义理论学科研究》2019 年第 8 期）从马克思主义理论的视角解释以文化人理论蕴涵。新时代以文化人以唯物史观为理论基石，以文化实践观为内在支撑，以文化研究的现实转向为出发点和落脚点。这是理解"文化为什么能够培育人""用什么文化来培育人"等命题的钥匙。《思想政治教育视域下以文化人的定位与特性》（《思想教育研究》2018 年第 10 期）对以文化人的学科定位和特性进行了分析。以文化人是思想政治教育过程中的重要规律，是文化育人中最核心、最深刻的总体机制表达。思想政治教育视域下的以文化人具有独特属性，它兼具理论性与实践性的统一、政治性与人文性的统一、注重过程与注重效果的统一、运行空间与作用时间的统一。以这些代表性学术成果为标志，在长期的思想政治教育学习和研究中，对思想政治教育视域下以文化人的理论构建进行了长足的探索。

（二）以文化为视角深化思想政治教育理论与实践的深度融合研究

坚持实践导向，追踪热点前沿，深化基础理论，推进思想政治教育理论与实践的深度融合。聚焦思想政治教育工作实践领域的实践创新需求，注重在新时代思想政治教育工作实践创新中的经验总结和规律凝练，从文化的视角探索思想政治教育工作创新发展的内在动力问题。聚焦思想政治教育基础理论研究的深化发展，从文化的视角丰富思想政治教育的范畴研究、载体研究、内容研究、方法研究、评价研究，积极推进思想政治教育文化学研究。

在理论与实践的深度融合中，探讨思想政治教育的文化力量研究，创新思想政治教育的文化规律研究，不断增强思想政治教育的文化蕴涵。《改革开放以来高校文化育人的回顾与思考》(《思想理论教育》2018 年第 12 期) 是学科领域中较早系统梳理改革开放以来高校文化育人发展历程的理论文章，从历史维度总结高校文化育人实践的发展经验和规律性认识。截至目前被引用 40 余次，下载 2200 余次，对深化高校文化育人理论蕴涵、提升高校文化育人质量具有重要意义。改革开放以来，高校文化育人经历了丰富文化生活、发展第二课堂、创建校园文化、培育大学精神、创新育人形式等主要阶段，实现了自身的创新发展。新时代高校文化育人要坚持以马克思主义为指导，把握校园文化建设的科学方向，满足青年学生的成长发展需求和期待，加强文化育人的工作协同。《深化新时代高校以文化人实践的路径研究》(《国家教育行政学院学报》2018 年第 12 期) 在科学理论的指导下，对高校以文化人的实践创新路径进行了探索。高校以文化人需要着力丰富优秀文化载体，深入理解以文化人对象的生存方式，深化高校以文化人的内容融合，创新高校以文化人的方式方法。促进高校以文化人实践探索，增强高校以文化人实践效果，对于提升新时代高校思想政治教育质量具有重要意义。《增强新时代思想政治教育文化蕴涵的理论思考》(《思想政治教育研究》2019 年第 4 月) 对思想政治教育文化蕴涵进行了理论分析。新时代背景下，提升思想政治教育质量要充分发挥文化的力量、运用文化的方式，不断增强思想政治教育的文化蕴涵。运用文化的方式开展思想政治教育，就是要在实施的过程中，使思想政治教育在文化的滋养下持续地、绵柔地、隐喻地用力。以这些代表性学术成果为标志，以文化为视角，坚持思想政治教育理论与实践的深度融合，尝试从文化的维度探讨思想政治教育的历史、理论蕴涵和实践创新等问题。

（三）从文化的维度深化思想政治教育在国家治理现代化中的功能和价值研究

思想政治工作是治党治国的重要方式。思想政治工作内涵丰富，价值意蕴丰厚，在新时代国家治理现代化中具有凸出价值。一方面，深入研究了以文化人在国家治理现代化中的凸出价值。通过优秀文化滋养培育法治精神、有序参与政治生活、增强公共服务意识，有助于提升人的现代化治理能力；在优秀文化滋养中防范和化解民族地区、农村社区和城市社区的社会矛盾，有助于提升社会治理的现代化水平；在文化的传承与创新中发展治理理念，在坚定文化自信中完善国家治理体制，在文化交流与文明互鉴中发展治理能力，有助于加强国家治理现代化的顶层设计。另一方面，深入研究了宣传思想工作中的文化力量。主要是遵循文化的生成与发展规律，发挥文化自在的育人特色和优势，突出优秀文化的引领力、约束力、驱动力和滋养力，助力提升宣传思想工作的科学性和有效性。《重大疫情应对中增强宣传思想工作的文化力量》（《思想教育研究》2020年第3期）从文化的维度对新时代宣传思想工作的创新发展进行了浓缩。在重大疫情应对中增强宣传思想工作的文化力量，主要是遵循文化的生成与发展规律，发挥文化自在的育人特色和优势，突出优秀文化的引领力、约束力、驱动力和滋养力，助力提升重大疫情应对中宣传思想工作的科学性、有效性和针对性。《以文化人在国家治理现代化中的价值意蕴》〔《北京大学学报（哲学社会科学版）》2019年第6期〕对以文化人的现代国家治理价值进行了探讨。通过优秀文化滋养培育法治精神、有序参与政治生活、增强公共服务意识，有助于提升人的现代化治理能力；在优秀文化滋养中防范和化解民族地区、农村社区和城市社区的社会矛盾，有助于提升社会治理的现代化水平；在文化的传承与创新中发展治理理念，在坚定文化自信中完善国家治理体制，在文化交流与文明互鉴中发展治理能力，有助于加强国家治理现代化的顶层设计。《以文化人过程中的协同问题研究》（《学校党建与思想教育》2018年第20期）对以文化人实践中相关要素的协同创新进行了积极探索。要将以文化人的多重目标统一到立德树人的根本导向上，使其服务于人才培养这一中心环节；努力构建以文化人不同队伍的交流对话机制，加强交叉学科研究；关切以文化人系统运行过程中的内部环节衔接和外部环节协同；注重优秀文化间的交流与协作，推动文化事业与文化产业的协同发展，为以文化人提供更多的优秀文化载体。以这些代表性学术成果为标志，从文化维度出发，从国家治理的高度探索分析了以文化人的重要价值。

三、学术研究志向

作为一名思想政治教育学科队伍中的青年学人，虽然自知天资不高，但对高等教育的热爱和思想政治教育专业的情怀，让我即使历经磨难和面对人间百态后，仍想以一个青年学人的努力为思想政治教育学科做些事情，不辜负导师的教导，不辜负这样一个美好的时代。关于未来的学术研究之志，希望能从文化的维度，为思想政治教育基础理论研究和实践创新贡献一份力量。

创新探索思想政治教育文化学研究。中国共产党思想政治教育实践走过了百余年创新历程，思想政治教育学科也即将迎来创立40周年。在理论创新与实践探索中，思想政治教育学科的理论基础与基础理论研究逐渐深化，理论体系越发完善。但是科学理论的深化不是一蹴而就的，在思想政治教育实践导向中，思想政治教育学科的基础理论研究不仅要寻求"它山之石可以攻玉"，更需要立足实践实际，丰富和创新自身的研究范畴和研究视角。从哲学一般而言，思想政治教育是一种文化的集中表达。作为一种育人实践活动，本身体现着作为劳动实践过程的活动文化的特质；作为中国共产党在革命、建设和改革实践中生成并创新发展的治党治国方式，体现着作为劳动实践结果的物质文化、精神文化和制度文化的特质；作为一种价值引导和群体规范，体现着人类劳动生产与生活实践中的普遍情感与价值认同的精神文化特质。从文化学研究而言，中国共产党思想政治教育体现了中华优秀传统文化"以文化人"理念，在借鉴中华五千多年文明教化理论的基础上，坚持以马克思主义理论为指导，在革命文化和社会主义先进文化的滋养中进一步创新发展，展现了群体文化规范的一脉相承与民族特性。从中国共产党思想政治教育工作研究而言，在百余年的创新发展中，也在客观生成着思想政治教育的各种文化样态，成为构建人类文明新样态的重要支撑。因此，面对新时代思想政治教育现代化发展的客观要求，遵循思想政治教育的政治本色，凸显思想政治教育的文化蕴涵，在尊重思想政治教育客观实际的基础上寻求多学科多视角的创新理论建构，就成为了思想政治教育基础理论创新的一个重要议题。借鉴文化哲学、文化人类学、文化社会学等研究视角和研究方法，创新基础理论研究框架，探索文化视域下思想政治教育的发生与发展规律、思想政治教育群体规范与个体规范的作用机制、思想政治教育本质与现象的文化表达、思想政治教育在解决复杂矛盾中的作用机理和价值生成、夯实思想政治教育文化的民族志、搜集思想政治教育文化的口述史、记录思想政治教育文化的图像音频视频等，探索创建思想政治教育文化学理论体系，将是我未来的一项主要学术志向。

坚守思想政治教育理论与实践深度融合的研究范式。强调思想政治教育视域下的实践导向，并不是忽视学科的理论蕴涵而只强调其实践特点，也并不是说学科的实践属性高于理论属性，而是强调尊重思想政治教育的学科特点和规律，探求理论与实践的深度融合。因为在思想政治教育工作视域下，实践导向本身就与理论创新有着深刻关联。首先，实践导向蕴含着理论创新的思维。在思想政治教育工作中，教育者不是简单的执行者，而是在基本的理论素养和理论思维基础上，有针对性地把握实践中的问题，运用理论思维将实践中的现实问题转换为理论问题，将实践个别上升为理论一般，以形成更为完善的理论满足实践之需。其次，实践导向蕴含着理论创新的动力。自学科成立以来，思想政治教育理论研究在经验总结的基础上不断深化，但新时代思想政治教育学科也面临着一些理论难点，需要增强理论创新的动力。在实践导向中检验并证明理论的正确性，在实践导向中解决问题从而展现理论创新的力量，是增强思想政治教育理论创新的重要动力。再次，实践导向蕴含着理论创新的旨归。思想政治教育理论创新的重要目的之一就是解决思想政治教育实践中存在的问题，满足实践发展之需。① 从某种意义上讲，思想政治教育学科不仅是书斋中的学问，同样也是思想政治教育实践田野中的学问。理论与实践相结合讲起来容易，但做起来实属不易。其中既需要扎实的理论积累，同时也需要有丰富的实践经验；既需要有理论思维，也需要有实践的经验；既需要有实务工作的情怀，也需要有理论研究的热情。在思想政治教育 10 余年的学习和研究工作中，我从自身实际出发，一直在学习和追求二者的深度融合，求学期间就在努力做好学生工作，工作以后也在兼职做好班主任等日常思想政治教育工作。因此，在未来的学术研究中，我也将会始终坚持实践导向，追求思想政治教育理论与实践的深度融合，努力使研究成果更有利于满足思想政治教育基础理论创新之需和实践创新发展之需。

四、学术研究心得

在思想政治教育学科的学习和研究工作中，深切感知到学科自有的特色，同时也深刻地体悟到要想成为真正的思想政治教育学人有多么的不易。在历史上曾经有人对思想政治教育的学理性提出疑问，但在将近 40 年的学科发展中，这些疑问正逐渐被有效回应。作为一个青年学人，在学习和研究工作中，面对研究工作中遇到的困惑，也曾迷惘，也曾怀疑，对学科、学问以及研究工作也有过不同的心态。但是每每想起毛泽东的诗词"牢骚太盛防肠断，风物长宜放眼量"，又总会充满自觉、自信和自强之心。其中，不乏有一些心得体会，总结起来一并自勉。

成为学人先学做人。首先，常怀一颗感恩之心。成为一名学人绝非个人努力即可，其中涉及众多主观和客观因素。无论是导师、前辈的指导，还是自己对学术的领悟能力，都需要感恩。作为青年学人更是如此，从求学到工

---

① 王振：《新时代思想政治教育专业课程创新的实践导向》，《学校党建与思想教育》2021年第 22 期。

作，从教学到科研，从实务工作到服务工作，感恩之心都是不可或缺的。这既是做人之根本，也是成为学人的必备特质。其次，保持一颗善良之心。有人之所以选择走进象牙塔工作，正是因为向往这里的安静与纯真，正是因为可以踏踏实实做一些自己喜欢的事情，理想和现实的矛盾和张力也会让大家有更多的体会和思考。但是，当面对"青椒"内卷、历经人间百态，当从教育对象变成教育主体的时候，当处理人与自己、人与他人、人与社会等复杂矛盾的时候，还是需要保持一颗善良纯净之心，为自己的内心守护一片净土和风骨。最后，坚守底线之心。能够读完博士，从事相关教学科研工作，就证明具有一定的学习和领悟能力，也具有一定的洞察能力。尤其是做学术，更具有了一定透过现象看本质的抽象思维能力和逻辑思维能力。对于学人而言，在洞察世事变化后，仍能坚守底线之心，遵守学术道德，敬畏学术研究，同样也是成为一个合格学人的必备要素。

修素养先修心。从事教学科研工作，是一份极其考验心性的工作。首先，自律之心。与其他工作相比，学术研究更像是一场自我修行，没有较强的兴趣和自律，很难走得长远。尤其是现在多元影响因素的存在，安安稳稳、踏踏实实读书做学问也具有一定挑战，它们不仅来自多元文化中不断扩展的欲望，同时也来自个别人以"破格录取"为代表的"强势文化"的袭扰。修得自律之心，安安稳稳、踏踏实实读书，思考一些问题，形成一些成果，掌握一些方法，这是任尔东西南北风的底气。其次，自觉之心。思想政治教育学科的自觉，除了要了解自己学科的优势，也要在了解对比不同学科特点的过程中反思自身存在的不足，做到既不盲目沾沾自喜，也不无故妄自菲薄。没有交叉学科的研究视野，就不会有更加深刻的学科感知，进而也就谈不上真正的思想政治教育学科自觉，没有自觉，也就谈不上什么学科修为了。多看些交叉学科的经典之作，多关注《新华文摘》中交叉学科的研究热点，由此多反思思想政治教育学科的创新发展，会给我们的学术研究中的自觉之心提供诸多动力。再次，自信之心。歌曲《一剪梅》中有一句歌词我特别喜欢，"爱我所爱，无怨无悔"。对于思想政治教育学科的学术研究而言也是一样。

当我们在诸多交叉学科研究中建立了自觉以后，我们自己可以说学科中可能存在的一些提升空间，但是我们仍然不愿意听到其他学科对它的无端品头论足。这需要我们自己建立坚实的自信，这种自信来自阅读，来自训练，来自理论与实践的深度融合。最后，自强之心。"满纸荒唐言，一把辛酸泪。都云作者痴，谁解其中味。"学术研究之路，不仅要有扎实的基本功，同样需要有强大的内心做后盾，强大的信念做支撑，让你在理想与现实的复杂矛盾中披荆斩棘。

两耳要闻窗外事，兼顾多样圣贤书。思想政治教育学科具有突出的实践特点和时代特征，没有对思想政治教育实践前沿的把握，没有对思想政治教育政策前沿的了解，没有对思想政治教育所处的中国特色社会主义伟大实践的了解，就不能很好地进行思想政治教育学科的学术研究。思想政治教育与中国改革发展实际密切相关，它同其他人文学科相比，脱离国家改革发展实际很难进行具有针对性和现实性的理论创新。所以，做好思想政治教育学科研究，不仅要有扎实的理论素养和知识储备，同时也同样需要关注中国改革发展实际，将思想政治教育融于中国特色社会主义伟大实践之中，不断扩展思维视域，提升研究站位，了解各领域实践前沿。同时，从某种意义而言，思想政治教育学科是一个最为凸出的交叉学科，它包含了哲学、政治学、社会学、管理学、教育学、心理学等诸多学科研究内容。无论是思想政治教育的理论基础还是基础理论，其中都包含了交叉学科的滋养。夯实理论素养，除了要多读思想政治教育学科的经典文献，相关交叉学科的经典文献同样是重要读物。此外，文学、历史经典作品，不仅能缓解读书之劳，同时也能够给我们提供一种新的分析框架和研究思路。

温小平：思想政治教育叙事研究的心路历程、探索与展望

温小平，男，1986年生，江西永丰人。海南大学马克思主义学院副教授、博士生导师。

思想政治教育叙事是思想政治教育的重要内容。站在新文化史视域下，立足思想史、概念史和心性史，探索思想政治教育中的叙事问题，在把握宏大叙事与微观叙事、历史叙事与现实叙事、社会叙事与个人叙事、文本叙事与图像叙事辩证统一的基础之上，注重事、境、情、理，提升思想政治教育效果，使其不仅满足人的认知需要，更满足人的情感需要，是新时代推进思想政治教育基础理论与实践创新的重要任务。

一、从彷徨到执念：学思想政治教育的心路历程

从事思想政治教育，是一个偶然。在高中填报大学专业志愿的时候，并没有选择思想政治教育。2001年，中国正式加入WTO，全国上下开展了隆重的庆祝活动，我尽管生活在江西的山沟沟里，但也切身感受到了这件大事的影响。还记得当时读初中所在的学校，组织开展了相关的主题征文活动和演讲比赛活动。2002年进入高中学习时候，农村小孩为了摆脱贫困的愿望，加上听周边出去"打工"的人说学会计、学金融、学法律的人好找事情做，为此，在2005年高考填志愿的时候，都把金融学、会计、法律专业作为自己的专业选择。遗憾的是，填报了海南大学金融学，结果收到的录取通知书是思想政治教育专业，专业被调剂了。一样被调剂的不仅是我一个人，当时我们班上考到二本以上大学的8个同学，有4个都是这个专业，大家当时看到这

个专业的时候，也不知道它是能干啥？心里猜想，估计是当个教政治的老师吧。但仍犯嘀咕的是，其他 3 个同学都是去江西师范大学、广西师范学院等这样的师范院校读，就我一个人去综合类院校读思想政治教育专业，以后该如何能够找到工作呢？没想到，这个问题后面始终贯穿我的大学岁月。

进入大学，一方面发现海南大学思想政治教育专业是第一年招生，我们是第一批本科学生，前面没有学长学姐带，或者说让我们能够看到学这个专业能做啥的榜样。另一方面，当时思想政治教育专业全国录取人数是 80人，但实际来报道的只有 64 个人，其中有一个叫四川来的"魏香仔"同学分在和我同宿舍，但开学报到参加军训 3 天就申请退学回去复读了，理由是"不适应海南生活"，但我们心知肚明是"不喜欢这个专业"。"不知道这个专业""不喜欢这个专业"和"对这个专业缺乏自信"等问题，恐怕是当时学思想政治教育专业同学面临的普遍性问题，还记得大一一次上课，任课老师问班上同学，高考志愿填报了"思想政治教育专业"的同学举手，结果没有一个同学举手，这才发现大家都是"被调剂"过来的。也正是因为大家都是"被调剂"的，特别是听说思想政治教育专业被嘲笑成"万金油"专业，加上放假坐火车回家我们在与人聊天的时候，经常会被面临"这是什么专业？""这专业能做什么？""这专业能找到工作吗？"等问题的拷问，使得班上留下来读的 63 名同学，大都想逃离这个专业，刚开始的时候，大家试图转专业，但被告知转专业只有到大二开学并成绩进入排名前 5 的同学才可以转，转念一想，"不喜欢这个专业，还要进入前 5 才能转，那基本没戏了"。后来，不少同学便另辟蹊径，比如我们大一的班长，因为家庭条件相对较好，结果在读大二的时候出国留学了，同学们都羡慕他摆脱这个专业了。

步入大二，记得在 2006 年 11 月的时候，当时学校联合武汉大学、华中师范大学和越南河内国民经济大学、胡志明师范大学，在海口共同主办了"马克思主义理论教育比较国际学术研讨会"，当时我们班上同学去听了，不过很多人印象最深的，不是有关中国高校之间、中国与越南高校之间的马克思主义理论教育的学理阐释，而是来自越南的专家告诉我们，在越南类似这个专业是"包分配"工作，让我们有点羡慕。在大二下学期的时候，学院老师提醒我们要好好思考毕业后干嘛的时候，于是有人选择通过就业的方式来逃离这个专业，不少人纷纷自学起了人力资源管理、行政管理、会计、法律，并努力去考教师资格证、会计资格证、计算机资格证等证书。有人则试图通过升学来逃离，当时准备考研的同学们，除了两三个同学，大部分同学都选择跨专业考研，比如跨考法律、社会学、心理学、哲学、政治学、历史学。我当时既想工作，又想考研。所以不但准备了教资考试，又准备了考研。因为老家是江西的缘故，从小听到的革命故事较多，而且读大学的时候，在图书馆借了许多党史书籍来看，觉得看的有点意思，就准备跨考中共党史，尽管当时这个专业比思想政治教育还更"冷门"，但总算有点兴趣。因为在图书馆读中共党史书籍，偶然看到张静如老师写的《中共党史学史》，印象深刻，所以考研目标锁定北京师范大学中共党史专业，想跟着张静如老师。当时还壮胆给张老师写信，没想到老先生竟然给我回信，而且还是手写的回信，让我颇受感动。此后两年之间，我和张静如老师先后有 3 次书信往来，每次张老师都是第一时间手写回信给我，颇让我感受到老一辈学者对年轻学生成长的关心。张先生给我手写的回信，也就成为我珍藏的记忆，无论到哪里和搬了几次家，我都好好保管。

2007 年，原华南热带农业大学与原海南大学合并，顺利进入国家 211 工程建设，带来的直接好处是学校取得了推荐免试研究生资格，所以在我们大四开学不久的时候，学校启动了推荐免试研究生的工作。因为是第一年，学校特别重视，但没想到当时学校制定的"文科生不能推免外校"的一个规定，竟然改变了我的人生，于是在班上成绩特别优秀的同学纷纷选择放弃推免资格、准备努力考个名牌院校研究生的情形之下，成绩中上游的我，偶然并幸运的获得了学校推免资格，进入海南大学中共党史专业攻读硕士。

2009 年攻读研究生之后，个人的学术训练得以正式开始，这主要得益于跟到了一个好导师，那就是赵康太老师。赵老师当时一入门的时候，就告诫我们男孩子"要有才"，要做好学术，把学术作为安身立命之本。在读研期间，赵老师知道我意向考北京师范大学张静如老师的博士，很是鼓励，不仅把自己收藏的《张静如文集》送给我，还帮我向张静如老师极力推荐。2011年，恰逢建党90周年，北京师范大学举办了"辉煌九十年：2011年全国党史党建学位点会议"，我撰写的《人文地理环境与中国共产党组织建设的策略选择——兼论琼崖党组织建设的独特性》一文有幸入选，赵康太老师和学院李德芳老师、杨娜老师、王善老师带我参加了这次会议，在这次会议上，不但第一次见到了张静如老师，杨娜老师还带我到张静如老师家拜访，受益匪浅。为做好学术训练，赵老师要求我们多写文章，写下的文章，老师都会耐心指导，并勉励我要开拓视野。尽管那时候学院中共党史专业的学科特长是琼崖革命研究，赵老师本身也是琼崖革命研究的开拓者，但赵老师要求我将眼界放置在全国，硕士论文选题最终确定为《抗战后期国共两党中国之命运论战研究》。在写作硕士论文的过程当中，又有幸得到华南师范大学陈金龙教授替我修改了框架，瞬间让我思考问题，既站在符合学理，又具有系统连贯的角度，硕士论文最终被评为海南省优秀硕士论文，成为专业的第一篇省级优秀学位论文。

2016年，多年考博的心愿达成，终于进入南京大学历史学院攻读博士，师从朱庆葆老师，围绕海洋史、海图史与南海研究展开研究。但在做好南海问题研究之时，特别是在聆听朱庆葆、孙江、马俊亚、李恭忠等老师讲解历史学研究方法和拜读李里峰、陈蕴茜、王海洲等老师的文章之时，脑海里突然涌现的却是思想政治教育图景和场面，开始对自己本科所学思想政治教育专业重新进行审视和思考，发现这个专业并不"高大上"，更不"万金油"，要解决这个专业所需要解决的问题和实现这个专业所预期实现的思想认同、道德认同、价值认同的目标，并非一件容易的事情，特别是这个专业在过去百年中形成一套完整、成熟的思维定式和工作模式，既为今天提升思想政治教育质量积累丰富的历史智慧，但也容易限制它的创新发展，进而唤醒了做思想政治教育研究的兴趣，生起"生之有涯求知无涯"的喜悦和痛苦并处的执念，日深一日。

二、思想政治教育叙事研究：一次"陌生体验"

在对思想政治教育重新产生浓厚的兴趣之后，一方面，发现自身本科思想政治教育、硕士中共党史、博士中国近现代史的专业背景，在一定程度上对我分析研究思想政治教育，不仅更加有助于理解，更提供强大的历史支撑。另一方面，着重从思想史、概念史、心态史的角度来建构自身的研究体系。作为一门学科，思想政治教育是随着中国共产党的革命斗争事业的发展才日益发展和成熟起来的，但它并非缺乏理论和实践的基础。恰好相反，思想政治教育这门学科具有深厚的文化积淀和丰厚的历史基础，孕育在岁月的长河中，直到中国共产党诞生，才冲破历史的烟尘，正式登上了科学和学科的舞台。作为社会意识形态的一部分，思想政治教育伴随着人类意识的产生而产生，发展而发展。自古以来，它就是一种客观存在的精神现象，并不会因为今天的学术概念没有出现在历史上就不复存在。恩格斯说："历史从那里开始，思想进程也应当从那里开始，而思想进程的进一步发展不过是历史过程在抽象的理论上前后一贯的形式上的反映。"尊重现实和历史，是思想政治教育的理论与实践演进的前提。中国以德为本的思想政治教育历史悠久，源远流长。早在《史记·五帝本纪》中就有黄帝"修德振兵"之说，远早于殷商时期出现的甲骨文"德"字的符号。在以德为本的思想政治教育的实践中，秦汉儒学、隋唐佛教、宋明理学、元代道教、清代经学、近代中体西用等思想都深度参与进来，将其一步一步推向殿堂、学堂和庙堂，深深地影响了中国社会的走向，形成了中国思想政治教育历史上众多的思想家、理论家以及相应的学术流派。事实上，中国的教育向来以"授业"为职业，但"解惑"才是其主要任务，最终目的就是"传道"。因此，中国的政治史、思想史、文化史、教育史，甚至艺术史，从某种意义来说，几乎都可以说是思想政治教育史。如果缺乏对历史和现实的尊重，就不会有思想政治教育的存在。研究思想政治教育，就必须研究人类社会和人类心灵的发展历史，从中才能找到思想政治教育的真规律。因此，思想政治教育本身就是史学的重要构成部分。

叙事是人类特有的一种能力，"是将人们对于世界的感知、人们的经历组织起来的一种模式"。作为与人类文明相伴生的文化现象，"从某种意义上说，历史学是由叙事派生出来的，最早确立的基本学术范式就是叙事，将明辨是非、总结经验、宣扬教化、立一家之言等各种主观意图贯彻在叙事的过程中。"20 世纪 70 年代以后，对科学和理性进行反思和批判的后现代主义思潮，为学术创新扫除了种种旧的藩篱和障碍，一种将社会和文化作为一个整体来看待的新的历史写作开始脱颖而出。1979 年，英国历史学家劳伦斯·斯通撰写《叙事史的复兴》一文发表在《过去与现在》杂志上，指出："新的历史写作侧重于叙述个人的历史或某个重大事件的历史，其目的并不是为了叙述而叙述，而是为了发现历史进程中文化和社会的内在运作。"这种新的史学范式的转变，不仅体现在写作方式上，更体现在研究内容和方法上，即"从围绕人的环境转向关注环境中的人，研究的问题从来自经济学、人口学转向来自于文化和情感，首要的材料来源从主要接受社会学、经济学和人口学的影响转向主要接受人类学和心理学的影响，关注的对象从群体转向个人，从对历史变化的分层的、单因果的解释转向相互联系的、多因果的解释，在研究方法上则从计量转向个人例证，组织文章的形式从分析转向描述"。1989 年，林·亨特出版论文集《新文化史》，正式宣布了"新文化史"的诞生。

关于"新文化史"，周兵表示，现今一般对"新文化史"的广义界定主要有两个方面：一是在研究领域上，它是传统文化史研究的进一步拓展，由精英文化转向大众文化；二是在研究方法上，它强调文化因素的能动作用，注重从表象、符号、仪式、话语、价值观念等文化形式入手，探讨和解读文化在历史中的作用。从新文化史研究的基本特征来看，伯克概括出文化构建、语言、历史人类学、微观史学以及历史叙述等五个特别值得注意的特征，张广智则认为主要包括四个：一是潜在事件同明显事件的有机融合，而不单是研究表面的事件进程或被降到次要位置中的事件；二是由外围和核心组成的大规模、系统的研究单位，而不是被清楚界定的空间和时间片断，三是以人为叙述的中心，但不是类型化的群体，而是具有独特个性的具体的个人，不单叙述某个人，而且揭示他同客观条件和外界事件的关系；四是注重心态、观念和生活结构的联系及观念、思想传播和交流的叙述倾向。

经过半个世纪左右的发展，时至当下，新文化史研究俨然成为一股学术研究新潮，不仅得到学界的承认，国外的剑桥大学、普林斯顿大学和国内的南京大学、中国人民大学、清华大学等高校，聚集了一批研究者在关注和进行新文化史学的探索，比如南京大学孙江、清华大学彭刚、中国人民大学杨念群等；也影响了历史学、社会学、人类学、政治学、文学，乃至中共党史学，诸如政治的文化史、经济的文化史、社会的文化史、军事的文化史、革命的文化史、思想的文化史等，都是以文化的视角介入相应历史的变迁空间。比如对传统史学的影响，开辟了以物质文化、政治文化、身体和性别、记忆、形象和想象为对象的许多新的研究领域，在事件、人物和观念的刻画上向纵深维度推进。对叙事的关注，也从构成叙事的最基础的语言因素，进一步拓展和延伸到修辞、文体、模式、概念、心态、心性、图像等更为广阔的领域。对叙事的功能和要求，也不再局限于归纳与总结知识的作用，而是更多注重倾诉人类的情感。比如在海登·怀特看来，当历史由编年转化为故事，就必然会遭遇情节化模式、论证模式及意识形态蕴涵模式等叙事结构的局囿，故事的呈现在情感上有浪漫的、悲剧的、喜剧的、讽刺的等类型，就像戏剧一样，有喜剧、悲剧和悲喜剧。也正是将叙事建立在人类的情感基础之上，叙事具有实现个体对群体认同的意义。还比如对中共党史学研究的影响，郭若平认为，对于当代国际史学界极受关注的"新文化史"研究，党史研究完全可以投石问路，从中寻求适合自身学术特性的研究路径。从文化视角观察党史问题，既可以拓展党史研究的分析领域，也可以完善党史研究的知识结构。党史研究与新文化史的邂逅，恰恰为党史研究提供了揭示历史变迁背后的动机、心理、心智、意义、行为等功能的方式。作为一种史学研究方法，概念史研究逐步引入中共党史研究领域。在中共党史研究中，加强概念史研究理论与方法的引介，显然有助于在中共党史研究中拓展新的领域。相较于各个学科来说，将思想政治教育进入新文化史的分析疆域，无疑是一次跨越历史时空的"陌生体验"。

思路打开之后，顺势而下，自 2016 年以来我便致力于做好思想政治教育叙事研究，一方面求教名家，积极地向北京师范大学冯刚教授、武汉大学沈壮海教授等老师求教，承蒙赐教，得以对思想政治教育有更加全面的认识。另一方面，着手以叙事优化为核心，从文本、图像、记忆出发，结合个体记忆、集体记忆、红色记忆、社会记忆以及纪念性符号、纪念性仪式和纪念性空间等要素的分析，试图用"下探民隐的尝试"和"由下而上的历史"分析策略，为思想政治教育研究提供揭示思想观念、政治观点、道德规范变迁背后的心智、心态和心性，发展为人民所喜闻乐见的叙事话语、叙事方式和叙事风格，特别是着重阐述在开展思想政治教育实践过程当中，用一定的思想观念、政治观点、道德规范，对其成员施加有目的、有计划、有组织的影响，隐藏着哪些事实行为主体的感悟、体验、参与、思考等的具体"经历"。带着对这些问题的思考，形成了《文本·图像·记忆：思想政治教育叙事转向与社会认同》《思想政治教育叙事转向与国际传播》《纪念性符号与思想政治教育的发展》《图像叙事与叙事图像：思想政治教育图像的历史与未来》《纪念性空间与思想政治教育的发展》《纪念性仪式的思想政治教育功能探析》《社会记忆与思想政治教育叙事建构、挑战及优化》等系列论文在《思想教育研究》《思想政治教育研究》《思想理论教育》《思想理论教育导刊》等思想政治教育类 CSSCI 刊物发表，在学术界引起了一定的关注，截至 2022 年 12 月，中国知网累计下载量超过了 14000 次，累计被引近 150 次，其中 2 篇文章被人大复印资料《思想政治教育》全文转载，2 篇被中国社会科学网全文转载，1 篇被评为海南省思政学术论坛一等奖。2022 年 3 月，在前期成果基础之上形成个人学术著作《新文化史视域下思想政治教育叙事研究》在光明日报出版社出版，算是对自身关于思想政治教育叙事研究的一个阶段性总结。2018

年以来，本人也先后入选中宣部宣传思想文化青年英才（理论界）、教育部全国高校思想政治工作中青年骨干、海南省领军人才、海南省南海名家（青年），先后获得海南省社会科学优秀成果一等奖、海南省教育教学成果一等奖（第四完成人）、中国南海协同创新中心一等奖学金等奖励。

三、南海记忆工作坊：打造实践育人品牌

从 2012 年毕业留校参加工作以后，成为一名光荣人民教师，一方面教师的身份让我更加明白，当好老师一要强化科研，"给学生一桶水，自己要有十桶水"。二要注重育人，大学教师毕竟不是单纯的科研工作人员，不能仅有科研，而是肩负着育人的重任，要当好学生成长成才的人生导师和知心朋友。另一方面，2012 年至 2016 年期间在学生处工作和 2019 年至 2022 年在党办工作的缘故，让我不但对思想政治教育的理论问题有思考，对思想政治教育在现实实践中遇到的问题也有了全面的了解，对如何提升思想政治教育理论与实践相结合，有更迫切的感受。思想政治教育，作为社会或社会群体用一定的思想观念、政治观点、道德规范，对其成员施加有目的、有计划、有组织的影响，使他们形成符合一定社会或一定阶级所需要的思想品德的社会实践活动。在这个实践活动中，"一定的思想观念、政治观点、道德规范"和"有目的、有计划、有组织的影响"，虽有难度，尚能做到，但"使他们形成符合一定社会或一定阶级所需要的思想品德"，则是思想政治教育实践活动的"最大变量"，也是最难的地方。

为进一步强化育人，深入学习贯彻习近平新时代中国特色社会主义思想，把习近平总书记关于海洋强国建设重要论述的学习引向深入，2016 年开始我便立足南海区域优势、立足自身科研优势，牵头创建了南海记忆工作坊，旨在通过搜集南海记忆、分享研究成果、搭建交流平台、培养训练人才，打造集"教、学、研、竞、闲"于一体的育人平台，推动南海文化育人不断取得新成效。

一是坚持创新驱动，拓新育人体系。南海记忆工作坊始终以落实立德树人根本任务为己任，立足海南自贸港建设和南海区域优势，秉承"支撑引领、特色取胜、高位嫁接、开放创新"理念，推动思政小课堂与社会大课堂相结合，全面挖掘南海传统文化育人资源，全面盘活南海研究学术资源，相继推出口述南海、记忆寻访、史料整理、海岛支教、时事论坛、博士生论坛、名家纵横等品牌示范活动，努力打造为新时代增强大学生南海海洋意识教育的重要窗口，打造成新时代加强爱国主义教育的生动范例。2016年至今，围绕南海渔民信仰、南海渔民习俗、西沙群岛文化遗址普查，举办南海记忆寻访活动50多次。围绕南海老船长、南海学者、南海岛礁官兵等开展"老船长·我与南海""南海学者·我与南海研究""岛礁官兵·我的守岛岁月"口述历史40多人次。围绕《搜集南海记忆，助力海洋强国》《新时代海洋强国建设的伟大实践》等开展理论宣讲80多次，参加人数累计超过3000余人次。参加工作坊学生有10多人获得国家奖学金，有30多名参加工作坊学生先后获得推荐免试资格，奔赴南京大学、浙江大学等院校攻读研究生。

二是坚持项目带动，拓展育人路径。南海记忆工作坊始终坚持以项目化运作为手段，一方面坚持以项目研究团队为牵引，以南海史研究为切入点，实现与法学、历史学、马克思主义理论学科等多学科交叉融合。2016年以来，吸引来自南京大学、中国社会科学院、海南大学等10多所高校20多名有南海相关研究国家级课题项目的学者加盟指导担任指导教师，截至目前，南海记忆工作坊有《中国政府南海经略史研究》《南海诸岛渔民群体的信仰文化研究》《习近平总书记关于海洋强国建设重要论述研究》《西沙群岛文化资源普查》等各类在研课题30多项，项目总经费超过200多万元。学生通过参与各类涉海研究课题，参加首届南海历史文化学术会议、第五届南海《更路簿》暨海洋文化研讨会等20多场学术会议。搜集整理出苏承芬、苏德柳、彭正凯、罗宗裕、卢家炳等14本更路簿，整理完成《〈人民日报〉南海评论与报道》《民国报刊南海评论与报道》等8册南海历史资料汇编，与指导老师共同撰写 20 余篇文章在 CSSCI 刊物发表。另一方面以项目拓展训练为途径，以学科竞赛为突破点，实现南海文化资源融入创新创业大赛、志愿服务大赛等各大学科竞赛。2016 年至今，南海记忆工作坊围绕南海老船长、南海精神、南海生态环境保护等孵化出《蓝探》《风帆年代的航海记忆——最后一批南海老船长的口述史分析》《传承即将消逝的南海"红船"精神》《老船长和他的更路簿：中国人经略南海的历史见证》等项目，先后获得教育部全国高校思想政治工作中青年骨干队伍建设项目、中宣部全国宣传思想文化青年英才项目、全国大学生创新创业训练计划重点项目、中国国际"互联网 +"大学生创新创业大赛金奖、"挑战杯"海南省大学生课外学术科技作品竞赛特等奖、"挑战杯"海南省大学生创业计划竞赛省级决赛金奖、海南省暑期社会实践优秀团队、优秀个人、优秀指导教师、全国大学生暑期社会实践优秀调研报告等 20 多项荣誉。

三是坚持开放推动，拓宽育人视野。南海记忆工作坊始终以服务国家战略为统揽，立足南海，紧扣国家海洋强国建设、海南自贸港建设、"一带一路"倡议和中国式现代化，围绕"三全育人"综合改革、"大思政"构建、"大思政课"建设等，建设"大课堂"、搭建"大平台"、建好"大师资"，积极引导广大学生关心南海、认识南海、经略南海，使南海文化育人更好地适应和满足学生成长诉求、时代发展要求、社会进步需求。组建了南海记忆工作坊学生社团，吸引了 500 多名学生加入社团，2020 年举办"南海童心行"活动，走进小学校园，上一堂堂生动的南海特色知识课堂。2021 年举办了"山海寄童心"南海明信片书写活动，60 余位同学书写与绘制 500 多张精美的、写满南海知识和对小朋友寄语的明信片连同 1000 多份宣传册寄往祖国各地中小学生，有效地提升了南海记忆工作坊的社会影响力。2016 年至今，南海记忆工作坊连续 7 年围绕南海渔民、渔业、渔村等"三渔问题"，组织 12 支实践队奔赴海南、广东、广西等地调研，形成 20 多万字的田野笔记和《乡村振兴背景下南海古建筑资源现状调查》《南海"三渔问题"问题调研报告》《南海渔岛果蔬供给现状及发展趋势调研》等 20 多份调研报告，并积极为各级政府献言献策。南海记忆工作坊先后入选筑梦大道·全国青少年"大思政"创新发展"优秀案例"、海南省高校思想政治工作精品、教育部首批全国高校思想政治工作精品。

四、上下求索：打造思想政治教育叙事研究综合体

思想政治教育反映的是社会客观存在，自然属于文化学的范畴。在源于教育的社会实践，又服务于教育的社会实践的过程中，思想政治教育与社会实践构成的是一个互动的文化生态综合体。社会环境的任何重大变化，都会对思想政治教育产生深刻影响，其内容必然会涉及时代的政治、哲学、宗教、道德、伦理等，而且会与教育、心理、文学、艺术等学科互动，这就是广义的社会文化。在殷商甲骨文中，"德"字已经出现。甲骨文"德"字的上方是一根直竖的直线，下方则是一只灼灼有神的美丽的大眼睛。发展到商周的金文时，这条直线已经演变为"彳"，即人行的道路。德，意味着对人间正道的直视，此即价值之"直"。在古汉语中，"直"与"值"相通。中国文化以德为中心，又有正、直、刚、柔、慈、宽、敬、温、敏、勤等观念的配合，便形成了"敬德保民""惟德是辅""明德慎罚""明德恤祀""德裕乃身"等价值观念，构成了中国传统思想政治教育的理论体系。在传统中国社会中，一切问题都须道德解决。儒家的"天人合一"和忠孝节义，既是教育学和伦理学的问题，也是政治学和社会学的问题，更是社会文化问题。研究思想政治教育，不能不研究社会文化。教书要"传道授业解惑"，为人师表；著文要"文以载道"，承担"经国之大业"；吟诗作画要兴观群怨，移风易俗，感化人心。除"四书""五经"的文教德化之外，民间的《三字经》《孝女经》《烈女传》《二十四孝图》以及祭孔子、祭关公、忠烈祠、孝女坊等祭祀方式和乡约、宗规、宗祠、宗会、家规、家训等家族教育，无不承担着"三纲五常"的理学教育使命。如果不深入挖掘时代的社会文化资源，思想政治教育对象所存在的问题是不可能得到根治的。

史学家贝奈戴托·克罗齐有一个著名的观点："一切真历史都是当代史"。他认为，"只有现在生活中的兴趣方能使人去研究过去的事实。""当生活的发展需要它们时，死历史就会复活，过去史就会再变成现在的。"在思想政治教育领域，用一定的思想观念、政治观点、道德规范，对其成员施加有目的、有计划、有组织的影响，使他们形成符合一定社会所要求的思想品德的社会实践活动，这种传统"向上看"的思维模式和工作方法，在建构主流意识形态和增强思想认同、政治认同、价值认同和道德认同过程当中，都隐藏着事实行为主体的感悟、体验、参与、思考等的具体"经历"，仍然没有在个人和结构之间建立一种互动的关系。"我们就是我们所记得的一切"，这是当代历史学出现记忆转向后给思想政治教育叙事建构所提出的深刻命题。正如罗伯特·达恩顿在《猫的大屠杀》里指出："每一个从田野工作回来的人都清楚地认识到，他者就是他者，他们与我们的思维方式不一样。如果我们想理解他们的思维方式，我们必须从捕捉他们的思想观念开始。"作为社会文化和当代历史的重要构成，思想政治教育因为要"求真"，就不能不强调现实关怀，而思想政治教育研究才会具有当代性，成为"复活"的历史。

雄关漫道真如铁，而今迈步从头越。今后，我将继续以新文化史学为视野，重点关注思想政治教育中的叙事问题，围绕"如何让思想政治教育叙事话语、叙事方式、叙事风格真正为大众所喜、喜闻乐见，增强思想政治教育实效性，提升认知认同、情感认同、价值认同和行为认同"，不仅立足传统中共党史和思想政治教育中关注的经典著作、党的文件、领导讲话、人物传记、杂志报纸等，更将研究的对象进一步扩充至日常用品、画像、图片、影像、绘画、雕塑等实物中，还有空间、仪式、符号、口号、广告、故事、歌谣等过去不被重视的资料中，实现马克思主义理论、历史学、教育学、文化人类学、社会心理学等学科的交叉，积极打造思想政治教育叙事研究综合体，为完善思想政治教育学科建设贡献一份力。

最后，以此文庆祝思想政治教育专业学科建设40周年。

吴增礼：所思不远处

吴增礼，男，1978 年生，山东日照人，教育部青年长江学者，湖南省残联兼职副理事长。湖南大学马克思主义学院，副院长（主持工作），教授。

学术求索与成长是一个过程，一个时间的过程，一个价值追求的过程，一个不断认知和突破自我的过程。"所思不远，若为平生。"所谓"不远处"，是因为真正走上学术研究之路，时间上算起不足二十年；在收获上算起虽然偶有三五斗"收成"，但也不足与人道。"不远"的远方到达必定不易，成果也难以预期，所以，我的所思所述暂且在过去和未来的"不远处"。在我看来，个体的学术生涯虽需着眼远处，但也要着手当下，更重要的是在通向不远的远处过程中，保持一份笃定、坚守和从容。

一、求学历程

马克思·韦伯在《以学术为业》中说道："学术已达到了空前专业化的阶段，而且这种局面会一直继续下去。无论就表面还是本质而言，个人只有通过最彻底的专业化，才有可能具备信心在知识领域取得一些真正完美的成就。"先不论及有无成就，单从专业化的角度说起，学术发展历程本身具有很多难以解说清楚的偶然性，然而发展方向和最终的结果却有着贯穿于偶然的必然性。

我出生在山东农村，父亲和母亲因为各种原因，都没有读什么书，所以同那个年代的很多人一样，都是文盲。现在回想起，关于识文断字，父母亲并未让我在"起跑线上"胜出一筹，但在关于如何读书如何取得好成绩上，他们则以农民的农作经历，身体力行地告诉了我一个众所周知的"秘诀"，那就是"努力"。再加上小学时遭遇的一次事故导致我左手残疾，让我更加认识到，除了努力，已别无它法。就这样在不甘向命运"示弱"的动机激励下，我在"努力"中按部就班地完成小学、初中和高中教育，通过高考考取湖南师范大学。虽然不知道未来如何，但仍然希望通过努力读书来改变命运。可以说，"努力"为我之后走上学术之路，画出鲜明底色。

湖南师范大学于我后来走上学术之路至为关键。当时高考填报志愿时，我最为梦想的专业是法律，因此填报所有高校的第一志愿都是法律专业。结果当时让我特别失望的是，我不仅没有被心仪的大学录取，还被调剂到了从未想要去过的地方——一所名为"湖南师范大学"的南方高校。当时我对高校的了解极其有限，以至于从未听说过这所学校，请原谅我当时的孤陋寡闻。更糟糕的是，我被录取进新闻专业，这也是我做梦都没有想过的专业，不喜欢也是在意料之中了。于是在大学军训期间，我就主动申请更换专业，换到了历史系。后来我更没有想到，我本硕博竟然都在学历史。

在湖南师范大学攻读历史学学士学位时，我慢慢接受了现实，既来之则安之，就认真学习专业吧。大学四年，历史学专业课学了不少，笔记抄了不少，当然也逃了一些课。当时以为就这样毕业，然后出去当历史老师。为了更好找工作，我甚至自学了汉语言文学专业并取得相应本科自考文凭。说实话，当然觉得挺有成就感，认为自己应该可以找到一个不错的教书岗位，毕竟读的是"211"师范大学。四年的师范校园生活不断形塑并强化了自己的教师身份意识，觉得这辈子就是当教师了，还是一个冷门的历史课教师。

意想不到的是，在即将毕业之际，我获得了这辈子从未想，也不敢想的宝贵资格——保送研究生。这是我人生求学之路的一次重要转折，只不过当时我并没有意识到攻读研究生是多么重要。大学实习期间，我向当时的实习指导教师余柏青副教授请教攻读历史学研究生究竟值不值得的时候，他就"恐吓"我："攻读历史学研究生是一条不归路，如果读，就一直读到头（指博士毕业）。"我知道，余老师所谓的"不归路"，一方面是指读这个专业想赚钱是不可能了。另一方面，历史学是冷门学科，从事历史学术研究和教育教学注定是一条"苦旅"，选择它就意味着以后就要坐"冷板凳"。他对此表示担心和质疑，我也怀疑自己能否坚持下去。我和余老师都没有想到，我们猜到了开头，却猜错了结尾。开头是我真的完成了历史学硕士和博士学业，结尾是我没有从事历史研究，而是转向马克思主义理论研究。

有时我们常说"规划人生"，但现在回想起来，选择却可能产生于"误打误撞"中……更为有意思的是，后来因为某事回学校查看本科录取档案，发现专业一栏竟然也写着"思想政治教育"。真是"天意弄人"，没有想到我经历了历史学本硕博十余年的专业学习，最后竟然真的从事思想政治专业教育教学和科研学术工作，难道这真是"命中注定"？

2005 年我开始在湖南大学岳麓书院硕博连读，继续攻读历史学专业，在此遇到了我引以为傲又令我忧心的肖永明老师。说"引以为傲"，是因为肖老师不仅学术研究特别厉害，还特别关心学生的学习和生活。举一例，我有一个师兄因家庭困难想要退学，肖老师果断"严厉"阻止了，为支持和督促师兄认真学习，他资助师兄生活费，并让师兄到办公室学习。所以当时肖老师是研究生导师热门人选，很多学生都想选他作为自己的指导教师。我现在也是导师了，但我可能做不到如此关心学生。说"引以忧心"，是因为肖老师每两周就组织一次读书会，在会上要求大家汇报这两周各自读书任务完成情况、心得体会、遇到困惑等。学生要扎扎实实"交代"自己的学习真实情况并不容易，因此自己很多次想偷懒，或简单应付一下，但有一次遇到了"前车之鉴"。当时岳麓书院组织一次师生外出庐山等地社会实践，机会非常难得，大家盼望已久。但在出发前的一次读书会上，两位师姐因毕业学位论文进展不畅，肖老师非常不满意，直接"无情"拒绝她们参加此次活动，要求她们在校认真写学位论文。当然，两位师姐肯定万千个不愿意，但只能服从肖老师要求。这个"事件"对我教育甚大，认为学习不可马虎，肖老师不会容忍我们敷衍了事。于是从那时起，我开始认真看肖老师指定的《宋明理学史》等书目，老老实实写读书笔记，扎扎实实汇报读书心得体会。尽管学业表现依旧无法令肖老师完全满意，但是学习的自我感觉却是逐渐踏实和心安了。我想，这可能是我自己走上学术研究的"发端"。后来，我没有专门从事宋明理学研究，认为自己哲学没有天赋，就转为中国古代思想史，并对明清时期的思想史特别感兴趣。有学习兴趣就有研究的持久动力，我不再觉得学术研究是"苦差事"，"冷板凳"也不可怕了。之后在肖老师指导下选取"《明夷待访录》是待谁之访"作为毕业论文主题并认真开展相应研究。此硕士学位论文后被评为湖南省优秀硕士学位论文。这是对我学术研究的第一次"官方"表彰，更加激起我坚定走学术研究之路的决心。后来在做硕士学位论文研究领域，我继续深化研究，撰写了博士学位论文。

二、学术成果

学术成果不仅是一名科研人员辛勤耕耘的果实，也是评价科研水平的一个重要尺度。当时湖南大学同很多高校一样，对硕士和博士毕业都有发表学术论文的要求。对于学生而言，在求学阶段，学术成果产出最直接的动力是要满足毕业要求。

我于 2007 年开始攻读博士学位，那段时间，是湖南大学史上博士生发表论文要求最为"高大上"的时期。"高大上"到什么程度呢？要求博士论文送审前，必须发表一篇校定 A 刊论文。以历史学为例，当时历史学专业的校定A 刊仅有一家，那就是到现在仍为许多历史学研究者"梦寐以求"发表学术成果的刊物——《历史研究》。作为历史学类公认最佳刊物，在其上发表文章也难度如"登天"。后来学校比较"仁慈"，给出了一个可以变通的第二方案，即如果不能在《历史研究》发表学术文章，还可以采用"4+1"替换方案，即至少发表 4 篇 CSSCI 来源期刊论文，且其中至少有 1 篇文章被"人大复印资料"或《新华文摘》全文转载。这个数量和质量要求之高可想而知，要知道这个标准在一些高校可以直接评副教授职称了。现在回想起来，尽管当时博士毕业条件设置过高，但也有积极意义：一方面是使我不得不认真进行专业研究并撰写论文，对我的学术功底和写作能力进行"强迫"提升；另一方面，也告诉我学术之路不易，学术成果产出更为不易，特别是多次投稿多次被拒，使我的心理抗挫折能力也有所提升。因此在工作以后，投稿屡拒屡改屡投，已成为我学术生活的一个重要组成部分了。

我于2010年12月底在湖南大学马克思主义学院正式参加工作。最初数年，我的学术成果还是主要集中在历史学领域。近几年，则主要围绕以下几个方面开展研究。

其一，社会主义核心价值观制度化研究。我在学界首次提出"社会主义核心价值观践行的负面清单制度"这一重要论题，开展相关研究并获国家社科重大招标课题资助，围绕主题组织主持学术论坛，发表系列学术成果，获得同行专家和党政领导的高度关注和肯定。已见诸期刊或出版的部分成果有《构建社会主义核心价值观践行的负面清单制度》(《马克思主义研究》)、《践行社会主义核心价值观的三重动力及其实现逻辑》(《伦理学研究》)、《社会主义核心价值观践行的负面清单制度及支撑体系研究》(《探索》)、《社会主义核心价值观入法的理论逻辑与现实省思》(《学习与实践》)、《中国共产党人价值观研究》(《社会主义核心价值观研究》)、《构建社会主义核心价值观践行的负面清单制度》(湖南大学出版社)等。在决策咨询方面，我撰写《培育和践行社会主义核心价值观的制度化思考》并应邀向中宣部原副部长王晓晖进行汇报；提出《关于在我省试点推行践行社会主义核心价值观的负面清单制度建议》，获民建中央常委赖明勇肯定性批示。

其二，中华优秀传统文化创造性转化与创新性发展研究。近几年探讨了中华优秀传统文化的历史渊源、发展脉络、基本走向，深入分析了中华文化的独特创造、价值理念、鲜明特色，梳理了中华优秀传统文化创造性转化与创新性发展的维度和限度，总结了中国共产党对待中华传统文化的态度变迁及基本经验，继而提出中华优秀传统文化提升文化自信的理与路，并就如何推动中华优秀传统文化传承发展形成对策建议。已发表的部分成果有《中华优秀传统文化提升文化自信的理与路》(《马克思主义研究》)《我国文化现代化建设的三重动力考察》(《北京行政学院学报》)《"互联网+"时代中华优秀传统文化传播的本质要义、实践审视和联通路径》《中国共产党对待中华传统文化的态度变迁及基本经验》《中华优秀传统文化创造性转化与创新性发展的维度和限度》(《湖南大学学报》)《中国书院德育研究》(人民出版社)《明遗民的人生定位与价值追寻》(社会科学文献出版社)等。

其三，大学生思想政治教育创新发展研究。我在积极鼓励和组织学生走进"社会大课堂"，在基层学校、企业、社区开展马克思主义理论传播、进行社会实践的基础上，结合历史与现实思考了当前思想政治教育存在的共性问题，围绕高校"大思政"改革创新主题进行学术思辨和理论探讨。已形成系列论文有《"大思政课"视域下"社会大课堂"的多维阐释》(《思想理论教育》)、《习近平"社会大课堂"实践论纲》(《思想政治教育研究》)、《思想政治教育研究中的思辨与实证》(《思想理论教育》)、《大学生正确党史观教育的价值意蕴、现实困境与路径指向》(《大学教育科学》)、《论中国共产党人价值观的基本表现形态》(《社会主义核心价值观研究》)、《思政课教师在课程思政建设中的角色定位与价值实现》(《马克思主义理论教学与研究》)、《思想政治教育学科交叉研究的新时代展望》(《学术论坛》)等。在决策咨询方面，撰写《湖南省大学生思想道德素质提升工程理论与实践报告》获省委采纳，并获教育部人文社科二等奖。这些成果也为进一步深化新时代学校"大思政"改革创新、提升思政课质量贡献了自己的智慧。

三、学术志向

基于现有学术积累，我希望以后继续在社会主义核心价值观、中华优秀传统文化创新性发展和创造性转化两个领域开辟研究的创新点并取得更大研究进展。

其一，开展社会主义核心价值观融入社会治理问题研究。我将从社会主义核心价值观入法入规着眼，系统思想治理体系与治理能力现代化语境下社会主义核心价值观为何融入、如何融入社会治理的问题。

首先，我将社会主义核心价值观置于社会治理现代化的大局，整合相关学科的理论与方法，结合"三个倡导"，根据道德治理和社会发展互动规律，从国家、社会和个人层面等不同维度，采用专题研究的方式，通过理论与实证、分析与综合、历史与现实、个案与比较等方法，构建科学合理的研究体系，系统梳理和探究核心价值观和社会治理的科学内涵、内在逻辑及时代价值，以期为发展中的国家治理体系增强针对性和实效性提供理论依据和实践指导。其次，我将遵循"提出问题—分析问题—解决问题"的思路，科学判断社会主义核心价值观融入社会治理现状，探索社会主义核心价值观融入社会治理的原则和路径。一方面，通过实地走访调研，以实证研究考察社会主义核心价值观融入社会治理的实然状况，揭示当前推动社会主义核心价值观融入社会治理的迫切性。另一方面，开展多层远景价值考量，在微观层着眼社会主义核心价值观培育与践行如何融入社会治理实践，在中观层着眼社会主义核心价值观如何契合社会治理与社会治理体系建设，在宏观层着眼社会主义核心价值观如何适切社会治理顶层设计，最终从理论上解决社会主义核心价值观如何入法入规并在社会治理中发挥作用，推动社会治理体系和治理能力现代化。同时，我将重视阶段性学术研究成果向决策咨询转化，为党和政府决策及有关社会组织提供咨询服务。

其二，开展马克思主义基本原理、科学社会主义价值观与中华优秀传统文化的契合研究。我将深度思考马克思主义中国化语境下中华优秀传统文化如何创新性发展、创造性转化并推动马克思主义中国化、时代化这一重大理论与现实问题，对马克思主义基本原理、科学社会主义价值观与中华优秀传统文化相契合的哲学基础、历史演进、主要架构、实践进路等进行系统研究和学术解读。

第一，立足世界文明交融汇通的宏阔视野，梳理马克思主义基本原理同中华优秀传统文化的发展进程，从中西文化沟通互鉴的实证分析与文化阐释中把握两者在文化渊源上的异同。第二，站在马克思主义立场，以马克思主义价值观主张为标尺审视中华优秀传统文化，深化对中华优秀传统文化和科学社会主义价值观主张内在关系的认识。第三，从时代际遇、内在依据、本质特征、契合基点、契合维度、实践成果多个方面搭建新时代马克思主义基本原理同中华优秀传统文化相融相契的基本框架，从战略、理论、实践层面阐释习近平同志关于马克思主义基本原理与中华优秀传统文化关系重要论述的原创性贡献及历史价值。第四，基于对人类文明和文化发展历史规律的深刻认识，进一步研究和提炼马克思主义基本原理同中华优秀传统文化的结合之处，并以此为切入口，在静态上找准中华优秀传统文化的基本属性与当代价值，在动态上明确马克思主义中国化、时代化的前提条件，探讨如何推动二者在新的时代条件下创造性结合。

新征程上，以中国式现代化全面推进中华民族伟大复兴，势必要将中华文化精华充分而有效地挖掘出来，熔铸于全面推进现代化建设格局中。正是在这样的意义上，只有切实和深入研究马克思主义基本原理同中华优秀传统文化相结合的问题，才能实现马克思主义理论学科学术研究服务于党和国家工作大局、服务于各级党政职能机构决策的预期目标。

四、学术心得

学术之路曲折但不乏乐趣，困顿但总有收获。如前所述，学术研究并不容易，可以说是一路"苦旅"，有时也会为取得一点战绩而"沾沾自喜"或"洋洋得意"，感到自己的追求特别有价值，但更多时候，坚持走下去是出于对问题的追问与探索、对学术的追求和执着，更是出于思政教育教学工作的自我加压。如要总结这些年的学术心得，最有感触的是两个方面。

其一，治学之道贵在执着，执着方能形成学术累积优势。

现在很多的马克思主义理论研究者，本硕博并非同一专业，而是两个甚至三个专业。马克思主义最讲辩证法，凡事有利就有弊。本硕博分属不同学科，研究者可能就会视野更为开阔，开展学科交叉研究也就更为有利。与此同时，由于在规定的学制内要毕业，本硕博不同阶段的学术积累或多或少就会受到影响。我的所学专业比较单一，本硕博均是历史学，这使我的学术积累具备难得的一致性和稳定性。当我到马克思主义学院工作，首先面临一个重要转变就是我要转到马克思主义理论学科。当然这并不容易，面临一些困难，例如缺乏马克思主义理论相关学术积累，急需补"课"，例如原有学术积累和思维方式仍有"惯性"，所以表现在初期发表论文都是历史学领域。这个时候，我发现历史学专业也给我带来一些有利条件。其一，在马克思主义理论一级学科中，有两个二级学科，一个是近现代史基本问题研究，一个是马克思主义中国化，在党史党建成为一级学科之前，党的建设也放在马克思主义理论之下，此外还有思想政治教育史，等等，这些都与历史学密切相关。所以原来攻读学位期间所积累的知识都可以使用。其二，思想政治教育被少部分人错误地认知为不是学科，而是宣传口号，比较"浮"，甚至个别刊物不愿意刊发思政类文章。实际上，目前确实有些文章口号化、标签化比较严重，写作比较浮躁，观点"张口即来"，论证也不严密，理论无限延伸，以至于被人批评指责。而历史学最大的特点就是重视论据，强调论从史出。由于自己是历史学专业出身，历史学思维方法和学术素养会时刻提醒自己不可断章取义、随意演绎，而应言之有据、言之有物、论证充分、逻辑清晰。历史学的学术训练与素养累积转化应用到马克思主义理论研究中，反而帮助了我有力避开可能出现的缺陷或短板。因此，我的成果有一些中华传统文化与马克思主义中国化相关文章，有一些党史党建文章，还有一些关于思政教育史的相关文章。我想这些成果的形成均得益于原有专业优势得到充分运用。当然，刚刚从历史学科转入马克思主义理论学科、开展跨学科学习和研究时，这种艰难、痛苦与学术成长也是同时存在的。

在这里我并非鼓励大家都去学历史学，也并非反对跨学科专业攻读学位，我所要表达的是，如果我们坚持一直专注于某个领域，总有一天，在这个领域的学术累积终将会派上用场。

其二，治学之道重在交流，交流方能促成学术成果产出。

成果，特别是高水平学术成果，是每个研究者追求的目标。但是，由于每个研究者的时间、精力有限，对所有知识也不可能全部了然于胸，更多的是在自己感兴趣的领域耕耘。实事求是地讲，即使自己擅长的研究领域，也不可能成为自家"自留地"。更多的情况是，学术研究领域是公共、公开和共享的，无论在各自领域中或在领域外，研究者应该是"竞-合"关系，即既有竞争，各自产出更多精品成果；也有合作，在交流探讨中开展集体攻关，促成共同进步。因此，学术研究千万不能"文人相轻"，将自己的成果看成"一枝花"，视他人成果为"豆腐渣"，更不能排斥交流、自甘平庸，滋长"凑合着过"的心态。拒绝交流等同于拒绝进步，对此我也有着深刻感受。例如，我在进行博士学位论文研究选题时，就受到深刻"教育"。由于我的博士导师肖老师对宋明理学颇有兴趣且成果颇丰，所指导的几个师兄学位论文都是在此领域，因此当时我也想在这个领域确定博士学位论文研究方向。在一番绞尽脑汁之后，我终于发现一块"新大陆"：金朝的理学研究还有待垦荒。于是我很快将论文题目拟定为"金朝理学思想研究"。因为学界对此的已有研究比较少，选定这个题目之后，我特别"洋洋得意"，心想既然这个题目别人涉猎不多，自己一定可以大展身手。在初步确定题目后，我一边开始搜集资料，一边借与其他老师同学讨论交流的机会"显摆"自己的眼光。但在交流过程中，我遇到了唐亚阳教授，并被他泼了一盆凉水。他一点也不"委婉"地告诉我，这个题目做不下去，理由是相关的金朝理学资料比较少，并且难以收集。并说如果不是这样，学界对理学在金朝的传播研究成果应该早已比较丰硕。说实话，我当时并不服气，认为唐教授的研究领域并非宋明理学，并判断他是"信口开河"而已。为了证明自己的选择正确，于是我更加努力地进行论文前期准备工作，甚至还请湖南省图书馆的朋友帮忙搜集研究资料，到北京国家图书馆查找、复印相关文献。经过了近三个月的"折腾"，我发现金朝理学资料确实不多，而能够运用到论文写作的资料就更少了，最后我不得不果断转换博士学位论文研究主题。经此一事，我仔细反思后得到的重要收获是：学术研究离不开交流讨论，交流探讨会让自己少走弯路，甚至避免走弯路。用列夫·托尔斯泰的话转述，则是"与人交谈一次，往往比多年闭门劳作更能启发心智。思想必定是在与人交往中产生，而在孤独中进行加工和表达"。工作以后，我更是特别重视这一宝贵心得，除了在院内、校内与同事、学生交流外，还积极"走出去""请进来"，让自己和学生有更多与学界顶尖学者学习请教的机会。这也使我极大扩展了研究视野，增长了学术见识，于取长补短中受益匪浅。

武传鹏：理论研究立身 教育实践固本

武传鹏，男，1989 年生，山东梁山人。青海大学马克思主义学院副院长，副教授。

接到冯刚老师邀请，有幸参与《思想政治教育学科中青年学者成长之路》的部分编写工作，回望成长经历，因学养和资历尚浅惶恐不知如何下笔，思量多日，求学二十余载，其中有些甘苦写出来供想入学问之门的同好们参考，也许不无启发。

一、求学之路

我是一名典型的 80 后农村学生，从小便喜爱阅读，读过《水浒传》《封神演义》《平凡的世界》等，深受启蒙。由于家族中一直没人上大学，目睹表哥复读高三上大学之艰辛，于是格外珍惜学习机会，如饥似渴求知研学，各科成绩均名列前茅。高考结束后，我报考了内蒙古大学政治学与行政学专业。本科期间印象最为深刻的是，课堂讨论时每每发生身边实际与党的政策、政治学理论之间存有差距的争论，我发觉自己对旧制度与大革命的关系更为感兴趣。于是，带着关于这些的疑问，我考取了兰州大学的硕士研究生。在读期间，我曾面临从政治学转为马克思主义理论的迷茫，几经辗转，开始围绕"三农问题"进行研究并完成了毕业论文。

硕士毕业后，我来到青藏高原工作。本着读书求知上进的信念，我曾三次考博，终于进入清华大学跟随肖贵清教授学习，受益于肖老师笃实治学、方法缜密的教导，我顺利毕业并回到青大工作。后来工作中的一次相遇让我有幸结识了北京师范大学冯刚教授，在与冯老师的交谈中我表达了继续深造的愿望，很感谢冯老师帮助我博士后进站北师大，又一次有机会踏入学海，泛舟而行。

（一）初窥门径

17岁那年秋天，我西行来到家乡最高学府内蒙古大学求学。依照少年时代的兴趣，本科期间我选择了政治学与行政学专业，结合广泛阅读，进一步对中国政府与政治产生了浓厚的兴趣，决定以此为研究和学习的主要方向。因为考研调剂的缘故，我又西行攻读硕士研究生。

地处大西北的兰州大学拥有深厚的文化底蕴和踏实勤勉的学风。三年的研究生学习，我得到了导师李燕副教授亲人般的学业指导和生活帮助。在此期间，王学俭教授将思想政治教育与社会学相结合的讲授、王维平老师对马列原著的虔诚和熟稔、刘先春老师纵论形势与政策、马云志老师的哲学批判思维、蔡文成老师意气风发的学问精神都对我的学术成长影响很大。兰大读研期间，我系统地学习了马克思列宁主义、毛泽东思想和中国特色社会主义理论，将唯物史观和辩证法牢牢融入思维之中，并成为日后的学术指导思想。由于原生家庭的影响，我对农业、农村、农民有着天然的感情。加之"三农"问题是政治学与马克思主义理论共同关心的议题。在唯物史观的指导下，我自觉不自觉地开始了自己的阅读和研究，最终以《现代化视域中的农村征地群体性事件研究》为题完成了硕士学位论文。硕士阶段，我觉得自己尚不具备全面研究农村征地群体性事件问题的能力，于是选择以现代化为视角，从理论逻辑、历史逻辑、实践逻辑上加以把握。当时没有觉察到，把握历史逻辑已成为我研究中的一个偏好。经过三年读研生涯，我的人生道路、学术方向、治学风格基本确立下来，开始真正走上学术之路。从兰大毕业后，我再一次西行，任教于青海大学马克思主义学院。

（二）如琢如磨

2016年秋，我通过对口支援计划进入清华大学马克思主义学院继续深造。

对于日后为一些同行所了解的研究成果，我要感谢博士生导师同时也是学术上的引路人肖贵清教授。没有他的关心和提携，我不知道自己会在这条道路上摸索多久才能看到曙光。

初进师门时，有很多忧虑，好在肖老师在了解我的学业经历后给予了充分的理解和鼓励。我在博士求学阶段的重要收获之一，是全程跟听了肖老师主讲的本科生、研究生课程，还一次不落地参加了师门读书会，认真阅读了毛泽东思想和中国特色社会主义理论体系的相关文献，进一步夯实马克思主义理论研究基础。和肖老师合作撰写学术论文《国家治理视域中的生态文明制度建设》的过程给我留下了最为深刻的印象。在这个过程中，跟肖老师系统学习了如何搜集材料、修订提纲、撰写文章。同时，刘玉芝、李永进、杨万山、李戈、王然、麻省理、田桥等同门兄弟姐妹也给予我许多宝贵建议。通过撰写这篇文章，我彻底进入了博士研究生的工作状态。在之后的读博时间里，我一直按部就班地在这条道路上行进。连续的耕耘提升了我的写作水平、研究能力，同时也让我前后发表了八篇文章，最终形成了马克思主义理论学术思维。

（三）如切如磋

做博士后是我过去十年间的一个重要人生理想，同时也是一个不折不扣的情结。但由于刚刚回到单位工作，又兼任了院长助理，所以向学院提出做博士后的想法只能一拖再拖。直到 2021 年 7 月，在一次实践研修工作中，我结识了冯刚教授，终于在年底成为北京师范大学马克思主义理论学科博士后研究人员，实现了梦想、释放了焦虑。结合已有研究基础，在冯刚老师的指导下，我逐渐打开学术视野，开始了一些理论与实践意义兼顾的交叉学科研究，先后完成了思想政治教育社会学、思想政治教育生态学的相关研究，参加了"交叉学科与思想政治教育的新发展""学习贯彻党的二十大精神，深化新时代思想政治教育创新发展"等主题的学术研讨，更加认识到文献整理上的"全"与"真"和综合分析上的"透"与"精"的重要性。接下来，我将主要完成思想政治教育与中国式现代化为主题的出站报告。

回顾我的学术之路，许多细节和场景仍历历在目。像一个在外多年的游子，走了很长的一段路，一直渴望在漂泊的路上看到远方不一样的风景。不想在人到中年之际又回到了最初的研究起点，让人在回想之余感慨生命的偶然与无常。仔细考虑后，又觉得学术之路可能注定会有许多次"转折"。没有一次又一次的"转折"，就不能划出近似于圆形闭合的轨迹。但每一次"转折"又不是绝对意义上的告别，似乎是在深层次的"重复"中实现了自我丰富与自我完善。学术研究还在继续，时间还有，我还有机会补充甚至重述……

二、研学偶得

当前，马克思主义理论学科建设正在蓬勃发展，我本人的微薄学术成果只是大环境带动下的微小缩影。回溯研学生涯，正是各阶段指导老师的引导和教诲使我逐步踏上了学术正途。从初入学术之门的懵懵懂懂到开始探索学术前沿，一点点积累知识和经验，逐渐搭建起了较为系统的知识体系和研究框架。

（一）打牢基础

2006 年是我专业知识体系建构的开端。本科阶段的课程较为丰富，有政治学概论、社会学概论、行政管理学、西方政治思想史、比较政治制度、当代中国政府与政治等，这些课程为我提供了最初专业学习的基础。可是，进入大学时代，有太多新事物分散了我的精力。由于大一大二两年热衷于参加各种社团活动和学生工作，对专业学习投入相对不足。浮华褪尽，我渐渐发现专业知识才是硬本领。于是，我开始集中精力于专业学习，并选择通过考研来实现学术追求。

读研伊始，我曾踌躇满志，投入了大量时间阅读文献、学习方法、写作论文。但这一阶段也使我倍感艰难，面对跨越专业的挑战和一次次的投稿被拒，终于明白学术研究并非一片坦途。与导师的交流使我逐渐能够正确看待挫折、享受学习的过程、逐步建立学术归属感。受兰大马院"以输出带动输入"即阅读和写作相结合学风的影响，结合课程学习，我围绕"三农"问题等议题发表了学术论文。今天看来，十几年前的论文还比较稚嫩，却也是我本硕期间寻找学术门径的最初尝试。对于当时尚搞不清楚核心期刊与普通期刊区别的我来说，论文能够顺利发表已是莫大的鼓励。进入工作岗位的前三年，我讲授了"思想道德修养与法律基础""中国近现代史纲要""马克思主义基本原理""毛泽东思想和中国特色社会主义体系概论""形势政策"等本科思想政治理论课，同时一次次为了考博而反复学习专业课。抚今追昔，正是 2006—2016 这既忐忑又充实的十年为我打下了较为扎实的专业基础。

（二）深度学习

对于学术入门而言，硕士阶段兰大"宽领域、厚基础、勤输出"的培养模式令我受益匪浅。不过，进入博士阶段，要更加重视深度学习，提升学术见解。在深度学习方面，在肖老师的教导下，我主要采用两种方法打破了原来"一看到铅字就充满敬畏、看到什么都觉得对"的迷惘状态。一是"抠"。"抠"就是对于某一具体的学术问题，要深入分析学术界现有的理论观点以及背后的理论支撑，进行一定层次的追根溯源，找出有待进一步修正和完善的地方；阅读学术著作和学术论文，要抠内容、抠逻辑、抠深度，通过不同观点的对比和研究，形成自己的见解，从而把外部知识化为己用。二是"磨"。"磨"是逻辑思维得到提炼的过程，是一种学术思想的沉淀和写作能力的提升。打磨学术观点，才能一步步接近事物的真实本质，从而提炼出新观点；打磨学术语言，才能充分整合知识储备和思想信息，实现自圆其说。

"抠"和"磨"让我的阅读和研究有了更多的正反馈。读博期间，先后在《思想教育研究》《东岳论丛》《政治经济学评论》等期刊发表了数篇学术论文，参与合著《十八大以来中国特色社会主义理论创新研究》。总的来看，这些论文和著作主要聚焦了两个主题——马克思主义理论教育和社会主义生态文明。这也构成了我真正意义上的研究方向。

（三）自觉研究

学术研究是学者的"安身立命"之所，是一种生存方式或者说一种"活法"。作为后者的学术研究，不仅仅是追求物质利益的手段，更重要的是精神的寄托和生命的升华。求学路上的经师们用自己的学术人生帮助我建立了这种认知。正是这种认知让我在离开老师们的耳提面命之后仍然能够自觉地开展研究工作。回校工作特别是追随冯刚老师博士后进站北师大以后，为了进一步挖掘自己的学术潜力，我尽可能地将生活塑造为适合学术创造的方式，在教学和行政工作之余努力投入更多的时间和精力在研究工作之中。在三年多的时间里，我在《四川大学学报》《人民教育》《学校党建与思想教育》等期刊上发表了十余篇学术论文，参与编著《思想政治教育学学科发展新论域》《思想政治教育研究热点年度发布（2022）》。这一阶段有两个较为明显的转变。一是问题意识更加清晰，学术方向更加聚焦。散乱是学术研究大忌。必须有意识地寻找和建设"学术根据地"。二是更加关注现实，求真精神和创新精神以及反思意识有所提升。缺少思考的学术研究是没有生命力的，注定无法逃脱夭折的命运。应脚踏实地、持之以恒，以诚敬之心得寸进之欢喜。

三、学术志向

学术志向是一个学者在长期的学术研究和探索中对自身学术追求和方向的全方位认知。这是一个不断评判自身、认识自身、挑战自身的学术实践历程。作为一名学者，学术志向凸显了学术热情和自身价值。当它达到真诚和深邃的程度，必将成为我们学术前进路上的科学指南。基于对自身学术研究的研判和省察，现将学术志向总结为以下三方面。

（一）少做重复劳动

学术研究，始于模仿，终于创新。刚开始做学问，常常"看山是山，看水是水"，认为变成铅字的文章都值得学习甚至效仿，甚至为简单套用某种理论框架或者模仿某种文章套路而写出文章而沾沾自喜。需要指出的是，最初的模仿是必要的，也是值得肯定的。不过，满足于这种状态则不可取。因为严格说来，这近似于一种重复劳动。那么，如何打破呢？首先，需要通过大量而广泛的阅读。这种阅读不是漫无目的地看，而是通过作者、主题或者参考文献来遴选，实现"滚雪球"式的长期阅读积累。在这个过程中，自然可以了解研究动态，在众多研究成果中辨别孰优孰劣，达到"看山不是山，看水不是水"的状态，并以此找到和挖掘学术生长点。

就我个人而言，由于硕士期间专业是马克思主义中国化，我曾一度满足于撰写政策性语言较多的理论阐释文章。这一类文章有其存在意义，但是它的特点在于篇幅短、易于完成而思考深度有限。要想实现长远的学术目标，仅靠这一类成果是远远不够的。实现长远的学术突破，做更有价值更有意义的学术研究，推出真正高水平的研究成果，必须打开视野，拥有较为丰富的马克思主义哲学素养、比较了解国际马克思主义研究动态、系统学习中国的文化传统、认真观察现实中国的发展变化，并在此基础上进行长期的学术思考方能实现。一生短短数十载，人的精力非常有限。环顾学术界可以发现，达到这一目标，从而实现"看山还是山，看水还是水"的境界十分艰辛。然而，这却是学问正途。

（二）关注现实问题

学术研究要有问题意识。没有问题意识的论文，会让读者觉得是在无病呻吟，也不可能有多少启迪意义。所谓问题意识，重在现实关怀，包括学术关怀、人文关怀、社会关怀、国家关怀等。其中，最直接、最不可或缺的就是学术关怀。一方面，哲学社会科学的研究者和研究对象（例如文本）皆有自己的特定观点和价值关怀。研究者对研究对象的理解过程，就是研究者与研究对象二者之间的对话过程。正是在这种对话的整体视域中，产生了对研究对象的重新审视和深入分析，从而形成二者之间的一致视域和重叠共识，获得学术研究客观性和现实性的保证。

另一方面，学术研究还要自觉适应时代和社会的需要。新时代的思想政治教育学者要时刻关注学术前沿，注重理论联系实践，在全面建成社会主义现代化强国的伟大征程中聚焦学术问题，从特定研究境域出发阐述个人观点。结合所学专业知识和社会发展中的现实问题，我本人以马克思主义中国化、思想政治教育为主要研究方向，表达对高校马克思主义理论教育、社会主义核心价值观、生态文明建设、中国式现代化的现实关怀，志于探讨马克思主义在当代的多重境遇和表现形态。

（三）培养时代新人

研究生是学术创新的后备军，关系国家在学术前沿领域的不断进步。导师不仅是研究生学术的指路人，也是研究生灵魂的工程师，对研究生的成长成才负有义不容辞的责任。作为一名研究生导师，既要教书又要育人，要始终将"学者风范"作为塑造自己的人生特质，不仅自己要治学严谨、作风正派、为人师表，而且对学生在治学、道德和团结协作精神方面也要提出严格要求，努力培养学术研究的新生力量。

培养研究生，重在激励学生对于学术研究的兴趣。学术研究不能将名利放在第一位。在与学生初次见面时，我常常强调同学们不要把学术追求作为一种谋生手段，要培养热情和兴趣。没有志向和兴趣，是写不出具有创新性的好文章的。对于跨专业的学生，要因材施教，帮助他们转变思维方式，找准突破口，化劣势为优势。同时，注重营造有协作精神的学术团队。相互学习和交流切磋，是提升学术团队整体水平的应然之举。学术团队在思想品质上要正派、积极向上，在学术研究上要互相切磋、互相交流、互相质疑、互相讨论、互相鼓励，在生活上要互相帮助、互相关心，形成一个生动活泼、宽松和谐的学术气氛和育人环境。这样一个众行致远的学术团队对于激发学生学术兴趣、培养学生团队精神、增强课题研究实力，无疑是至关重要的。说到底，培养研究生是教学相长、学术传承的大好时机。作为青年学者，我们应当充分把握机遇，培养更多社会主义事业的合格建设者和可靠接班人，完成党和国家赋予我们的神圣使命。

四、学思践悟

亚里士多德认为，把学术作为自己生活方式的人是幸福的人。他说："人以自己所具有的思辨活动而享有幸福……凡是思辨所及之处就有幸福，哪些人的思辨越多，他们所享有的幸福也就越大。"作为新生代学者，我们以学习来修身，用行动来锤炼，在学思践悟中牢记初心，在细照笃行中修炼本领，在知行合一中担当使命，无疑是幸福的。十余年来，我在治学方面也有几点感悟，借此机会，向大家汇报如下。

（一）学原著，注重理论积累

原著作为学科知识的重要载体，是日常教和学过程中我们应该参考的重要资料。马克思主义经典著作是马克思主义理论的凝炼和体现。通过阅读马克思主义的经典著作，有利于锻炼理论思维能力，打牢学术理论根基。

学术研究者做学术研究时需对前人的成果进行深度的研究分析和系统的学习思考，特别是这一领域代表人物的学术著作，从而为自身研究筑牢坚实的理论基础，形成系统的理论思维。在这一过程中，尤为要分清原著和二手材料之间的关系。恩格斯强调："我请您根据原著来研究这个理论，而不要根据第二手的材料来进行研究——这的确要容易得多。"二手材料虽容易获得，但往往经过加工会出现歧义的情况，不利于学习者的研究和实践。原著则更具有准确性、深刻性和系统性，应当着重学习。与此同时，通过对原著的系统性研究和精密性掌握，从原著中找寻到新的突破口和生长点也是学术研究的不二法门。

实践出真知。自2019年起，我带领学院师生自发开展了原著读书会，目前读到《资本论》的第二卷。通过提前阅读、逐句分析、师生讨论、主持人总结等环节，读深读精原文，并在学习中结合思考勤做笔记，这样在掌握原著理论性的同时也增添了趣味性，为开展学术研究引入了源头活水。

（二）聚方向，提升研究质量

研究方向一般指科研工作者在申报课题、撰写论文过程中需要明确的研究方向。对于马克思主义理论学科来讲，研究方向的选择担负着马克思主义理论人才培养、科学研究、社会服务和文化传承创新的重要职责，为高校思想政治理论课教育教学提供学理支撑，应坚持适应时代和实践发展的需求选择研究方向。

在研究之初，个人研究方向选择，一方面要打牢马克思主义理论功底和相关专业基础知识，运用马克思主义立场、观点和方法分析和解决现实问题或总结马克思主义理论发展和指导实践过程中的经验教训，服务于党和国家的发展目标；另一方面要结合自身研究领域，深入了解地方实际，做到熟练运用本学科专业知识和研究方法从事学术研究和教育教学工作。

锚定研究方向后要坚持深耕，根深方能叶茂。要立足自身选题，搜集文献，强化阅读，做好调研，在深入主题研究的同时作好未来研究趋势的预测。相较于浅尝辄止式的研究，深耕可以做到以点破面，打开学术眼界，提升研究深度。虽然因深耕迈入浩瀚学海之中会稍显枯燥，但秉持正确方法，在实践中不断探索，厚积薄发而产出的创造性成果会进一步增强我们的内心力量进而提升思想境界。

（三）开视野，凝聚学科合力

伴随经济社会的发展进步，人的思想进一步活跃，观念更加自由，价值多元化趋势更加明显。很多领域与行业的问题都无法仅仅依靠单一学科知识予以解决。因此，必须自觉将学科交叉作为面向真实问题的学术制度安排，借助跨学科研究的方法更好地认清事物的本质与全貌，并贯穿于马克思主义理论学科建设和发展的全过程。

马克思主义的生命力在于理论与现实相结合。马克思主义理论学科的发展也必须从理论与现实的融合中汲取力量。学科建设要有开放性，关注更广阔的问题域，通过学科交流、交叉融合，进一步发挥和彰显学科优势。一方面，马克思主义理论学科要通过充分汲取其他学科的发展成果实现自我发展，要处理好与哲学、社会学、政治学、文化学、历史学、心理学、生态学等学科的关系，以开放的心态欢迎其他学科学者的参与，充分吸收其他学科的理论资源、历史资源、实践资源，避免单一学科建设过程中的封闭和僵化。另一方面，在新的历史条件下，要更加注重马克思主义理论与现实境遇的创新结合，打破学科固有的研究格局和思维定式，以学科交叉推动研究范式创新，展现出马克思主义理论学科的影响力和引领力。

（四）提正气，做到学高身正

师者，传道授业解惑也。教师对专业知识、学术水平有追求的同时，更应注重提升自身修养，善养浩然之气。"政者，正也。子帅以正，孰敢不正？"思政课教师承载着传播知识、传播思想、传播真理的学术责任，也肩负着塑造灵魂、塑造生命、塑造新人的时代重任。作为一名思政课教师，更需以身作则，将立德树人融入学生思想道德教育、科学文化教育、社会实践教育等各环节。

在日常的教育教学中，秉持"终生学习、教学相长"的理念，以人格魅力感召学生，以涓涓爱心影响学生，以自律慎独教化学生，倡导做人、处事和治学的责任担当、质量意识、效率追求以及创新精神；强调做人言行高雅的优良品质和对所在集体和社会的责任担当。在研究生培养过程中，坚持"人品贵重、学问精进"的基本原则，真诚关爱学生，培养学生对所写文章、所做课题、所在团队的责任感和协作精神，帮助学生形成健全人格，树立学术报国情怀。在课程学习、论文习作、专题研究等方面，重视学术道德和诚信意识，以自己的严谨、诚信、奉献，春风化雨，润物无声，发挥出强大凝聚作用，使团队不断发展壮大，创造出更多有益成果。

徐先艳：博学与精思

徐先艳，女，1980年生，四川安岳人，北京交通大学马克思主义学院副教授。

非常荣幸能接到邀请，让我回顾、撰写自己的学术成长之路。我理解，这份邀请饱含着前辈学者对新生代学者进一步做好学术研究的期许。这份邀请让我们作为生活在新时代的中国学者对所肩负的学术使命、学科发展的责任更为自觉，对走好后面学术道路更为自信。

一、学术历程

1998年我考入北京师范大学哲学系，学习了马克思主义哲学、西方哲学、中国哲学等专业基础知识，具备了基本的哲学素养和理论思维能力，获得了每年的专业一等奖学金，2002年被保送本系继续读研究生，跟随杨耕教授攻读马克思主义哲学硕士学位，之后是博士学位。杨老师是引导我走上哲学之路的恩师，对他的学识和人品我是崇敬佩服的，对他的教导和关爱我是终生感怀的。

在硕士阶段，依照导师的指导，我翻阅了20世纪80年代到90年代的《中国哲学年鉴》，对国内马克思主义哲学领域代表性成果做了摘录。在没有电脑的年代，全靠手抄，留下了厚厚的笔记，也在脑海中留下了一条改革开放以来国内马克思主义哲学研究的发展线索。习近平总书记在北京大学考察时指出："一个民族、一个国家，必须知道自己是谁，是从哪里来的，要到哪里去，想明白了、想对了，就要坚定不移朝着目标前进。"① 对有学科归属的我们

---

① 《习近平谈治国理政》第一卷，外文出版社2018年版，第171页。

来说，知道一个学科从哪里来的，经过了哪些发展阶段，讨论了哪些主要问题，涌现了哪些代表性学者、代表性成果，才能明晰自己所处的位置，思考自己的研究要往哪里去，如何嵌入而不是脱离学科的发展。质言之，走一遍前辈学人的学术足迹，也是在选择某种学术传统和学术规范，确定自己的学术路向。

哲学专业出身的人都明白一个"常识"：哲学是哲学史，哲学不能是哲学家个人的自说自话。所以在硕博阶段，按照导师的要求，我经历了从马克思哲学到马克思主义哲学史，再到西方哲学史，然后到现代西方哲学、西方马克思主义，最后返回到马克思主义哲学的学习探索过程。这一学习历程是认真学习马克思主义哲学史、西方哲学史、现代西方哲学、中国哲学史等课程的过程，也是不断研读各种经典哲学文本的过程。因为恰如叔本华所言："谁要是向往哲学，就得亲自到原著那肃穆的圣地去找永垂不朽的大师。"①

在准备硕士毕业论文选题时，杨老师指导我选择了马克思主义哲学的基本范畴社会存在作为研究对象。他告诉我，把基础概念研究明白了，就像练武术打好基本功，以后再去学习、自创其他招数，就容易了。多年后，我和一位教授交流指导思想政治教育专业研究生的想法，面对一种观点：理论研究太难，学生思辨不出来一篇有创新的理论论文，这位教授坚持认为还是要培养学生（硕士生）的理论思维。我深以为然。但的确，研究基础概念十分枯燥，因为"既不能用显微镜，也不能用化学试剂。二者都必须用抽象力来代替"②，因为基础概念研究"逼"着你看大量的文本，做深入细致的思考，才能够"小题大做"。"在十年的专业学习中，我越发懂得做哲学文章，博学和精思两者缺一不可。"③

2005 年硕士毕业后继续跟杨老师攻读马克思主义哲学博士学位，继续该主题研究。2008 年博士答辩会开始前，答辩主席、时任《哲学研究》主编李

---

① ［德］叔本华：《作为意志和表象的世界》，商务印书馆 1982 年版，第 19 页。
② 《马克思恩格斯选集》第 2 卷，人民出版社 2012 年版，第 82 页。
③ 徐先艳：《马克思社会存在论研究》，北京师范大学出版社 2016 年版，第 382 页。

景源教授把我叫到一旁，让我把博士论文的内容缩写成一篇论文，发给《哲学研究》，题目可以叫《社会存在与历史唯物主义》。当我把这一令人振奋的消息告知了杨老师后，他一如既往地严格要求，让我继续修改完善，所以交给《哲学研究》的时候，已经是大半年后了，以至于李景源老师开玩笑地对我说："我以为你不想在我们《哲学研究》上发文章。"

2008年我获得博士学位后，入职中国青年政治学院（中央团校），如愿成为一名高校教师。2022年，一名研究生在选择工作去向时举棋不定，问我："老师，你当时有选择迷茫吗？"我答道："我好像没有任何选择的犹豫、困惑，一直很清楚自己喜欢做什么，想做什么，以学术为业从来都是明确的方向。"

来到新的学校、获得新的角色、进入新的生活，同时也意味着开启了独立做学术研究的新征程。前几年把很大部分精力用来适应多门课程的教学任务，教学能力得到了很好的锻炼和显著的提升，为开展教学研究打下了基础。在科研方面则主要是修改博士论文，出版第一本学术专著。因为承担《马克思主义基本原理概论》课的教学，后来又担任思想政治教育专业硕士生导师，所以转向了思想政治教育理论与实践研究，特别是青年思想政治教育的理论与实践研究。学校改革后，没有了本科生教学任务，在积极转型适应团干部培训工作的同时，开始发力学术研究。这一过程中，很有幸得到了冯刚教授、吴满意教授等思想政治教育领域专家的悉心指导。2020年开始，在《教学与研究》《思想教育研究》等核心期刊上陆续发了多篇文章，参与了多部书稿的撰写，以至于毕业多年后得到一位前辈学者的评价："徐老师孩子这么小，还很勤奋"，听完感慨万千。

二、学术成果

今天，我回顾自己工作至今的学术历程，发现有三个关键词：马克思主义哲学、思想政治教育、青年。马克思主义哲学是我的专业背景，马克思主义理论及其中国化时代化的最新成果既是我重点研究的对象，也是我研究其他问题的基本视域和理论基础；转向思想政治教育研究既是适应工作任务的必然要求，也是马克思主义哲学本身的自然要求，因为具有鲜明实践品格的马克思主义哲学内蕴含马克思主义大众化的需要；聚焦青年思想政治教育研究则是因为我所在学校——中央团校（中国青年政治学院）的研究特色和平台优势所牵引。我已经发表和出版的成果可以归为以下四类。

（一）马克思主义哲学研究

工作前几年主要是围绕马克思的社会存在概念、社会存在论发表了两篇文章，出版了一本专著。这些成果的问题意识起于：恩格斯曾说："一门科学提出的每一种新见解，都包含着这门科学的术语的革命。"[①] 即理论创新总是包含并体现为概念创新。社会存在是马克思首次提出和使用的概念，属于马克思提出的新见解——历史唯物主义的基本范畴；术语的革命内含着马克思哲学思想的革命性变革。因此，社会存在这一范畴值得我们给予足够的重视，进行深入的研究。[②] 如果我们深入分析马克思的社会存在范畴，全面把握马克思社会存在理论的基本内容，就会发现社会存在决定社会意识这个命题代表了一种对"存在"问题的全新探索理路，背后深藏着一种崭新的思维方式。而哲学理论的意义主要就在于思维方式的意义。[③]

在社会存在论研究之后，我开始对现代性问题产生了兴趣，因为"我们栖身于现代性，正如鱼游于水中。它正是我们赖以生存和行动的环境"[④]。2015年我赴芝加哥大学访学，写给合作导师社会思想委员会主席、黑格尔研究专家罗伯特·皮平（Robert Pippin）教授的申请信中提到有三个学习计划：一是想与他交流黑格尔与马克思以及法兰克福学派之间在现代性问题上的思想

---

① 马克思：《资本论》，人民出版社 2004 年版，第 32 页。
② 徐先艳：《社会存在与历史唯物主义》，《哲学研究》2009 年第 3 期。
③ 参见徐先艳：《马克思社会存在论》，北京师范大学出版社 2016 年版，第 2 页。
④ ［美］史蒂文·史密斯：《现代性及其不满》，朱陈拓译，九州出版社 2021 年版，第 3 页。

史关系；二是交流中国现代化（性）与西方现代化（性）的共同点与不同点；三是考察芝加哥大学哲学教育情况，思索如何发挥哲学教育对培养大学生创新思维的问题。回国以后，我把在美国观察、听闻的一些体会写入了《现代性的后果：他者与空间重组》一文，比如西方现代性带来的一个空间重组后果是："城市居民在物理空间和精神空间的聚集生存，是当代'圈地运动'，使得城市形成类动物园格局。……芝加哥这座城市经过多年发展，呈现出明显的社区分类。……各街区相互之间除了显见的贫富差异，还有生活方式、价值理念的区隔。"①

（二）思想政治理论课教学研究

在教学工作中，我发现影响大学生思政课获得感有很多种因素，其中一个是高校思想政治理论课与高中政治课的重复性问题，导致马克思主义理论学习对大学生来说"边际效益"在下降，"到课率""抬头率"问题成为任课教师头上的愁云。于是，我写了《高校思想政治理论课内容"重复性"问题及其求解——"以马克思主义基本原理概论"课为例》一文，提出改善课堂教学状况，防止形式化、表面化的基本思路是通过进阶式的教学设计寻找大学教学的"差异化优势"。②在刚刚过去的党的二十大，习近平总书记明确提出："用社会主义核心价值观铸魂育人，完善思想政治工作体系，推进大中小学思想政治教育一体化建设。"③如果说之前思想政治理论课"重复性"问题依赖教师的个人式解决，那么今天则是从工作体系的角度对这一问题的结构化、机制式的解决，更体现了思想政治教育的规律性。

在2019年学校思想政治理论课教师代表座谈会上，习近平总书记提出

---

① 徐先艳：《现代性的后果：空间重组与他者》，《当代中国价值观研究》2017年第6期。

② 徐先艳：《高校思想政治理论课内容"重复性"问题及其求解——以"马克思主义基本原理概论"课为例》，《思想理论教育》2013年第11期上。

③ 习近平：《高举中国特色社会主义伟大旗帜 为全面建设社会主义现代化国家而团结奋斗——在中国共产党第二十次全国代表大会上的报告》，《党的二十大报告学习辅导百问》，学习出版社、党建读物出版社，2022年版，第33—34页。

了"推动思政课建设内涵式发展"这一重要命题。2021年暑假，在女儿睡着后，在电脑上敲下了对这一命题的思考，完成《新时代高校思政课建设内涵式发展的理论意蕴和实践要求》一文。当我在写这篇学术自述的时候收到消息，"思政学者"公众号转发了此文，在这之前"思政热点"公众号也推送了此文，该文也得到了人大报刊复印资料中心的全文转载，这些肯定是我继续思政课教学研究的动力。在这篇文章中，我提出了这些观点：高校思政课建设内涵式发展主要包括以下五个方面的含义。从发展目的上看，是思政课的本质属性充分反映和实现的发展模式；从发展主题上看，是更加关注教学水平、育人质量及效益提高的发展模式；从发展动力来看，是通过改革创新激发内生动力的发展模式；从发展路径来看，是通过体系的整体优化以及充分开发体系内诸要素的效能来实现提质增效的发展模式；从发展的外部性来看，是思想政治工作与我国经济高质量发展、推进国家治理体系和治理能力现代化的关系确立和增强的过程。[①]

我将多年教书育人的一些体会写进了这篇文章："思想性和理论性这两个概念常被放在一起说，二者紧密相关。如果做一个细致区分的话，可以说增强思政课思想性的要求更加强调思政课教师要引导学生过一种精神生活，而不仅仅是学术生活。要培养学生对公共生活的参与意识，而非沉湎于对个人成就的狭隘关切。用马克思的话来说，即让人成为真正的类存在物。如果教师在课堂上只是讲各种理论、各种概念，就会出现这样的情况：'我们尊重他的工作，却不尊敬他，理由只有一个：这项劳神费力但难度不大的工作，缺乏思想含量。'"[②]对思政课的思想性做出这样的阐释，源于两个触动：一是看马克斯·韦伯（Max Webber）的《学术与政治》，他在对比德美教育制度时指出："美国人对站在自己面前的教师的观念是，他卖给我他的学问和方法，为

---

① 徐先艳：《新时代高校思政课建设内涵式发展的理论意蕴和实践要求》，《学校党建与思想教育》2021年第23期。

② 徐先艳：《新时代高校思政课建设内涵式发展的理论意蕴和实践要求》，《学校党建与思想教育》2021年第23期。

的是赚我父亲的钱，就像菜市场的女商贩向我母亲兜售卷心菜一样。"① 二是写这篇文章的时候，我以教师身份与学生一起身处抗击新冠疫情的过程中。而2003 年 SARS 流行那一年，我正在读研究生，应系里征文要求，写了一篇小文得了一等奖（获得 30 块钱奖励），文中提及帕斯卡的那句名言：人是一棵会思想的芦苇。面对一些天灾，人脆弱如芦苇，但人又是世界上最坚强的，因为人是一棵会思想的芦苇。

工作前几年在时间分配上教学占了大头，产生了良好的教学成效，但我也深深意识到"思政课的政治性、思想性、学术性、专业性是紧密联系在一起的，其学术深度广度和学术含金量不亚于任何一门哲学社会科学！"② 所以思想政治教育的教学工作离不开科研工作的支撑，近几年我又进行了以下两类研究。

（三）思想政治教育学理论研究

"增强思想政治教育学科发展的理论意蕴既是时代发展的要求，……也是学科自身发展的需要"，而"增强学科发展的理论意蕴，就需要加强基础理论研究，因为基础理论是学科确立和发展的'骨骼'和框架，为学科发展提供重要根基、丰厚滋养和持续动力。"③ 受冯刚教授这些观点的鼓舞和启发，近几年我在思想政治教育学基础理论研究方面主要做了三件事。

一是阐释党中央有关思想政治工作的最新论述。2021 年，在中国共产党成立 100 周年之际，中共中央、国务院印发了《关于新时代加强和改进思想政治工作的意见》，明确提出把思想政治工作作为治党治国的重要方式，标志着党对思想政治工作的运用进入一个新阶段。运用马克思主义理论，结合学习党史的收获，我写了《把思想政治工作作为治党治国重要方式的生成逻辑》，提出这一新提法具有深厚的理论逻辑、深远的历史逻辑和深刻的现实逻

① ［德］马克斯·韦伯：《学术与政治》，冯克利译，商务印书馆 2018 年版，第 31 页。
② 习近平：《思政课是落实立德树人根本任务的关键课程》，《求是》2020 年第 17 期。
③ 冯刚：《深化新时代思想政治教育基础理论研究》，《思想政治教育研究》2020 年第 1 期。

辑。^①这一文章得到"思想教育研究"公众号的两次推送，一次是全文推送，一次是理论逻辑部分的推送。

二是探究思想政治教育治理的基本理论问题。"遵循国家治理体系和治理能力现代化建设的战略部署，适应新时代思想政治教育治理理念政策的创新发展，回应思想政治教育实践的现实需求，是推动新时代高校思想政治教育治理研究兴起的三大重要因素。"^②冯刚教授在学界率先提出了加强思想政治教育治理研究，在他的启发、指导下，我开始关注这一前沿课题，并与冯老师合写了《现代性视域中思想政治教育治理的生成逻辑、基本内涵及时代价值》一文。我们认为，思想政治教育治理的基本内涵包括：从育人理念上看，体现治理的核心精神：多一些治理，少一些统治；从主体来看，多元主体组成育人共同体；从权力的运行向度来看，多元主体是平行的，通过协商共同发挥作用；从空间上看，涉及多个领域、多个环节、多个层级，更加注重体系建构和协同联动；从时间上看，具有持续性、动态性和反思性。^③因为高校思想政治教育治理研究，有了跟电子科技大学吴满意教授学习的机会，他带领我们几位中青年学者撰写了《高校思想政治教育数据治理研究》。"不言而喻，高校思想政治教育的数据治理是国家治理体系和治理能力现代化的重要内容，也是高校应对思想政治教育教学活动日趋复杂化、网络化、多元化、协同化、动态化、综合化的一种根本选择。"^④

三是运用学科交叉的研究方法探索思想政治教育学学科发展的新论域。"当前，不管是从科学发展规律看还是从学科发展现实看，进一步加大学科交叉研究力度，探索新的研究论域，建设新的分支分科是思想政治教育学科创

---

① 徐先艳：《把思想政治工作作为治党治国重要方式的生成逻辑》，《思想教育研究》2021年第3期。

② 冯刚、王振等：《思想政治教育治理引论》，团结出版社2022年版，第1页。

③ 冯刚、徐先艳：《现代性视域中思想政治教育治理的生成逻辑、基本内涵及时代价值》，《教学与研究》2021年第5期。

④ 吴满意、徐先艳等：《高校思想政治教育数据治理研究》，团结出版社2022年版，第2页。

新发展的必然趋势。"①2021年冯刚教授组织了部分中青年学者共同研究撰写了《思想政治教育学学科发展新论域》，我有幸参与课题组。冯老师设计了整体框架、研究思路，给我们指出了创新方向，他的这席话让我解开了思想负担，给了我理论创新的勇气："第一，本书探讨的九个新论域并没有穷尽所有可能的理论生长点，我们加大交叉研究力度，探索新论域，探讨可能的分支学科方向，是为了推动本学科笃定前行……。第二，本书探讨的九个新论域中，有些可能建设成为分支学科，有助于学科体系的完善，有的可能只是新的研究领域，有助于促进学科理念更新，工作方法跟上时代发展的要求和技术发展的趋势。第三，本书对这些新论域的探讨只是拉开了研究的序幕，有赖于学术共同体的成员在高度的学术自觉、坚定的学科自信的指引下致力于新论域的开拓、新分支学科的建设，积极主动投身新时代思想政治教育学科建设、学术研究。"② 我选择了思想政治教育文化学作为探究课题，在认真阅读了专家学者的相关研究成果后提出：思想政治教育文化学是思想政治教育学与文化学交叉融合的新兴学科，开辟了新时代思想政治教育范式创新的文化学路向。思想政治教育要提高对建设文化强国的贡献度，提高对青年的了解和凝聚力引导力等都需要文化学视角的引入。③

（四）青年思想政治教育研究

青年是思想政治教育的重要对象，做好这一群体的思想引领工作是提升思想政治教育治理效能的重要环节，通过聚焦青年思想政治教育的基本理论和实践问题，我近几年产出以下成果。

一是理论方面，对青年全面发展的理论、时代新人的内涵等做出了阐释。2018年，我有幸参与王义军教授主持的课题"青年学科建设若干重大理论问

---

① 冯刚主编：《思想政治教育学学科发展新论域》，中山大学出版社2022年版，第7页。
② 冯刚主编：《思想政治教育学学科发展新论域》，中山大学出版社2022年版，第10页。
③ 冯刚主编：《思想政治教育学学科发展新论域》，中山大学出版社2022年版，第11—18页。

题研究"，与王老师合写了《马克思主义人的自由全面发展理论与新时代青年发展》一文。文章的主要观点是：在马克思主义哲学看来，人是实践存在物、对象性存在物和社会存在物，所以青年的自由全面发展就是每位青年通过在实践活动、社会关系以及个体能力和素质诸方面的全面、充分、自由、协调的发展，满足各种需要，实现自由个性，从中获得最大幸福。其中，青年的能力发展是实现全面发展的核心要件，尤其"实践"能力和"归属"能力是决定青年是否能够全面发展、实现自由个性的架构性能力。[①] 与冯刚老师合写了《时代新人的生成逻辑、基本特征和培育路径》，选择从人类社会现代化的历史逻辑入手进一步探讨时代新人的历史生成性，能够担当民族复兴大任是时代新人的本质规定性，由这一本质规定性衍生出多维的具体规定性，构成时代新人的核心能力目录。我们在培育时代新人的过程中要特别注意制度建设，激发青年自我教育、努力成为时代新人的内生动力，并为青年提供能力运行、进行创造性活动所必要的制度环境，避免能力失败的问题。[②] 此文后来被清华大学研究生创办的"青马先声"公众号推送，这篇谈青年培育的文章能赢得青年的认可是蛮好的一种反馈。

二是实践方面，开始研究当代青年流行文化。韦伯曾说："最佳想法的光临，如伊赫林所描述的，是发生在沙发之上燃一支雪茄之时，或像赫尔姆霍兹以科学的精确性谈论自己的情况那样，是出现在一条缓缓上行的街道的漫步之中，如此等等。"[③] 关于青年流行文化研究的第一个好想法来自我家附近的咖啡馆。2020年冬，我把2岁的女儿交给父母，天天去咖啡馆"上班"，集中一个月时间和精力写出了《当代青年"精致生活"的表现、成因及引导》一文。本文是我聚焦青年思想政治教育、青年流行文化及价值观研究的第一篇文章，也是首次尝试运用网络观察法，通过分析各类平台提供的青年行为

[①] 徐先艳、王义军：《马克思主义人的自由全面发展理论与新时代青年发展》，《中国青年研究》2018年第8期。

[②] 冯刚、徐先艳：《时代新人的生成逻辑、基本特征和培育路径》，《教学与研究》2022年第4期。

[③] ［德］马克斯·韦伯：《学术与政治》，冯克利译，商务印书馆2018年版，第12—13页。

数据、青年网友评论文本等写出的文章。文章写出来后收获的第一枚读者是我校一位行政老师,他有着比我更自觉的学习习惯,定期关注各核心期刊的最新成果,发现了我这篇文章,看完后给予了毫不吝啬的赞扬,觉得文章特别有意思,解答了他对身边一些朋友的疑惑。收获的第二枚正面反馈是期刊主编,她告诉我文章好在有思想性。我想她指的是尝试用分析哲学的理论资源对当代青年"精致生活"进行了"行为—语言"分析。

三、学术心得

回首十几年的学术道路,如维特根斯坦所言,研究写作过程,有令人兴奋的时候,也有令人沮丧的时候,就像生活本身。如果要和大家分享我的学术心得,我想从写好博士论文谈起。

(一)写好博士论文

如果让我和有志于读博的年轻人分享规划学术生涯的经验的话,就是一定要认真写自己的博士论文,它是你登上学术舞台的第一篇正式成果,你工作头几年的成果也会从它衍生或延伸而来。实际上,博士三年或四年是难得的用于读书、思考、研究、写作的整块时间。2017年我作为教师代表给研究生新生发言,面对那些洋溢着青春活力的年轻人不禁说道:"你们的到来也将我的思绪带回多年前自己的研究生生涯。说实话,我很羡慕大家。羡慕大家,是因为青春是最大的资本,它向你们敞开着无限的可能。你们正处在学习的黄金时期;羡慕大家,是因为你们有完整的两年或三年时间可以心无旁骛地读书、学习,在时间被切割为碎片,快节奏、喧闹的当今社会,这是一件多么'奢侈'的体验。"

(二)要有情怀

我这里用情怀一词概括表达了对教师职业的认同、对学术事业的热爱、对共同理想的追求。韦伯曾说："无论什么事情，如果不能让人怀着热情去做，那么对于人来说，都是不值得做的事情。"① 做大学老师的热情、做学术研究的热情首先来自我对这份职业的认同和热爱，来自使命型工作价值观。这种使命感既来源于教育对人类社会的一般意义，也来源于教育对我们所处时代的具体意义，两个层面的意义浓缩在这一句话中："教育是民族振兴、社会进步的重要基石，是功在当代、利在千秋的德政工程，对提高人民综合素质、促进人的全面发展、增强中华民族创新创造活力、实现中华民族伟大复兴具有决定性意义。"② 我们培养的青年是要能最终实现中国梦的人，这是我们作为教育者的光荣使命。做学术研究，培育大学生，以这样的方式实质性参与以中国式现代化全面推进中华民族伟大复兴的伟大事业。做大学老师的热情、做学问的热情还来自马克思主义哲学的熏陶。"'现代'因为意味着'现在'，所以是一个动态范畴，'现代性'意味着永远在追问'现在'应该做什么、怎么做才能获得更好的发展，因此，注重的是面向未来对过去的继承和超越，以新的目标为导向、通过新的实践满足人们对美好生活的向往。"③ 从这个角度我们就可以理解为什么有观点认为马克思哲学具有现代性特质，是因为它始终追求不仅解释世界而且改变世界，使"现存世界革命化"，即不断追求理想变为现实，不断让现存世界越来越美好。

（三）视野要广

所有中国学者做学术研究都要立足中国、借鉴国外、挖掘历史、把握当代、面向未来，为建设充分体现中国特色、中国风格、中国气派的哲学社会科学贡献自己的力量。为此，首先要有开阔的知识视野。习近平总书记指出："思政课教师要有知识视野，除了具有马克思主义理论功底之外，还要广泛

---

① ［德］马克斯·韦伯：《学术与政治》，冯克利译，商务印书馆 2018 年版，第 11 页。

② 习近平：《在哲学社会科学工作座谈会上的讲话》，《人民日报》2016 年 5 月 19 日。

③ 冯刚、徐先艳：《现代性视域中思想政治教育治理的生成逻辑、基本内涵及时代价值》，《教学与研究》2021 年第 5 期。

涉猎其他哲学社会科学以及自然科学的知识。"① 众所周知，马克思本人就是广泛涉猎各类知识的典范。黑格尔指出，如果说研究首先就是把事实提到意识前面，困难在于从事情到知识的过渡，那么"哲学的事实"不同于"科学的事实"，"哲学的事实已经是一种现成的知识，而哲学的认识方式只是一种反思，——意指跟随在事实后面的反复思考"。② 所以哲学本身就需要广阔的知识视野。杨老师给我们多次强调："精神生产不同于肉体的物质生产。以基因为遗传物质的生物延续是同种相传，而哲学思维可以，也应该通过对不同学科成果的吸收、消化和再创造，形成新的哲学形态。"③

其次要有宽广的国际视野。在研究中坚持国际视野，需要吸收借鉴国外有益的理论观点和学术成果。习近平总书记强调指出："我们既要立足本国实际，又要开门搞研究"，"对一切有益的知识体系和研究方法，我们都要研究借鉴，不能采取不加分析、一概排斥的态度"。④ 在积极吸收借鉴人类创造的有益的理论观点和学术成果的同时，也"不能把一种理论观点和学术成果当成'唯一准则'，不能企图用一种模式来改造整个世界，否则就容易滑入机械论的泥坑"。⑤ 在研究当代青年消费行为新动向时，我发现西方的消费社会理论有较强的解释力，但也存在局限性，需要保持反思的意识。一方面，西方消费主义、消费社会理论能够描述和解释当代中国青年消费行为的某些特征，另一方面，需要注意中国青年消费行为具有本土化的特色。比如符号消费是消费社会的基本景观，在西方消费社会语境中，商品的符号主要表征品位、格调，指向阶层的区分、身份地位的建构；而在中国青年的符号消费中，商品的符号除了具有身份建构的价值，还指向爱国、趣缘、爱情、友情等象征

① 习近平：《思政课是落实立德树人根本任务的关键课程》，《求是》2020 年第 17 期。
② ［德］黑格尔：《小逻辑》，世纪出版集团、上海人民出版社 2018 年版，第 34 页。
③ 杨耕：《书缘人生：行走在哲学与出版的路途上》，北京大学出版社 2018 年版，第 7 页。
④ 习近平：《在哲学社会科学工作座谈会上的讲话》，《人民日报》2016 年 5 月 19 日。
⑤ 习近平：《在哲学社会科学工作座谈会上的讲话》，《人民日报》2016 年 5 月 19 日。

意义，通过这类符号消费青年寻求着民族身份归属和在圈层中的同辈归属。①可见"对国外的理论、概念、话语、方法，要有分析、有鉴别，适用的就拿来用，不适用的就不要生搬硬套"。②在研究中坚持国际视野，不仅要回答中国之问、人民之问，还要回答世界之问、时代之问。面对快速变化的世界和中国，我们不能墨守成规、思想僵化，必须要有理论创新的勇气，否则马克思主义就会失去生命力和说服力，思想政治教育就失去了说理的支撑。

再次要有纵深的历史视野。"要推出具有独创性的研究成果，就要从我国实际出发，坚持实践的观点、历史的观点、辩证的观点、发展的观点，在实践中认识真理、检验真理、发展真理。"③历史唯物主义帮助我在日益忘却如何进行历史性思考的时代里去历史地研究理论和思考现实。比如研究一个思想家，要"恰如过去思想家理解自己那样去理解他们"④，而要知道思想家自己怎么理解自己的，除了需要原原本本地读原著，还需要尊重这样一个基本事实：他是一个人，有一个成长过程。不管是自己做学生时老师的指导要求，还是自己做老师时的授课经验和研究收获，都让我相信：只有把握了马克思的心路历程、探索过程，才能真正把握马克思哲学的真谛。实际上，恩格斯曾说："历史就是我们的一切，我们比任何一个哲学学派，甚至比黑格尔，都更重视历史。"⑤在研究社会存在范畴的过程中，我深刻体会到，"一个定义的意义和它的必然证明只在于它的发展里，这就是说，定义只是从发展过程里产生出来的结果"⑥。在研读理论文本的时候，我也切身体验到，如果我们看得到文本的字面，却看不透它的纸背，可能是这些论述或断言未能进入我们的感知系统。任何一种思想都需要放到人类历史过程中才能鲜活起来，或者说，我们要研

---

① 徐先艳、李冉：《当代青年消费行为的新动向、成因及引导——基于 2021 年微博热搜消费事件的分析》，《中国青年社会科学》2022 年第 4 期。

② 习近平：《在哲学社会科学工作座谈会上的讲话》，《人民日报》2016 年 5 月 19 日。

③ 习近平：《在哲学社会科学工作座谈会上的讲话》，《人民日报》2016 年 5 月 19 日。

④ 参见［美］列奥·施特劳斯、约瑟夫·克罗波西主编：《政治哲学史》下，李天然等译，河北人民出版社 1993 年版，第 1048 页。

⑤ 《马克思恩格斯全集》第 1 卷，人民出版社 1956 年版，第 650 页。

⑥ ［德］黑格尔：《小逻辑》，世纪出版集团、上海人民出版社 2018 年版，第 34 页。

究、审视的是历史过程中活的思想。需要指出的是，马克思主义强调的历史思维一定是坚持大历史观。习近平总书记在谈到办好思政课和观察当代中国哲学社会科学时都强调大历史观。"当前形势下，办好思政课，要放在世界百年未有之大变局、党和国家事业发展全局中来看待，要从坚持和发展中国特色社会主义、建设社会主义现代化强国、实现中华民族伟大复兴的高度来对待。"①"观察当代中国哲学社会科学，需要有一个宽广的视角，需要放到世界和我国发展大历史中去看。"②

（四）要扎根中国大地做学问

要做好学术研究，就要坚持研究中国问题，要立足于中国实践，这是中国学者应有的自觉和自信。"当代中国正经历着我国历史上最为广泛而深刻的社会变革，也正在进行着人类历史上最为宏大而独特的实践创新。"③社会变革过程中会涌现很多复杂的问题需要深入研究，独特的实践创新为理论创新提供活水源头。扎根中国大地做学问，要坚持借鉴西方有益理论的同时坚持为我所用。在芝加哥大学访学期间，接触到芝大知名教授玛莎·纳斯鲍姆（Martha Nussbaum）的学术成果，《马克思主义自由全面发展理论与新时代青年发展》一文就借鉴了她与其导师阿玛蒂亚·森的多元能力发展理论。虽然借鉴了他们的理论框架，但我们坚持认为必须在马克思主义的指导下，根据我国具体条件和历史传统确定我国青年全面发展的核心能力目录及底线目标，根据马克思主义基本理论和中华优秀传统文化精神，我们尤为重视对青年"实践"能力和"归属"能力的培养，因为它们是决定青年是否能够全面发展、自由个性实现程度的架构性能力，即它们组织起并扩展至其

① 习近平：《思政课是落实立德树人根本任务的关键课程》，《求是》2020年第17期。
② 习近平：《在哲学社会科学工作座谈会上的讲话》，《人民日报》2016年5月19日。
③ 习近平：《在哲学社会科学工作座谈会上的讲话》，《人民日报》2016年5月19日。

他能力。①

四、学术志向

"为学须先立志。志既立，则学问可次第着力。立志不定，终不济事。"②
我想未来一段时间，我将在以下方面下功夫，争取做出更多有质量的成果。

第一，继续马克思主义哲学研究，聚焦现代性理论研究。马克思主义哲
学塑造了我的思维个性和精神品格，也为我做好思想政治教育研究提供了强
大的理论工具。我将继续在这一领域深耕细作，通过文本研究、思辨研究、
历史研究继续提高自身的马克思主义理论水平，既为高质量完成《马克思主
义基本原理概论》等课程的教学工作提供有力的学术支撑，又为展开应用研
究提供丰厚的理论基础。"理论思维的起点决定着理论创新的结果。理论创新
只能从问题开始。"③具体地说，本人将继续重点研究现代性问题，包括马克思
的现代性批判思想、法兰克福学派等西方学者对现代性的反思等，最终指向
对中国式现代化、现代性问题探究。我将及时跟进研究中国特色社会主义现
代化进程中的重要理论和实践问题，关注现代化过程中出现的文化危机、价
值观危机、精神危机及其治理策略。

第二，继续思想政治教育创新发展研究，包括思想政治教育治理研究和
思想政治教育学与文化学的交叉研究。思想政治教育学科发展到今天，要进
一步提高本学科的学理性和科学化水平，以适应新时代这一历史方位给它提
供的发展背景和提出的时代要求，就既要加强基础理论研究，又要加大交叉
研究的力度，积极开拓新的研究论域。"思想走在行动之前，就像闪电走在雷

---

①　徐先艳、王义军：《马克思主义人的自由全面发展理论与新时代青年发展》，《中国青年研究》
2018 年第 8 期。

②　转引自习近平：《思政课是落实立德树人根本任务的关键课程》，《求是》2020 年第 17 期。

③　习近平：《在哲学社会科学工作座谈会上的讲话》，《人民日报》2016 年 5 月 19 日。

鸣之前一样。"①新时代思想政治教育要守正创新，需要引入治理理念和思维。我们要贯彻党中央提出的新理念不走偏、落实党中央提出的新要求不打折扣，首先需要充分理解这些新理念的深刻内涵、重大意义和实践路径。所以我将继续思想政治教育治理研究。在思想政治教育新论域的探索中，我将加大力度进行思想政治教育学与文化学的交叉研究，因为精神危机、价值观危机是现代性危机的一种，科技高度发达、经济快速发展的今天，我们尤其需要人文精神和科学精神的共同彰显，更高质量的精神文化发展需要是人民美好生活需要的重要组成部分，引导人民的文化自觉和文化自信、建设文化强国是我们面临的重要时代课题，文化育人是新时代思想政治教育创新发展的重要路向，所以通过思想政治教育学与文化学的交叉研究，探究文化对人的思想行为的影响规律、如何增强思想政治教育文化育人、以文化人的力量等将是我未来一段时间重点研究的方向。在这一研究过程中，除了加强马克思主义文化学等方面的理论研究，还将研究中国优秀传统文化的思想政治教育资源，研究党坚持把马克思主义基本原理同中国具体实际相结合、同中华优秀传统文化相结合，不断推进马克思主义中国化的百年历程，深化对新时代党的创新理论的理解和掌握；除了文化育人的理论研究，还将研究当代青年文化现象及其引导。因为今天，巩固马克思主义在意识形态领域的指导地位，培育和践行社会主义核心价值观，巩固全党全国各族人民团结奋斗的共同思想基础，是在社会思想观念和价值取向日趋活跃、主流和非主流同时并存、社会思潮纷纭激荡、世界范围内各种思想文化交流交融交锋的新形势下完成。所以需要研究非主流的青年亚文化，透视这些亚文化现象背后的思想观念、价值取向，辩证分析其与主流文化的关系，创新性、针对性地提出治理对策、引领方式方法。

成功不仅是从过去开始的，在一定意义上可以说也是从未来开始的，面

---

① ［德］亨利希·海涅：《论德国宗教和哲学的历史》，海安译，商务印书馆 1974 年版，第150 页。

向未来不断突破、创新，这也是现代性的一个基本体验。我将争取进一步做好规律性研究和前瞻性研究，把描述性研究与干预性研究结合起来，写出自己的观点，产出更多更高质量的学术成果。"教育和科学所开的花本身即是国家生活中的一个主要的环节。"[①] "今天，中华民族向世界展现的是一派欣欣向荣的气象，正以不可阻挡的步伐迈向伟大复兴。"[②] 希望我能不负前辈学者的期望，以做好学术研究、上好思政课的方式实质性参与这一伟大事业并贡献绵薄之力。我赞同黑格尔的这句话："以谨严认真的态度从事于一个本身伟大的而且自身满足的事业，只有经过长时间完成其发展的艰苦工作，并长期埋头沉浸于其中的任务，方可望有所成就。"[③]

---

① ［德］黑格尔：《小逻辑》，贺麟译，世纪出版集团、上海人民出版社 2009 年版，第 51 页。
② 《习近平谈治国理政》第四卷，外文出版社 2022 年版，第 15 页。
③ ［德］黑格尔：《小逻辑》，贺麟译，世纪出版集团、上海人民出版社 2009 年版，第 30 页。

余一凡：从青涩学生到思政"青椒"

余一凡，男，1982年生，河南罗山人，中央"马工程"专家。南开大学马克思主义学院副院长，教授、博士生导师。

对于青年学者而言，在尚无太多建树的情况下，贸然去写学术历程，既感愧对老师的教诲，亦怕误导青年学子，心底着实有些发虚。不过，从自我反思、自我鞭策的角度，对自己如何走上学术研究道路进行回顾，对从事学术工作中的得失进行总结，既是对自己的一点交代，也对提升自己的学术研究能力不无裨益。

一、误打误撞，"闯"入思想政治教育学科

每年6月份进行高考招生咨询的时候，学校总会接待很多前来咨询的考生和家长。在与他们接触的过程中，我明显感觉到，现在的考生越来越有主见，想得越来越明白。在专业的选择上，他们早已经做足功课、有备而来。对于思想政治教育专业而言，他们通常关心专业的保研率、深造率、就业情况，或者这一专业开设的课程及相关的学生活动和社会实践的情况。换言之，他们关心的是，我到这里来你能教会我什么？我能得到什么？至于马克思主义理论或者思想政治教育的专业定位、培养目标以及当前党和国家对于这类专业的重视程度、这类专业在当前高等教育中的分量等，他们已然心中有数。回想起20多年前自己参加高考、填报志愿等的情形，不禁感慨，时代在发展，青年在进步。

当初，我是误打误撞地成为了一名思想政治教育专业的学生。那时候，我们是先填报志愿，再公布高考成绩。考试结束后，同学们一般都会根据参

考答案先估测自己的分数，再根据当年预估的分数线以及往年各大高校的录取分数线衡量自己能够进入哪所学校学习。正因如此，大多数人无法确保自己当年一定能考上哪个学校的哪个专业，所以绝大多数人是按照估分情况尽可能选择一个好的学校，而在专业上则普遍同意调剂。南开大学是享誉海内外的知名学府，周恩来总理的母校，也是我一直以来向往的学校。按照估分情况，我的成绩与南开大学历年的录取分数线相近，因此我毫不犹豫地将南开大学作为第一志愿填写在志愿表上。在专业的选择上，优先考虑了当年比较热门的金融、国际经济与贸易等，同时愿意服从调剂。很幸运，南开大学的录取通知书如约而至，录取专业为"思想政治教育"。

我的大学同学中，有很多与我情况类似，也是通过调剂进入思想政治教育专业的。起初，由于缺乏了解，大家专业学习的兴趣都不太高，甚至有些打算利用转专业机会更换专业。而对于当时的我来说，虽然并不了解它，但能在心仪的大学读书毕竟是件开心的事。抱着"既来之，则安之"的心态，我选择努力去了解这个专业。在经历了一段相对枯燥、抽象的概念和原理的学习后，我逐渐发现，这个专业不仅没有之前想象的那么枯燥，反而非常开放、有趣。它的课程体系相当丰富，不仅有思想政治教育学原理、思想政治教育方法论、思想政治教育心理学、中国共产党思想政治教育史、中国古代思想政治教育史、比较思想政治教育等，而且有文化人类学、伦理学原理、政治学概论、社会学概论、中国传统文化概论、西方当代文化思潮等相关课程，甚至还有当时特别新鲜的网络思想政治教育课程。随着学习的深入，我开始认真琢磨思想政治教育原理原则、规律方法等问题，但结合社会现实以及自身的切实体会，我也产生了诸多困惑。比如，为什么我们不采取和发达资本主义国家相似的隐性渗透方式来增强思想政治教育的实效性呢？恰好此时，我幸运地获得了硕士研究生的推免资格，也获得了继续思考各种困惑的机会，但此时的我并没有想到自己未来会从事专门的科研工作，只是简单地考虑硕士学位更有助于找到一份好工作。抱着这样的心态，我开始了自己的研究生生涯。

相对于本科阶段而言，硕士阶段的学习方式有了很大不同，修读相应的课程是基础，但更主要的是跟着自己的指导教师学习，在导师的指导下接受比较系统的学术训练、掌握相关的学术技能、完成最后的学位论文。最令我印象深刻的是每周一次的组会，既充满挑战又颇有收获。在组会上，每个同学都要汇报自己一周的学习状况，或是分享读书心得，或是提出研究困惑，大家互相交流，在探讨和批判中获得进步。最开始参与组会交流的时候确实胆战心惊，生怕自己提出的问题过于幼稚，让导师和师兄师姐们笑话。但导师总是能看出我们的窘迫却不点破，只是会在不经意间说道：问题从来不区分幼稚与否，每个学生从"不会"到"会"都要经历一个过程，在我们这个团队中，大家不必有任何顾虑，有什么想法都可以表达出来。正是在这种氛围中，我慢慢适应了"研究"生的身份，而真正的难题却在学位论文选题时出现了。最初，我打算研究一个当时比较时髦的话题，比如市场化媒体与思想政治教育或政治社会化与思想政治教育等，但这些选题均没能"逃过"老师的追问。我百思不得其解，究竟什么样的选题才能很好地回避导师提出来的问题呢？在几个精心准备的选题被全部否定后，我重新把相关材料放到一起仔细推敲、琢磨，终于意识到，不是这些选题本身有问题，而是自己有意回避掉的问题恰恰是做好这些选题的关键，而当时的自己对这些基本问题还缺乏深刻理解。在和导师进一步商量后，我最终决定以思想政治教育概念为切入口，考察马克思主义关于思想政治教育的基本理解。正是在对这个基础问题进行研究的过程中，曾经的种种困惑逐渐有了答案，同时我也对自己的未来有了更进一步的思考与规划，那就是决定继续攻读博士学位！

博士阶段的生活单调而又充实，主要就是和文献打交道。相较之下，博士学位论文的选题倒没那么痛苦。在跟着导师及其他老师参与课题申报的过程中，我很自然地便找到了想做的选题——意识形态问题研究。考虑到学科归属的因素，我并不打算对意识形态的内容本身进行深入研究，而是拟从思想政治教育学科的视角去考察马克思主义如何认识和理解阶级社会普遍存在的意识形态现象。思想政治教育本质上就是意识形态教育，对马克思主义关于意识形态的基本认知进行研究，实际上就是考察马克思主义关于思想政治教育的原则性认识，从而勾勒出马克思主义指导下的思想政治教育的基本样貌。具体而言，这一选题以意识形态概念为切入口，把握马克思主义认识意识形态现象的方法，探究马克思主义对于意识形态现象产生与消亡的理解，总结马克思主义关于意识形态的原则规定，进而阐述社会主义意识形态建设的一般原则。就深化对思想政治教育的认识、丰富意识形态研究的角度而言，博士学位论文达到了预期目标。由此，"意识形态理论与实践"也成为我日后的一个重要的研究方向。博士毕业之后，我留校任教，从此过上了无风无浪却日盼课题夜盼论文的"青椒"生活。

二、孜孜以求，初窥思想政治教育科学研究门径

基于硕博学位论文写作期间的沉淀，长期以来，我依然将研究重心放在思想政治教育的基础理论上，同时结合思想政治理论课改革创新的实际需要进行延伸，逐步形成以下几个主要的研究领域。

第一，思想政治教育基础理论研究。马克思主义理论学科中，思想政治教育是起步最早、建设历史最长、成果最丰富、各方面基础最充分的二级学科。但是，从增设马克思主义理论一级学科起，相对于其他二级学科而言，思想政治教育就面临着"拓展学科领域、丰富学科内涵、增强学科特色、提高学科水平的建设任务"，不仅有增强学科特色的艰巨任务，甚至在学科领域、学科内涵等学科建设最基础、最核心的问题上都面临着挑战。从整体上看，这意味着思想政治教育学科的基础研究还有待加强。于我而言，既然本科到博士均就读于思想政治教育专业，且当前依然在这一专业领域内从事研究工作，那么在深化思想政治教育基础理论研究、夯实思想政治教育学科基础方面，自是责无旁贷。

虽然思想政治教育归属于马克思主义理论一级学科，但依然有一种声音提出，马克思主义创始人只是以顺便提到的方式阐述了对思想政治教育的认

识，并没有对其进行过系统论述。即便仅仅考虑到马克思恩格斯在《德意志意识形态》中对人类阶级社会普遍存在的意识形态及其教育现象进行过比较深入地探索，就可以知道这一判断过于武断，更何况马克思恩格斯在谈及政治统治、上层建筑、共产主义等众多命题时，都曾对阶级的教育、意识形态教育等问题有过明确说明。因此，围绕着马克思主义经典作家关于思想政治教育的基本认识，本人发表了《〈共产党宣言〉中的思想政治教育思想探析》《马克思主义思想政治教育的特色》《中国共产党"思想政治教育"概念的发展》《正确处理人民内部矛盾视野下思想政治教育释义》等论文，重新梳理并研究了《共产党宣言》中的思想政治教育思想，强调了马克思恩格斯在《共产党宣言》中揭示的思想政治教育本质，从源头上考察了马克思主义关于思想政治教育的基本认知和思想政治教育的基本原则，肯定了中国共产党的思想政治教育实践是这类原则规定的具体运用，而马克思主义本身的发展过程充分诠释了马克思主义思想政治教育的鲜明特色。

此外，在开展相关研究时也会涉及一些讨论度较高的时髦话题。比如思想政治教育的泛化问题、思想政治教育与公民教育的关系等。对此，我发表了《思想政治教育科学化问题寻踪》《学术视角下思想政治教育减负问题探讨》《思想政治教育科学性探讨——基于其作用的有限性》《中国思想政治教育与西方国家公民教育差异比较》等论文，强调思想政治教育有其特定的含义和明确的作用边界，思想政治教育之所以泛化，表面上是由于对思想政治教育的高度重视所致，实际上则是因为对思想政治教育的基本内涵有着各不相同的理解，而这样的误会在开展实际工作的时候容易导致思想政治教育的虚化，其自身的核心问题也难以得到有效解决。在对公民教育的认识方面，认为西方国家的公民教育实际上也是一种思想政治教育，只不过各国国情不同，公民教育与中国的思想政治教育在具体表现上往往呈现出不同特点。

第二，意识形态理论与实践研究。一方面，对马克思主义经典作家关于意识形态问题的基本认识进行再梳理，本人发表了《恩格斯"意识形态"经典表述的重新解读》《从"意识形态"到"社会主义意识形态"——对所谓

"意识形态"中性化问题的重新认识》《恩格斯关于无产阶级政党自我革命与社会革命的基本规定及其内在关系探究》等论文。这些成果对于马克思主义发展史上意识形态概念中性化的争论进行了新的阐释，并从政党意识形态的内在规定性上探讨了马克思主义经典作家关于自我革命与社会革命的基本认识。另一方面，结合当代中国马克思主义关于意识形态现象的基本认识，从理论上对意识形态工作中存在的现实问题进行阐释说明，发表了《习近平关于意识形态问题重要论述的形成理路及实践要求》《互联网意识形态建设的三层次指向》《论我国文化发展方略的创新》《提升突发公共卫生事件中舆论引导的科学化水平》等文章，旨在阐明习近平总书记如何从治国理政的实际出发、从实现中华民族伟大复兴的愿景出发，对当前意识形态领域出现的新情况进行科学研判，进而形成一系列关于新时代意识形态工作的理论创新成果和规律性认识。这类研究并不是仅就习近平总书记的有关论述进行文本分析，而是将这些重要论述置于当前大的时代背景之下，力图拓展新时代意识形态理论与实践的研究视野，然后在上述思想的指导下，提出提升意识形态工作科学性的理论思考。

值得一提的是，对意识形态现象、意识形态工作的探索，不可能完全回避对意识形态内容本身的探究。因此，在上述研究过程中，本人还发表了《开创21世纪马克思主义发展新境界的逻辑进路》一文，对当代中国化马克思主义最新理论成果的创立及其重大意义进行说明。此外，《习近平关于理想信念教育论述的基本思路和观点》《习近平总书记政治忠诚思想论析》《坚定理念信念是从严治党首要任务》等论文，在对新时代意识形态工作中的首要任务——理想信念教育的根本遵循——进行梳理总结的基础上，提出了开展理想信念教育的时代要求。

第三，思政课建设与改革创新研究。增设马克思主义理论一级学科的直接目的，就是为思政课建设提供学科支撑。作为思政课教师队伍的一员，在完成相关的科学研究任务之时，也要主动服务于思政课教学工作。一方面，对《思想道德与法治》（原《思想道德修养与法律基础》）课的教学重点难点进行专门研究，破解实际教学中的难题，可以推动这门课程的教学工作顺利展开。另一方面，作为一种思想政治教育实践活动，思政课建设要遵循思想政治教育的一般规律。对思政课的目标定位、基本理念、改革创新的时代要求进行研究，讲清楚其背后的道理，能够推动这一教育实践活动的进一步发展，提高其科学性和有效性。

基于上述理解，我在《从 30 年演进看高校思想政治理论教育课程与学科的关系》《"思政课的本质是讲道理"科学论断的内在依据和实践要求》《思想政治理论课教学中"以人为本"的学理阐释》《冲突与契合：慕课用于高校思想政治理论课之理念探讨》等论文中，探讨了学科建设与思政课建设之间的关系、思政课的本质、思政课教学的基本理念等问题，试图从学理层面对思政课教学的基本道理加以说明，阐明何为思政课教学守正创新所守之"正"，同时紧跟时代背景和具体形势的变化，对教学策略、教学方式的转变进行探讨。

除此之外，我还就实际教学中遇到的问题进行了深入研究，以便为课堂教学提供更为充实的知识资源和学理依据。其中《"思想道德修养与法律基础"课教学中的"以人为本"论析——对思想政治理论课教学中主客体关系的一种理解》一文，对构建本门课程中的新型"教—学"关系进行了初步探索；《"思想道德与法治"课人生观部分重难点解析》一文对思政课教学中人生观教育的重点难点问题进行了解析说明，阐述了其中的重要理论问题；《战"疫"期间基于其基本逻辑的高校思政课教学浅议》则是结合疫情防控常态化的实际，对如何结合抗疫故事讲好思政课提出了相应的意见和建议。

三、不忘初心，与思想政治教育学科共同成长

基于现有研究情况以及个人的兴趣与能力，在未来的教学科研中，我仍然希望在以下三个领域努力耕耘。

第一，深化思想政治教育基础理论研究，为进一步夯实学科研究基础作

出努力。早在新民主主义革命时期，毛泽东就曾针对当时的思想政治教育状况说道："政治工作的研究有第一等的成绩，其经验之丰富，新创设之多而且好，全世界除了苏联就要算我们了，但缺点在于综合性和系统性的不足。"这就表明中国共产党在领导革命战争的过程中积累了关于思想政治教育的丰富经验，后续应努力使之系统化。改革开放初期，朱镕基讲到中国共产党有开展思想政治教育的优良传统，我们也能够将这门科学发展到世界先进水平，要求我们把中国共产党长期实践工作尤其是改革开放以来开展思想政治教育的经验进行总结、概括、提炼，推动其理论化、科学化和系统化。自上个世纪80年代思想政治教育专业被批准设立以来，思想政治教育学科建设已经取得了长足进步，在思想政治教育知识体系构建、学理化探究等方面成效卓著。不过，相比起中国共产党在百年奋斗历程中积累起来的丰富经验，学科知识的系统化、学理化程度尚显不足，仍有进一步探索的空间和余地。

在讲到"思想政治教育"一词的时候，我们通常将其理解为一个由中国共产党提出的特有概念，但作为一种实践活动，它却是阶级社会中普遍存在的现象，只不过相对于剥削阶级的思想政治教育，无产阶级政党所领导的思想政治教育有其自身的独特性。就此意义而言，马克思主义关于思想政治教育现象的一般性认识，即马克思主义关于思想政治教育的产生、发展、消亡、类型、作用、规律等方面的认识，构成了思想政治教育最底层的理论基础，马克思主义经典作家关于思想政治教育的论述和思想，构成了思想政治教育最核心的理论支撑。我们应该基于学科内部的普遍共识和学科之间的一般规则，对内搭建深度探讨的桥梁纽带、对外营造相关学科平等对话的学术生态。唯其如此，思想政治教育学科作为一门独立的学科，才能真正将科学性与意识形态性相统一，在借鉴其他学科的理论或方法时，能够基于思想政治教育自身的核心问题进行理论转化，从而更好地推动思想政治教育学科研究不断发展。

第二，加强意识形态理论与实践的研究，为构建中国自主的意识形态知识体系作出贡献。意识形态问题一直是哲学社会科学研究中的热点话题。不同学科基于各自的学科边界、研究范式，从不同的角度对这一问题展开了广泛的研究。思想政治教育本质上是意识形态教育，"政治性""意识形态性"是其核心特点，因而意识形态问题自然成为思想政治教育学科的重要研究领域。人类社会意识形态及其教育现象的产生发展、意识形态教育的实践过程、意识形态教育的普遍规律和应循原则等问题，是思想政治教育学科理应深入探讨的主要内容。历经百年奋斗，中国共产党在意识形态工作方面成绩卓著、效果明显，不但推进了马克思主义中国化时代化、推动了意识形态内容的创新发展，而且积累了丰富的意识形态工作经验，形成了关于意识形态工作的规律性认识。中国共产党在百年奋斗过程中形成了哪些关于意识形态工作的基本认识？中国特色社会主义意识形态观究竟是什么？如何针对新时代意识形态建设的制约性因素开展工作？这些问题都需要思想政治教育学科给予科学解答。为此，我们思想政治教育工作者责无旁贷，务必要加强研究、贡献力量。

随着信息技术的迅猛发展及其在人们日常生产生活中的广泛应用，互联网与意识形态之间的关系也需要重新界定。以往的探讨或是将互联网看作一种外部环境，去考察其对意识形态工作有哪些新的挑战；或是专门研究网络空间中的意识形态问题，将网络意识形态当成是意识形态的重要组成部分加以研究。当前，互联网已然成为意识形态斗争的主阵地、主战场、最前沿，围绕意识形态问题进行的任何研究都无法回避互联网这一关键的影响因素。互联网条件下意识形态工作的理论研究不仅仍会是意识形态研究的重点，一定意义上也会成为意识形态研究走向深入的前提和基础。

第三，着眼于高校思政课教学，为新时代思政课教学的改革创新提供学理支撑。在从事思政课的教学与科研过程中，我一直有一个"偏见"：思想政治教育专业的研究生，尽量不要从宏观层面对思政课建设问题进行探讨，不要轻易地开展思政课教学改革方面的对策性研究。这是因为，哪怕是高校的思想政治理论课，其性质、定位、重点、课程体系的构成、教学目标等都有非常明确的规定，而这些规定与学生们对思政课的直观感受可能大为不同。

即使是我国以开设系统课程的方式进行思想政治教育这样一个常态现象，其背后都有着深刻的哲学道理，蕴含着社会主义国家关于意识形态、关于教育活动的基本理解。学生如果不理解其中的逻辑关联而贸然就思政课建设提出所谓的"对策建议"，很可能在基本前提上就会出现问题，影响后续研究的信度和效度。如果学生偏偏热衷于思政课建设方面的研究，我认为至少应对思政课建设的历史、课程变迁的来龙去脉甚至马克思主义意识形态理论的基本观点都有所了解。如此看来，思想政治教育学科的研究生开展思政课建设方面的研究难度极大，那么作为从事思政课教学实际工作的青年学者，我们有责任对此进行系统研究，以帮助青年学生或者说是思政课的后备师资力量准确理解思想政治理论课究竟是怎么回事。

基于当前具体工作的考量，同时按照学界前辈和领导的要求，未来希望能够在马克思主义人生观理论方面有所建树，以便为思政课教学中的人生观教育提供基本的理论依据，而这恰好也能够沿着导师原有的研究方向继续推进。马克思主义包含着丰富的人生观思想，为认识人生问题提供了基本的理论基础和方法论指导。尽管学界关于马克思主义人生观理论的研究已经取得较为丰硕的研究成果，在人生观基本问题方面也已达成基本共识。但是相对于马克思主义世界观、价值观而言，马克思主义人生观的思想资源尚未得到充分的发掘和整理，马克思主义人生观理论仍需更加完善的学理论证。针对新时代青年学生群体思想状况的变化，结合当前思想文化领域社会思潮的现状以及国家培养担当民族复兴大任时代新人的目标要求，如何从个体生命意义的角度去认识社会发展、把握时代变迁、理解人类进步，进而更好地去处理个人与社会的关系，既是一个值得深思的学术问题，也是一个亟须说明的现实问题。

张国启：从事思想政治教育学习研究的感悟与收获

张国启，男，1975年1月生，河南西华人，华南理工大学马克思主义学院副院长，教授，博士生导师。

自1984年思想政治教育学科设立以来，许多专家学者为思想政治教育学科建设呕心沥血、前赴后继，终于迎来思想政治教育学科的大发展、大繁荣时期。尤其是马克思主义理论一级学科的设立，为广大思想政治教育工作者和研究者提供了良好的学科平台，作为思想政治教育学科建设的受益者和一名普通的思想政治教育研究者、工作者，在思想政治教育学科建设40周年之际，回顾自己从事思想政治教育的学习经历和心路历程，总结个人从事思想政治教育研究和工作的奋斗经历和学习感悟，是一件极有意义的事情，这既是对思想政治教育学科建设40年的一份贺礼，在一定意义上也构成了自己不忘从事思想政治教育研究的初心使命、激励自己奋勇前行的精神力量。

一、求学生涯中从事思想政治教育研究的历程回顾

从事思想政治教育学习和研究，是我本科毕业之后自主选择的结果。作为硕士研究生阶段所选择的这一专业，最初是凭着兴趣而选择，实质上我对这一学科并不了解，只是觉得作为一名年轻人，学习马克思主义理论与思想政治教育是人生成长的必然需求，幸运的是，哈尔滨师范大学马克思主义理论与思想政治教育专业向我伸出了橄榄枝，满足了我从事思想政治教育学习和研究的愿望，并在导师王忠桥教授指导下迈开了从事思想政治教育学习和研究的蹒跚脚步。

王忠桥教授是我进入思想政治教育学科领域的引路人。他不仅是一名优

秀的学者，还是哈尔滨师范大学的党委副书记、常务副校长，虽然平时工作比较忙，但他总是不忘记适时鼓励我阅读思想政治教育学科的专业书籍，在他外出时，一般都会买一些书，甚至觉得有些书对我学习有较大帮助时，帮我带回来几本。硕士研究生求学阶段，王老师给我买的书有三四十本，很多都是思想政治教育学科领域刚刚出版的最新研究生成果和最新版、最权威的思想政治教育学科专业教材。每一次拿到这些书，我都会如饥似渴地阅读并做好读书笔记，并把不懂的记下来，等王老师方便时再去请教。在王老师的悉心指导和热情帮助下，我阅读了大量的前辈学者撰写的思想政治教育研究成果，对思想政治教育学科的认识也越来越清晰、系统，并在王老师的指导下开始尝试着撰写学术论文，王老师对我写的学术论文会认真批改，提出修改意见，使我的科研能力有了显著提升，并在《黑龙江高教研究》上发表了第一篇学术论文——《论思想政治教育的价值》，尽管论文观点还不太成熟，但能公开发表出来，已令我欣喜若狂了，对思想政治教育学科学习和研究的兴趣更为浓厚了。可以说，没有恩师的关怀、眷顾与提携，就不会有我今天的学识与成长！

郑永廷教授是我坚定从事思想政治教育研究的"摆渡人"。硕士研究生学习的过程中，我一直渴望有机会进一步深造，并梦想着有一天能跟随思想政治教育学科的领军人物学习。郑老师是国内思想政治教育学科领域的领军人物之一，也是参与创办我国思想政治教育专业的著名学者之一。早在我读硕士研究生之初就非常渴望得到郑老师的指导和教诲。虽然经过了自身的不懈努力，但由于水平有限，成绩不是很理想，是郑老师的宽宏与垂爱，才使我这个愚钝的弟子有机会忝列师门，才有机会来到中山大学这座学术的殿堂。郑老师对学术的执著追求和对前沿问题的敏锐把握，不但铸就了丰硕的学术成果，而且在无形之中激励着弟子们。我怀着一颗忐忑不安的心来到郑老师身边，深恐自己的愚钝和无知有辱师门。然而，郑老师的和蔼可亲和特有的学术气质很快打消了我的忧虑和自卑，他的话语虽简明扼要，思想却在深邃中闪耀着真知灼见，总能在我迷茫、困惑和苦恼时燃起一盏希望明灯，给我信心、给我力量，照耀着我前方的路，催我奋进。"学高为师，身正为范"，学术思想的引导和启迪是老师对学生最深厚的馈赠，日常生活的关心与照顾是老师对学生最细微的爱护。在繁忙的工作之余，郑老师时时都不会忘记关照弟子们的饮食起居、生活习惯，并多次鼓励我锻炼身体，教导我学会调节生活。三年中，我深深地体会到了导师严谨求真的学术风格、豁达真诚的学者风度和德启后人的大师风范。更为可贵的是，博士毕业以后，郑老师还时时刻刻关注着我的成长与生活，通过各种途径和场合对我进行指导、激励、鞭策和爱护，尤其是 2016 年我调到华南理工大学之后，更是经常对我进行面对面的指导、鼓励和帮助，这份舐犊之情，永远铭记在心！在郑老师的辛勤培育和教导下，我真正理解了什么叫"博学、审问、慎思、明辨、笃行"，并愿意把它镌刻在灵魂深处。

积极参加学术交流是我学习的基本手段。在我的研究生求学阶段，无论是郑永廷老师还是王忠桥老师，都非常注重我的学科素养提升，经常带领我参加一些重要学术会议，使我进一步体会到从事思想政治教育研究的学术魅力、前辈学人的人格魅力和学术修养。在两位导师的接力培养和提携下，我有幸在研究生求学阶段多次参加思想政治教育学科建设与发展的重要会议，有幸多次聆听张耀灿、郑永廷、祖嘉合、林泰、邱伟光、吴潜涛、陈秉公、邱柏生、王殿卿、詹万生、朱晓曼等专家学者的学术报告，甚至多次获得近距离请教的机会，专家们高屋建瓴的学术报告、蕴含系统而深刻思想的主题发言，至今回忆起来仍然形象生动、难以忘怀，我还清楚地记得 2000 年在北京学习期间去国家教育行政学院拜会王殿卿老师、在福州开会拜会詹万生老师、在中山大学听完张耀灿老师报告后和张老师交流的情景，有的还专门请人给拍了合影照片以作留念，老师们对学术前沿问题的敏锐把握和对后辈学人的关爱和提携，令我非常感动，让我真正感受到前辈学者的人格魅力和大师风范，并暗暗发誓一定要努力学习，将来也要为思想政治教育学科的建设与发展做出自己的一份贡献。

自觉投身社会实践是我学习的必备要素。在书本知识学习之余，我积极参加社会实践活动，既有带领学生去中学开展思想政治教育教学实习的经历，也有利用寒暑假独立开展社会调研的实践体验；既有在"千里冰封，万里雪飘"的黑土地用脚步丈量祖国大地的粗犷豪迈，也有在珠江之畔、南海之滨的大湾区亲眼目睹"潮起珠江"的改革热浪；既有在中原大地、老子故里亲耳倾听家乡父老期盼中部崛起的持续呼声，也有在京畿之地、皇城根下用心感应首都北京脉搏跃动的学习经历。在开展社会实践的过程中我比较注重问题导向，一般会根据事先拟定好的调研大纲和相关方案，将需要了解的相关内容系统勾勒出来，遇到困惑的问题就去请教导师，无论是郑老师还是王老师总能在百忙中抽出时间给我精准而系统地指导、为我驱散前进中的"思想迷雾"，使我对开展思想政治教育学科的实证研究逐渐形成了较为清晰而系统的认识，有些调研报告经导师审阅批改后甚至成为后续咨询报告形成的前研究和基础性内容，个别的调研报告甚至得到了省部级领导的批示。在研究生学习阶段所开展的系列社会实践活动及所撰写《地方高校加强爱国主义教育的策略思考》的调研报告，获得所在学院和老师们的高度评价，从而为我留校任教及继续从事思想政治教育学习和研究奠定了良好的基础。

总的来看，研究生阶段的学习和实践，使我初步理解了"什么是思想政治教育，如何开展思想政治教育"的基本问题，使我这个对思想政治教育一窍不通的"新兵"逐步确立为坚定从事思想政治教育研究职业的"战士"，并渴望在思想政治教育学科的建设与发展中尽一份力、发一束光，为不断增强做中国人的志气、骨气、底气奉献青春和力量，在"明理传道、立德树人"的过程中切实担负起为党育人、为国育才的时代重任。

二、职业使命中思想政治教育研究的方向选择

本人从事思想政治教育学习和研究的25年中，逐渐形成了思想政治教育理论与方法、思想政治教育话语理论与实践、社会主义意识形态理论与实践等三大研究领域，并在研究过程中形成了系列研究成果。在开展思想政治教

育学习和研究的过程中，我非常注重对马克思主义经典文献的系统研究，把文本解读和现实关切结合起来，以马克思主义思想教育理论和人的发展理论为核心，将马克思主义的世界观、方法论结合中国特色社会主义的思想政治教育理论与实践进行研究。同时，我比较注重把哲学、教育学、社会学、政治学等相关知识融合起来对思想政治教育进行跨学科研究，使思想政治教育研究整体上更有理论性、时代性和厚重感。近年来，我的学术研究兴趣逐渐向意识形态理论与实践聚焦，一方面是基于百年未有之大变局、中华民族全面复兴的战略全局和网络社会崛起的社会格局变化对人才培养提出了新的要求，思想政治教育关系到高校培养什么样的人、如何培养人以及为谁培养人这个根本问题，必须高度重视社会主义意识形态理论与实践研究；另一方面随着青年学生成长的需求和期待的提升，思想理论教育和价值引领问题在学生成长中的作用日益突出，加强对习近平新时代中国特色社会主义思想的系统学习和理论武装成为历史发展的必然，我的思想政治教育研究方向也做了进一步深化，并初步形成了以习近平新时代中国特色社会主义思想为指导的三个研究领域：思想政治教育理论与方法、社会主义意识形态理论与实践、思想政治教育话语理论与实践，并将习近平新时代中国特色社会主义思想和思想政治教育理论与方法进行了贯通融合研究，既从马克思主义基本原理角度阐析、探掘思想政治教育的基础理论，又比较注重习近平新时代中国特色社会主义思想对思想政治教育理论与实践发展的方法论研究。具体来讲，我从事思想政治教育学习和研究的方向选择如下：

第一，思想政治教育发展的理念变革研究。习近平总书记指出："理念是行动的先导，一定的发展实践都是由一定的发展理念来引领的。发展理念是否对头，从根本上决定着发展成效乃至成败。"①思想政治教育的发展理念在很大程度上是随着思想政治教育实践的发展变化而发展变化的，而思想政治教育学科建设与发展受思想政治教育理念变革的影响，本人关于思想政治教育

---

① 《习近平谈治国理政》第二卷，外文出版社 2017 年版，第 197 页。

发展的理念变革研究，主要从生活化理念、价值引领意识、人文关怀意识、互联网思维、"大思政课"理念等维度展开了系统研究，先后发表了《论思想政治教育生活化的发展向度》《论思想政治教育发展的互联网思维》《论思想政治教育主体的价值引领意识及其强化维度》《论思想政治理论课教学供给侧结构性改革中的价值意识》《论思想政治教育主体的人文关怀意识及其外化理路》《思想政治理论课教学生活化的多维思考》《思想政治教育学科发展理念的时代变革》。这些研究成果，主要探究思想政治教育学科建设与发展应当确立的新理念，强调思想政治教育学科建设与发展理念的时代变革，反映了人们更好地运用马克思主义观察时代的理论思维，揭示了人们更好地运用马克思主义解读时代的现实关切，彰显了人们更好地运用马克思主义引领时代的"理想意图"。思想政治教育学科发展，既要继承与发扬原有学科体系中的"合理内核"，又要着力建构逻辑自洽而又观照现实的学科体系，确立适应时代发展而又张扬学术思维的学术体系，凝练回应时代主题而又彰显民族特色的话语体系，在"解释世界"与"改变世界"的过程中，更好地服务于德智体美劳全面发展的社会主义建设者和接班人培养的学科建设与发展目的。

第二，思想政治教育话语理论与实践研究。习近平总书记指出："要加快构建中国话语和中国叙事体系，用中国理论阐释中国实践，用中国实践升华中国理论，打造融通中外的新概念、新范畴、新表述，更加充分、更加鲜明地展现中国故事及其背后的思想力量和精神力量。"① 在一定意义上说，思想政治教育是运用话语进行思想理论教育和价值引领以达到教育目的和教育效果的实践活动，在这一活动过程中，话语作为一种表达中介和有效载体对思想政治教育内容和价值理念进行传递、传导，它是指向思想政治教育目的的表达系统，为一定的社会、阶级、政党的利益服务，具有显著的目的性和意识形态性。同时，思想政治教育话语具有构建思想政治教育内容体系的重要作用，在一定意义上构成了思想政治教育活动开展的理论依据，应当具有显

---

① 《习近平谈治国理政》第四卷，外文出版社 2022 年版，第 317 页。

著的规范性、逻辑性和严谨性。思想政治教育话语的运用即为其话语权，话语权本质上是思想统治权，它是思想政治教育话语力量的系统彰显。中国特色社会主义进入新时代，深入系统研究习近平新时代中国特色社会主义思想话语的话语特质及其对思想政治教育学科话语发展的时代价值成为"显学"，并发表了一系列的学术论文，如：《论思想政治教育学科的意识形态话语权建设》《论思想政治教育学科的话语体系及其转换维度》《论思想政治教育学科话语的发展逻辑》《中国特色社会主义意识形态话语权提升的多维审视》《微时代思想政治教育话语权提升的逻辑思考》《论思想政治教育学原理话语体系的转换维度》《论习近平全人类共同价值思想的话语特质及其意义》《论新时代执政党公信力提升维度的意识形态话语权建设》等文章，从学科话语、意识形态安全、执政党公信力提升、习近平新时代中国特色社会主义思想的话语特质等维度对思想政治教育的话语理论与实践展开研究，使习近平新时代中国特色社会主义思想既以世界观又以方法论的形式呈现在思想政治教育学科建设中，在服务国家发展、民族振兴、人民幸福中呈现其独特价值。

第三，社会主义意识形态理论与实践研究。在一定意义上讲，意识形态和思想政治教育是内容和形式的关系，新时代社会主义意识形态的核心是以习近平新时代中国特色社会主义思想为指导，结合思想政治教育学科发展探索社会主义意识形态理论的系统结构、话语叙述和价值呈现，从而持续提升意识形态的凝聚力和引领力问题，从而为人的自由全面发展做出理论探索。在此系列的研究内容，主要聚焦以下几方面的研究：（1）关于马克思主义基本原理中具有独特内涵的概念和范畴的研究。如：《共产主义运动视野中的社会革命化思想及其当代意义》，主要研究马克思的社会"革命化"思想，探讨其对新时代党的自我革命与伟大的社会革命的当代启示，《马克思唯物史观叙事的视觉形象呈现及其启示》，主要研究马克思建构了破译"拿破仑观念"的唯物史观叙事，借助现实世界中的现实手段批判旧世界、发现新世界，彰显了其解释世界与改变世界的"理想的意图"的问题。（2）关于社会主义意识形态安全的基本理论及其当代价值的相关研究。如：围绕"社会主义核心价值观""执政党形象""话语权建构""价值渗透""网络阵地建设"等内容撰写了《论意识形态安全视阈中社会主义核心价值观的培育和践行》《论意识形态价值化过程中执政党形象的时代建构》《凝聚民心视域中中国共产党的意识形态话语权建设》《论网络舆论工作格局中的价值渗透意识》《高校意识形态工作中网络阵地建设的策略分析》《论社会主义意识形态自洽性建设的逻辑维度及启示》《论中国特色社会主义意识形态自洽性建设的科学内涵及逻辑向度》等文章，对新时代我国意识形态安全问题进行了较为具体而有特色的研究。（3）关于社会主义意识形态建设的整体性研究。主要从习近平新时代中国特色社会主义思想、中国特色社会主义理论自信、全面从严治党以及中国特色社会主义发展的逻辑自洽性探讨建设具有强大凝聚力和引领力的社会主义意识形态问题，科学阐释与探究了增强中国特色社会主义理论自信对社会主义意识形态建设的独特价值。如：《论中国特色社会主义理论自信的三个逻辑视角》《论党的初心与全面从严治党的逻辑关系》，并从本原合法性、体系合理性、实践可能性与制度规范性等维度，阐释了建设具有强大凝聚力和引领力的社会主义意识形态是旗帜引领、社会运动、理论武装和制度建设的有机统一（参见张国启：《中国特色社会主义逻辑自洽性的再认识》）。

中国特色社会主义进入新时代，我国经济社会许多领域实现了历史性变革、系统性重塑、整体性重构，思想政治教育学科的建设与发展也应当聚焦问题、转变思路，以"两个确立"引领思想政治教育学科建设与发展，为实现中华民族伟大复兴的中国梦"更好构筑中国精神、中国价值、中国力量"。在这样的背景下，思想政治教育学科建设与发展的问题域依然聚焦"理论"和"实践"两大主题：（1）"理论"总体问题是新时代的思想政治教育学科应当具有怎样的理论体系、系统结构和理论效应，这一研究旨在揭示作为"思想理论整体"的思想政治教育学科建设与发展的本质内涵及其强大育人力量的生成逻辑，这一问题可以简单地概括为"新时代建设什么样的思想政治教育学科"；（2）"实践"总体问题是"思想政治教育学科建设与发展应当体现怎样的话语叙事、运行机制和实践效应"，这一研究旨在探究作为"象征实践"的思想政治教育如何从价值理念、思想体系逐步转变为个体的思维方式、生活方式，这一问题可以简单概括为"怎样建设思想政治教育学科"。因此，"建设什么样的思想政治教育学科，怎样建设思想政治教育学科"构成了我从事思想政治教育学习与研究的总问题和总体思路。

三、事业规划中思想政治教育研究的主要任务

新时代加强思想政治教育学习和研究，必须以更为广阔的格局视野、更加全面系统的协同育人理念和更庞大的学科交叉实践实现对传统思想政治教育的学科形态、话语体系和实践模式做出新的探索，这是对"努力办好人民满意的教育"的时代之问、国家之问和人民之问的积极回应。作为一名"思政人"，必须将从事思想政治教育研究作为一项崇高而神圣的伟大事业来做，站在"把思想政治工作作为治党治国的重要方式"[①]的高度，切实贯彻落实思想政治教育立德树人根本任务的客观要求，深刻而系统地探索遵循思想政治教育规律、教书育人规律、学生成长规律的内在要求而开展思想政治教育研究的中心任务，进而持续满足青年学生日益增长的成长需求和期待。开展思想政治教育研究，要放在百年未有之大变局、党和国家事业发展全局中来看待，要从坚持和发展中国特色社会主义、建设社会主义现代化强国、实现中华民族伟大复兴的高度来对待。在一定意义上说，新时代思想政治教育研究必须"做好理论研究、对策研究这个探索规律、经世致用的大学问"[②]，用党的科学理论武装青年，用党的初心使命感召青年，进而引导"广大青年要坚定不移听党话、跟党走，怀抱梦想又脚踏实地，敢想敢为又善作善成，立志做有理想、敢担当、能吃苦、肯奋斗的新时代好青年，让青春在全面建设社

---

① 《中共中央国务院印发〈关于新时代加强和改进思想政治工作的意见〉》，《光明日报》2021年7月13日，第1版。

② 《习近平在中央党校建校九十周年庆祝大会暨二〇二三年春季学期开学典礼上发表重要讲话强调：坚守党校初心 努力为党育才为党献策》，《人民日报》2023年3月2日，第1版。

会主义现代化国家的火热实践中绽放绚丽之花。"①

第一，思想政治教育研究必须着眼于建构与时代发展相适应的学科体系。思想政治教育学科的建设与发展及其学术研究，必然要求在"解释世界"的过程中建构与时代发展相适应的学科体系。思想政治教育学科体系是思想政治教育科学性、逻辑性的学理展示，反映了特定时空境遇中思想政治教育学科发展的知识结构和存在形态，是思想政治教育学科体系、学术体系、话语体系的综合体现。在当代中国，思想政治教育学科建设与发展，必须依据现实国情和世界发展与时俱进地实现发展理念的同向跃升，尤其是要立足"富起来"、着眼"强起来"的时代境遇进行思想政治教育学科体系建构，着力建构逻辑自洽而又观照现实的学科体系，确立适应时代发展而又张扬学术思维的学术体系，凝练回应时代主题而又彰显民族特色的话语体系。当然，与时俱进的学科体系建构不是目的而是手段，对人们进行思想理论教育和价值引领才是其价值旨趣所在。同时，思想政治教育学科建设与发展，必须着力建构适应时代发展而又张扬学术思维的学术体系。学术体系的形成与发展离不开特定的社会环境与社会实践，思想政治教育是一门具有强烈政治性和意识形态性的学科，学科建设与发展既要体现"现在进行时"，又要着眼于"一般将来时"，既要将科学的知识体系和研究方法延续与发扬，又要善于依据时代和实践的发展变化概括凝练出新的知识体系和研究方法，在时代变迁中科学回应思想政治教育去向何处、能为人类发展作出何种贡献的问题，真正确立适应时代发展而又张扬学术思维的学术体系。新时代思想政治教育学科的建设与发展，必须凝练回应时代主题而又彰显民族特色的话语体系，以张扬中国特色社会主义文化的优秀特质，更好地描绘与解读思想政治教育学科发展的"理想的意图"。

第二，思想政治教育研究必须着眼于积极阐释中国特色社会主义发展的

① 习近平：《高举中国特色社会主义伟大旗帜　为全面建设社会主义现代化国家而团结奋斗——在中国共产党第二十次全国代表大会上的报告》，人民出版社 2022 年版，第 71 页。

科学性。思想政治教育学科建设与发展的勃勃生机，根源于中国特色社会主义本身的科学性，但是，这种科学性必须真正为人们所熟知、认同、接受和践行，才能在人类发展史以及国际社会主义运动中绽放出绚丽的花朵。马克思在《〈黑格尔法哲学批判〉导言》中曾明确指出："批判的武器当然不能代替武器的批判，物质力量只能用物质力量来摧毁；但是理论一经掌握群众，也会变成物质力量。理论只要说服人，就能掌握群众；而理论只要彻底，就能说服人。"[①]中国特色社会主义理论的科学性及其政治认同，必须通过掌握群众、说服群众、武装群众得以实现。但是，由于国际社会主义运动的曲折发展以及我国社会主义政治生活在特定历史时期曾走过弯路，再加上开放环境下社会主义市场经济发展中负面因素的影响，当代中国政治认同的压力与挑战前所未有。思想政治教育学科的建设与发展，必须紧密围绕中国特色社会主义理论掌握学生、说服学生、武装学生的时代课题，积极阐释中国特色社会主义发展的科学性，引领和强化青年学生对中国特色社会主义的政治认同，并形成与中国特色社会主义发展要求相一致的独立个性与角色意识，在积极投身中国特色社会主义的伟大事业中建功立业。

第三，思想政治教育研究必须以培养有理想、敢担当、能吃苦、肯奋斗的新时代好青年为根本任务。思想政治教育是中国共产党的优良传统和政治优势，在我国经济社会发展中起着"生命线"作用。思想政治教育学科发展既要着眼于促进我国经济社会发展，更要着眼于培养有理想、敢担当、能吃苦、肯奋斗的新时代好青年。进入21世纪以来，我国经济社会发展经历了高速发展之后进入了高质量稳步发展时期，与此同时，人类社会发展面临诸多不确定性，国际国内形势的深刻变化无疑会对思想政治教育学科发展产生重要影响。思想政治教育学科的建设与发展及其相关的学术研究，必须科学回应"培养什么人、怎样培养人、为谁培养人"的时代要求。思想政治教育学科建设与发展，既要重视马克思主义的价值引领与思想指导，又要高度关

---

① 《马克思恩格斯选集》第1卷，人民出版社2012年版，第9—10页。

切思想政治教育"育人"的方式方法、目标途径不同程度地出现的"同向跃升"。既要着眼于建构能够使人产生亲近感、认同度、满意度的思想政治教育情景、思想政治教育系统，从"满足学生成长发展需求和期待"出发对思想政治教育发展做出"描述性"的体系建构和氛围营造，科学地阐释和描述思想政治教育本质内容与实践形式；同时，又要从提升思想政治教育的实效性入手，着力解决新时代大学生日益增长的成长发展需求和期待与思想政治教育实践中不平衡、不充分发展之间的诸多矛盾，真正在培养有理想、敢担当、能吃苦、肯奋斗的新时代好青年过程中彰显其独特价值。

张青：厚植家国情怀　不负思政使命

张青，女，1986 年生，宁夏银川人，沈阳航空航天大学马克思主义学院副教授。

我于 1986 年出生在宁夏银川市一个普通家庭，从小是长辈们口中"别人家的孩子"，也是历任班主任心目中的"三好学生"。回首过往，我的童年和青少年时期都幸运地得到不少好老师的大力培养与精心照顾，也正因如此，让我对教师这个崇高职业心之向往。歌中唱道："长大后我就成了你"，若干年后梦想照进现实，一切都是那么妙不可言。回顾自己几十年来学习、教学和学术研究的历程是曲折的，也是幸福的。从事教育教学、承担相关教学管理工作，是我喜欢的事；而从事思想政治理论课教学、在思想政治教育学科中进行学术研究，更是我热爱的事业。这项事业对我而言，是"个人梦"与"中国梦"的统一。

一、学术历程

在漫长的学习和研究生涯中，我们都会面对多种选择。在多种选择中，也会有多次改变和调整，但如何能够找到真正适合自己的研究方向、研究领域，的确是个人学习和学术成长，尤其是学术历程和职业发展中的根本问题。所谓"性近习远"就是这个道理，我的求学历程，不仅是对知识求知若渴的宝贵经历，更是对自我发展诉求的真实呼应。

（一）从攀岩中找到学术自我——本硕博之路

2008 年 7 月，我从燕山大学毕业，获法学学士学位，同年进入辽宁大学马克思主义学院中外政治制度专业。2011年7月硕士毕业后，因成绩优秀且有校研究生会副主席的学生干部经历，留校担任辅导员，两年后成为学院团委书记。从学生角色到教师身份的转换，也是从书本上的理论到工作中的实践过程，使我初步感受到了高校思想政治工作的神圣与重要。知学生所想、解学生所惑，我很庆幸在工作的5年青春岁月里，成为学生们心中的"知心姐姐"和"小太阳"，也得到了同行前辈们的赞赏和认可。现在回头看，这份与学生惺惺相惜的辅导员工作经历，恰是我人生最生动的篇章之一。同时，那个时候的我随着工作的深入，也越发体会到实践需要理论的进一步深化与指导，只有这样，才能把心目中这份神圣且重要的"立德树人"工作做得更好。

因此，经过一番认真思考后，2016年我决定考博。这应该是自己从攀岩中找到学术自我的一次非常关键的选择和挑战。虽然从本科到硕士，包括硕士毕业论文得到了老师们的赞赏，在知识的海洋里游得比较畅快，获得了不少学术荣誉和奖励。但实事求是地说，在放弃工作完全以学生的身份准备报考全日制博士研究生时，我重新责问自己：我是一块做思想政治教育理论研究的料吗？怀着忐忑不安，但又对知识极度渴求的心态，拜见了我人生的伯乐——导师谢晓娟。在她的鼓励之下，我认真复习，拿出了高考和考研时的学习劲头，最终以第一名的成绩考上了辽宁大学马克思主义学院思想政治专业的全日制博士研究生。但是，要让自己能够真正地发现、找到学术自我，找到那个学术方向或领域与自己生命核心最恰到好处的交汇点，并由此展开自己的学术生涯，并不是一件轻而易举的事情。导师谢晓娟在我三年读博过程中，可谓倾尽全力，对我视如己出，在这份师恩浩荡、教泽流芳的感恩激励下，我比较正式地完成了自己学术轨迹的转换，从硕士阶段的中外政治制度专业转变为博士阶段的思想政治教育专业，从辅导员身份转变为脱产全日制博士研究生。也正是在读博这三年，我对自己的学术自我获得了新的认识，即正式将马克思主义中国化时代化理论研究和思想政治教育理论和实践研究作为自己终身的学术栖居地。

（二）从批判中找寻学术超我——思政人之道

2019 年 6 月，在圆满完成博士阶段学习任务后，因读博期间发表了几篇 CSSCI 期刊和北大核心，加之荣获国家奖学金，我被沈阳航空航天大学作为专职思政课教师人才引进。同年出版了个人学术专著《坚定中国特色社会主义制度自信研究》。该书的雏形是我的博士毕业论文，是对我三年博士求学阶段的成果反馈。这本专著成为辽宁省内相关高校"概论"课的参考教材，也使我荣获了沈阳市哲学社会科学成果一等奖。

实事求是地说，从辅导员到全日制博士研究生，再到高校专职思想政治理论课教师，每一次的转换腾挪，都有过选择中的不知所措，有过研究中的模棱两可，也都有过一次次的心灵激荡和精神洗礼。马克思主义理论学科是一个宏大的理论体系，思想政治教育又是我们党的生命线和优良传统，有着深厚的历史意蕴和实践积累，这其中究竟哪一小部分学术研究能够更加垂青于我呢？这不能不又是一个让我拷问自身的问题。虽然我是思想政治教育专业的博士毕业生，有着良好的学术基础和严谨的学术规范的培养，但我更希望自己的学术研究要接地气、有实效，直白地讲这是一种试图从学术自我到学术超我的渴求，但说到底这是一种自我的批判，这种自我批判常常转化为两个非常具体的问题：我是否能够让学生坚定马克思主义信仰？我自己是否能够让学生感同身受"立德树人""铸魂育人""民族复兴""时代新人"的精神伟力？这两个问题一直纠缠着我，成为时时悬在我头顶上的"达摩克利斯之剑"，不断督促自己改进思想政治理论课教学和人才培养工作，不断反思和提醒自己的思政课教师身份是否合格。

教师的崇高责任以及他们的价值，在于他们能帮助学生去发现和认识自身生命的核心或灵魂。这也应该是所谓"传道、授业、解惑"的最高境界。因此，如果能在人生的关键阶段遇到几位优秀的领导、伯乐、贵人，真的是人生中最大的福气，是老天爷对人的一种最大恩赐。经师易遇、人师难求；天道酬勤固然重要，但贵人相助更是可遇不可求，在这个方面，我自认为是非常幸运的。当我博士毕业再次走上工作岗位，试图从批判中找寻学术超我的关键时期，得到了很多前辈老师们的指点，于我而言是偏得厚爱，我铭刻于心。这其中冯刚老师可谓贵人相助，他对我的教育、影响、提携，为我驾驭好悬在头顶上的"达摩克利斯之剑"指明了方向，使我深知要想站稳思政课讲台，必须有过硬的本领，科研能力和教学能力是优秀思政课教师的"两翼"，要相辅相成、缺一不可。于是，我越发明确自己作为思政人的科学研究之道和教学研究之道。

直到今天，回看自己学术历程取得的成绩，我始终相信老师对学生的鼓励是其他任何人都不可替代的，关键时刻老师的提醒与告诫也是最难忘的。除了上述两位老师之外，我还遇到了其他非常优秀的老师，包括一些可亲可爱可敬的期刊编辑部老师们，他们都是我人生中的伯乐、贵人，不仅给予我深厚理论知识的指导，做一名优秀思政课教师的教诲，而且为我提供了深厚的情感支持。没有他们，我根本无法找到学术自我、找寻学术超我，进而成为一名受当代大学生欢迎和爱戴的中青年思政课骨干教师；同时，也可以更加直白地说，没有他们，也就没有我今日的学术业绩和学术地位。

二、学术成果

此时此刻 2023 年 3 月，当我提笔梳理学术成果时，百感交集。一方面作为一名高校青年思政课教师，自我感觉学术成果分量不够，捉襟见肘的感觉涌上心头；另一方面也的确感到一丝高兴和激励，为自己在不太长的时间内，真正找到适合自己的学术方向和领域并获得可大可小的业内肯定，而感到踏实和幸福。同样我深知，学术成果的分享是业界同行们解放思想、扩大交流、共创科研团队发展的最佳路径；也是我有幸踮起脚尖，更进一步接受专家指导的前期基础。所以，作为一名学术"青椒"，我这个"丑媳妇"还是要勇于面对"公婆"。

（一）教学科研成果

论文方面：近年来，围绕思想政治教育理论研究和思想政治教育理论课实效性研究，我陆续发表了几篇 CSSCI 和北大核心论文。其中，《亲和力：提升高校思想政治理论课教学质量的重要维度》一文发表于《思想教育研究》；《社会力量共建高校马克思主义学院的现状及对策分析》一文发表于《思想理论教育导刊》；《高校思想政治教育协同育人机制研究》《全媒体视域下高校意识形态安全面临的现实挑战及实践进路》《党史教育有效融入〈概论〉课教学研究》《试论思想政治教育作为治党治国重要方式的时代特征》等文章，发表于《学校党建与思想教育》；等等。同时，围绕中国特色社会主义制度研究，发表论文《以人民至上引领新时代制度创新：价值、原则、进路》《从四个维度深刻把握制度自信的当代内涵》《全过程人民民主在国家治理现代化中的价值审视》；等等。

著作方面：截至目前为止，我出版了7部著作，其中主编3部，参编4部。篇名分别是：《坚定中国特色社会主义制度自信》《共产党员理想信念研究》《高校思政课专题教学理论与实践研究》《多维立体模块教学模式构建研究》《"毛泽东思想和中国特色社会主义理论体系概论"课专题教学详案》（2018年版）《"毛泽东思想和中国特色社会主义理论体系概论"课专题教学详案》（2021年版）。这其中非常荣幸，在 2022 年加入冯刚老师研究团队，撰写《高校思想政治教育治理能力研究》，负责其中一章"高校思想政治教育治理能力的运行保障"。

课题方面：近年来，我主持省部级社科项目2项；主持省教改课题1项；主持市课题2项；作为主要参与人，参与国家社科基金项目3项，以及其他类课题 20 余项，结项成果获评省市级研究课题优秀成果奖。

（二）教学科研荣誉

作为"毛泽东思想和中国特色社会主义理论体系概论"教研室主任，

2019 年我与团队所有成员以"问题导向专题教学为主线的线上线下混合式教学模式"为题，成功申报首批国家级一流本科课程《毛泽东思想和中国特色社会主义理论体系概论》，有效引领三省一区思政课教学改革创新，实现优质教学资源创建，服务省内外多所高校千余名学生，是省内外高校思政课教研样板，受到教育部、省、市、校多方肯定与关注。同时，本人荣获第九届辽宁省高校思想政治理论课教学大赛一等奖，被授予"辽宁省高校思想政治理论课教学能手"称号；个人作品《党的领导是中国制度最大优势》荣获辽宁省微课大赛一等奖；作为第一指导教师，指导作品《探寻沈阳百年红色印记》荣获"2021 年辽宁省高校大学生讲思政课公开课"本科院校组一等奖；2022 年获评辽宁省教学成果一等奖等；2022 年荣获沈阳航空航天大学教师最高荣誉"沈航十大标兵"和"沈航优秀科技工作者"称号。基于此，在 2021 年建党百年，被辽宁省教育厅指派，以辽宁省思政课教学大赛总成绩第一名的身份，作为省内高校唯一思政课教师代表参加"人民网"圆桌论坛。

三、学术旨趣和学术志向

（一）厚植家国情怀、不负使命担当，用心用情讲深思政课

习近平总书记在学校思想政治理论课教师座谈会上强调：办好思想政治理论课关键在教师，关键在发挥教师的积极性、主动性、创造性。思政课教师，要给学生心灵埋下真善美的种子，引导学生扣好人生第一粒扣子。也给教师作出了六个明确的要求，其中之一就是："情怀要深，保持家国情怀，心里装着国家和民族，在党和人民的伟大实践中关注时代、关注社会，汲取养分、丰富思想。"作为高校一线思政课教师，我深知思政课是落实立德树人根本任务的关键课程，肩负着为党育人、为国育才的初心使命，思政课教师要始终葆有家国情怀，要以"四有""六要""八个统一"为遵循，站稳讲台，用心用情努力讲好每一堂思政课。在日常教学中，我注重把握学生育人规律，率先垂范点燃"课堂革命"引擎，坚持 OBE 理念，将对话探究式课堂、智慧

启迪式课堂、学生主场式课堂三者融合于实践教学中。也正因如此，我主讲的《毛泽东思想和中国特色社会主义理论体系概论》《习近平新时代中国特色社会主义思想概论》和《中国近现代史纲要》课程，还比较受广大本科生喜爱。以学生为本，专注思政课教学是我的目标，我还会继续深耕细作，将思政课教学改革创新推向深入。

关于对课程的整体评价，我被同学们的评教留言深深感动。同学们说："从前我对这门课的印象是刻板、枯燥、乏味，但是在张青老师独到深入的讲解中，我对于《概论》课有了新的理解和认识，发现这门课是充满情怀、充满智慧、充满理论和现实意义的课程，也更加明白了祖国的强大是无数人用青春和生命换来的，我更加热爱我的祖国。"关于对我本人的整体评价，同学们说："张青老师是一名注重言传身教的优秀教师，用自己的一言一行深刻影响着我们，因为她的认真、专业、亲和，我从没觉得这门课枯燥乏味，因为被她赋予了太多生动，她会细心记住我们每个人，会关心我们的身体状况，会在课间休息的时候给我们播放一些有教育意义的小短片，我永远记得她的每一节课，因为这是我大学以来发自内心最喜爱的老师之一。课上该讲的知识点，不再是书上刻板的印刷体，在她的口中，仿佛一个个生动的故事，不会让人觉得难理解，而是有自己的方式去理解，去记忆。这样的老师值得所有人的喜欢。短短一学期的学习真的让我觉得有些恋恋不舍。"每当看到这样的评教话语，就像一壶美酒沁入心田，使我更加坚定了思想政治教育的学术旨趣和学术志向，要踏踏实实地走下去，将我所学倾尽全力教给学生们。

（二）创新教学样态、深耕教学改革，与时俱进讲透讲活思政课

作为首批国家级一流本科课程"毛泽东思想和中国特色社会主义理论体系概论"教研室主任，我与十六位课程组老师们久久为功，在荣获各项殊荣之后继续探索思政课教学创新改革，将"线上线下混合式教学法"持续推进。特别是在 2021 版新教材与 2018 版旧教材交替之时，以党中央关于加强和改进新时代高校思想政治理论课要求为指向，在全国范围内率先启动 2021 版教

材教学资源更新工作，持续将"以问题导向专题教学为主线的线上线下混合式教学模式"引向深入，成效显著、影响广泛。随着2023年版教材出版，我们团队继续及时更新线上线下教学资源。截至目前为止，省内外多所高校千余名学生跨校选修我校"毛泽东思想和中国特色社会主义理论体系概论"课，无论是教案讲稿、音视频资源、教法创新改革路径，已服务省内外多所高校千余名学生，是省内外高校思政课教研样板，受到教育部、省、市、校多方肯定与关注。

（三）潜心学术前沿、聚焦时代问题，努力做"经师"和"人师"的统一者

2022年4月25日，习近平总书记在中国人民大学考察时发表重要讲话，向全国高校教师和哲学社会科学工作者表达关怀与勉励，也提出更高的要求与期许："培养社会主义建设者和接班人，迫切需要我们的教师既精通专业知识、做好'经师'，又涵养德行、成为'人师'，努力做精于'传道授业解惑'的'经师'和'人师'的统一者。"

努力做精于"传道授业解惑"的"经师"和"人师"的统一者，是新时代对教育工作者提出的更高要求，高校思政课教师更是责无旁贷，要身先士卒、率先垂范。培养社会主义建设者和接班人，需要我精通专业知识、做好"经师"。习近平总书记明确要求，哲学社会科学工作者要做到方向明、主义真、学问高、德行正，自觉以回答中国之问、世界之问、人民之问、时代之问为学术己任，以彰显中国之路、中国之治、中国之理为思想追求，在研究解决事关党和国家全局性、根本性、关键性的重大问题上拿出真本事、取得好成果。我首先是一名教师，我应努力把自己的研究成果及时有效地转化为教书育人的教学资源，努力做到以高水平的科研支撑高质量的人才培养。同时，培养社会主义建设者和接班人，需要我涵养德行、争取成为"人师"。有爱才有责任；打动学生才能引导学生。我深知教师在课堂上展现的情怀最能打动人，甚至会影响学生一生。因此，我要有言为士则、行为示范的自觉，

不断提高自身道德修养，以模范行为影响和带动学生。只有这样，才能帮助学生在树立正确的人生观和价值观的同时，结合现实、透过现象看本质，深刻把握中国共产党为什么能，中国特色社会主义为什么好，归根到底是马克思主义行，是中国化时代化的马克思主义行的理论意蕴和当代价值；也只有这样，才能有机会做学生为学、为事、为人的大先生。由此，我越发心有感触地领悟到，真正优秀的思政课教师并不需要时时刻刻抓住学生，而完全可以凭借着个人的人格魅力和学术水平，为学生提供一个恢宏的发展空间，这是我的学术旨趣亦是学术志向。

四、学术心得

（一）始终坚持实事求是

面对变化的时代，守护内心的曙光，我的学术心得第一条就是要始终坚持实事求是。回顾我的学术经历、学术成果，来探寻学术旨趣、锚定学术志向的过程，实质是个体成长中的自我认同，是在学术自我、学术超我中进一步认清和回答"我是谁"的问题。客观地说，这个问题，必须要用实事求是和发展的眼光反观自己。实事求是，是马克思主义的根本观点，是中国共产党人认识世界、改造世界的根本要求，是我们党的基本思想方法、工作方法、领导方法。实事求是，就是一切从实际出发，理论联系实际，坚持在实践中检验真理和发展真理。一百年来，我们中国共产党人始终"靠马克思列宁主义的真理吃饭，靠实事求是吃饭，靠科学吃饭"，才不断探索出中国革命、建设和改革的成功道路，带领中国人民写就辉煌伟业。在现代社会中，要想能够拨开各种遮蔽本性的迷雾，坐住冷板凳学有所成；要想克服主体际性的矛盾，以及自我认同的挑战，矢志不渝地坚定自己的理想信念，坚守自己的志向，于我而言不是一蹴而就的闪现，而是经过苦行僧似的追寻，是需要在事物发展过程中看清楚"我是谁"，同时需要伯乐、贵人、老师的帮助和指导。在此基础上，做学问要凡事探求就里，坚持从实际出发，才会符合学术发展规律、符合科学精神。实事求是是青年一代，特别是我们青年思政课教师做好学问的重要方法论，是实现学术自我探究的武器。

（二）始终坚持守正创新

源浚者流长，根深者叶茂。守正与创新相辅相成，我的学术心得第二条就是要始终坚持守正创新。守正创新是我们党在新时代治国理政中的重要思维方法，是习近平新时代中国特色社会主义思想的世界观和方法论。知常明变者赢，守正创新者进。守正创新，既与中华民族几千年来恪守正道、革故鼎新的文化传统相承袭，又与我们党一贯坚持的解放思想、实事求是、与时俱进、求真务实的品格相贯通。2023 年是习近平总书记"5·17"重要讲话发表 7 周年，"5·17"重要讲话为构建中国特色哲学社会科学指明了"着力点"。加快构建中国特色哲学社会科学，归根到底是建构中国自主的知识体系。马克思主义是我们认识世界、把握规律、追求真理、改造世界的强大思想武器，它是科学的理论、人民的理论、实践的理论、不断发展的开放的理论，自诞生以来就始终占据着真理和道义的制高点，马克思主义不仅深刻改变了世界，也深刻改变了中国。拥有马克思主义科学理论指导是中国共产党坚定信仰信念、把握历史主动的根本所在。守正创新，是我们哲学社会科学工作者，特别是思想政治教育理论研究工作者对待马克思主义的鲜明品格，我们做学术，要在守正基础上坚持创新，坚持马克思主义同中国具体实际、中华优秀传统文化相结合，不断推进马克思主义中国化时代化。习近平新时代中国特色社会主义思想是当代中国共产党人守正创新的最新成果，开辟了马克思主义中国化时代化新境界，为怎样坚持和发展马克思主义作出了典型示范。我们在理论研究的过程中，要始终坚持习近平新时代中国特色社会主义思想的世界观和方法论，坚持守正与创新的辩证统一，以守正为创新凝心铸魂，以创新为守正注入活力，就能始终沿着正确方向推动自身学术成长道路行稳致远。

（三）始终坚持问题导向

坚持问题导向是对马克思主义鲜明理论品格的继承和发展，我的学术心得第三条就是要始终坚持问题导向。问题导向从本质上说是方法论层面的要求，坚持问题导向是党的二十大"六个必须坚持"的其中之一。马克思指出："问题就是公开的、无畏的、左右一切个人的时代声音。问题就是时代的口号，是它表现自己精神状态的最实际的呼声。"① 我们的研究范畴、研究对象，从宏观的角度来说就是马克思主义，它具有鲜明的问题意识，特别是马克思主义哲学的旨趣就在于把现实的批判诉诸实践，在批判旧世界中发现一个新世界。坚持批判精神的另一面就是坚持问题导向，坚持问题导向是实现人类思想史伟大变革的重要路径。因此，在学术研究中，我始终告诉自己要坚持问题导向的思想方法，致力于提出真问题、思考真问题。当然，这个过程不容易，因为有的时候冥思苦想或者在请教业内专家之后，蓦然回首、恍然大悟发现自己思考了一个假问题，难免沮丧、迷茫涌上心头。往往这个时候，我需要一番思想斗争逐渐平复这种沮丧。回过头来看，这样一番沮丧后的思想斗争，恰恰是自己学术成长的前奏。因为我有一个自认为理智的想法，那就是：解决自我的学术问题，而非选择躺平，而非搁置问题，本身就是坚持问题导向的良好的表现。每每这时，也会想起毛泽东同志的话语："什么叫工作，工作就是斗争。那些地方有问难、有问题，需要我们去解决。我们是为着解决困难去工作、去斗争的。"② 在自我学术研究的斗争中，若能勤于分析、敏于观察、善于归纳，才能喜提"战士"称号，才是坚持问题导向的有效呈现。

（四）始终坚持学生为本

我的学术心得第四条就是要始终坚持学生为本，这既是职业底色又是使

---

① 《马克思恩格斯全集》（第 40 卷），人民出版社 1982 年版，第 289—290 页。
② 《毛泽东选集》（第 4 卷），人民出版社 1991 年版，第 1161 页。

命要求。学生是高校的主体，高校思政课是立德树人、铸魂育人的关键课程，具有突出的学生主体性特征。同时，人才培养是高校思政课教学改革的出发点和落脚点。高校思想政治工作的有效性需要学生主体性的最大发挥来保证，脱离了学生这个主体，我们的高校思想政治工作投入再多精力，也只是教育者和研究者的"独角戏"。高校思政课教师，要想在高校思政课教学改革创新中取得成效，在思想政治教育理论研究中彰显时代价值、迈上新台阶，必须要遵循学生成长规律、思想政治教育教学规律、教书育人规律；必须要围绕学生展开学术研究，了解学生思想和成长实际，深入研究学生特点，敏锐捕捉学生困惑难题，以学生认可和接受的方式取得学术研究实效，这始终是我努力的方向。

综上，是我作为一名思想政治教育学科新生代学者回顾学术历程、归纳学术成果、探究学术旨趣、锚定学术志向、总结学术心得的"碎碎念"。不当之处，还请业内专家们、前辈们、老师们指导指正。我始终认为，从自己的已知回到一种新的无知，并继续努力探索通向"罗马"的道路，恰是新生代学者越来越好的通途大道，这一路我将继续砥砺奋进、感恩前行。

钟一彪：榜样的力量伴我前行

钟一彪，男，1977 年生，福建武平人。副研究员，中山大学党委学生工作部部长、中山大学形势与政策研究所执行所长，中国教育发展战略学会思想道德建设专业委员会常务理事。

一、学术历程：榜样的力量伴我前行

实事求是讲，在读硕士研究生之前，我压根没有从事学术研究或科研工作的想法。2001 年中国青年政治学院本科毕业以后，我进入中山大学学生处工作。在此期间，时任学生处副处长漆小萍研究员经常带着我们写各种工作报告、调研材料及工作总结，组织我们基于日常实践编写教材、开展培训。漆小萍处长结合工作开展研究的精神状态，给我产生了深刻的印象，在此后的工作生涯中我也养成了不断学习、思考和写作的习惯。

工作三年后，我感觉到自己无论是知识和能力都亟待提升，于是就在职攻读社会学硕士研究生学位。我硕士导师贺立平副教授，博士期间师从中国社会工作教育学会会长、北京大学社会学系原系主任王思斌教授。贺立平老师是一个富有亲和力与行动力的社会工作专家，他身上始终洋溢着温暖而坚定的力量。贺老师特别重视学生的专业阅读与写作，每学年都会给我们几个同门拨一笔购书款，资助我们结合专业学习购买书籍，并要求同学们结合阅读每个月写一篇学术文章。记得我就读硕士的第一篇论文写了一万多字，还在读书会谈了学习心得。贺老师大加鼓励，并指导我把一万多字的论文整理成五六千字，删除那些冗余且不规范的表述。就这样，一步一步的，就能写出像模像样的小论文了。此后，鉴于我的学习方向是社会工作与非营利组织，我就选修了社会学系刘林平教授的组织社会学课程。刘林平老师是位治学特别严谨的学者，擅长深入基层开展调查研究，对中国的私营企业、深圳的移民群体、珠江三角洲和长江三角洲的外来工进行过深入的调查研究。在修学课程过程中，刘老师要求我们至少精读他指定的两本参考书，一本是周雪光的《组织社会学十讲》，另一本是理查德·斯格特的《组织理论》。同时，刘老师悉心指导我们把学到的理论应用到对实际问题的分析中，强调要做实证研究，不搞空洞的理论分析，刘老师的这个理念对我此后开展研究产生了很大影响。我按照组织社会学的理论范式，结合对广州慈善超市的实际观察，写了《制度变迁与官办非营利组织及其转型——以慈善超市现象为例》这篇论文。在论文写作过程中，我又寻求导师贺立平老师的帮助，他用心指导我如何谋篇布局，如何用理论分析现象，如何观察和洞悉社会事实，使得我第一次用社会学思维研究一种社会现象。贺老师还鼓励我试着投稿，论文不久后被《广东青年干部学院学报》接收并发表，我也在人生历程中第一次收到了一笔400元的稿费，这对于硕士一年级学生的我，的确是很大的鼓舞。自此以后，我几乎每年都能在繁忙的工作之余发表两三篇学术论文。让我特别感动的是，时任中国社会学会副会长、中山大学城市社会研究中心主任蔡禾教授，吸纳我参与了他国家社科基金重大课题《城市化进程中的农民工问题》研究。通过参与蔡禾教授研究团队的研讨、调研和报告撰写工作，我进一步体悟到社会学想象力之美以及躬身践行的重要性。在此过程中，我在《当代青年研究》发表的《农民工子女生存状况及发展问题》一文，被《中国人民大学复印报刊资料》全文转载。此后，蔡禾教授还热心推荐我担任中山大学社会学与社会工作系专任教师。但由于我当时博士尚未毕业，聘任事宜搁浅，不久后我也因工作调动到中山大学传播与设计学院担任团委书记了。

学术研究的迭代升级离不开个人孜孜不倦的追求，更离不开那些关键时间节点伴随我们前行的人。2006年9月至2010年6月，我在中山大学教育学院（后更名为马克思主义学院）攻读博士研究生学位。授业恩师李萍教授对我关爱有加，她叮嘱我要踏实地"研究一个问题、讲好一门课、做成一件事"。在博士毕业答辩的时候，李萍老师还特意邀请了顾海良教授、朱贻庭教授等学界大咖，为我们作指导。李萍老师的言传身教让我获益匪浅，她的教诲成为我做人、做事、做学问的信条，激励我朝气蓬勃地追求卓越。李老师的好哥们钟明华教授以儒雅、亲和、博学著称，让人如沐春风。郑永廷教授亲自为我们讲授思想政治教育方法论课程，在参与他课程的过程中，我发表了博士期间的第一篇学术论文。李辉教授为我们专题讲授《思想政治教育环境论》，与同学们打成一片，我们私下都亲切地叫他"辉哥"。总之，在博士期间，遇到了很好的老师，他们各具特点，充满教育情怀，对教育尤其是思想政治教育具有独到的见解，让我在博士学习期间享受了思想的盛宴。尤为可贵的，我同门师兄师姐对我关爱有加，林楠教授、林滨教授、黄丽荣教授、童建军教授、魏则胜教授、刘海春教授、欧阳永忠副教授等师姐师兄，经常为我指点迷津。还有同学彭小兰（现为华南理工大学教授），我们时不时结伴去找老师、找师兄师姐，互相鼓励、互相打气，结下深厚的战斗情谊，留下了难以忘怀的同窗之谊！

二、学术成果：努力把经验上升为科学

2011 年 5 月，在担任三年学院党委副书记之后，我被任命为学生处副处长。此时，学生处处长正好是我毕业刚参加工作时就带着我干活的漆小萍同志。漆小萍处长一直保持着勤勉、谦和、低调、实干的风格，他非常重视学生工作队伍的学习提升，鼓励辅导员结合实际开展工作总结和经验提炼，并经常邀请国内外著名专家到学校讲学、指导，还大力推动辅导员走出校门、走出国门去学习和交流，以开阔视野、提升能力。在此期间，由于工作方面的原因，漆小萍处长让我陪同来校调研指导工作的教育部思想政治教育司司长冯刚教授。冯刚司长在一次交流中指出，"我们高校干具体工作的同志，要注意把辛苦转化为成果，把经验上升为科学"。我觉得他说的非常重要，就赶紧从书包里拿出本子记了下来。冯刚司长注意到了这个细节，此后还多次都提到这件事情，表扬我是个"爱学习、善学习的同志"。冯刚司长的鼓励让我

非常温暖和感动，对开展工作研究也更加上心了。

从 2005 年发表第一篇学术论文开始，在各位师友的帮助、支持和指导下，至今我已先后主持国家社科基金重点项目子课题、教育部人文社科项目、教育部港澳台办委托项目、中华全国妇女联合会委托项目、广东省教育规划项目等省部级及以上课题 6 项，在《中国青年研究》《思想教育研究》《思想理论教育》《当代青年研究》《中国青年政治学院学报》《南方人口》等刊物发表学术论文 40 多篇，出版《实践的理路——大学生社会公益 12 讲》《实践育人的方法——基于高校学生公益服务视角》《"知识、价值与行动"三位一体的德育模式》等著作 6 部。

回望自己的研究成果，总体而言主要聚焦在公益服务与实践育人、高校思政与青年发展等方面。例如，我在《当代青年研究》2015 年第 1 期发表了《青年公益的实践向度》一文。该文从社会学视角梳理了青年公益的主要分析维度，提出青年公益包含了价值导向、行动取向、发展指向、社区走向和成果定向五个基本实践向度。文章指出，在公益服务中志愿者应量力而行、相机而动、合作互助，同时应扎根社区、深度服务、激发参与，努力在创造社会资本、实现服务创新和开展效益评估方面下功夫，旨在为青年参与公益实践提供思路。2015 年 9 月，我在《中国青年研究》发表了《国家治理视野下的高校青年公益志愿组织建设》一文。该文从组织社会学角度对高校青年公益志愿组织进行了分析，认为高校青年公益志愿组织主要包括校办型、注册型及自组织等三种类型。为适应国家治理体系和治理能力现代化建设的新要求，高校青年公益志愿组织应结合国家发展战略，推进组织的专门化、专业化和社会化建设。在研究公益志愿服务的同时，青年公益创业也引起论文业界和学界的广泛关注。2016 年 4 月，我在《中国青年研究》发表论文《青年公益创业：为何而生与如何更好》，对青年公益创业进行了较为系统的阐述。文章指出，青年公益创业面临自身能力弱、社会认可低、政策不到位等方面的问题。为推动公益企业的发展，青年公益创业者要善于寻求市场支持、推动政策创造机会、更加注重项目遴选以及着力提升服务水平，形成支持、机会、项目、服务四位一体的公益创业行动模式。随着思考的进一步深入，我把以往对公益服务和实践育人的研究进行了系统总结，编辑出版了《实践的理路——大学生社会公益12讲》及《实践育人的方法——基于高校学生公益服务视角》这两部著作。其中，《实践的理路——大学生社会公益12讲》由中山大学出版社在2020年9月出版，该书从理论框架、实践作为、总结升华等三大层面展开分析，从大学生公益实践的基本内涵、发展方向、伦理规范、方法路径、项目设计、组织建设、资源拓展、公益创业、风险管理、项目评估、总结报告和宣传推广等十二个方面展开阐述，构建了"知识—价值—行动—涵化"四维联动的实践育人理论体系。《实践育人的方法——基于高校学生公益服务视角》由中山大学出版社2021年9月出版，该书以大学生公益服务为载体对高校实践育人方法进行阐释，以大学生公益服务典型案例为样本进行实务解析，致力于推动形成高校学生内化外拓与知行合一相融通的新时代实践育人工作格局。

在高校思政与青年发展方面，我注重从实证角度开展研究工作。在攻读博士期间，2007年我在《思想理论教育》第4期发表了博士研究生期间的首篇习作《当代青少年价值追求的分化与统合》。这篇文章的主要观点是，青少年价值追求的分化是社会生产力发展和社会交往关系拓展的必然结果，在一定程度上是社会活力和青少年发展主体性的表征，但这也对社会治理水平、青少年的抉择能力和道德自觉提出了更高的要求。青少年价值观的统合应基于建设和发展共识以及美好生活的共同愿景。又如，2012年我注意到当时社会民众对"富二代"特别关注，结合社会学和思想政治教育的专业学习，我在《当代青年研究》2012年第1期发表了《"富二代"的媒体形象》一文。文章提到，大众传媒对"富二代"话题具有报道内容的议程设置效应、社会民众的深度参与效应以及"富二代"形象的交叉放大效应。为防止贫富阶层的恶性分化和刚性冲突，有必要从社会建设和社会管理层面采取相应措施避免媒体对"富二代"悲观预言的自我实现。2013年，我在《中国青年政治学院学报》第12期发表了《高校思想政治教育及其策略抉择》一文，从博弈论视角对高校思想政治教育进行了分析。文章指出，高校思想政治教育的向度面临宗教渗透的挑战，信度面临西方文化思潮的冲击，效度面临大众传播媒介的消解。在博弈论视野下，高校思想政治教育应制定占优策略提升效度，采取先发优势策略推进教育深度，执行混合策略拓展教育广度。此外，基于我专业社会工作的学习背景，我一直比较关注高校家庭经济困难学生资助和学生风险治理工作。2011 年之前开展了不少资助育人方面的研究，如 2010 年我在《中国青年研究》第 7 期发表文章《高校贫困生资助绩效及其评估原则》，对高校家庭经济困难学生的资助绩效评估提出了自己的思考。论文提出，高校贫困生资助绩效的表现形式具有多维性，涵盖了个人绩效和组织绩效两大层面。贫困生资助绩效具有救济性、发展性、差异性、可感性和联动性特征，在进行评估时应遵循效率和效益相结合原则、公平与可持续原则以及点面统合原则。在高校学生风险治理方面，2014 年我在《思想教育研究》第 2 期发表了《从社会工作视角看大学生突发事件防控》一文，提出了高校学生突发事件防控的系统方案。该文指出，现代风险社会是大学生突发事件发生的基本时代背景，大学生突发事件主要是由学生与环境的不良互动所致，大学生突发事件防控要大力倡导"助人自助"工作理念。高校应以教育防范为先导，通过畅通信息、专业协同、规范治理，激发学生的自助互助，群策群力做好大学生突发事件的防控。

三、学术志向：做学生工作实战专家

2004 年读研以来，我主要是从社会工作和社会学角度做了一些青年公益志愿服务、高校学生思想政治教育方面的相关研究。近五年，由于担任了学校党委学生工作部部长，我重点关注的研究领域是高校学生工作理论与实务、思想政治教育社会学，探讨如何以实践育人为载体落实立德树人根本任务。对于未来的学术发展规划，我将重点进行新时代高校学生工作理论与实务、粤港澳大湾区高校学生思想动态的大数据分析、中国共产党高校辅导员政策发展史等三个方面的研究。

一是开展新时代高校学生工作理论与实务研究。经过长期努力，中国特色社会主义进入了新时代，这是我国发展新的历史方位。与此相应，我国高等教育的发展必须顺应时代要求，必须回应人民关切，必须履行好"为党育人、为国育才"的职责使命。新时代高校学生工作也面临新形势、新任务、新挑战，我们应该与时俱进地推动理论创新、制度创新和实践创新。为此，深入开展新时代高校学生工作理论与实务研究重要而迫切。2022年，由我作为课题负责人的"新时代高校学生工作治理体系研究"已成功入选广东省教育科学规划课题立项。目前，我正牵头主编"新时代高校学生工作理论与实践系列丛书"，该套丛书拟对新时代高校的学生工作、学生发展、美育工作、国防教育、行为规范、劳动教育、创新创业、志愿服务等领域展开探讨，丛书由中山大学出版社出版发行。我们希望通过深耕新时代高校学生工作的理论与实务，以服务高校立德树人根本任务，努力培养堪当民族复兴大任的时代新人，培养德智体美劳全面发展的社会主义建设者和接班人。

二是从大数据分析视角研究粤港澳大湾区高校学生思想动态。建设粤港澳大湾区，是习近平总书记亲自谋划、亲自部署、亲自推动的重大国家战略。2019年2月18日，《粤港澳大湾区发展规划纲要》正式公布，标志着粤港澳大湾区建设进入全面实施阶段。当前，高质量建设粤港澳大湾区已取得阶段性成效，国际一流湾区和世界级城市群框架基本形成，粤港澳大湾区成为了中国青年求学、就业、生活的热门地区。粤港澳大湾区包含香港、澳门两个特别行政区，是"一国两制"实践和新时代中国特色社会主义事业发展的"实验田"，更是意识形态领域斗争的"最前沿"。通过大数据分析方式了解粤港澳大湾区高校学生思想动态，将有助于探究与国家建设并行的、适合高校学生接受特点的高校学生工作模式，更好地引领与培养高校学生成为堪当民族复兴大任的时代新人。本研究将通过大数据分析技术，对粤港澳大湾区高校学生在网络社交平台上的信息进行系统分析，了解学生的思想动态，聚焦学生对重点领域和重大事件意见和看法，关注学生成长成才问题与需求，描摹学生思想画像，为政府部门、学校做好学生教育管理工作提供决策参考。

三是对中国共产党高校辅导员政策发展史进行深入研究。高校辅导员是开展大学生思想政治教育工作的骨干队伍，是高校学生日常思想政治教育和管理工作的组织者、实施者、指导者，是高校人才培养的重要力量。党和国家历来高度重视高校辅导员队伍的关键作用，在推动高校辅导员政策发展方面积累了丰富的经验。高校辅导员政策是从辅导员发展的现实需要、时代要求、国家发展及不同时代大学生成长成才的实际情况等方面出发，制定出推动辅导员职业化和专业化发展、提升高校育人实效、促进大学生成长为目的的一种制度设计，是反映我国辅导员制度变迁的重要客观凭证。中国共产党高校辅导员政策是具有中国特色的思想政治教育制度，是高校辅导员队伍建设的基本依据，推动着我国思想政治教育与管理工作的规范化、科学化和专业化建设。从 2022 年 9 月开始，我已在北京师范大学马克思主义学院从事为期一年的访学，我将在导师冯刚教授的指导下开展这一课题研究。在冯刚教授的指导下，我们已经成立了研究团队、拟定了研究方案，研究工作正在有序推进之中。

四、学术心得：相信坚持不懈的力量

从 2005 年发表第一篇研究论文算起，到 2022 年我已发表了 40 多篇学术论文，主编出版著作 6 部。对于一个专职从事党政工作的人而言，常态化开展理论研究的确有点不容易，经常觉得自己格外忙碌，因为我都是在业余时间从事阅读、写作和科研的。当然，结合工作开展研究的收获也是满满当当的，我先后获评全国辅导员优秀论文一等奖、全国高校就业工作优秀论文一等奖、广东省校园文化优秀成果特等奖等奖项。同时，我注重将理论与实践有机结合起来，工作也取得较好的成效，本人被评为广东省优秀辅导员标兵、广东省高校优秀党务工作者，工作成果获评中山大学教学成果特等奖 1 次，中山大学教学成果一等奖 2 次，广东省教育教学成果特等奖 1 次。就研究心得而言，作为党政工作人员，我觉得我们应该结合实际开展研究，基于专业深入研究，坚持不懈持续研究。

一是结合实际开展研究。"文章因时而作"，我们的研究不能离开社会实际，否则就会言而无物以至于"无病呻吟"。曾经有一段时间，因为有机会转为社会工作专业的专任教师，那时候做研究会尽量往更学术、更理论的方向靠拢，因而发表的论文和学习思考方式显得比较学理化。2007年在担任中山大学传播与设计学院团委书记之后，我开始思考如何把工作与研究有效结合起来。在探索过程中，我逐步意识到，作为高校党政人员，尤其是高校学生工作者，应该把日常工作与理论研究"融合"起来，而不能让工作与研究成"平行"状态。所谓的"平行"状态，就是工作与研究没有结合、没有交叉，类似平行的双线条。如此一来，我们就需要投入双倍的时间和精力，往往容易陷入疲于奔命的境地。只有把"工作学习化"，"学习工作化"，我们才能成为高效能的高校教育管理者。由此，我也对行动学习法产生了浓厚的兴趣，并且与同事共同付诸实践。行动学习是一个围绕实际问题，开展团队学习与工作，实现个人与组织快速共同发展的过程和方法。在行动学习中，参加者通过解决工作中遇到的实际问题，反思自己的经验，学习别人的经验；在得到帮助、解决自己问题的同时，也帮助别人解决问题，在这一过程中达到相互学习和促进提高。行动学习不仅仅是一种学习方法，更是一种重要的工作方法和促进组织发展的手段。行动学习法强调主体性、合作性、参与性、反思性和行动性，这对我开展基于实务工作的研究产生了很大的影响，也让我获益良多。

二是基于专业深入研究。我本科学习的是社会工作专业，该专业培养具备"以人为本、助人自助、公平正义"的专业价值观，具有扎实的理论基础、熟练的社会工作方法等方面的知识和能力，能在党政机关、企事业单位及社会组织等部门和领域从事社会工作服务与社会福利管理等方面工作的复合应用型专业人才。也就是说，社会工作本身是一门有很强应用色彩的专业。硕士时期，我学习的是社会学专业，非常强调理论思维的养成与实证研究能力的提升。博士阶段，我修学的是思想政治教育专业，导师们特别重视理论与实践的有机融合。从本科到博士，尽管学习的是三个不同的专业，但这三个专业都强调理论与实践相结合，都与人和社会相关，都是为了人的自由全面发展。社会工作、社会学和思想政治教育专业的训练，为我开展学术研究奠定了较好的知识基础。尤其是中大社会学强调实证研究的学术传统，对我开展思想政治教育研究有很深的影响，我的博士论文《思想政治工作社会机制研究》就是一个实例。参加工作后，我发现不少同事开展工作研究时往往容易流于工作经验的总结，缺乏专业理论支撑，在理论方面显得没有深度，在历史方面缺乏纵深，这主要是没有从专业范式维度进行提炼和升华。因而，基于专业范式开展工作研究，并通过学科交叉方式探讨问题的解决之道，这是我们进行工作研究时应予以重视的。

三是坚持不懈持续研究。作为高校党政人员，我们本身的工作就是研究的"宝库"。我们每天从事大量的工作业务，要与方方面面的人打交道，可以方便地查阅各种类型的资料，只要我们有心，日积月累，我们还是很有机会成为工作和研究方面的行家里手。作家马尔科姆·格拉德威尔在《异类》一书中指出："人们眼中的天才之所以卓越非凡，并非天资超人一等，而是付出了持续不断的努力。一万小时的锤炼是任何人从平凡变成世界级大师的必要条件。"格拉德威尔将此称为"一万小时定律"，认为这是人们成长成才必须付出的努力。一万个小时，如果每天积累五个小时，需要两千天，就是五年左右的时间。也就是说，即使是一个学术研究的"小白"，如果能够聚焦一个领域开展五年左右的研究，也必将小有所成。这启示我们，开展学术研究要有持之以恒的努力。一方面，要聚焦一个研究领域，"小题大作"、精耕细作，通过多重视角、多条路径、多种方法、多方素材，寻根究底，开拓创新，把研究领域的相关方面做深做透，不能东一锤子，西一榔头，主题主线不清晰，重点不突出，就难以取得研究实效；另一方面，要树立久久为功、滴水穿石的思想意识和精神状态，以日拱一卒的劲头，每天坚持读书、思考、写作，这样坚持几年，效果就一定会彰显出来。

张毅翔：潜心思政事业　致力铸魂工程

张毅翔，男，1977 年生，河南周口人，国家社科基金重大项目首席专家。北京理工大学马克思主义学院副院长，教授、博士生导师。

我的主要研究方向是新时代思想政治教育理论与实践、思想政治教育方法论和公民道德建设。目前在《马克思主义与现实》《马克思主义理论学科研究》《教学与研究》《思想理论教育导刊》《毛泽东邓小平理论研究》《思想教育研究》《思想理论教育》等期刊发表学术文章 80 余篇，被人大复印报刊资料《思想政治教育》等全文转载 10 余篇。部分论文被中国共产党新闻网"专家视点"、中国社会科学网"文萃"栏目等全文转载。我先后主持国家社科基金项目 4 项（青年、一般、重点、重大项目各 1 项）、北京市社科基金项目 2 项（青年、重点项目 1 项）、中宣部委托课题及其他项目 10 余项。恰逢思想政治教育学科成立四十周年之际，通过回顾我个人二十年的思想政治教育研究历程，希望得到广大同人的批评鞭策，让更多的青年学者从我的学术成长之路中汲取教训，取得更多更优秀的学术成果。

一、学术历程：一朝入行思政　为之终生奋斗

2001 年春节后的一天，在一家书店偶尔看到邱伟光、张耀灿主编的《思想政治教育学原理》，顿时被红灿灿的封面吸引。当翻开此书，更是被书中的理论体系深深吸引。之后的好几天，脑海里不断浮现这本书，逐渐喜爱了思想政治教育这一专业，暗自决定报考思想政治教育专业的硕士研究生。我大学是在郑州大学上的，当了解到郑州大学自身有此专业时，便进一步打听了解思想政治教育专业的情况。当时，王东虓教授是郑州大学思想政治教育学

科的开创人和学科带头人，他研究成果颇多，在国内尤其省内具有很大影响力，我决定报考他的硕士研究生。当去书店购买《思想政治教育学原理》时，书已卖完。书店老板说此书太畅销，早就卖完了，他们也进不到书。后来，通过同学借来此书，去复印店复印了一本。这本复印的《思想政治教育学原理》我至今依旧保存着，由于是复印版本，纸质不太好，显得很破旧，但我依然珍藏它二十余年，它是我步入思想政治教育神圣殿堂的启蒙书，承载着我太多的记忆。

2002 年，我如愿以偿成为王东虓教授的硕士研究生，正式投入思想政治教育的学习和研究。当时王东虓教授是郑州大学公民教育研究中心的主任，该中心是河南省普通高等学校人文社会科学重点研究基地，2004 年 9 月，该中心通过教育部评估验收，成为教育部人文社会科学重点研究基地。我的第一项科研活动是跟随王教授做"公民道德状况调查"的课题。该课题是河南省软科学研究计划项目、郑州市软科学研究重点项目。按照分工计划，我负责郑州市大中小学生道德状况的调查。从设计调研问卷，到实地调研，再到问卷分析和成果撰写，我大概经历了 1 年半的时间。还记得我初次调研时，独自到一所中学说明来意，一位老师带领我去一个班级，我向师生说明调查来意，向学生发放调查问卷，学生们填写问卷非常认真，还不时地问我问题。看着学生们认真填写问卷，我感觉到很高兴。当时没有智能手机，问卷调查还都是纸质版。就这样，我去了十几所不同类别的学校，调研出 1000 多份问卷。当时缺乏先进的数据分析工具，也没有电脑，分析这些调研问卷极为困难，我利用最简单的计算分析办法，仔细计算、比较、分析这些调研数据，得到许多新的结论，最终完成自己分担的科研任务，对郑州市大中小学思想道德状况有了初步了解。该研究项目最终形成专著，书名为《公民道德状况调查》，由中国社会科学出版社 2004 年出版。该成果获得河南省科学技术进步奖三等奖，第一次看到带有国徽的奖状，心里无比喜悦激动，更加坚定从事思想政治教育研究的信念信心。这次科研经历对我影响很大，后来主持了两项北京社科基金项目，都是在此经验基础上进行研究的。

为了进一步深造，提升学术能力和水平，研二时决定攻读博士研究生。当时了解到北京大学马克思主义学院祖嘉合教授研究思想政治教育方法论，也是我一直想研究的领域，便通过北大马院官网上找到祖教授的电子邮箱，给祖教授写了份诚恳的自荐信。本想着祖教授非常忙碌，不会关注我的邮件，也没抱祖教授回信的希望。几天后，非常惊喜地收到祖教授的回信，欢迎我报考她的博士研究生。祖教授的回信给了我极大鼓舞，开始准备北大马院的博士考试。

经过考博筹备、考试、面试等层层艰难环节，2005年9月，我终于考上向往已久的北京大学马克思主义学院，跟从祖教授攻读思想政治教育专业的博士研究生。祖老师主要研究思想政治教育方法论，在思想政治教育基础理论及方法论领域成果颇丰，她做学问非常严谨，具有深厚的哲学功底，对我要求很严格。祖老师的为学为人对我有很大影响，现在还能记得她的谆谆教导。祖老师教我如何查找文献、如何写论文、如何做研究，经常带我参加学术论坛，结识思想政治教育学界的各位专家学者。也是在那时，我见到几乎所有思想政治教育届的前辈和优秀的专家学者。可以说，祖老师是我学术生涯的引路人，领我真正步入思想政治教育学科研究领域。

正式做科研的标志是在2006年，我参与了全国高校思想政治教育研究会学术委员会设置的思想政治教育研究重点课题。该课题由祖教授承担，我作为课题组成员参与写作。在写作过程中，我几乎查遍北京大学图书馆所有的关于思想政治教育、方法哲学的书籍，后来经常到国家图书馆查阅大量相关资料。在国家图书馆，我查阅到许多珍贵的藏书，当时没时间打字记录，我就用相机将重要篇章内容拍下来，供后续研究使用。经过近两年的研究，我收获很大。我顺利完成了课题研究任务，同时也发表了一系列关于思想政治教育方法的论文。基于本课题，我在博士阶段先后发表了近二十篇论文，其中CSSCI期刊论文达十几篇，这也帮助我确立了博士论文的选题方向。

2009年从北京大学毕业后，我到了北京理工大学人文学院工作，后来去了马克思主义学院。刚工作时，还不适应学术环境的变化。读博时，学术科研的主要形式是发表论文、写博士论文。但到了高校工作时，学术科研的形式不仅包括发表论文，还要申报课题。工作第一年我没申报任何课题，只是发表了几篇论文。一次偶尔碰到人文学院的院长李健教授，李院长请我去学校南门的金榜缘吃饭，给我讲申报课题的重要性，给了我无限的感动和鼓励。2011年，我第一次申报国家社科基金项目，非常庆幸地顺利获批。李健院长是我学术生涯的重要指引者，如果没有李健院长的那次鼓励，我还没有勇气和热情申报国家社科基金项目，也不会有今天的一系列科研成果。

2018年前，我发表的所有成果的范围几乎都是思想政治教育方法论。2017年10月党的十九大召开。十九大提出的重要命题是"新时代"。会议还在召开时，我围绕"新时代思想政治教育"写了篇《新时代思想政治教育的新使命和新要求》，很快在《思想教育研究》第11期发表。自此，我的研究重点开始转向新时代思想政治教育研究。2018年，我以"新时代思想政治教育整体性发展创新研究"为题目，第二次申报国家社科进行项目。由于有了充分的思考，且有了前期成果，该课题也很顺利获批。自2018年，我开始研究新时代思想政治教育。该项目结题后，赶上十九届六中全会国家社科基金重大专项申报，我申报了题目为"新时代完善思想政治工作体系的历史基础、理论建构与实践创新研究"的申报书，也有幸获批。自此，这两年开始注重从系统性整体性协同性角度研究新时代思想政治教育的体系构建问题。2023年，有幸获批研究阐释党的二十大国家社科基金重大项目"新时代新征程完善思想政治工作体系的重大理论与实践问题研究"，将是未来几年研究的主要方向。

我比较注重理论与实践相结合，将思想政治教育基本理论应用于首都市民道德建设。硕士阶段的两年科研调研经历给了我很大的帮助，使我有更多思路对北京市的公民道德建设展开具体研究。2013年主持北京社科基金项目"基于系统分析的首都市民思想政治道德影响因素及对策研究"，2021年主持北京社科基金重点项目"新发展阶段首都社会文明程度提升研究",形成调研报告及系列论文。通过调研首都市民思想道德状况,寻求首都道德文明建设的内容、方法、环境、机制等创新路径。

二、学术成果：勤于思索写作　探究思政真知

我的研究领域主要是思想政治教育方法论,侧重思想政治教育方法创新研究,探索思想政治教育方法创新的实践规律、基本原则、内在机理、有效评价等。2006年参与全国高校思想政治教育研究会学术委员会制定的思想政治教育研究重点课题"思想政治教育分支学科体系与课程体系研究",2011年主持国家社科基金项目"思想政治教育方法创新机理研究",集中研究思想政治教育方法,学术成果多是研究思想政治教育方法创新。

2007年读博时,发表了第一篇关于思想政治教育方法的论文,题目是《谈思想政治教育方法论理论创新的研究思路》,发表于《学术论坛》。对当前思想政治教育方法论的研究状况进行总结,并提出理论创新的三点想法。随后,在《学校党建与思想教育》发表了《"思想政治教育方法论"研究质疑及科学变革》、在《理论与改革》发表了《思想政治教育方法创新研究综述》。2008年,先后在《学校党建与思想教育》发表了《思想政治教育方法有效性三大评价标准》、在《求实》发表了《思想政治教育方法创新内涵系统性解析》、在《思想政治工作研究》发表了《改革开放以来思想政治教育方法的发展创新》。2009年,在《学校党建与思想教育》发表了《思想政治教育方法创新分类初探》。2010年,在《思想教育研究》发表了《思想政治教育方法创新内在规律探析》。2011年,先后在《学校党建与思想教育》发表了《思想政治教育方法创新原则探析》、在《思想教育研究》发表了《当代西方思想道德教育方法及其启示》、在《学校党建与思想教育》发表了《思想政治教育方法创新最优路径的多维体系建构与实践》、在《思想政治教育研究》发表了《思想政治教育方法创新机制系统解析》。2012年,在《求实》发表了《辩证

法视域下思想政治教育方法创新机理探析》。2013 年，先后在《思想教育研究》发表了《思想政治教育方法创新四维趋势探微》、在《求实》发表了《现代思想政治教育方法的时代特征及发展趋向》。除了以上直接写的关于思想政治教育方法的论文，我还关注具体的思想政治教育方法研究，如 2017 年发表了《思想政治教育环境渗透法的唯物史观解读及实践》，专门研究思想政治教育环境作为方法方式的具体应用。

以上研究成果多是在博士论文写作时思考和发表的成果，集中体现于我出版的专著《思想政治教育方法创新研究》。该专著共分七章，按照"何为创新""为何创新""如何创新""创新什么"的逻辑思路，主要论述六大问题：思想政治教育方法创新的内在机理、历史基础、缘起根据、现状问题、路径对策、发展趋势。

除了研究思想政治教育方法论，党的二十大后，我开始关注新时代思想政治教育研究。2018 年，我获得第二项国家社科基金项目，该题目为"新时代思想政治教育整体性发展创新研究"，之后这几年的研究成果多是围绕新时代思想政治教育展开研究。

2017 年 10 月，党的十九大召开，提出新时代历史方位概念，我及时写了《新时代思想政治教育的新使命和新要求》，并在《思想教育研究》第 11 期发表。该文为十九大召开后国内最早发表的标题有"新时代思想政治教育"的论文。文章认为：经过长期努力，中国特色社会主义进入了新时代。新时代提出新课题，新课题提出新要求，思想政治教育也迎来新使命和新要求。新时代思想政治教育的新使命是围绕新时代中国特色社会主义建设的总目标总任务，用习近平新时代中国特色社会主义思想凝结共识、汇聚力量，保障和推进社会主义现代化强国和中华民族伟大复兴的早日实现。围绕新使命，思想政治教育应在时代定位、目标任务、矛盾化解、关键对象、方法手段上做出积极的整体性应对：应把握新时代的丰富内涵、推动新时代党的历史使命的实现、化解由于社会主要矛盾产生的新的人们内部矛盾、掌握领导干部和青年两大教育对象、创新具有新时代特点的思想政治教育方法。该文受学界关注，5 年时间里，被引 130 多次，人大复印报刊资料《思想政治教育》2018年第 4 期全文转载了该文，并放在了该期杂志的第一篇。

围绕新时代主题，2018 年先后在《学校党建与思想教育》发表了《新时代思想政治教育发展的实践逻辑及其建构》、在《思想教育研究》发表了《新时代思想政治教育图景：构设、挑战与方略》。2019 年，先后在《思想理论教育》发表《社会主要矛盾转化影响新时代思想政治教育的机理、根源与应对》、在《思想教育研究》发表了《新时代高校思想政治理论课教师的使命担当》。2021 年，在《马克思主义理论学科研究》发表了《新时代思想政治教育实践形态的辩证发展》。2022 年，在《思想教育研究》发表了《新时代思想政治教育的发展际遇、基本态势与实践要求》。以上学术成果均是探讨新时代背景下思想政治教育的发展规律与要求。

除了研究思想政治教育方法论及新时代思想政治教育，我注重突发事件应对研究，汶川地震后，我先后在《思想理论教育》发表《突发事件背景下复杂性思想政治教育研究》、在《理论探讨》发表《积极构建应对突发事件的思想政治教育新机制》。新冠肺炎疫情暴发后，我及时写了《从自适、自觉到自为：重大疫情应对中思想政治教育的整体性建构》，发表在《思想教育研究》2020 年第 3 期。随后又在 2021 年第 1 期的《思想理论教育》发表了《重大风险防控视域下思想政治教育的实践属性与发展要求》，探索重大疫情等风险挑战中思想政治教育的功能作用及方法创新。

2022 年，我申报了十九届六中全会国家社科基金重大专项课题，我申报的"新时代完善思想政治工作体系的历史基础、理论建构与实践创新研究"最终获得了重点立项，这也意味着我未来几年将围绕"新时代思想政治工作体系"展开研究。目前已在《思想理论教育》发表《思想政治工作创新发展的内涵特质、动力根源与实践进路》、在《思想理论教育导刊》发表《思想政治工作整体性发展的逻辑必然与体系建构》等成果，为系统论述思想政治工作体系做理论铺垫。

三、学术志向：关注基础研究　注重理论应用

思想政治教育学科发展 40 年了，在众多学术前辈和学术大师的带领下，该学科更加繁荣发展。在这样的学科发展大势下，我坚守思想政治教育学术研究，努力前行，尽自己微薄之力，努力贡献学科发展。

我一直研究思想政治教育方法论、思想政治教育基础理论，沿着前辈们规划的研究路线，不断深化研究。当前，思想政治教育学科发展迅速，各新兴研究范围和领域层出不穷，但个人感觉在基本理论研究领域，我们的学科还有继续深化拓展的空间。毕竟我们的学科才 40 年，仍有很多需要深入研究的领域。加强思想政治教育基本理论研究，仍是当前和今后一段时期学科研究的重点。思想政治教育学科化和科学化，是思想政治教育学科的根基，不断夯实这一根基，使之更加深厚坚固，是每一位思想政治教育理论研究者的使命义务。虽然我个人研究能力有限，愿在学术前辈的指引下，与青年学者一起，共同努力，不断深化思想政治教育方法论、思想政治教育发展、思想政治教育体系研究，共同推动学科建设。

在新时代历史条件下，我将根据理论发展需要及时代发展要求，深化新时代新征程思想政治教育研究，推进思想政治教育理论与时俱进。随着中国特色社会主义进入新时代，开启全面建设社会主义现代化国家的新征程，我国社会主要矛盾已转化为人民日益增长的美好生活需要和不平衡不充分的发展之间的矛盾，面对新方位、新矛盾、新征程、新使命，思想政治教育需因时而进、因势而新。为了更好推进思想政治教育发展，使之更好地适应新时代新征程的时代要求和实践需要，思想政治教育需要在新的历史条件下不断发展。本人将以基础理论研究为根基，拓展新时代新征程思想政治教育研究，更精准地服务中国特色社会主义建设。

我研究的最终志向是学以致用，通过总结研究成果，为教书育人服务、为思政改革发展服务、为社会文明程度提升服务，希望将理论成果转化为实

践成果，为相关部门服务。在研究过程中，我主持多项思想政治理论课的教改项目，将思想政治教育方法论成果应用于思想政治理论课改革，获得一些成效。参与并获得国家精品资源共享课程 1 门，北京市教育委员会"北京市高等教育教学成果奖"一等奖 1 次、二等奖 2 次。根据课题内容指导学生参加社会实践调研，获得中共北京市委教育工委"首都高校思想政治理论课学生社会实践论文"特等奖。将理论成果应用于学校思想政治理论课严肃游戏改革和虚拟仿真教学创新，在《学校党建与思想教育》发表了《思想政治理论课虚拟仿真实践教学的内涵及其建设》等教改论文。通过学术研究，促进成果转化，达到育人目的。

四、学术心得：勤耕学术田园　共促思政学科

经过二十年学术研究历程，我觉得做好思政学术研究的重要前提是要信仰自己从事的专业。思想政治教育是做人的思想工作的科学，是为党育人、为国育才的科学，是提升人的理想人格的科学，是凝聚亿万民心投身国家建设的科学。处在这么神圣的科学殿堂，我对之充满信仰。这是做好思想政治教育学术的前提。如果对自己从事的专业毫无热情，终将远离这一专业，也做不出突出的科研。热爱自己从事的专业，是投身做好思想政治教育研究的前提。

学术之路毫无捷径，靠的是勤写苦练。我接触到不少思想政治教育学科大师大家，前辈们都很勤奋，终日笔耕不辍。思想政治教育学科四十年发展取得如此辉煌成就，不是轻松取得，是靠前辈和专家学者们的艰苦研究。做好学术研究，应向思政前辈和各位专家学习，坚持研究，经常写作。新的学者和年轻学生，初步进行思想政治教育研究时，很惧怕写，总担心写不出好的论文。事实上，这是每位即将从事学术研究的新人都将经历的过程。只要勤奋研究，苦写苦练，终究会出成果，等拿到一篇篇成果时，内心会充满喜悦，将会有更强的学术自信。

做学术研究的灵魂在于创新，创新代表了研究者的学术能力，创新标志着成果的理论高度。做学术研究的难点也在于创新。缺乏创新，研究成果便没有价值，既不能推动学科建设，又不能指导实践。我刚学写论文时，写的很快，论文很难被期刊录用。之后就特别注重选题，不再轻易动笔写作。选题的过程，也是创新思考的过程，只有具有创新性的选题，才能写出具有创新性的成果，也容易被期刊录取。我的论文中最快被录用的一篇是《社会主义荣辱观与精神动力》。2006 年 3 月刚提出社会主义荣辱观，我便从精神动力角度写了这篇论文，4 月份写完后投稿《思想教育研究》，两天后编辑打来电话，说论文被录用了，并说这篇投稿破了刊物快速录用的记录，原因在于这篇论文选题新颖，具有较大创新性。5 月份这篇论文便刊发出来。当时还在读博二，从写作、投稿到见刊，不到 2 个月的时间，这次投稿经历给了我极大鼓励。之后再写论文，不再急于动笔，要先设计好选题方向，角度及内容要足够创新，要真正对学科建设有所贡献，让更多的学者关注，对理论发展和实践应用有积极影响。

思想政治教育者应具有更高的问题意识及科研意识，经常关注时事、聚焦时事热点，及时解答国家遇到的重大理论问题和现实问题，要注重周年纪念日等重要时间节点。2018 年是改革开放四十周年，我及时总结党的思想政治教育的历史经验，抓住理论热点，分别在《马克思主义与现实》发表《改革开放 40 年思想政治教育基本经验的实践理路》、在《马克思主义理论学科研究》发表《改革开放 40 年思想政治教育的发展特质、经验结构及时代展望》，对改革开放四十年思想政治教育的发展历程、基本经验、实践特征等进行了总结。在重要庆典、重大节日等特殊年份，提前思考，规划好写作内容，既容易写出成果，也容易发表。此外，要善于学习党和国家领导人关于思想政治教育的重要讲话，将讲话精神领会透彻，及时发表学术成果。如 2019 年 3 月，习近平总书记主持召开学校思想政治理论课教师座谈会，习近平总书记的重要讲话不仅是广大思想政治理论课教师的行动指南，也给广大思想政治教育理论工作者指明了研究方向。我在认真学习基础上及时撰写并发表了

《新时代高校思想政治理论课教师的使命担当》。由于较早发表了该主题的论文，此类论文受关注较高，引用率也高。

较之以往，当前发表论文难度增加。一方面是因为思想政治理论课教师增多，研究生数量激增，而思想政治教育类的核心期刊几乎未增。另一方面，是因为马克思主义理论学科各二级学科都在迅速发展，其他二级学科的研究水平增长很快，论文发表量也不断增加，思想政治教育论文发表比例受到一定影响，一些思想政治教育类期刊也倾向发表其他二级学科的论文，发表思想政治教育类的论文数量相对减少。种种原因导致当前思想政治教育的学术成果难以发表。若要在 CSSCI 重要期刊发表思想政治教育类论文，难度明显增加，这对广大青年学者提出更高要求。近 5 年来，我明显感觉到期刊要求越来越高，思想政治教育论文水平整体增高，能发表出的思政成果含金量都很高。因此，现在写论文，角度要更加新颖、逻辑要更加清晰、分析要更加深刻，这样才有可能在重要期刊发表。

二十年的学术生涯告诉我，在思想政治教育研究领域，随着研究的不断深入，研究领域会不断扩展、深化。博士期间及刚工作时期，本人主要聚焦思想政治教育方法论研究，几乎所有的成果都是在研究思想政治教育方法创新。这些研究成果有力地帮助我申报成功第一项国家社科基金青年项目，这一项目的主题即"思想政治教育方法创新"。随着研究的不断深入，发现仅仅研究思想政治教育方法还不够，应从整体上研究思想政治教育。经过多年思考和研究，以此想法申报第二项国家社科基金一般项目，也顺利获批。当我从整体上用四年时间研究思想政治教育时，萌生出研究思想政治教育体系的想法，恰好遇到十九届六中全会提出思想政治工作体系概念，便及时申报了此课题，获批了国家社科基金重点项目。随着研究的不断深入，对思想政治教育有了更多的感悟和认识，也帮助我后来顺利获批了国家社科基金重大项目。这一研究经历告诉我，只要坚持研究，学术视野会不断扩展、理论深度会不断加强、研究成果会不断增多，这些成果不断叠加，会助推你不断获得更高级别的项目课题，产出更多有价值的论文成果。

　　转眼间二十年过去了，从当年在思想政治教育道路上孜孜求学的学生，到现在潜心研究思想政治教育很多年的学者老师，感觉自己的学术之路逐渐铺开，学术视野逐渐开阔，研究领域逐渐明确。我非常庆幸自己选择了神圣的思想政治教育研究之路。当然，自己在学术道路上也有很多遗憾，由于个人能力问题及勤奋不够，成果并不太突出，仅仅是思想政治教育学界的一名小兵。今后，我将继续沿着这条学术道路勇敢地走下去，愿与广大思想政治教育专家学者齐心协力，共同致力于思想政治教育学科发展。

张智：游走后的坚定前行者

张智，男，1982年生，湖南株洲人，重庆交通大学纪检监察室副主任，马克思主义学院副教授。

"学术"最初指治国之术，后来衍生出学问的意义，对其更具现代性的对象化理解是"对存在物及其规律的学科化论证"。真实的学术蕴含了对求真、务实的必然要求，这意味着无论是对治国理政策略方法和道理的刻意寻觅，还是对事物内在规律的执着探索，学术在根本上不可能为可信手拈来的随意物，或者可轻松完成的简单事。学术道路注定不会是平易坦途，也最好不要奢望有可寻捷径。当然，这并不是作为18年前那个刚踏入学术研究之门连科研"青椒"都算不上的，还带有稍许轻狂的青年学生的我能有的透彻领悟，而是作为一个在学术之道上努力跋涉了18个年头后的科研行者的我才有的深刻感触。感谢恩师冯刚教授引领规划，让我在匆匆行进的科研旅途中能停下脚步反思曾经走过的路，思考未来要去的地方。作为一名从事思想政治教育理论研究和实务工作的普通教师，把自己的学术成长历程作一个全面的梳理汇报，这既是学生对老师的自我告白，也带有在思想政治教育学科设立40周年之际，能从一个微观的视角为学科的进一步发展提供素材积累，让学科成长带动自我成长，将自我成长融入学科成长的期许。

一、学术经历

"千里之行，始于足下"，回望与审视自己的学术人生旅途，无论如何还得从攻读硕士学位的求学经历开始，因为就我而言，取得学术成果的理论知识与能力是从那时开始积累逐渐丰富的，学术志向也是从那时开始探寻和不断形塑的，学术心得更是从那时开始在有意无意中持续积淀生成得到升华的。学术经历与自我成长历程相连，学术与研究无法分离，硕士阶段的学习与研究就是我学术人生的起点。2004年在哈尔滨完成本科学业回到重庆，这是大三时做出的规划。受2003年非典疫情的冲击旅游管理专业就业形势异常严峻，于是我加入了考研大军，回渝读研既可以暂时缓解就业难题，又能化解思乡之情，实属两全其美之事，但是在学科知识的关联性行业受非典疫情影响复苏仍需时日的背景下，如何选择硕士专业便成了新的问题。考虑到跨学科的难度，同时为了能够实现回到家乡的愿望，我最终选择了自认为相对小众和冷门的伦理学作为备考对象，这是一个在做出考研决定之前自己没有任何交集的知识领域。幸运的是潘佳铭教授没有嫌弃"门外汉"，接纳了我这个"背"（背书）入伦理学知识殿堂的学生。入学后才知道，当年西南师范大学（现西南大学）伦理学专业硕士研究生招生考试的录取比例并不算高，伦理学也非小众更不是冷门，它有着古老久远的历史，是人类追问自我存在意义的学域，具有永恒的学术价值，在当时如何提升道德水平成为社会热点话题的背景下，它正彰显着自身的解释力和塑造力而变成一门显学。

伦理学与思想政治教育学具有内在的关联性，二者有着交叉的问题域，都将人的道德价值作为研究对象之一。这为以后进行思想政治教育学的研究做了一定的知识准备。更为重要的是，伦理学蕴含的思辨属性逐渐颠覆了固有的思维习惯，促使我从更多视角看待事物、思考问题，从而得到更为合理周全的答案——即便当时只感受到了它的理论价值。现在看来这是打通了思维的"任督二脉"后才会有的获得感。硕士阶段两次通透的领悟发生在"中国伦理思想史"的课堂上。第一次是对《庄子·秋水》篇中"濠梁之辩"的解读。庄子与惠子游于濠梁之上。庄子曰："鲦鱼出游从容，是鱼乐也。"惠子曰："子非鱼，安知鱼之乐？"庄子曰："子非我，安知我不知鱼之乐？"惠子曰："我非子，固不知子矣，子固非鱼也，子不知鱼之乐，全矣。"庄子曰："请循其本。子曰汝安知鱼乐云者，既已知吾知之而问我，我知之濠上也。"在这次智慧的对话中，庄子与惠子不断跑到对方思维的"后面"，寻找更为深层的依据来证成自己的观点，让人深深感受了思辨的穿透力。第二次是对人性善恶的理解。无论是"人性善"还是"人性恶"，似乎在人类历史上都能找到理论依据与事实证明，同学们一时难以定论，但是老师给出的答案却超越其上，认为"人性本善""人性本恶"只是思想家对人性的假设，他们以此为逻辑起点建构思想理论体系，进而解读客观世界。这一解析彻底颠覆了非此即彼的思维惯式，使人顿时有只需"逻辑自洽"，可以"左右逢源"的自如感。其实像这样让人记忆犹新的时刻还有很多，如我现在依然还能感受到潘佳铭教授因为 20 世纪 80 年代哲学大师贺麟路过重庆朝天门时未能邀请来校讲学的那种遗憾，邓晓芒教授关于"自己只是路标"的自述，赵明教授在谈及施特劳斯古典政治哲学时发出的没有一点精神追求，那就是"猪的城邦"的感言。这一切都潜移默化地影响着我。

2009 年进入西南政法大学攻读博士学位，研究领域从伦理学转向法理学源于道德与法律的关联性和二者对价值问题的共同关涉。西政的论辩传统强化了思辨习惯，法理学科老师们对学术规范的严格要求培养了做学问的严谨态度，在学习科研中逐渐获得"法律人"规范缜密的气质基因，这为我后来从事思想政治教育研究进行逻辑推理和理论演绎创造了思维条件。一方面是高强度的学术训练和高标准的毕业要求，一方面是导师"除了读书还是读书，读书必须把自己读'傻'，在此基础上有所反思和顿悟才能真正得到升华"的教诲，"刺激"我一头扎进学术文献的海洋，只是偶尔露头喘息，逐渐实现了由学生向科研"青椒"的身份转换。这自始至终都是一个艰难的过程，其中既有刚入学时将付子堂校长对"如何做优秀博士生"的个人追问，理解成撰写校长在开学典礼上面向所有新生的发言稿件的错"悟"，也有毕业答辩时对程志敏教授做出的，无古典政治哲学内涵支撑的现代性法理阐释是无根而轻飘的评价的惶恐。它们都成为我学术成长经历中无法抹去的记忆和宝贵的财富。

博士毕业选择重庆交通大学做了思政课教师，职业发展的需要推动学术注意力自然转向了马克思主义理论。在努力做好教学工作的同时，必须适应新的学科方向。思想政治教育和马克思主义中国化与我的学科专业背景关联度最高，成为职业身份转换后的科研领域。2013 年在职进入重庆大学法学博士后流动站，尝试从法学视角开展马克思主义中国化相关问题的研究，2017年出站。即便如此，在很长一段时间里，我的学术志趣仍然在思想政治教育与马克思主义中国化之间摇摆不定。这是一个迷茫的时期。直到 2019 年底，冯刚教授到重庆交大讲学，在老师的引领下，我更加关注高校思想政治教育理论和实践问题。也正是这次短暂的见面开启了老师和我的师生情缘。每当有学术公众号推送老师的文章，我都会仔细读过。文中对思想政治教育问题的理解认识和论述逻辑，尤其是对思想政治教育治理、思想政治教育评价的理论阐述，总让我有"就该如此"的感觉和高度认同的"共情"。再加上老师的平易近人，促使我明知和老师不在同一座城市无法当面受教，但仍鼓着勇气带着对思想政治教育问题的思考通过网络不时与他沟通交流。从思想政治教育学科的发展历程、高校思想政治教育面临的时代课题，到立德树人根本任务的落实、时代新人的培育，老师一次次耐心指导点拨，勾勒出思想政治教育学科的清晰图景，帮助我笃定了思想政治教育的研究方向，彻底结束了学术游走的状态。也是在 2019 年底，我申请成为老师的访问学者，但因突如其来的新冠疫情未能成行。心有不甘的我萌发了跟随老师做博士后研究的想法并报告了老师，可超龄和在职又成为前行的难题。正在不知所措时，老师打来了电话让准备进站，其他问题他去想办法，我失落的心情顿时从谷底飞上了天。后来才知道想进站做老师博士后的人太多太多，他们都是学界翘楚或者青年才俊，而我只是刚定下学术方向的学界"草根"。2020 年 9 月在老师的帮助下顺利进入北京师范大学马克思主义理论博士后流动站，跟随老师做思想政治教育治理方面的研究——直到这时才真正认为自己成为了思想政治教育学术共同体的一员。在站研究让我有更多机会与老师交流学习。"同一个问题可以从不同的角度阐释，用不同的方法分析，得到与别人不同的结论""作为一名本科生能拿到冯友兰奖学金让我建立了学术自信，对你们来说最重要的也是要建立学术自信"进站两年来老师这些毫无保留的教诲让我终身难忘，也让我永远受益。目前，正在准备出站答辩，如果一切顺利可能在11月完成在站研究工作。但这只是刚刚开始，方向既已确定，我会坚定地走下去，在老师的引领下继续前行，争取在思想政治教育学术领域深耕细作有所作为。

二、学术成果

学术成果是学术研究的成绩显现，反映科研人员的学术方向、学术水平和学术能力。就我而言，在确定思想政治教育研究方向之前，学术志趣在不同领域方向间游走，成果内容并不聚焦，既有对流动人口服务管理立法和网络化管理模式构建的分析，也有对习近平总书记治国理政思想的阐释，多带有马克思主义中国化的学科属性，虽被 CSSCI 或中文核心期刊收录，但数量较少。而将研究方向聚焦于思想政治教育之后，先后参与了《思想政治教育研究热点年度发布（2019）》《新时代高校思想政治教育治理论》《高校思想政治教育治理评价研究》《思想政治教育学科发展新论域》《新时代高校思想政治教育前沿研究》等多部专著的编写工作，并围绕思想政治教育热点问题形成了一系列理论文章。不仅成果数量逐渐增加，成果内容也更加系统成体系。在这里简单介绍其中三篇，以作自我鼓励，鞭策自己坚定学术自信而努力前行。

《思想政治教育评估学》是冯刚教授思考策划《思想政治教育学科发展新论域》一书中的第九章内容，在老师支持下由我起草撰写。主要论证思想政治教育评估学作为思想政治教育学学科支系的可能性和必要性，为思想政治教育学科的创新发展提供思路和展望。文章认为，思想政治教育评估的研究和实践为思想政治教育评估学的产生和形成创造了条件，但是思想政治教育评估的已有研究更多地将思想政治教育评估定位于思想政治教育过程的一个基本环节加以思考，还未从思想政治教育学科分支的视角来认识思想政治教育评估，未对正在逐渐生成的思想政治教育评估学进行系统整体的理论建构，尤其是未有效回答思想政治教育评估学的内涵、任务、价值等基本问题。要推动思想政治教育评估学的形成和发展，还需进一步厘清思想政治教育评估学的基本内涵，明晰思想政治教育评估学的重点任务，清晰思想政治教育评估学的价值指向，展望思想政治教育评估学的未来发展，这既是对思想政治教育实践需要的现实回应，也是丰富充实思想政治教育理论内涵，实现思想政治教育学科体系不断完善优化的重要工作。①文章对上述问题进行了逐一回答和阐释，是较早从学科支系的角度审视分析思想政治教育评估的学术成果。

《中国精神中的集体主义内核研究》2021 年 3 月发表于《思想教育研究》，主要分析了中国精神中以爱国主义为核心的民族精神和以改革创新为核心的时代精神，将祖国、国家、民族、人民作为情感、精神、利益的归属，是从不同维度对"整体"或"集体"进行的表达，决定了中国精神更为注重整体价值与集体指向，蕴含着坚定的集体主义价值取向，也意味着中国精神必然具有集体主义的价值内核，其具体依凭国家核心的价值取向、民族导向的发展驱动、人民至上的利益旨归、命运共同体的人类志向得以展现和外化。文章旨在通过对中国精神中集体主义取向的解析，为思想政治教育提供更多的价值资源，增强实现中华民族伟大复兴的精神力量。

《思想政治教育治理体系现代化的价值要义与基本特征》2021 年 12 月发表于《广西社会科学》，文章尝试站在思想政治教育守正创新的角度对国家治理体系和治理能力现代化建设作出回应，强调思想政治教育治理体系现代化是国家治理体系现代化的内在要求，而思想政治教育治理体系现代化的价值要义和基本特征，是明确思想政治教育治理体系现代化内涵的重要理论命题；指出创新发展是理解思想政治教育治理体系现代化价值要义的主线，从宏观、中观、微观三个维度来看，思想政治教育治理体系现代化是实现国家发展目标的重要支撑，是实现思想政治教育内涵式发展的根本路径，是实现个人全面发展的基本条件；多元主体参与、治理状态有序、治理进程开放、治理机

---

① 冯刚：《思想政治教育学科发展新论域》，中山大学出版社 2022 年版，第 268 页。

制协同、治理效能强大，分别是思想政治教育治理体系现代化的主体特征、形态特征、运行特征、组织特征、效能特征。在笔者看来该文是目前学界阐释思想政治教育自身治理现代化问题为数不多的学术成果之一。

三、学术志向

既入思政门，学为思政人。作为思想政治教育共同体的一员我倍感荣幸，也深知责任重大。在学校思想政治理论课教师座谈会上，习近平总书记说："办好思想政治理论课关键在教师，关键在发挥教师的积极性、主动性、创造性。"指出了思政课教师应该具备的六大素养"政治要强、情怀要深、思维要新、视野要广、自律要严、人格要正"[①]。它们既是对思政课教师教育教学的素质要求，也是对思政课教师学术科研的素质要求。思政课教师应该做到教研相长，在科学研究中反思思想政治教育实践工作，回应思想政治教育现实需求，用前沿、及时、管用的理论成果支撑教育教学工作创新发展，取得育人实效。这也是我学术科研工作努力的方向和追求的目标。基于对新时代思想政治教育现实任务和重要问题的认识，结合自己的知识背景与科研兴趣，今后一段时期我将在高校思想政治教育治理和高校思想政治教育评估的研究方向上重点发力，争取在这两个领域取得更多理论成果。

高校思想政治教育治理是将治理的思想理念、方式方法、目标追求等治理元素融入高校思想政治教育的建设环节，通过治理的手段举措推动高校思想政治教育体系形态的优化塑造，切实落实思想政治教育立德树人的根本任务，充分发挥高校思想政治教育培养中国特色社会主义事业合格建设者和可靠接班人的功能作用。治理与高校思想政治教育的深度融合，不但为思想政治教育学科内涵式发展拓展了理论空间，更加丰富了思想政治教育工作的实

[①] 习近平：《思政课是落实立德树人根本任务的关键课程》，《求是》2020年第17期。

践环节构成。① 作为思想政治教育学科研究新论域，高校思想政治教育治理有许多基础性理论问题需要探讨和回答。对此，冯刚教授在《关于高校思想政治教育治理研究的几个问题》一文中有深刻论述。高校思想政治教育治理需探讨研究的理论问题至少包括：作为高校思想政治教育治理研究对象的高校思想政治教育治理活动的理论内涵和实践特征；高校思想政治教育治理研究的方法创新；高校思想政治教育治理与高校思想政治教育管理的关系；高校思想政治教育治理基础理论体系的确定，具体涉及高校思想政治教育治理的原则、主体、方式、体系、动力等理论元素。②

事实上，高校思想政治教育实践需求已经或多或少走到了思想政治教育学科知识体系演进的前面。从大中小学思政课一体化建设到大中小学思想政治教育一体化建设，从三全育人体系的构建到学校、家庭、政府、社会协同育人机制的形成，从全面推进"大思政课"建设到课程思政建设，从因事而化、因时而进、因势而新的思想政治工作要求到精准思政的工作要求，包括思想政治教育管理学在内的思想政治教育现有学科知识体系，已经很难对思想政治教育这些现实且具体的工作设计做出完整的理论解释，因为它们蕴含的恰恰是协同、系统、动态、精准等治理的理念和方法。正是在实践与理论的互动中，高校思想政治教育工作的现实发展倒逼着高校思想政治教育治理研究的推进和深化，要求科研工作者对高校思想政治教育治理实践及时做出理论回应，甚至应该努力将高校思想政治教育治理理论作为思想政治教育学科新的发展支系加以对待，这也是冯刚教授在《思想政治教育学科发展新论域》一书中的观点，也是我将高校思想政治教育治理作为研究方向的重要原因。

高校思想政治教育评估是高校思想政治教育治理过程中的重要内容、环节和机制。可以将高校思想政治教育治理与高校思想政治教育评估看作是对

---

① 冯刚：《高校思想政治教育治理论》，中国社会科学出版社 2021 年版，第 219 页。

② 冯刚：《关于高校思想政治教育治理研究的几个问题》，《高校辅导员学刊》2022 年第 3 期。

同一研究方向，在宏观层面与微观层面的不同表达。所以，高校思想政治教育治理实践对高校思想政治教育治理理论体系构建的需求，也蕴含了对高校思想政治教育评估理论建构完善的要求。尤其是在推进国家治理体系和治理能力现代化建设的大背景下，党和国家对思想政治工作的认识不断深化发展，使得对高校思想政治教育评估的理论研究具有了更为重要的价值意义。2021年，中共中央、国务院印发《关于新时代加强和改进思想政治工作的意见》指出，要把思想政治工作作为治党治国的重要方式。思想政治教育作为思想政治工作的重要构成是国家治理体系的组成部分，自然要发挥治党治国的作用，也意味着思想政治教育以"生命线"定位的底线、平面、二维的功能效用，要向更为综合、立体、多维的功能效用定位转化，这决定了与思想政治教育工作关联的因素会更多，对接的系统更为复杂，要求对思想政治教育进行更加综合、立体、多维的判断与把握，包括评价性理论建构、干预性理论建构、预测性理论建构在内的高校思想政治教育评估学理论体系构建①，正是思想政治教育学科应当对这一政策实践需求做出的理论回应。但是，如前文所说，关于思想政治教育评估的已有研究还未从思想政治教育学科分支的视角来认识思想政治教育评估，未对正在逐渐生成的思想政治教育评估学进行系统整体的理论建构，尤其是未有效回答思想政治教育评估学的内涵、任务、价值等基本问题。虽然《思想政治教育学科发展新论域》第九章《思想政治教育评估学》尝试对这些问题做了解答，但它只能算是一个好的开始，因为它揭示的仅仅是高校思想政治教育评估学理论体系的冰山一角，高校思想政治教育评估学还有很多学术富矿值得研究者去挖掘，这也是我将高校思想政治教育评估作为研究方向的原因。

---

① 冯刚：《思想政治教育学科发展新论域》，中山大学出版社 2022 年版，第 271 页。

四、学术心得

学术研究是一件令人快乐的事情。科研工作者总是带着对事物的好奇和疑问在知识的海洋中探寻。要么无中生有，创建出一个全新的体系，对未能回答或尚未了解的问题做出解释，要么延续创新，在前人研究成果的基础上得到更为合理、更加透彻、更具说服力的答案。而无论是做到前者还是做到后者，对科研人员来说无疑都是幸运的，这是对他辛勤钻研的最好回报，定会给他带来极大的幸福感。学术研究偶尔也是一件令人痛苦的事情。从研究问题的选择，研究文献的收集梳理分析，到研究方法的使用，研究观点的论证，无不需要投入大量的经历和心血，即使这样也不能保证一定会得到想要的结果，焦虑可能时刻环绕，让人吃不下饭，睡不着觉，交谈、行走看似平常，脑子里可能都在想着破题之术和化解之法。应该说每一位科研人对学术研究都有自己的认识和理解，但多能在这个令人累并快乐着的事业中行有所得，这种得既可能是物质上的，也可能是精神上的，还可能是在推进科学研究过程里得到的如何深化开展学术科研的启示和认识，即通常所说的学术心得。作为一名从事思想政治教育研究的科研人我也有自己的心得体会，在这里分享其一：

思想政治教育之理既在思想政治教育活动之内也在思想政治教育活动之外。揭示思想政治教育规律的是思想政治教育学科的知识体系，思想政治教育学科的理论知识可以来源于对思想政治教育活动本身的理性分析，通过观察和认识思想政治教育活动的发生、构成、运行、变化、发展、演进，解析其道理，因此思想政治教育之理在思想政治教育活动之内。但是，思想政治教育作为一种社会现象并不能脱离政治、经济、社会、文化等其他因素孤立存在，它受其他因素影响甚至决定。比如当下思想政治教育的内容应该是什么，为什么选择了这些内容，站在思想政治教育内生视角都是难以回答的问题，因为推动思想政治教育内容变化的是国家经济社会的演进，由党和国家事业发展需要所决定，它们是外在于思想政治教育活动的因素，是开展思想政治教育的大背景。习近平总书记说："做好高校思想政治工作，要因事而化、因时而进、因势而新。"① 这里的"事""时""势"都是关涉甚至决定思想政治教育活动，但又外在于思想政治教育活动的元素。所以，思想政治教育之理也在思想政治教育活动之外。如此看来，开展思想政治教育学术研究，发展思想政治教育学科理论体系，既要通过认识思想政治教育活动本身找寻答案，也要跳出思想政治教育认识思想政治教育，充分把握思想政治教育活动之外的多种社会现象，这要求科研工作者借助其他学科的知识理论回答问题，因为这些知识理论能够解释影响思想政治教育活动的外在因素和事由。这些知识的学科来源包括但不限于政治学、经济学、哲学、伦理学、法学、管理学，在我看来这个学科清单可以无限延伸。这也符合从混沌同一到分离细化，再到辩证统一，正反合的学科知识发展规律。

① 《习近平在全国高校思想政治工作会议上强调 把思想政治工作贯穿教育教学全过程 开创我国高等教育事业发展新局面》，《人民日报》2016 年 12 月 9 日。

郑敬斌:"研"途故事:从机缘巧合到天作之合

郑敬斌,男,1984 年生,山东淄博人,国家哲学社会科学青年拔尖人才。现为山东大学人文社科研究院院长,马克思主义学院教授、博士生导师。

回顾我的学术成长之路,犹不能不以之兴怀。它并不像人们想象的那般一帆风顺,大抵可用"先婚后爱"来形容。二十年前,我错过我的意向专业,被调剂到思想政治教育专业,开启了与它的相伴之路。幸运的是,思想政治教育专业是一位非常优秀的"伴侣",成功治愈了我的"情伤"。朝夕相处、携手共度。当初,我们虽然没能一见钟情、双向奔赴,却也日久生情,以至于如今到了"一日不见兮,思之如狂"的境地。思来想去,不由觉得这是一种难以明言的缘分。现在,我有幸借此机遇回顾过往,穿梭于时空,寄情于此文,缕析我们的"爱情传奇",以飨朋侪。

一、一场"先婚后爱"却"相见恨晚"的奇妙之缘

从曾经猝不及防的相遇到如今熔铸血液的相守,走过的每一步,都映现了我的成长,其中那些穿林打叶的过往,是曾属于我的澄澈远方。对于思想政治教育专业,始于缘分,忠于内心,成于责任,久于传承。

（一）相遇:猝不及防

人的一生中有无数次相遇,或长久或短暂,或欣喜或蓦然,或浅薄或深远,于我而言,最奇妙一次相遇是在 2003 年。这一年,我奔赴一个偶然中的必然之约,这一年,我与"思政"的故事开始谱写。

2003 年高考后,我与当时自己所期待与向往的专业擦肩而过,我没能成

为一名"文艺青年"，而是被调剂到完全陌生的思想政治教育专业。当时我的心情既喜又悲，复杂忐忑，喜于高中时期对思政课并不反感甚至很有兴趣，这很大层面上是源自自己的班主任老师就是一名优秀的思政课教师，以至于"亲其师信其道"，并最终"长大后我就成了你"。因此，那时的我，一方面是悲于无缘自己中意的第一志愿，"到底意难平"，但另一方面也隐隐畅想着或许是不是能够也有可能与思想政治教育"举案齐眉"。面对这已然确定、无法改变的安排，我虽安慰自己"冥冥之中自有天意"，却还是心有不甘地踏上了离家远行的求学之路。我的大学坐落在美丽海滨城市，九月的风吹得人格外舒爽，稍有抚慰之意，一丝一缕仿佛温柔地告诉我，这场旅途意外而美丽。于是，迈入校园的那一刻，我也试着与自己和解，去接受这"不期而遇"。那时，一切对于我来说都是新鲜且陌生的，伴随着探索新事物的紧张、兴奋之感，我与思想政治教育学科正式见面，就此结下一场不解之缘。

（二）相识：陶醉沉迷

"水本无华，相荡乃成涟漪；石本无火，相击而发灵光。"刚开始，我也只是在门外观望，但是随着课程的深入学习，我逐渐被思想政治教育专业特有的魅力所折服。它严肃中透露着活泼，规矩中蕴藏着情怀，是一门塑造人格的学科。本科四年，我在马克思主义原著的研读中汲取着伟人的思想精华；在思政原理的层层剖析中明了专业的架构；在党史悲壮事迹的道来中心生感怀敬佩；在伦理学的慎思明辨中重新审视"常识"；在社会学的方法指点中掌握分析研究问题的工具……畅游在知识的海洋中，洞察人生意义、熟悉党史国情、聆听世界声音，这种获得感、满足感不言而喻。与此同时，将理论应用于实践的过程中，我能够真切地体会到每个个体鲜活的生命力，感受到思想政治教育的厚度、高度、温度。就这样，在与思想政治教育的对话和了解中，我一发不可收地爱上了这个专业，时常感叹这是"命中注定"的缘分。如今，偶尔回想起大学的时光，坐在窗明几净的图书馆，手捧一本心仪的书，汲取知识营养，感悟真理力量，累了看看天，乏了听听雨，望向窗外，偶有暗香浮动，翠绿成荫，真是一种难得的放松和享受。当然这个过程更少不了有关于雪的记忆。因为烟台的地理位置，真真是名副其实的雪窝，记忆中本科在读的时候竟然有过半个月雪一直不停的记忆，由此自修室外长长走道的滑雪滑冰也成了读书期间一份不可抹灭的回忆。

（三）相知：毅然携手

经由对思想政治教育专业的系统学习，我受益匪浅，逐渐热爱，并进而坚定了自己人生的奋斗方向。于是，面临硕博专业选择时，我毅然决定与思想政治教育专业携手一生，成为终生的"灵魂伴侣"。义无反顾，这是我那时候的决心，更是恒心。纵然在学术研究过程中，坎坷少不了，磨难也不少有，选题不科学、框架不清晰、用词不准确，最为痛苦的还是遇到写作瓶颈，毫无思路、烦躁不安，文章删删写写不得要领，半天趴电脑上也熬不出一个字。但是，在整个的学术生涯中，我一直是个幸运儿，这种幸运不仅体现在我能于困顿难行时突现灵感火花，于思路混乱时能柳暗花明，更体现在我遇到了一辈子的恩师。而我身为王立仁老师的学生，也一直享有同学们的羡慕。诚然，我惶恐于这种幸运，又骄傲于这种幸运，忻悦这种羡慕。在硕博学习期间，老师对我来说既是严师也是慈父，在学业上既有高屋建瓴地予以启发，纠正我思维方式上的偏差，以促使我豁然开朗，又有细微之处的真知灼见，指导我字斟句酌，以促使我精益求精，更在生活上给予关怀。声声嘱托、次次畅谈，一直以来，老师的指引陪伴，指引着我走稳学术之路和人生之路。正是老师的这番教诲，让我正式打开了思想政治教育研究宝盒，解码其中的奥秘，真正地与其携手相知，也正是老师的支持引导，让我当初的这番义无反顾历尽艰辛却依旧不悔、不惧、亦不退。

（四）相守：熔铸血液

2012 年，博士毕业后的我入职山东大学马克思主义学院，正式成为一名高校思政课教师。此时的我已由当初的"专业小白"又转换到了"职业小白"，面对陌生的成长环境、提质升级的科研任务以及全新的教学工作，我的内心是彷徨与新奇同在、焦灼与希冀交织。路在何方？我既对全新的人生旅程充满期待，又对未知的航程迷茫踌躇。当我满怀期待地去敲开新世界的大门时，现实却给了我当头一棒。当有学生在尚未上课之前就留有印象，认为"说教"是思政课样子的时候，初登讲台的我面对着简单的两个字印刻在洁白的纸张上，直白、刺眼，这无疑给我泼了一盆冷水。一蹶不振吗？让心中的小火花就此熄灭吗？当然不能。纵有疾风骤雨，我自岿然不动。从那开始，我就探索如何用生动幽默的语言、时尚活泼的词汇将深奥难懂的学理知识讲清道明，如何用多样有趣的方式让学生爱上思政课。上下求索、抽丝剥茧、以简驭繁，经过多番与学生交流探讨和努力磨炼，我终于使思政课"热起来""活起来"，力求打造出了师生共享的"思政课"。同时，我还用实际行动践行着我所教授的知识，实现着专业价值。爱岗敬业，我始终坚守在教学一线、科研一线，做学院来得最早，走的最晚的"学生"；学以致用，积极开展理论宣讲，让广大人民群众及时有效掌握并运用理论，让更多人打心底领悟理论的魅力……时光知味，岁月沉香。自2003年与思想政治教育专业仓促初见以来，至今，已整整二十载。二十载的岁光，我与思想政治教育专业经历了猝不及防相遇、陶醉沉迷相识、毅然携手相知的"恋爱"之路，我见证着思想政治教育的前世今生。如今，1984年出生的我，与思想政治教育学科一样都即将进入"不惑之年"，而我也与这个专业和学科正步入"瓷婚"阶段，早已血脉相连、不可割舍，可谓是猝然相见不相离，冷淡寂寥不相弃，朝乾夕惕廿载与，熔铸血液，无计舍尔去。日月悠漫，我愿与思想政治教育专业相守一生，让这场出生和成长在春天的"恋爱"始终热血沸腾、永葆盎然生机、永远生生不息！

二、一段烛燃千卷而深耕不辍的求索之行

2022年4月25日，习近平总书记在中国人民大学考察时深刻指出："思

政课的本质是讲道理，要注重方式方法，把道理讲深、讲透、讲活，老师要用心教，学生要用心悟。"作为一名青年思政课教师，要想站稳思政课课堂就必须有精深的学术功底。于是肩负着责任也怀揣着对学术研究的热情，我投身于科研之路。近年来，我主持完成《新时代高校意识形态风险防范机制研究》《意识形态风险辨识与预警平台建设研究》《新世纪以来高校思想政治教育政策绩效研究》《大中小学思想政治教育内容体系整体构建研究》等国家社科基金、中组部青年拔尖项目、教育部人文社科项目等各类课题 20 余项，在《求是》《光明日报》《人民日报》等报刊发表学术论文 100 余篇，在学习出版社、红旗出版社等出版《学生思想政治教育内容体系整体构建研究》《新时代中国特色社会主义文化认同研究》《学习的方法》《〈德意志意识形态〉新读》《坚持社会主义核心价值体系》等学术著作 7 部，自己也幸运入选了国家万人计划青年拔尖人才、山东省泰山学者青年专家、山东省理论人才百人工程、仲英青年学者等人才称号，荣获全国高校思想政治理论课年度影响力人物、首届全国高校思想政治理论课教学展示活动特等奖、山东省学校思政课标兵人物、山东大学优秀共产党员、山东大学优秀教师、山东大学我最喜爱的老师等各类奖励 20 余项。总体来说，多年来，我主要专注于"思想政治教育内容""意识形态风险问题""中国特色社会主义文化认同"等方面的研究。

（一）致力于思想政治教育内容研究

思想政治教育一体化建设是国家政策制定、思想政治研究、学校思想政治教育实践关注的重要内容。2019 年 3 月，习近平总书记在学校思想政治理论课教师座谈会的讲话中指出："要把统筹推进大中小学思政课一体化建设作为一项重要工程，推动思政课建设内涵式发展"，引发学术界对思想政治教育一体化建设问题的新一轮高度关注和热烈探讨。我早在 2008 年就关注思想政治教育一体化问题的相关研究，并实现了对该问题的持续深耕，尤其是在学校思想政治教育内容一体化研究方面具有开创性。我主持完成了教育部人文社科项目《大中小学思想政治教育内容体系整体构建研究》，出版了国内第一部以思想政治教育内容一体化问题为主题的学术专著《学生思想政治教育内容体系整体构建研究》，撰写的《学校德育内容衔接的困境与出路》《论思想政治教育内容体系的整体构建》《大中小学思想政治理论课一体化管理机制建设初探》《学校日常思想政治教育内容序列化建设构想》等20余篇系列论文均引发了一定反响。具体而言，我主要从以下两个方面持续深化思想政治教育一体化建设问题的研究：

第一，系统研究了思想政治教育内容一体化建设问题。我较早对学校思想政治教育内容一体化构建问题进行系统研究，不但明确提出了思想政治教育内容一体化构建这一命题，并系统剖析了其实施现状及建设实践等问题，更根据大量实证调研结果创新性地对内容一体化构建的具体指向进行了谋划。此外，我还明确提出了日常思想政治教育内容序列化建设这一命题，根据大量实证调研结果创新性地对日常思想政治教育内容序列化建设的学段指向进行了构建，并系统剖析了日常思想政治教育内容序列化的必要性、可行性及建设实践等问题，这在以往的研究中是比较少见的。这些系列研究成果对于德育课程改革、德育教材编写、日常思政实践开展等都具有重要的借鉴意义和指导价值。

第二，深度剖视了思想政治教育课程、管理、政策以及主体一体化等问题。基于各学段思政课管理机制方面尚未形成系统化建设格局的现实境况，我针对思政课目标缺乏协同性、整体设计缺乏协调性、学段管理规划缺少统筹性以及政策制定实施缺乏系统性等问题，提出了构建科学适切的思政课管理一体化和政策一体化机制的概念。此外，通过分析德育课程内容在系统化衔接实践中还存在着内容断裂缺失、简单重复、层次倒置和断层脱节等一系列问题，揭示需要通过系统化意识提升、课程整体编制、教师队伍建设以及保障机制健全等系统举措加以治理。该项研究全面把握德育课程内容在衔接整合方面所存在的问题，准确回应并给出针对性治理策略，产生了较为广泛的影响。

（二）致力于意识形态风险问题研究

党的十八大以来，面对意识形态领域的严峻形势，党中央对意识形态工作高度重视。习近平总书记着眼于党和国家事业长远发展，就防范化解意识形态领域重大风险提出明确要求。党的十九届五中全会强调，要坚持总体国家安全观，防范和化解影响我国现代化进程的各种风险。党的二十大报告则进一步指出："推进国家安全体系和能力现代化，坚决维护国家安全和社会稳定"等要求。在党和国家发展的关键时期，研究意识形态风险，维护意识形态安全已经成为一项亟待解决的时代课题。我近年来把意识形态风险作为特定研究对象开展了深入研究，主持的国家社科基金一般项目《新时代高校意识形态风险防范化解机制研究》以优秀等级完成鉴定，出版的专著《〈德意志意识形态〉新读》入选中宣部理论读物出版工程，同时发表了《坚决打好意识形态风险防范攻坚战》《新中国 70 年社会主义意识形态引领力提升的历史经验与现实镜鉴》等 20 余篇系列文章，均在学术界产生了一定影响力。本人围绕着意识形态风险问题研究所作出的学术贡献主要体现在以下两个方面。

第一，提出了意识形态安全风险防范的有效路径。为深刻把握意识形态安全工作的要求，提出要强化意识形态风险防范意识，尤其是强化意识形态风险防范政治意识、底线意识、阵地意识；提高意识形态风险防范能力，尤其是提高意识形态领导能力、意识形态斗争能力以及意识形态大数据运用能力；完善意识形态风险防范机制，尤其是完善意识形态风险预警机制、意识形态风险管控机制、意识形态风险评估机制等重要论断。本人也总结了新中国 70 年来社会主义意识形态引领力提升的历史经验，对标新时代社会主义意识形态引领力提升的现实境遇，提出了有效提升社会主义意识形态引领力针对性举措，涵盖立破并举、理论创新、有效传播、利益满足等方面。同时，我认为还需从机制体制入手，努力构建集风险研判机制、风险预警机制、风险阻断机制和风险评估机制于一体的动态防控机制，以维护主流意识形态安全。

第二，从精神谱系维度进行意识形态风险防范研究。意识形态是特殊的精神产品，中国精神的培育对意识形态安全的维护具有至关重要的意义。本人近年来不断加强对党的精神谱系的研究，力求通过精神谱系的研究实现铸魂育人，助力意识形态安全工作。从理论维度、历史维度、现实维度对改革开放精神进行深度透视，从坚守初心和使命的角度对抗疫精神和脱贫攻坚精神进行了一定的解读，从整体性角度系统分析了党的自我革命精神的内涵实质和核心要求，拓展了社会主义意识形态安全研究的理论空间。

（三）致力于中国特色社会主义文化研究

文化是一个国家、一个民族的灵魂，文化兴则国运兴，文化强则民族强。党的十八大以来，以习近平同志为核心的党中央把文化建设提升到一个新的历史高度，中国特色社会主义文化得到新发展、新繁荣。党的二十大报告中，习近平总书记进一步强调"全面建设社会主义现代化国家，必须坚持中国特色社会主义文化发展道路""发展面向现代化、面向世界、面向未来的，民族的科学的大众的社会主义文化"，赋予了中国特色社会主义文化新的历史地位和历史使命。我自 2013 年起就专注于中国特色社会主义文化的系列研究，主持研究了教育部人文社会科学项目《马克思主义信仰与宗教信仰的区别》、中国博士后面上一等资助项目《提升中国特色社会主义文化认同路径研究》等课题，主持编写了由中共中央党校出版社出版发行的"新时代思想论丛"之《坚持社会主义核心价值体系》等书籍，同时发表了《社会主义核心价值观融入社会治理的机制探赜》《中国特色社会主义文化自信生成的动力机制》《中国特色社会主义文化认同：一个亟待深入研究的重要问题》《中国特色社会主义文化认同的多维向度》等十余篇学术论文，均产生了一定的影响。具体而言，我主要从以下两个方面围绕中国特色社会主义文化展开学术研究：

第一，从文化认同角度进行中国特色社会主义文化研究。中国特色社会主义文化只有得到大众的普遍认同、转化为人民的自觉追求，才能实现其价值和功能。然而，由于国内外多重因素的合力冲击，中国特色社会主义文化认同正面临着严峻的现实挑战。因此，如何进一步增强中国特色社会主义文化的大众认同，推进中国特色社会主义文化认同的有效实现，就成为新形势下需要研究和解决的重要课题。多年来，我致力于中国特色社会主义文化认同研究，对中国特色社会主义文化认同展开多维向度探究。立足时代背景，我整体系统地剖析了中国特色社会主义文化认同的科学内涵、主体力量、发展条件，进而分析了增强中国特色社会主义文化认同的必要性、可行性、迫切性。在具体领域，我从陆台生思想状况与文化认同相结合的角度，研究了在陆台生的文化认同度，进而透视了在陆台生的国家认同问题，剖析了在陆台生国家认同提升路径。

第二，从文化自信角度进行中国特色社会主义文化研究。2016年，在庆祝中国共产党成立95周年大会上，习近平总书记提出文化自信，将其与道路自信、理论自信、制度自信并列为"四个自信"，并进一步指出："文化自信，是更基础、更广泛、更深厚的自信，是更基本、更深沉、更持久的力量。"与此同时，我开始深耕于中国特色社会主义文化自信研究。我首先从"四个自信"的整体层面上研究文化自信，分析了文化自信在"四个自信"当中的重要地位，总结了文化自信相对于道路、理论、制度自信的独特作用，以及如何提升文化自信的重要问题。同时，我又从理论意义、现实依据和实现条件三个维度分析了坚定新时代中国特色社会主义文化自信的现实意蕴，以坚定文化自信。

三、一次俯拾仰取且笃行致远的思悟之旅

携坚忍静水流深，怀丹心素履以往。在这条作为学者、师者的路上，我行了近二十载。从零开始，专精研籍，春去秋来，个中滋味，属实不易。每要彷徨之时，"在科学大道上没有平坦的大路可走，只有在崎岖的小路上攀登而不畏劳苦的人，才有希望到达光辉的顶点"这句话便浮现脑海，支撑我坚持下去。十年饮冰，难凉热血，唯有初心热爱，可抵岁月漫长。

（一）弘扬师者精神，走好传承路

求学与从教十几年的时间，我感恩于自己一路走来遇到的师长，尤其是我的导师王立仁老师，幸入王老师门下恐怕是我求学历程中最为得意的事。师恩难忘，教泽永怀。跟随老师读书的五年来，老师实在给予了我太多太多，在我的学业上，不但一直高屋建瓴地予以启发，纠正我思维方式上的偏差，细节之处亦不忘指导。虽然老师在学业上要求甚为严格，但在生活中却对学生十分关爱。回家途中的一声声嘱托，到老师家里做客的一次次畅谈，真诚而又温馨，实在而又惬意，给我留下了太多美好温馨的回忆。直到今天我还会经常跟我的学生讲起读书期间老师对于我学业和生活上的指导，好的老师真的影响学生一生。工作以后，自己也得到了学院诸多前辈的支持。依稀记得自己入职马院的时候周向军老师帮我谋定博士后研究方向，鼓励我好好学习认真做科研，给我一个刚刚入职的"小白"以莫大的鼓励；我更记得参加教育部举办的首届全国高校思想政治理论课教学展示活动，王韶兴老师利用一个下午的时间一遍遍地为我把关，我申报国家社科基金的时候王老师给我打一个小时四十五分钟的电话，就为了给我逐字逐句的把关修改……这些对于我的成长都提供了极大的帮助。何其有幸，在求学和工作的过程中遇到如此令人尊敬的师长。为了这份幸运和心里装载的感激，自己曾多少次暗下决心，要慷慨图进，不负师恩。如今，自己也成为了一名研究生导师，在指导学生的过程中，我时刻以老师为榜样，虽不能至，然心向往之，希望尽己所能，坚定地走好这条传承路，承担起师者的责任。十年树木，十载诲诱。我极其重视对学生科学精神、创新意识、科研能力的激发与培育，致力于对教育内容和方式的创新，不断探索"直入人心"的最优组合，形成了一套独具特色的育人体系，以"聆听者""抛锚者""教书匠"的身份促进学生全面发展和综合提升，将自己所知所学倾囊相授，并根据每位学生的研究方向及短板，开具不同的书单和文献参考，带领学生们进行针对性的学术训练。定期组织学生参加读书会，了解学生近期学习生活状况，督促的同时给予最大的关怀。当同学们面临困难，心理压力大的时候，我也会陪同他们聊天，一起纾解愁困，不少学生也戏称我的办公室是心理咨询室。在我办公桌最显眼的位置，一直放着一张明信片，那是一位毕业学生送给我的，短短几句话，朴实又真诚，感谢我在他面临巨大压力的时候对他的激励和安慰，我认为是"最幸福、最珍贵的礼物"。

（二）满怀学术热情，踏实科研路

回顾作为学者的成长之路，我感慨万千。这既是一条义理明彻、春华秋实的怡然之路，也是一条寂寞独行、任重道远的荆棘之路。行走于此，艰辛与快乐交织，迷茫与信念杂糅。我时常想，既然选择了这条路，就要卓然自守，义无反顾。本着这样的理念，我一直在学术中躬身耕耘，志做真学。尽管近几年担任学院副院长，承担部分行政职务，一定程度上分散了教学科研的时间，但我尽量利用休息的时间从事备课和科研工作。最近连续几年，我每年的寒假最多就是过年的时候，在家休息三天。心中有信念，眼中就看不见疲惫，有的只是追求和热爱，只有砥砺前行，方能不负初心和使命，真正无愧于"学者"这个身份。这些年，我始终坚持这样的为学原则，从一个目标奔向另一个目标，并且不断前进，略有感悟。首先，以学为先，日日自新。积跬步汇细流，深厚自身的学术功底，提高自己的理论水平是基础和前提，同时，从多学科汲取养分，帮助自己不断开阔视野。其次，深耕勤研，上下求索。积极培养求真务实的科学精神和善于思考的进取意识，需以"板凳甘坐十年冷"的决心和定力，做好基础研究，增强拓荒之力。最后，击鼓催征，笃行致远。贯彻落实习近平总书记相关指示和要求，将政治要强、情怀要深、思维要新、视野要广、自律要严、人格要正作为自身的行为准则，围绕中心，服务大局，将党的理论创新成果和重大方针政策研究好、宣讲好、贯彻好，以赤诚之心，尽己所能地为同学、学校和社会服务。吐尽心中丝万缕，燃尽胸中情千丈。回望身后的足迹，我曾经奋斗的旅程已经深深镌刻在心里。学术这条路，没有快车，没有捷径，不恃聪明而向壁虚造，每个脚印都要踏实，每处风景都需牢记，如此，方能行稳而致远。

（三）坚守育人之心，铺就树人路

不计辛勤一砚寒，桃熟流丹，李熟枝残，种花容易树人难。作为一名思政课老师，我深知铸魂育人的责任，如何让思政课真正走进学生心里，达到立德树人的效果是我从教十年一直探求的问题。"知己知彼，百战不殆"，于己而言，我始终认为自己是一名"教书匠"，必须牢记教书本职，初心不改。于彼而言，"90后""00后"的大学生跟我们这一代人已经大不相同了，他们有自己的价值观念和思考方式，思维更灵活跳脱。想要"留住他们的心"，不能拘于固定形式。因此，以学生为主体，我积极探索实施了"问题抛锚式教学"这一教学模式，针对学生学习过程中可能产生的困惑，转化成一个个问题，并与教材知识相衔接，形成层次鲜明、具有系统性的知识体系。同时，以"镶嵌式教学"的形式鼓励同学们以自己喜欢、熟悉的方式表达对课堂内容的理解，推进互动合作学习，让同学们在课堂上感觉更像是与朋友讨论问题。还应注意，与专业课不同，思政课课堂上的同学们来自不同的专业和不同的年级，他们的知识基础和认识结构也有所不同，针对这一问题，我采取差异化的教学方式，在坚持以内容为王的前提下，采用灵活多样的方式方法，并鼓励同学们结合自身的专业特色进行课堂交流，经常穿插新闻联播、小合唱、诗朗诵、情景剧等特色形式。

功夫不负有心人。"本来以为我这种理科生永远没法静下心来去听马原、毛概之类的课。没想到，现在居然如此期待上毛概！简直不可思议！但这是有原因的，老师不光讲课本知识，最重要的是他让书本中的人物活了起来，老师特别善于用生动的语言，让我们在呵呵一笑的同时，从心底领悟深奥难懂的官方术语。感觉自己在毛概课上既收获了知识，也收获了快乐，还学会了如何从不同的角度分析问题。"学生在山大日记上的这段评价让我倍感欣慰，当年"说教"的冷水也终于"热"了起来。2017年，我打造的"思想政治理论课问题抛锚式教学模式"入选山东省大学生思想政治教育优秀工作案例，不但作为典型教材在山东省高校思政课优秀成果上被展出，更被《光明日报》《大众日报》《济南时报》等多家媒体报道。

"看似寻常最奇崛，成如容易却艰辛。"与思想政治教育学科相识、相知、相熟、相爱的这段奇妙的旅程，带给我太多太多的思考和营养。而伴随岁月的年轮，这段旅程依然在延展着，并且会继续默默勾勒出生命的本色，而我更想用色彩和认知去填满它，也进而能够成为一个更加从容但真诚、坚定且强大的自己。

朱宏强：内省立心　敏行立身

朱宏强，男，1995年生，浙江台州人，北京师范大学博士，现就职于北京邮电大学马克思主义学院。

一、相识相知　上下求索

回想我的学术历程并不长，但可以说是从一而终。自踏入思想政治教育学科的大门，从相识到相知，这一路虽不似高潮迭起，于自己而言也算是越岭攀山，方向坚定，上下求索。

思想政治教育的初见与相识。与思想政治教育相遇并非意料之中，高考完选专业时，并没有明确的目标，家人觉得当老师不错，我也感觉适合，就都填报的师范院校，最后被河北师范大学录取。记得当时还是法政学院，以学科大类招生，第一学期统一上课，大致对学科专业了解后，按法学、政治学、思想政治教育三个专业分班。自然我选择了思想政治教育，开启了专业学习之旅。作为师范院校，本科阶段更多以培养中学思政课教师为目标，除了思想政治教育专业的基础理论课程，还开设了课程教学、教育心理、教学技能等课程，以及一学期的顶岗支教教学实训。经过这些内容的学习，对思想政治教育才有了初步的认识，理论课程为我解答了思想政治教育"是什么"的疑问，而教学实践让我对思想政治教育的认识更加鲜活、更加立体。大三下学期在河北一县中学，担任3个班的思想品德课教师，当真正走上讲台，将备课的内容呈现给学生，与学生交流互动，才切实体会思想政治教育引领学生的过程，领略教书育人的乐趣。这也更加坚定了我攻读思想政治教育专业硕士的决心，在成功上岸的师姐引路和帮助下，以前所未有的勇气报考了统考只招一人的北京师范大学马克思主义学院思想政治教育硕士。我是幸运的，带着薄弱的学术基础，和对硕士学习生活的期待来到了北京。

思想政治教育的入门与相知。硕士入学时薄弱的学术基础丝毫没有夸张，这在开学不久我便深刻认识到。如果说本科阶段学习和硕士入学考试充分发挥了"小镇做题家"和"勤奋型选手"的优势，而硕士学习时就暴露出自身的问题和不足。还记得初次课堂汇报时，我综述了其他学者关于理想信念的观点，却没有提出自身对于这一主题的认识和思考。这次经历也让我深刻认识到自己缺乏独立思考问题的意识和能力。好在有恩师冯刚教授的指导和帮助，冯老师以前一直指导博士，非常有幸成为老师的第一个硕士，并把我当成博士一样培养。回想起来，硕士期间最大的感受就是有非常强的获得感。一是冯老师鼓励我研一时广泛阅读，选取感兴趣、有思考的题目做深入研究，并将认识观点转化丰富为学术论文。在这一过程中，阅读思考、选择题目、制定框架、论文撰写、反复修改、期刊投稿，冯老师总是在听取我的想法之后，肯定可取之处让我认识到应当坚持和继续深化的思路和方法，指出现存问题帮助我纠正偏差更好地修改和完善。这种破立并举的学术训练，有效克服了我缺乏思考的问题，帮助我掌握了学科论文写作的规范，更重要的是培养了我独立思考和破解问题的意识、思路和能力，为我打下了良好的学术研究基础。当我意识到这一点时，我才知道自己这时真正入了思想政治教育的门。二是冯老师还让我领会到许多人生道理，给予我很多实践锻炼的机会。冯老师经常告诫我们"做人做事做学问"，做人是最重要的。做人正直真诚是根本，才能走得长远。做学问是理论研究工作者的看家本领，掌握扎实的理论基础和科研能力是立身之本。此外做事也非常重要，学会与人相处，掌握待人接物的正确方式，有效沟通交流，相互启发思想、共事合作。在参加学术会议、参与课题组讨论等各项学术实践训练中，不仅积累了做事的经验，也打开了自身思考问题的思路，获益良多。总体而言，硕士阶段经过学术文章的撰写、毕业论文的写作以及学术实践的参与，才算思想政治教育的入门，对思想政治教育才有了更为深入、切实的认识。

思想政治教育的求知与相守。曾有这样一个理论，如果把一个圆的面积作为掌握的知识，圆的周长代表接触的知识面，那么随着知识积累得越多，这个圆的周长也越大，也愈发认识到自己接触而不了解的知识也越多。在思想政治教育学习过程中，这样的体会一直贯穿始终，所以决定继续攻读博士，承蒙冯老师厚爱能够继续跟随身旁学习。博士学习阶段我学术成长的最大特点是，学习研究思想政治教育的内生动力激发调动。这种内生动力一方面来自于学术自信的增强。在过往成长经历中，我从来是一个没有自信的人。在冯老师指导下，在每一篇学术论文的有幸发表中，在每一次学术荣誉的有幸获得中，我的学术自信也在一点点积累。同时，冯老师对我科研学术上的肯定，对我做人做事上的认可，也让我逐渐培养起为人为学的自信和底气，点燃我学术探索、人生前行的内生动力。另一方面，自身的内生动力来自对榜样的敬佩向往和见贤思齐。我对思政课教师的职业向往很大程度上是受冯老师的影响，老师深耕思想政治教育理论与实践，始终保持对学科发展的责任和担当，这份情怀和精神深深激励着我。老师不仅在课堂上、办公室里为我们讲授，也在校园散步时与我们交流讨论，指导学习、解疑释惑也聊聊人生，我的硕博论文题目也是在一次次散步讨论中逐步明晰确定的，想想颇有亚里士多德"逍遥学派"的哲韵。这种教书育人的实践是我深切向往的，让我坚定地选择了成为一名高校思想政治理论课教师，始终坚守思想政治教育的理论与实践探索。同时在学习路上还有许多同行者，我从聂小雄博士身上学到因教师情怀毅然从工科专业攻读思想政治教育博士的坚定与执着，为胜任思政课教学科研而潜心学习的勤勉与奋进，在相处和互助中我受益匪浅。这些经历更加激励我进一步夯实专业知识、增强教学科研能力，在即将步入的新阶段，将学术积累与教学实践有机融合，在相互促进中将教书育人落到实处。

二、思想政治教育的学思浅见

在学习过程中，也有一些关于思想政治教育的思考和体会，虽不成熟深刻，但也见证了自身的成长，在此做了简要的梳理，主要集中于中国共产党创新理论的相关研究、思想政治教育内生动力的相关研究、思想政治教育理论与实践的相关研究三个方面。

首先，中国共产党创新理论的相关研究。深入学习党的创新理论，特别是习近平新时代中国特色社会主义思想，切实做好宣传阐释工作。研究成果主要有：关于党的创新理论解读，《中国共产党历史主动精神的时代蕴涵》，《湖南大学学报（社会科学版）》2023 年第 2 期；《新时代集体主义精神培育路径研究》，《思想教育研究》2021 年第 3 期；《坚定文化自信的时代要求和路径探索》，《继续教育研究》2018 年第 9 期。关于青年成长发展，《以习近平新时代中国特色社会主义思想引领青年理想信念教育》，《思想理论教育导刊》2018 年第 11 期；《解读好"时代新人"的时代表达》，《中国教育报》2020 年12 月 31 日；《习近平关于青年成长发展论述的思想蕴涵》，《学校党建与思想教育》2018 年第 23 期；《青年学生百年党史学习教育的四个着力点》，《湖南工业大学学报（社会科学版）》2021 年第 3 期；《新时代思想政治工作体系研究》，主要负责第三章《新时代思想政治工作体系的价值要义》的编写工作；《思想政治教育研究热点年度发布（2021）》（团结出版社 2022 年版），主要负责第二十一章《爱国主义教育研究》的编写工作。关于高校思政课教学，《深刻把握思想政治理论课价值性和知识性相统一的功能作用》，《思想政治课研究》2019 年第 2 期，后被人大复印报刊资料《高校思想政治理论课教学研究》2019 年第 4 期全文转载；《理直气壮开好思政课——把握新时代思政课建设规律》（人民出版社 2019 年版），主要负责第二章《坚持价值性和知识性相统一》的编写工作。党的创新理论具有丰富的思想蕴涵，是思想政治教育的重要理论来源和支撑，坚持深入学习贯彻党的创新理论，特别是习近平新时代中国特色社会主义思想，是思想政治教育研究的重要方向。

其次，思想政治教育内生动力的相关研究。思想政治教育内生动力是重要的研究方向，在研究过程中从不同视角、不同维度开展了分析探讨，形成了思想政治教育内生动力研究的系列成果。研究成果主要有：刊发于《马克思主义理论学科研究》2022 年第 6 期的《思想政治教育内生动力的理论审思》，基于对思想政治教育内生动力的理论渊源探析，深刻把握思想政治教育内生动力的基本内涵和价值意蕴，形成思想政治教育内生动力的原理性研究，为思想政治教育内生动力的激发和提升奠定了理论基础；刊发于《学校党建与思想教育》2022 年第 7 期的《矛盾视角下思想政治教育发展的内生动力》，运用唯物辩证法的观点探究思想政治教育内生动力问题，提出内部矛盾是推动思想政治教育发展的根本动力，外驱力通过思想政治教育内部矛盾起作用，矛盾变化呈现出思想政治教育发展的不同阶段，矛盾对立统一激发思想政治教育持续发展的内生动力；刊发于《高校辅导员》2022 年第 4 期的《思想政治理论课教师专业发展的内生动力探赜》，回应了思政课教师专业发展内生动力的价值问题，分析了思政课教师专业发展内生动力的基本内涵和生成过程，有针对性地提出思政课教师专业发展内生动力的提升策略；参编冯刚教授主编的《思想政治教育研究热点年度发布（2022）》（团结出版社 2023 年版），主要负责第五章《思想政治教育内生动力研究》的编写工作，系统梳理了 2022 年度思想政治教育内生动力的相关研究成果，分析把握其研究进展、研究特点和研究趋势，为进一步深化思想政治教育内生动力研究奠定基础。此外，以《思想政治教育内生动力研究》为题撰写博士论文，立足思想政治教育理论和实践发展，以马克思主义矛盾理论和需要理论为基础，以回答什么是思想政治教育内生动力、思想政治教育内生动力包括哪些、思想政治教育内生动力如何形成等问题为主线，以激发提升内生动力从而推动思想政治教育发展为目标，通过科学把握思想政治教育内生动力的基本内涵，系统梳理思想政治教育内生动力的理论渊源，重点分析思想政治教育内生动力的系统构成和形成机制，落脚探讨思想政治教育内生动力的提升路径，以形成系统的思想政治教育内生动力理论研究。

再次，思想政治教育理论与实践的相关研究。坚持问题导向，着眼思想政治教育研究中的前沿热点问题开展探讨，取得了思想政治教育理论与实践的相关成果。研究成果主要有：关于思想政治教育获得感，《大学生思想政治教育获得感的时代蕴涵》,《学校党建与思想教育》2020 年第 21 期;《大学生思想政治教育获得感提升研究》,《思想政治教育研究》2021 年第 1 期;《提升大学生思想政治教育获得感的路径》,《南华大学学报（社会科学版）》2023 年第 1 期。关于思想政治教育实践,《抗疫精神的思想政治教育价值研究》,《思想教育研究》2020 年第 12 期;《思想政治教育专业课程建设中的供给与需求》,《学校党建与思想教育》2021 年第 5 期;《改革开放以来高校班集体发展状况及特点研究》,《学校党建与思想教育》2019 年第 5 期;《改革开放 40 年高校思想政治教育编年史（1978–2018）》（北京师范大学出版社 2019 年版）, 主要负责 2018 年高校思想政治教育的相关资料收集和文稿整理工作。关于思想政治教育相关话题,《深刻把握企业家精神的时代蕴涵》,《中国教育报》2020 年 9 月 24 日;《〈论语〉人才观的内涵及其当代启示》,《北京教育（德育）》2018 年第 12 期;《劲仔味道——民营企业工商人类学个案研究》（经济日报出版社 2021 年版）, 主要负责第一章《小溪青山 壮志豪迈》和第七章《企业发展的内驱：企业文化铸造》的编写工作。思想政治教育是与时俱进的学科, 密切关注思想政治教育的前沿热点问题, 在研究探讨中着力推动思想政治教育理论与实践创新发展是思想政治教育研究者的重要使命。

三、求真力行的学术志向

说起学术志向, 更多想到的是在学术研究中自己想做的一些事情, 或者是对自己提出的一些要求。求真学问、练真本领, 是自身将思想政治教育作为人生事业而长期学习研究的目标方向。

（一）以内生动力为着力点夯实思想政治教育理论之基

于思想政治教育发展而言, 思想政治教育理论就像一块块基石, 奠定和支撑思想政治教育的学术大厦。这些思想政治教育理论既是思想政治教育实践智慧的结晶, 更是指导思想政治教育有效开展的指南。坚持以理论思维审视思想政治教育实践，系统总结思想政治教育实践经验，并将其上升为理论，是思想政治教育研究者的关键任务。在过往研究中，以思想政治教育内生动力、思想政治教育获得感等为着力点，探讨了主客体等各要素的相互作用及其关系，形成了一定理论成果，为丰富和完善思想政治教育理论贡献了微薄之力。基于对思想政治教育理论基础性、关键性价值的把握，在后续研究中着力探究思想政治教育科学规律，回应思想政治教育实践要求，进而夯实思想政治教育理论之基。

结合自身研究基础和学科热点前沿问题，以思想政治教育内生动力研究为着力点，在教育各要素相互作用及其关系的探讨中，丰富和发展思想政治教育理论。聚焦思想政治教育内生动力研究，在现有认识基础上，着力从以下几个方面推动思想政治教育理论向纵深发展。首先，进一步明晰思想政治教育内生动力的概念内涵。内生动力作为社会学、心理学、教育学等多学科共同关注的问题，在思想政治教育视域下如何立足教育发展实践、运用学科研究范式，准确揭示其本质内涵，需要在理论构建和实践探索中开展更规范、更深入的探索。其次，进一步丰富和梳理思想政治教育内生动力的构成要素。思想政治教育内生动力是一个多层次、结构化、多要素构成的合力，并随着教育实践的发展不断丰富。现有研究在当前理论和实践基础上，从矛盾运动、主客体需求、评价环节等维度，梳理探讨了思想政治教育内生动力的核心要素，需要在后续研究中，随着实践发展和认识深化，进一步丰富和梳理思想政治教育内生动力的构成要素。再次，进一步把握和深化思想政治教育内生动力的形成机制。形成机制是思想政治教育内生动力研究的关键部分和难点问题，现有研究以时间为序将思想政治教育内生动力的形成过程划分为生发、转化、凝聚三个阶段，并探究提炼了其中的规律性认识，提出了关于思想政治教育内生动力形成机制的理论探讨，但更多停留在经验层面，对机制层面的认识有待深化，需要在后续研究中进一步系统地研究和把握。最后，进一步拓展思想政治教育内生动力的激发提升路径。激发提升思想政治教育内生动力是这一研究的价值旨归，现有研究从矛盾、主客体、评价等角度进行了路径探索，全面性和实效性都有待完善，与此同时有效路径的探讨也离不开对基础理论有更加清晰、深刻的认识，需要在后续研究进一步深化拓展。总体而言，从这四个维度出发，以思想政治教育内生动力为线索深入探讨教育各要素变化发展，在完善思想政治教育内生动力理论的同时，深化拓展思想政治教育各要素理论进而推动思想政治教育理论的整体发展。

（二）坚持知行合一的学术探索

"知行合一"是王阳明提出的重要思想，"知是行之始，行是知之成"，阐明了知与行的辩证关系，其中丰富的哲学蕴涵对我们做人做事做学问都有着重要启发。不仅做人做事，做学问也应当知行合一，这既是目标也是要求。知行合一并非轻易能达到的境界，真正将心中所想与手上所做统一起来，是引领学术探索的目标方向。同时对于心中所想与手上所做并不相符的情况，知行合一也是对我们为人为学的约束要求。这一目标和要求也是我在未来教学科研中需要贯彻落实的根本遵循，坚持做到学术探索中的知行合一。

从自身而言，坚持知行合一应着力在以下两方面下功夫。一是加强对青年学生的研究，将青年学生的思维方式和行为习惯等突出特征的准确把握运用于青年学生思想政治教育的有效开展中。青年学生是思想政治教育的主要对象，思想政治教育的重点是教育引导学生，开展思想政治教育必须围绕学生、关照学生、服务学生。而这前提就是需要了解学生，了解学生的突出特征。采取问卷调研、专题访谈、参与观察等方式，运用数据分析、质性分析等多种方法，研究梳理当前青年学生的思维方式和行为习惯，准确把握青年学生的基本特征。而做这一研究的根本目的在于更有针对性地开展青年学生思想政治教育，在坚持教育目标和宗旨的前提下，根据青年学生的兴趣爱好完善优化教育内容，根据学生的接受习惯选择运用教育方法等，进而在贯彻知行合一中切实优化教育供给，有效开展青年学生思想政治教育。二是加强对思政课的研究，将思政课的内容与形式等规律性认识的深刻把握运用于思政课教学实践中。思政课是开展青年学生思想政治教育的主渠道，思政课教学也是自身作为思想政治教育教学科研工作者的基本职责。我们将思政课教学既作为一项实践工作，也视为学术研究的重要专题和方向。坚持思政课教学研究，持续推进思政课教学内容与时俱进，有效创新思政课教学形式方法，在经验总结和规律把握中持续深化对思政课教学的认识和研究。思政课教学研究要运用于思政课教学实践中才能发挥更大价值，切实改进思政课备课、授课、反思等各个环节，有效应对思政课教学过程中的各项问题，进而在贯彻知行合一中切实提升思政课教学质量。

四、学术成长的体悟感受

学术成长和人的成长一样，在接触一个人、经历一些事后，都会产生真切的体悟和感受。这些体悟感受是我们在学术成长道路上留下的鲜明印记，也是实践经历后积淀的宝贵财富，将帮助我们在未来的学术历程中更好地把握主动，更好地实现学术成长。

（一）时常内省反思，激发探索思想政治教育的内生动力

促使人行动的一般有两方面力量，一是外在的压力或是利益，二是内生的动力。从这两种力量来看，外在的压力或利益往往是暂时的、阶段性的，对人的推动作用是有条件的，因而并不持续。而内生动力直接根源于人自身的需要，以兴趣和喜好作支撑，能够持续推动人为之不断追求和奋斗。我们的学术成长也是如此，要不断向内求索研究思想政治教育的持续动力。这就需要我们时常内省反思，在回顾总结中激发自身探索思想政治教育的内生动力。结合自身的学术成长经历，如何在内省反思中激发内生动力主要有三个方面。一是在反思中强化需求。我们在反思时总会回顾这样一个问题，为何而做？我们为何从事思想政治教育，每个人可能有不同的答案，但都反映了我们内心的需求。我们在反思中将进一步明确和思考这一需求，是否满足、如何满足，在自我追问中强化内生动力。二是在反思中明确获得。我们在反

思时一方面会感受自身的成长变化，总结思想政治教育教学科研实践中的收获，这将带给我们极大的自我肯定和满足，这种感受是鼓舞性的，也是思想政治教育探索中切实需要的，将给予我们继续砥砺前行的内生动力。三是在反思中发现问题。我们在反思时也会认识和发现学术成长经历中自身存在的问题，包括思想政治教育教学科研中没有做好或是可以做得更好的地方，做错以及遗漏的地方，我们在这些问题的明确中激发解决问题的需求，调动完善思想政治教育实践的内生动力。

（二）坚持勤勉力行，贯彻落实思想政治教育的学思践悟

做研究不仅需要内生动力，更要将内生动力落实到实际行动中。开展学术研究不是一时之功，而是需要长期的积累。开始时听老师前辈们分享学术感悟没有太大感触，而在切实经历学术研究中愈发感受到"板凳要坐十年冷，文章不写半句空"。从事学术研究，特别是思想政治教育研究，需要经过持续的学思践悟。坚持勤学习，学习是研究的基础，没有大量的持续输入，难以全面、深入、动态地把握思想政治教育，认识思想政治教育的理论发展，了解思想政治教育对象的特征变化，掌握思想政治教育的新技术载体方法，感受思想政治教育的新环境氛围，在持续学习中切实熟悉思想政治教育进而实现有效的理论输出和实践转化。坚持勤思考，思想政治教育是强调和注重思辨的学科，既需要在思考中深化对问题及理论的认识，增强吸收内化的实效，同时也能明晰学术探索的目标方向，找准学术成长的关键生长点，进而实现以思助学、学思并进。坚持勤实践，实践性是思想政治教育的本质特征，勤于实践也是学习和掌握思想政治教育的重要法宝，不仅主动了解思想政治教育的实践动态，知晓思想政治教育的对象变化、方法更新、环境变迁，更应在亲身参与中践行和感知思想政治教育。坚持勤体悟，在思想政治教育实践基础上，将产生很多体会和感悟，这些是自身对思想政治教育最直观且真实的感受，蕴含着丰富的思想精华，有待我们梳理、总结和发掘，从中吸收继续成长的智慧和动力。

（三）明确方向目标，在敢想敢为又善作善成中砥砺前行

方向目标是学术成长的重要指引，引领我们沿着正确道路前进，也激发我们潜心钻研的内生动力，支撑我们在学术道路上奋勇前行。同时，方向目标见证了我们的成长，我们的学术成长之路是在一个个目标的制定和完成中铺就的，连接过去，指引未来。在接续发展中，找准学术探索的正确方向，制定学术成长的层次性目标，在学术道路上坚持敢想敢为又善作善成。习近平总书记在党的二十大报告中对新时代好青年提出了敢想敢为又善作善成的要求期待，广大青年既要根据自身的能力敢于去想、敢于去做，也要善于做事，而且要把事情做好。这既是我们作为时代青年的应尽要求，也与我们的学术成长发展具有内在的契合性。在制定目标时，我们在明确正确方向的前提下，在把握自身实际的基础上，坚持适度超越性原则，将敢想敢为落实到制定目标的抉择和实践中。在践行目标时，我们坚持学术成长经验的梳理总结并以此为支撑，积累思想政治教育研究的经验教训，把握思想政治教育研究的规律性认识，进而善于开展思想政治教育研究；坚持学术研究能力的提升增强并以此为基础，掌握运用思想政治教育研究的有效方法，找准探究思想政治教育的研究生长点，着力将学术研究引向深入。

凡此以往，皆为序章。学术成长，扬帆远航。愿以持续的内生动力和敏行实践，在思想政治教育研究探索之路上勇毅前行。

后　记

思想政治教育学科经过 40 年的接续发展，取得了丰硕成果和长足进步，把握思想政治教育学科发展经验和规律，是推动思想政治教育学科守正创新的前提和基础。聚焦中青年学者群体，探索中青年学者的成长历程，是研究思想政治教育学科建设发展的重要视角。在参与思想政治教育学科建设实践中，广大中青年学者不断成长起来，并为学科发展作出了重要贡献。为深入把握思想政治教育学科中青年学者成长规律，进而为学科发展和人才培养提供借鉴，我们组织思想政治教育学科中青年学者代表共同编写了《思想政治教育学科中青年学者成长之路》。

本书由北京师范大学思想政治工作研究院院长、教育部思想政治工作司原司长冯刚教授负责总体策划，冯刚、彭庆红、代玉启等负责全书框架设计。经过征集报名和筛选，本书选取了 40 余位思想政治教育学科中青年学者代表，讲述自身学术成长历程、取得的学术成果和体会感悟。冯刚、彭庆红、代玉启、朱宏强、汪斌等负责相关统稿工作。朱宏强、聂小雄、曲翔、吴放等协助相关文献整理。

本书在编写过程中由于篇幅所限，只选取了思想政治教育学科中青年学者的部分代表，以反映思想政治教育学科中青年学者的成长历程，也期待更多优秀中青年学者参与加入。除统一格式外，本书保留了各位作者的讲述风格和话语内容，以真实呈现思想政治教育学科中青年学者的成长之路。因时间紧张、工作量大，对于本书的局限与不足只能留待今后补充与修正，我们也真诚地希望各位专家、读者批评指正。

本书编写组

2023 年 8 月